INGOMAR WEILER

DER SPORT BEI DEN VÖLKERN
DER ALTEN WELT

INGOMAR WEILER

DER SPORT
BEI DEN VÖLKERN
DER ALTEN WELT

Eine Einführung

Mit dem Beitrag ›Sport bei den Naturvölkern‹
von
CHRISTOPH ULF

1981
WISSENSCHAFTLICHE BUCHGESELLSCHAFT
DARMSTADT

CIP-Kurztitelaufnahme der Deutschen Bibliothek

Weiler, Ingomar:
Der Sport bei den Völkern der Alten Welt:
e. Einf. / Ingomar Weiler. Mit d. Beitr. „Sport bei
den Naturvölkern" / von Christoph Ulf. —
Darmstadt: Wissenschaftliche Buchgesellschaft, 1981.
ISBN 3-534-07056-9

NE: Ulf, Christoph: Sport bei den Naturvölkern

1 2 3 4 5

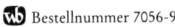 Bestellnummer 7056-9

© 1981 by Wissenschaftliche Buchgesellschaft, Darmstadt
Satz: Maschinensetzerei Janß, Pfungstadt
Druck und Einband: Wissenschaftliche Buchgesellschaft, Darmstadt
Printed in Germany
Schrift: Linotype Garamond, 10/12

ISBN 3-534-07056-9

FÜR GERTRUD,
RALF UND BERND

INHALTSVERZEICHNIS

VORWORT

Wer in einer einführenden Abhandlung über einen Teilbereich der Kultur im Altertum den modernen Ausdruck 'Sport' verwendet, hat damit zu rechnen, daß ihn der kritische Leser eines Anachronismus bezichtigt. Um diesen Vorwurf gänzlich zu entkräften, müßte man freilich eine Sportgeschichte der Griechen griechisch, eine römische lateinisch und die der alten Ägypter sowie der Völker Mesopotamiens gar in Hieroglyphen bzw. in Keilschrift abfassen. Wenn ich aus verständlichen Gründen davon absehe und — wohl auch mangels eines geeigneteren anderen Ausdrucks — den heutigen konventionellen Sportbegriff auf die Verhältnisse bei den Völkern der Alten Welt anwende, so geschieht das vor allem auch deshalb, weil meines Erachtens in der vorliegenden Arbeit von einem Phänomen die Rede ist, das eine biologisch-anthropologische Komponente besitzt, die bei allem historischen Wandel, den der Sport im Laufe seiner Entwicklung und innerhalb der einzelnen Kulturen mitgemacht hat, als eine Konstante im menschlichen Verhalten erscheint. „Spontane motorische Aktivität aus spielerischem Antrieb, die nach meßbarer Leistung und geregeltem Wettkampf strebt" — so eine mir durchaus auch für den Historiker akzeptable Definition (von Hajo Bernett, in: Lexikon der Pädagogik [1971] Bd. 4, S. 144; vgl. auch H.-E. Rösch, Einführung in die Sportwissenschaft [1978] S. 3) —, betrachte ich als universelle Verhaltensweise des Menschen, die für die Naturvölker genauso feststellbar ist wie für die frühen Hochkulturen oder die griechisch-römische Welt. Ja, phylogenetische Untersuchungen zu Sport und Spiel, wie sie in jüngster Zeit vorgelegt wurden (vgl. unten S. 38 ff.), legen nahe, daß spielerisch-sportliches Verhalten nicht allein Objekt

der Geschichtswissenschaft und der Anthropologie sein soll,
weil es in das Tier–Mensch-Übergangsfeld und darüber hinaus
zurückverfolgbar ist — eine Hypothese, die man heute aufstellen
kann, auch wenn noch keine umfassende Ethologie des Sports
verfaßt wurde.

Der Gegenstand empfiehlt sich somit für eine komparative
Geschichtsbetrachtung, was auf den Althistoriker vor allem
dann einen zusätzlichen Reiz ausübt, wenn er, wie der Verfasser,
nicht der Auffassung zuneigt, daß *die* Griechen, die man seit Jakob Burckhardt als 'agonales' Volk charakterisieren möchte, im
Unterschied zu den übrigen Völkern der Alten Welt eine prinzipiell andere Einstellung zum Sport besaßen. Der Umstand, daß
sie selbst im Sinne ihrer eigenen Hellenen–Barbaren-Antithese in
diesem Punkt anders dachten, zwingt nicht dazu, ihnen darin zu
folgen. Damit ist zugleich mit den einleitenden Bemerkungen
zur Terminologie ein wesentliches Ziel dieser Einführung umrissen: Die Berücksichtigung des Sportes bei den Naturvölkern
(dessen Darstellung hier in dankenswerter Weise Christoph Ulf
übernommen hat), im alten Ägypten und im Vorderen Orient
sowie bei den Römern sollte deutlich machen, daß eine Reduktion des Sports im Altertum auf die Griechen bei aller Anerken-
nung, die deren Leistungen im Bereich der Agonistik und Gymnastik verdienen, sachlich und methodisch unzulässig und nur
aus den wissenschaftsgeschichtlichen Bedingungen eines klassizistischen Geschichtsbildes verständlich ist.

Der vorliegende Band sollte demnach überblicksmäßig über
den Sport bei den Völkern der Alten Welt informieren und die
nötige weiterführende Literatur für denjenigen bieten, dem das
hier Gebotene nicht ausreicht. Als eine Hauptschwierigkeit
beim Zusammenstellen dieser Informationen erwies sich dabei
der auffallend inhomogene Forschungsstand, der, was die Griechen oder — seit etwa einem Jahrzehnt — auch die Ägypter anlangt, durch vorzügliche Monographien, Quelleneditionen und
Bibliographien die Beschäftigung mit dem gegenständlichen

Kulturphänomen wesentlich erleichtert, der aber hinsichtlich des Sports der anderen frühen Hochkulturen und der Römer — hier insbesondere in den Provinzen der Kaiserzeit — viele Wünsche offen läßt. Hier fehlen wichtige dokumentarische Vorstudien. Der sportliche Randbereich der Akrobatik, des Tanzes und der Jagd, auf deren Darstellung einzelne Sportgeschichten zum Altertum mangels anderer Quellen und einschlägiger Studien gelegentlich 'ausweichen', wurde hier ebenso aus den Betrachtungen ausgeklammert wie die Unterhaltungsspiele für Kinder und Erwachsene (Brett- und Würfelspiele etc.), da für diese Bereiche bereits mehrere Untersuchungen vorliegen. — Die umfangreiche ›Bibliographie zum antiken Sport und Agonistik‹ (Acta Universitatis de Attila József nominatae. Acta Antiqua et Archaeologica 22, 1980), zusammengestellt von Egon Maróti, konnte im Manuskript nicht mehr berücksichtigt werden. Mit ihren 767 Titeln und der Gliederung in acht Kapitel (1. Sport und Leibesübungen, 2. Wettkämpfe. Die panhellenischen Spiele, 3. Wettkämpfe. Lokale Veranstaltungen, 4. Wettlauf, 5. Pentathlon, 6. Kampfsport, 7. Hippische Agone, 8. Verschiedene Sportarten) stellt sie ein wichtiges Hilfsmittel für jeden dar, der sich mit Fragen der antiken Sportgeschichte befaßt.

Einer Reihe von Helfern und Förderern weiß ich mich zu großem Dank verpflichtet: den Herren Professoren Dr. W. Decker (der mit großer Einsatzbereitschaft die Fahnen mitgelesen und das Buch durch zahlreiche wertvolle Literaturhinweise bereichert hat) und Dr. M. Lämmer für die freundliche Aufnahme am Institut für Sportgeschichte der Deutschen Sporthochschule Köln, in dessen reichhaltiger Bibliothek ich Teile meines Manuskriptes überprüfen und ergänzen konnte; Herrn Professor Dr. J. Recla (Graz) für die Bereitstellung von Büchern aus seinen Privatbeständen; Herrn Dozenten Dr. I. Peyker (Graz) für sportwissenschaftliche Ratschläge; ferner den Mitarbeitern am Institut für Alte Geschichte und Altertumskunde an der Univer-

sität Graz, Herrn Dr. Ch. Ulf für die Übernahme des ethnologischen Kapitels und das Korrekturlesen sowie den Herren Dr.
H. Aigner, Dr. H. Graßl und Dr. B. Scholz, die einzelne Partien
des Manuskriptes gelesen und durch Anregungen verbessert haben. Für wertvolle Hilfe beim Korrigieren der Fahnen habe ich
auch dem Ehepaar Mag. Dr. E. und H. Graf sowie Herrn Mag.
E. Kastrun sehr zu danken. — Daß trotz all dieser großzügigen
Unterstützung die beiden Autoren voll und ganz für etwaige
Mängel haften, versteht sich wohl von selbst. Frau Ute Oechs,
die unter gewiß nicht leichten Arbeitsbedingungen und mit großem Einsatz die Reinschrift hergestellt hat, sei besonders ge-
dankt.

Vor allem meiner Familie, für die insbesondere das letzte Jahr
der Fertigstellung der Arbeit Verzicht auf gemeinsame Ferien
und zahlreiche Wochenenden bedeutete, schulde ich mehr als ein
herzliches Danke. Deshalb möchte ich dieses Buch meiner Frau
Gertrud sowie den beiden Söhnen Ralf und Bernd widmen.

Graz, im Mai 1980   I. W.

VERZEICHNIS DER ABKÜRZUNGEN*

A	Anthropos. Freiburg/Schweiz
AA	Archäologischer Anzeiger. Berlin
AAA	Ἀρχαιολογικὰ Ἀνάλεκτα ἐξ Ἀθηνῶν. Athen
AAntHung	Acta Antiqua Academiae Scientiarum Hungaricae. Budapest
ABSA	Annual of the British School at Athens. London
AD	Ἀρχαιολογικὸν Δελτίον. Athen
AJA	American Journal of Archaeology. New York
Akroterion	Akroterion. Quarterly for the Classics in South Africa. Univ. of Stellenbosch
Altertum	Das Altertum, hrsg. vom Zentralinst. für Alte Gesch. und Archäol. der Dt. Akad. d. Wiss. der DDR. Berlin
AmA	American Anthropologist. Menasha
AncSoc	Ancient Society. Louvain
AnzAW	Anzeiger für die Altertumswissenschaft. Innsbruck
AOF	Archiv für Orientforschung. Internationale Zeitschrift für die Wissenschaft vom Vorderen Orient. Graz
APF	Archiv für Papyrusforschung und verwandte Gebiete. Leipzig
Arctos	Arctos. Acta philologica Fennica. Helsinki
ARW	Archiv für Religionswissenschaft. Berlin und Leipzig
ASAE	Annales du Service des Antiquités de l'Égypte. Kairo
BCH	Bulletin de Correspondance Hellénique. Paris
Bengtson GG	H. Bengtson, Griechische Geschichte von den Anfängen bis in die römische Kaiserzeit (⁵1977)
CAF	Citius Altius Fortius. Estudios deportivos. Madrid
CIL	Corpus Inscriptionum Latinarum
CPh	Classical Philology. Chicago
CQ	Classical Quarterly. Oxford
CR	Classical Review. Oxford

* Die Abkürzung der antiken Autoren und ihrer Werke erfolgte nach dem Kleinen Pauly Bd. 1 (1964) S. XXI—XXVI.

CRAI	Comptes rendus de l'Académie des Inscriptions et Belles-Lettres. Paris
CSCA	California Studies in Classical Antiquity. Berkeley
CW	The Classical World. Bethlehem, Pennsylvania
EMC	Échos du Monde classique. Classical News and Views. Univ. of Ottawa
FgrHist	F. Jacoby (Hrsg.), Fragmente der griechischen Historiker
FS	Festschrift
Gardiner AAW	E. N. Gardiner, Athletics of the ancient world (1930, ND 1967)
GB	Grazer Beiträge. Zeitschrift für die klassische Altertumswissenschaft. Graz
GL	H. Ueberhorst (Hrsg.), Geschichte der Leibesübungen, Bd. 1 (1972), Bd. 2 (1978)
Harris GAA	H. A. Harris, Greek athletes and athletics (1964)
Harris SGR	H. A. Harris, Sport in Greece and Rome (1972)
HebrUCA	Hebrew Union College Annual. Cincinnati
HED	R. Renson—P. P. de Nayer—M. Ostyn (Hrsg.), The history, the evolution and diffusion of sports and games in different cultures (1976)
Hermes	Hermes. Zeitschrift für klassische Philologie. Wiesbaden
Herrmann, Olympia	H.-V. Herrmann, Olympia. Heiligtum und Wettkampfstätte (1972)
Hesperia	Hesperia. Journal of the American School of Classical Sudies at Athens. Athen
HISPA	Internationale Gesellschaft für Geschichte der Leibeserziehung und des Sports
Horizon	Horizon. New York
IAG	L. Moretti, Iscrizioni agonistiche greche (1953)
ICS	Illinois Classical Studies. Chicago
IG	Inscriptiones Graecae
JHS	Journal of Hellenic Studies. London
JSH	Journal of Sport History der NASSH, Pennsylvania
Jüthner/Brein AL	J. Jüthner. Die athletischen Leibesübungen der Griechen. 1. Teil: Geschichte der Leibesübungen (1965) 2. Teil/1. Hälfte: Einzelne Sportarten (1968) (Hrsg. F. Brein, Österr. Akademie der Wissenschaften, philos.-hist. Klasse, Sitzungsberichte 249. Bd., 1 und 2. Abhandlung)
KBSW	Kölner Beiträge zur Sportwissenschaft. Schorndorf, ab Bd. 6 St. Augustin

Lukas, Die Körperkultur	G. Lukas, Die Körperkultur in frühen Epochen der Menschheitsentwicklung (1969)
Maia	Maia. Rivista di letterature classiche. Bologna
Marrou	H. I. Marrou, Geschichte der Erziehung im klassischen Altertum (⁷1976, ND 1977)
MDAI (A)	Mitteilungen des Deutschen Archäologischen Instituts (Athen. Abt.) Berlin
MDAI (R)	Mitteilungen des Deutschen Archäologischen Instituts (Röm. Abt.) Mainz
MEFR	Mélanges d'Archéologie et d'Histoire de l'École Française de Rome. Paris
MH	Museum Helveticum. Basel
NASSH	North American Society for Sport History
ND	Neudruck
OAth	Opuscula Atheniensia (Acta Inst. Athen. Regni Sueciae) Lund
ÖJh	Österreichische Jahreshefte. Wien
Orientalia	Orientalia. Rom
Patrucco	R. Patrucco, Lo Sport nella Grecia antica (Arte e archeologia. Studi e Dokumenti 1 1972)
Platon	Πλάτων. Δελτίον τῆς Ἑταιρείας Ἑλλήνων Φιλολόγων. Athen
POxy	B. P. Grenfell-A. S. Hunt (Hrsg.), The Oxyrhynchus Papyri
PSAPA	Proceedings of the Society on the History of Physical Education and Sport in Asia and the Pacific Area. Wingate, Israel
QAL	Quaderni di Archeologia della Libia. Rom
QUCC	Quaderni Urbinati di Cultura classica. Rom
RAC	Reallexikon für Antike und Christentum (1950 ff.)
RAL	Rendiconti della Classe di Scienze morali, storiche e filologiche dell'Accademia dei Lincei. Rom
RAssyr	Revue d'Assyriologie. Paris
RE	Realencyclopädie der classischen Altertumswissenschaft (1894 ff.)
REA	Revue des Études Anciennes. Bordeaux
RFIC	Rivista di Filologia e di Istruzione Classica. Turin
RVV	Religionsgeschichtliche Versuche und Vorarbeiten. Gießen
Saeculum	Saeculum. Jahrbuch für Universalgeschichte. Freiburg/ Breisgau

I. ZUR WISSENSCHAFTSGESCHICHTE

Eine gezielte und systematische sporthistorische Erforschung der Alten Welt setzte in der späten ersten Hälfte des 19. Jahrhunderts ein. Ihr erster und bis heute dominierender Gegenstand sind die Agonistik und die Gymnastik bei den Griechen, die damit zum Maßstab der meisten anderen sporttreibenden Völker des Altertums wurden. Daß man sich nachweislich schon vorher mit einzelnen Fragen zur Sportgeschichte der Hellenen beschäftigt hat, zeigen neben kompilatorischen Einzelarbeiten (ab dem späten 16. Jahrhundert, siehe unten S. 2f., 122) gelegentliche Hinweise auf die antiken Olympischen Spiele und Olympia im Schrifttum seit der Renaissance (Matteo Palmieri 1406—1475, Hieronymus Mercurialis 1530—1606), ferner die neuzeitlichen Versuche, Olympische Spiele zu inszenieren (beispielsweise von Robert Dover in England im 17. Jahrhundert; dazu J. K. Rühl, Die „Olympischen Spiele" Robert Dovers [Annales Universitatis Saravensis, Bd. 14] 1975; Johann Bernhard Basedow in Dessau im 18. Jahrhundert), schließlich auch die Forderung von J. J. Winckelmann aus dem Jahre 1768, diese antike Sport- und Kultstätte freizulegen, ein Plan, bis zu dessen Realisierung noch mehr als hundert Jahre verrinnen sollten. Daß jedenfalls zu Beginn des 19. Jahrhunderts schon andere sporthistorische Studien über die Griechen vorliegen, ist „der ersten systematischen Darstellung" des Griechensportes „von wissenschaftlichem Rang" (so M. Lämmer in der Einleitung zum Neudruck 1971), der ›Gymnastik und Agonistik der Hellenen aus den Schrift- und Bildwerken des Altertums‹ (1840) von Johann Heinrich Krause (1802—1882) zu entnehmen. Der Informationsgehalt der bis dahin vorliegenden sporthistorischen Schriften wurde von

Krause nicht sehr hoch eingeschätzt, denn seiner Meinung nach behandelt P. Fabers ›Agonisticon sive de re athletica, ludisque veterum gymnicis, musicis atque circensibus spicilegiorum tractatus‹ (1590) „in haltlosester, confusester Weise... mehr die Athletik... als die Gymnastik, und zwar nur aus den Schriften, nicht aus den Bildwerken" (a. a. O. XXXII), und Hieronymus Mercurialis bevorzugt in ›De arte gymnastica‹ (1569) den „diätetischen Standpuncte", er richtet sich also in erster Linie an die Ärzteschaft. Andere damals vorhandene und von Krause benutzte Publikationen, so O. Falconeris ›Inscriptiones athleticae nuper repertae, editae et notis illustratae‹ (1668) und E. Corsinis ›Dissertationes agonisticae‹ (1747) „strotzten . . . von Irrtümern". Auch die damals vorliegenden Arbeiten aus dem Kreise der Philanthropen wie ›Gymnastik für die Jugend‹ (1793) von J. C. F. Gutsmuths und G. U. A. Vieths ›Versuch einer Encyklopädie der Leibesübungen‹ (Bd. 1: Geschichte der Leibesübungen, 1794) konnten Krauses Anforderungen nicht entsprechen (vgl. dazu J. Ebert, J. H. Krause, in: WZ Halle 18 (1969), S. 243—257; vgl. hier auch eine Bibliographie Krauses, die weitere sporthistorische Titel aufweist, a. a. O., S. 253 f.). Der Altphiloge aus Halle konnte es sich nicht nur leisten, sondern war weitgehend gezwungen, sein Werk so gut wie ausschließlich auf das Fundament antiker Quellen zu gründen, die neben der literarischen Überlieferung vor allem auch das damals schon recht umfangreiche Fundmaterial — obwohl die großen systematischen Grabungen erst später einsetzten — umfaßten, ohne dabei über die Benutzung „der neueren hieher gehörigen Literatur nach Quantität und Qualität Rechenschaft abzulegen" (a. a. O. S. X). Als vordringlichstes Ziel seiner Forschungen nannte daher Krause die „genaue Ermittlung der Tatsachen, des factischen Bestandes, welchen das Altertum liefert" (a. a. O. S. XXIX), eine Zielsetzung, die vermutlich von August Boeckhs Forschungsintentionen beeinflußt war (vgl. dazu Ebert a. a. O. S. 244) und die erst wieder gegen Ende des Jahrhunderts mit vergleichbarem

Eifer verfolgt wurde. Daß das noch nicht heißt, dem Autor sei es gelungen, sich dem Einfluß des klassizistischen Geschichtsbildes, wie es für seine Zeit kennzeichnend war, völlig zu entziehen, kann angesichts der Popularität des damals vorherrschenden Griechenbildes nicht verwundern.

Noch weniger kann das von Ernst Curtius behauptet werden, der mit seinen berühmt gewordenen Reden über ›Olympia‹ (1852, in: Antike 12 [1936], S. 229 ff.) und ›Der Wettkampf‹ (1856, in: Altertum und Gegenwart. Gesammelte Reden und Vorträge, ²1877, S. 132 ff.) viel zur Popularisierung (und Idealisierung) des Griechensportes beitrug. Seine Bemühungen trugen Früchte. Ihm ist vor allem das Verdienst zuzuschreiben, daß 1875 (bis 1881) die deutschen Ausgrabungen in Olympia begannen und damit der olympische Gedanke in der Öffentlichkeit zusehends an Bedeutung gewinnen konnte, auf Curtius geht aber hauptsächlich auch die Auffassung zurück, daß das Wettkampfdenken eine zentrale Rolle im gesamten Leben der Griechen spiele und daß dieses Phänomen sie von allen ihren Nachbarn unterscheide. Diesen Gedanken scheint Jacob Burckhardt (1818—1897) in seiner ›Griechischen Kulturgeschichte‹ (als Vorlesung erstmals gehalten 1870/71, veröffentlicht postum 1898—1902, ND 1977) als erster aufgegriffen zu haben, und zwar in jenem 3. Abschnitt seines Werkes, wo er den Ausdruck 'agonal' prägt und damit eine „Triebkraft" meint, „die kein anderes Volk kennt" (vgl. unten S. 82 f., 87). Dabei glaubte Burckhardt diese Kraft nicht nur im sportlichen Bereich, sondern auch in Krieg, Politik, Kunst und anderen Bezirken menschlichen Denkens und Handelns bei den Griechen nachweisen zu können. Der Basler Gelehrte hatte damit den Grundstein für die heute noch häufig vertretene Auffassung gelegt, derzufolge das agonale Prinzip eine oder die Wurzel der griechischen Kultur schlechthin sei. Wegen des wissenschaftsgeschichtlichen Aspektes bemerkenswert ist aber dabei der Umstand, daß der schon bei Krause und Curtius angedeutete Standpunkt, die Hellenen stün-

den gegenüber den Naturvölkern und Barbaren einschließlich
der Völker der frühen Hochkulturen einzigartig da, zu einer Zeit
bereits vertreten wurde, als über den Sport nichtgriechischer
Völkerschaften der Alten Welt kaum etwas bekannt war. Es gilt
zu bedenken, daß die Erforschung der frühen Hochkulturen,
insbesondere der des Alten Orients, ebenso wie die Ethnologie
um die Mitte des 19. Jh. noch in den Kinderschuhen staken
(vgl. dazu unten S. 53 ff.).

Man teilte also damals die Auffassung, die die alten Griechen
teilweise von sich selbst gehabt hatten, indem sie wie bei einer
Reihe anderer kultureller Phänomene auch die Wettkämpfe unter dem Blickwinkel der Hellenen–Barbaren-Antithese beurteil-
ten. Lukians Dialog ›Anacharsis‹ stellt ein beredtes, nicht aber
das einzige Zeugnis für diese Auffassung dar. Der Umstand, daß
sich in der Altertumswissenschaft und Sportgeschichte, unge-
achtet der Forschungsergebnisse, die sowohl von Ethnologen,
Orientalisten, Ägyptologen, Amerikanisten als auch von Ver-
haltensforschern und Psychologen vorgelegt wurden, das Bild
vom 'agonalen' Griechen bis heute halten konnte, bestätigt daher
weniger die Richtigkeit dieser Auffassung als vielmehr, wie lang-
lebig einmal ins Bewußtsein weiterer Kreise eingedrungene Vorstellungen sein können, insbesondere dann, wenn sie im Dunst-
kreis beschönigender Historie angesiedelt sind. Burckhardts
'agonaler Grieche' ist trotz einer weitgehend veränderten Quellenlage noch heute, nach hundert Jahren, in gleicher oder leicht
modifizierter Form in der Sportgeschichte anzutreffen. Dazu
haben vor allem altertumswissenschaftliche Untersuchungen
über das Agonale, wie Victor Ehrenbergs gleichlautende Arbeit
(in: Ost und West [Schriften der phil. Fakultät der deutschen
Universität Prag] 15, 1935) und Helmut Berves Studie ›Vom
agonalen Geist der Griechen‹ (in: Gestaltende Kräfte der Antike
[²1966]) entscheidend beigetragen.

Daß diese Gedanken schon früh in die 'Turnschriftstellerei'
des 19. Jahrhunderts Eingang gefunden haben, bestätigt ›Die

Gymnastik der Hellenen‹ von Otto Heinrich Jäger (1828 bis 1912), die erstmals 1848 als 'Doktorbuch' erschien und hier noch den Untertitel führte ›. . . in ihrem Einfluß auf das gesamte Altertum und in ihrer Bedeutung für die deutsche Gegenwart; ein Versuch zur geschichtlichphilosophischen Begründung einer ästhetischen Nationalerziehung‹. Diese Erstlingsarbeit Jägers wurde 1849 mit einem akademischen Preis ausgezeichnet, wobei es in der Begründung hieß: „Durch die allseitige Auffassung und tiefe Ergründung des auf alle Verhältnisse des hellenischen Lebens sich erstreckenden Einflusses der Gymnastik, sowie durch genaue Kenntnis der Technik und durch Einsicht in die Bedürfnisse und möglichen Leistungen der Gegenwart, zeichnet sich diese Abhandlung so vorteilhaft aus . . ."

Jägers stark in den Traditionen des Klassizismus verwurzeltes Griechenbild ist kennzeichnend für die deutsche Sporthistorie der 2. Hälfte des 19. Jahrhunderts, die sich, was die Alte Welt anlangt, so gut wie ausschließlich auf Hellas beschränkt. Ganz ohne Kritik blieb sein Werk freilich nicht. Denn Julius Bintz, der im Vorwort zu seiner ›Gymnastik der Hellenen‹ (1878) über die damalige Forschung schrieb, „das verdienstvolle Werk von Krause [lege] sehr viel gelehrtes Material, aber auch bloß Material [vor], wo hingegen das begeisterte Buch von Jäger viel Raisonnement über die Sache, aber zu wenig greifbaren Stoff" böte (a. a. O. S. V), hat ein für seine Zeit recht klares Urteil gefällt. Der gleiche Autor bemängelte übrigens noch ein weiteres damals erschienenes Werk mit denselben Argumenten wie jenes von Krause, und zwar Lorenz Grasbergers ›Erziehung und Unterricht im klassischen Altertum‹, eine umfangmäßig Krauses Untersuchungen noch übertreffende Darstellung insbesondere der ›Leiblichen Erziehung bei den Griechen und Römern‹ (1864) und der ›Ephebenbildung‹ (1881, ND 1971). Gegenüber diesen für die damalige Zeit grundlegenden Werken erweist sich das Büchlein von Bintz als brauchbare Orientierungshilfe, vor allem auch für den Nichtphilologen, die freilich auch nicht ganz frei ist

von der ästhetisierenden und idealisierenden Betrachtungsweise
des Griechentums, wie sie etwa folgender Ansicht zugrunde
liegt: „Wahrlich jene Heere von Krüppeln, Siechen und Kran-
ken, wie sie unser modernes Kulturleben aufweist, waren den
Hellenen unbekannt und mußten ihnen unbekannt bleiben
durch ihre Gymnastik . . ." (a. a. O. S. 170). Wie sehr erinnert
dies doch an F. Rückerts Vers:

> An Seel' und Leib gesund sind durchaus nur die Griechen,
> Dagegen unsre Welt ein großes Haus der Siechen.

Neben diesen in den meisten Veröffentlichungen zum antiken Sport nicht immer sogleich sichtbar werdenden Tendenzen
weisen jene Werke für den heutigen Benutzer noch einen zweiten Mangel auf (der freilich den Autoren nicht angelastet werden
darf): Die im Laufe des 19. Jahrhunderts immer weiter um sich
greifende Grabungstätigkeit lieferte eine Unzahl neuer Erkenntnisse, wobei vor allem die Epigraphik, Archäologie und Papyrologie wesentlich zur Vervollständigung des Wissens beigetragen
haben. In dieser entscheidenden Phase der neuen Sportgeschichte war es vor allem Julius Jüthner (1866—1945), der diese
neuen Erkenntnismöglichkeiten zu nutzen verstand und damit
neue Akzente in der Sportgeschichte setzte. Seine Habilitationsschrift ›Über antike Turngeräte‹ (1896) steht hierfür als bemer-
kenswertes Beispiel. Ihm fällt daneben auch das Verdienst zu,
die verschollene Handschrift des um 1844 nach Paris gelangten
Gymnastikostextes von Philostrat wiederentdeckt und herausgegeben zu haben (1909). Zu Jüthners umfangreichem sport-
historischem Schrifttum (vgl. die Bibliographie bei I. Weiler, in:
F. Fetz [Hrsg.], Sport und Universität [1972], S. 32f.) zählt
auch eine lange Reihe von RE-Artikeln, darunter als bemer-
kenswertester der über Gymnastik. Die postum von F. Brein
herausgegebenen ›Athletischen Leibesübungen der Griechen‹
(Bd. 1 1965, Bd. 2 1968) illustrieren in eindrucksvoller Weise das
Gelingen des Versuchs, die neu erschlossenen Quellen, die
Krause und Grasberger noch nicht zur Verfügung standen, für

die Sporthistorie zum Fließen zu bringen. Darüber hinaus verdient Jüthners Werk insofern noch besondere Beachtung, als darin auch der nichtgriechische Sport bei den Völkern der Alten Welt erstmals etwas ausführlicher behandelt wird, freilich primär zu dem Zwecke, einen Hintergrund für die griechischen Schöpfungen auf diesem Gebiet zu schaffen; oder genauer: um zeigen zu können, daß der Ursprung der Leibesübungen bei den Hellenen zu suchen — und zu finden sei. Zwar fehlt darin noch eine Behandlung des Sports bei den Naturvölkern, doch die Leibesübungen der vorgriechischen Bevölkerung, in Ägypten und Mesopotamien sowie der Römer, Etrusker und Illyrer werden auf knappem Raum dargestellt.

Im Rahmen der oben erwähnten realienkundlichen Arbeiten zur Sportgeschichte ist auch auf die zahlreichen RE-Artikel aus der Feder des Archäologen und Philologen Emil Reisch (1863 bis 1933) hinzuweisen, der offenbar als Sachbearbeiter für Agonistik in den ersten Bänden der RE fungierte (vgl. besonders Agon, Agonothetes, Athletai, Athlon, Athlothetes, Dreifuß; eine vollständige Aufzählung bei C. Praschniker, Jahresbericht über die Fortschritte der klassischen Altertumswissenschaft Bd. 249, 1935, S. 35—49) und der ebenso wie Jüthner längere Zeit an der Universität Innsbruck gelehrt hat.

Aus heutiger Sicht läßt sich wohl sagen, daß mit derartigen realienkundlich orientierten Studien das neuhumanistische Geschichtsbild des späten 18. und des 19. Jahrhunderts seine erste große Erschütterung erfahren hat. Man hat angesichts der von der Altertumskunde ausgehenden neuen Impulse und der gesamten Forschungssituation für die Sportgeschichte neuerdings treffend für die Zeit von etwa 1830 bis 1910 „im wesentlichen zwei Gruppen von Interpretationsansätzen" herausgestellt, und zwar die 'turnphilologischen' mit ihren exakt geführten altertumskundlichen Studien, wie sie etwa Jüthner, aber auch schon Krause repräsentierten, und „zum anderen eine von Begeisterung für den jungen Sport bestimmte klassizistische Richtung,

bei der gewisse Wunschvorstellungen die Interpretationen bestimmten" (W. Körbs, Interpretationsansätze der antiken Gymnastik und Agonistik, aus: Fachtagung vom 15. bis 17. 12. 1967
anläßlich des 20jährigen Bestehens der Deutschen Sporthochschule Köln, S. 9).

Von einer Überwindung dieser im Grunde doch einseitigen
Interpretationen des Griechensportes kann aber heute noch
nicht die Rede sein. Dazu bedarf es der Vergleichenden Geschichtswissenschaft mit ihrer universalhistorischen Betrachtungsweise und vor allem ideologiekritischer Arbeiten, die das
im deutschen Schrifttum häufig zu beobachtende Klischee vom
'agonalen' Griechentum analysieren, um dabei die Idealisierun-
gen und Typisierungen des hellenischen Volkes, die mit der
Wiedereinrichtung der Olympischen Spiele durch Baron Pierre
de Coubertin (1863—1937) im Jahre 1896 neuen Auftrieb beka-
men, als solche bloßzustellen.

Neben dem deutschen Beitrag zur Sporthistorie ist vor allem
das Verdienst der angelsächsischen Forschung auf diesem Gebiete herauszustellen. Hier gilt besonders E. Norman Gardiner
(1864—1930) aus Oxford als einer der entscheidenden Wegbereiter, dessen umfangreiche Darstellung ›Greek athletic sports
and festivals‹ (1910), was die altertumswissenschaftliche Forschung anlangt, auf deutschen Veröffentlichungen (insbesondere auf Krauses Arbeiten) basiert, mit der Begründung: "there
is no existing work in English on the subject" (a. a. O. S. VII).
Darüber hinaus wird aber, im Unterschied zu den damaligen
Forschungen, den Erkenntnissen, die aus der Entwicklung des
modernen Sportes, vor allem der Leicht- und Schwerathletik,
gewonnen wurden, besondere Aufmerksamkeit geschenkt und
damit das Verständnis des Griechensportes sehr gefördert. In
seiner zwanzig Jahre später auf der Grundlage des oben genannten Werkes herausgebrachten Zusammenfassung ›Athletics of
the ancient world‹ (1930, ND 1967) hat dann Gardiner in einem
Einleitungskapitel auch den Sport in Ägypten, Kreta, ja sogar in

China und Japan in knapper Form behandelt, um "the traces of athletics to be found among other peoples of the ancient world" (a. a. O. S. V) zeigen zu können. Gardiners sporthistorische Forschungen finden in H. A. Harris (gestorben 1974) einen bedeutenden Fortsetzer, der die von der deutschen Forschung lange vernachlässigten Beobachtungen und Einsichten moderner Trainer und Sportler in gleicher Weise in die Sportgeschichte zu integrieren versucht. In seinen beiden heute zur Standardliteratur zählenden Veröffentlichungen über ›Greek athletes and athletics‹ (1964) und ›Sport in Greece and Rome‹ (1972) konzentriert sich der englische Autor allerdings wieder ausschließlich auf die griechische bzw. griechisch-römische Antike. In diesem Zusammenhang sind auch andere für die Geschichte des Sports bemerkenswerte Leistungen hervorzuheben: So die sporthistorisch relevanten Beiträge zur Epigraphik von L. Robert, R. Merkelbach und L. Moretti und die Arbeiten von E. Mehl, der zuweilen unter welthistorischer Perspektive schreibt, sowie von J. Ebert und H. W. Pleket, die allesamt mit ihren zahlreichen Einzelstudien aufgrund ihrer profunden Vertrautheit mit den Arbeitsmethoden der Altertumswissenschaft entscheidend zum besseren Verständnis des Sportes vorzugsweise im Altertum beigetragen haben.

Seit der Gelehrtengeneration von Jüthner und Gardiner, mit denen die scharfen Konturen der nationalen sporthistorischen Forschung allmählich zu verschwinden beginnen, läßt sich auch in zunehmendem Maße die wissenschaftliche Einbeziehung des Sportes der nichtgriechischen Völkerschaften der Alten Welt sowie der Naturvölker beobachten. Für den deutschsprachigen Raum bezeugen diese Ausweitung des Blickwinkels die zwei von G. A. E. Bogeng herausgebrachten Bände einer ›Geschichte des Sports aller Völker und Zeiten‹ (1926), ein Werk, das man als eine aneinanderreihende, 'additive' Weltgeschichte des Sports bezeichnen könnte, da die von einzelnen Autoren verfaßten Beiträge weitgehend zusammenhanglos nebeneinanderstehen. Mit anderen Absichten hat der Holländer Johan Huizinga (1872 bis 1945) seine berühmt gewordene kulturgeschichtliche Analyse von Spiel und Wettkampf, das Werk ›Homo ludens‹ (1938), abgefaßt (vgl. unten S. 16), in welchem das spielerische Verhalten insbesondere in archaischen Gesellschaften dargestellt wird. Ebenfalls unter welthistorischem Aspekt haben der Belgier H. de Genst eine ›Histoire de l'éducation physique‹ (1949) und die Amerikaner D. B. van Dalen, E. D. Mitchell und B. L. Bennett ›A world history of physical education‹ (1953) veröffentlicht; bald darauf hat auch C. Diem seine ›Weltgeschichte des Sports‹ (1960) vorgelegt, doch können diese Werke wegen ihrer z. T. positivistischen Konzepte nicht allen Anforderungen einer heute häufig postulierten, methodisch konsequenten Universalgeschichtsschreibung entsprechen.

Von der Grundposition her klar ideologisch fixiert ist die nur teilweise universal angelegte Behandlung der ›Körperkultur der frühen Epochen der Menschheitsentwicklung‹ (1969) von Gerhard Lukas, für den es „primäre Aufgabe jeder marxistischen Darstellung der Körperkultur sein [muß], sie in das jeweilige sozialökonomische Bildungsgeflecht einzubetten, um Klassengebundenheit und Strukturwandlungen aus dem historischen Gesamtprozeß verständlich machen zu können" (a. a. O. S. 7). Ähnlich, wenngleich von anderen ideologischen Voraussetzungen ausgehend, denkt Horst Ueberhorst, der Herausgeber einer im Konzept an der ›Historia Mundi‹ orientierten sechsbändigen ›Geschichte der Leibesübungen‹ (seit 1972), der unter der „universalhistorischen Betrachtungsweise" mehr als bloß die Berücksichtigung nur eines historischen Teilaspektes versteht: „Denn nur im Zusammenhang mit der Kultur-, Sozial- und Wirtschaftsgeschichte, mit dem Politischen im weitesten Sinne" (in: Die Leibesübungen 17 [1966], S. 9), kann eine Geschichte der Leibesübungen in ihrer globalen Bedeutung erfaßt und betrieben werden. Gegen Ueberhorsts Projekt wurden neuerdings wiederum prinzipielle methodische Bedenken vor allem von

M. Lämmer und W. Decker (Kritische Bemerkungen zu einer
Geschichte der Leibesübungen, in: Sportwissenschaft 2 [1972],
S. 312—322, ferner 4 [1974], S. 195—201) angemeldet (vgl.
dazu die Stellungnahmen von H. Ueberhorst und P. Sendlak,
in: Sportwissenschaft 3 [1973], S. 79 — 86 und 4 [1974],
S. 201—204). Die beiden in Köln tätigen Gelehrten kommen
aus dem von C. Diem gegründeten, im Bereich der Geschichtswissenschaft allerdings von W. Körbs weitgehend neu orientierten ›Historischen Seminar der Deutschen Sporthochschule
Köln‹, [heute: Institut für Sportgeschichte] an dem mit bemer-
kenswertem Einsatz heute an einer umfassenden Dokumentation zur Gymnastik der griechisch-römischen Antike, insbesondere der epigraphischen, papyrologischen und numismatischen
Zeugnisse, gearbeitet wird. Natürlich wird an diesem For-
schungszentrum aber auch dem Sport anderer Völker der Alten
Welt große Beachtung geschenkt. Insbesondere der altägyptischen (W. Decker) und altisraelitischen Kultur (M. Lämmer)
wird dabei ein bevorzugtes Interesse eingeräumt (vgl. dazu und
zu weiteren Vorstudien zum Verständnis des Sports bei den frühen Hochkulturen unten S. 53 ff.). Ein weiteres Zentrum der
sporthistorischen Forschung, das sich besonders auf die Verhältnisse bei den Naturvölkern und auf die Völker der Alten
Welt konzentriert, befindet sich an der University of Alberta
(Edmonton, Kanada). Die dort in den letzten 20 Jahren verfaßten Studien erweisen sich in erster Linie als Quellensammlungen,
denen allerdings das Manko anhaftet, daß deren Verfasser zumeist aus zweiter oder dritter Hand schöpfen, d. h. diese Arbeiten basieren nicht, wie beispielsweise die Kölner Publikationen
oder jene von B. Biliński, R. Patrucco, H. W. Pleket und L. Robert — um nur einige der bedeutenden Einzelleistungen hier anzuführen — auf den Methoden der historisch-philologischen
Quellenkritik.

Literatur: Ein wissenschaftsgeschichtlicher Überblick über die Erforschung
des Sports bei den Völkern der Alten Welt fehlt bis heute. Da sich nicht nur

der Sport, sondern auch die Theorie, die sich damit befaßt, in den letzten
zwei Jahrhunderten gelegentlich als Instrument für politische und ideologische Zielsetzungen erwiesen hat und außerdem das Urteil über die Agonistik und Gymnastik bei den Hellenen stark von klassizistischen und neu-
humanistischen Tendenzen bestimmt war (und teilweise noch ist), hat die
Sporthistorie einen dringenden Bedarf an ideologiekritischen Untersuchungen. Zum Beginn der wissenschaftlichen Beschäftigung mit dem Griechensport vgl. die oben S. 2 genannte Arbeit von J. Ebert; zu J. Jüthner
oben S. 6 f. Eine knappe Einführung in dieses Problem bieten
H.-G. John, Zum Strukturverständnis in der Sporthistorie. Ein Beitrag
zur Entwicklung der sportgeschichtlichen Betrachtungs- und Darstel-
lungsweise, in: Signale der Zeit. FS Josef Recla 1975, S. 70 ff. und vor allem
die oben S. 8 genannte Arbeit von W. Körbs. Des weiteren: F. Begov, Zum Problem einer Sporthistoriographie, in: Die Leibeserziehung
1970, S. 181—185, und H. Ueberhorst, Perspektiven einer Geschichte
der Leibesübungen, in: Die Leibesübungen 17 (1966), S. 10—15. U. Popplow, Wozu Sportgeschichte?, in: H. Nattkämper (Hrsg.), Sportwissenschaft im Aufriß (1974), S. 22—29; E. Niedermann, Warum Sportgeschichte?, in: Leibesübung und Leibeserziehung 3 (1972), S. 50—55;
ders., Die Begegnung mit normativen Strukturen als sporthistorische Fragestellung. Ein didaktischer Beitrag zur Sportgeschichte, in: HED
S. 534—545; A. J. Bucher, Hat Sport Geschichte?, in: Stadion 2 (1976),
S. 140—154. — H. Eichberg, Zur historisch-kulturellen Relativität des
Leistens in Spiel und Sport, in: Sportwissenschaft 6 (1976), S. 9—34; R. D.
Mandell, The invention of sports record, in: Stadion 2 (1976),
S. 250—264. Der in den beiden zuletzt genannten Arbeiten vertretenen
Auffassung, daß die Quantifizierung sportlicher Leistungen ein Novum der
industriellen Gesellschaft darstelle, sind D. Krüger—A. Ito, in: Stadion
3 (1977), S. 244—252, entgegengetreten; vgl. dazu wiederum die Repliken
der Betroffenen a. a. O. S. 253—257. D. H. Morrison, A rationale for
the development of comparative physical education (M. A. Thesis Univ. of
Alberta, Edmonton 1967). B. L. Bennett — M. L. Howell — U. Simri, Comparative physical education of Sport (1975). — Ein für die sporthistorische Forschung der Gegenwart charakteristisches Opus stellt m. E.
der Kongreßbericht der 4. HISPA-Tagung in Leuven (1975) dar: R. Ren-
son — P. P. de Nayer — M. Ostyn (Hrsg.), The history, the evolution
and diffusion of sports and games in different cultures [= HED] (1976); vgl.
dazu meine Rezension in: Stadion 3 (1977), S. 177—180. Zur Wissenschaftsgeschichte darin H. Bernett, Sportgeschichte als Problemge-
schichte, in: HED S. 546—556; H.-G. John, Studie zur universalge-
schichtlichen Betrachtungsweise in der Sportgeschichtsschreibung, in:

HED S. 557—569. — Eine kurze Stellungnahme zur gegenwärtigen Situation in der Sportgeschichte bietet auch H.-E. Rösch, Sportgeschichte, in: H.-E. Rösch (Hrsg.), Einführung in die Sportwissenschaft (1978), S. 32—41. — Zum Agonalen vgl. unten S. 82 f., 87; zur sporthistorischen Erforschung der Naturvölker unten S. 19 ff. und der frühen Hochkulturen unten S. 53 ff.

II. SPORT BEI DEN NATURVÖLKERN

CHRISTOPH ULF

1. Theorien zum Ursprung von Sport und Spiel

Der Registerteil ethnologischer Werke enttäuscht, wenn man nach dem Stichwort 'Sport' sucht. Meist scheint es nicht auf, oder die dazugehörigen Verweise sind dürftig. Der Grund dafür ist in der in der neuesten ethnologischen Literatur fast allgemein konstatierten Tatsache zu suchen, daß das Interesse der Ethnologen bisher in erster Linie anderen, 'wichtigeren' kulturellen Phänomenen gegolten hat, im besonderen den religiösen und sozialen Verhältnissen. Werden Tätigkeiten sportlicher Natur berücksichtigt, dann sind sie fast ausschließlich unter den Stichworten 'Spiel, play, game, jeu . . .' aufzufinden. Man ging nämlich von der Auffassung aus, daß Sport mit Spiel gleichzusetzen oder (gemeinsam mit anderen Tätigkeiten) unter den Ausdruck Spiel zu subsumieren sei. Die Versuche, Spiel zu definieren, reichen wenigstens vom 18. Jh. (Kant, Schiller) bis zur Gegenwart. Immer von neuem möchte man das 'Wesen des Spiels' in den Griff bekommen. Da wir es beim Wort 'Spiel' mit einem historisch gewachsenen Ausdruck zu tun haben, sind die Ansätze, Spiel zu definieren, mit dem Vorverständnis desjenigen verbunden, der die Bedeutungsabgrenzung vornimmt. Das hat zur Folge, daß eine Definition nur dann (in sehr subjektiver Weise) zu befriedigen vermag, wenn die Vorstellungen und Wertungen vom Leser geteilt werden, die der Abgrenzung der mit dem Wort 'Spiel' verknüpften Phänomene zugrunde liegen.

Man sieht das Wesen des Spiels sehr oft im 'Anders-Sein' als das 'normale' Leben. Als seine Charakteristika werden genannt: die Nicht-Ernst-Sphäre des Spiels, sein Als-ob Charakter, seine Ungerichtetheit, Zweckfreiheit, sein Gegensatz zur Arbeit, seine jugendliche Dynamik, Regelhaftigkeit usw. Marxistische Wissenschaftler sehen das Wesen des Spiels (und mit ihm auch des Sports) in der Vorbereitung auf die im Arbeitsprozeß zur Anwendung kommenden Tätigkeiten.

Deutlich wird von einem Großteil der nicht marxistisch orientierten Forscher, weniger klar von marxistischen Autoren, hervorgehoben, daß für die spielerische und sportliche Betätigung ein Antrieb im Triebleben des Menschen zu suchen sei. Steht in der Betrachtung das Spiel im Vordergrund, dann wird der dafür als verantwortlich angesehene Trieb entsprechend benannt: entweder nur allgemein 'Antrieb aus der Vitalsphäre des Menschen' oder 'Bewegungsdrang', 'Drang zum Abbau von Kraftüberschuß' oder deutlich 'Spieltrieb'. Der so bezeichnete Trieb kann, da auch Sport als Spiel verstanden wird, zumindest zum Teil auch als Auslöser sportlicher Handlungen angesehen werden. Will man jedoch den Sport vom Spiel schärfer abgrenzen, dann wird ein für den Sport spezifischer Trieb mit Namen wie 'Lust am Wettkampf' oder 'Sporttrieb' angenommen.

Die beinahe allgemeine Übereinstimmung, daß Spiel wie Sport (was immer man darunter im einzelnen versteht; vgl. unten S. 16 ff.) eine Wurzel im Triebleben haben, führt zur Überlegung, ob und wie das Spiel des Menschen von spielartigen und sportähnlichen Verhaltensweisen von Tieren abzuheben sei. Vor allem von Ethologen wird betont, daß das Triebleben auch für den Menschen der grundlegende Antrieb sei (vgl. unten S. 41 f.). Für jene aber, die eine feste Grenze zwischen Mensch und Tier annehmen, kann im Triebleben nur eine von vielen Wurzeln für spielerisches und sportliches Verhalten des Menschen liegen, die in den Augen dieser Forscher zudem nur von untergeordneter Bedeutung ist. Deren Erklärungen konzentrieren sich auf den angeblich spezifisch menschlichen Bereich und beziehen sich, ohne die evolutive Entwicklung des heutigen Menschen aus dem Tierreich in Rechnung zu stellen, auf ein jeweils postuliertes 'Wesen' des dem Menschen eigenen Spiels/Sports.

Der schon erwähnte marxistische Erklärungsversuch hebt die nach dieser Auffassung das 'Wesen' des Menschen bildende Arbeit hervor, auf die das Spiel vorbereite. Nach Tylor sind Spiele gesunkenes Kulturgut *(survival)*, das von Kindern sinnentleert weiter bewahrt werde. Von zahlreichen Ethnologen und Sportwissenschaftlern wird die Meinung vertreten, daß jedes Spiel und daher auch jeder Sport seinen Ursprung ausschließlich im Kultischen habe. So meint man etwa, daß die Spiele bei Naturvölkern Nachbildungen urzeitlichen Geschehens (z. B. der Zeugung der Welt oder der Menschen) oder Abbild der jeweils geltenden Weltordnung seien (z. B. werde der Gegensatz zwischen Himmels- und Erdgöttern im Wettkampf der Menschen nachgespielt), oder daß durch die Abhaltung sportlicher Spiele (etwa durch das Tauziehen zwischen einer Männer- und einer Frauenmannschaft) auf dem Wege des Analogiezaubers Fruchtbarkeit oder Regen usw. herbeigeführt werden solle. Diesen Auffassungen steht die wissenschaftsgeschichtlich bedeutsame Behauptung von Huizinga gegenüber, daß das Wesen des Spiels unableitbar sei und die Grundlage für jede menschliche Kultur bilde. „Kultur beginnt nicht *als* Spiel und nicht *aus* Spiel, vielmehr *in* Spiel" (a. a. O. S. 78). Obwohl sich Kultur nach Huizinga nur in den „höheren Formen des Spiels", in Spielen „sozialer Art" (a. a. O. S. 14), die dem Menschen eigen seien, manifestiert, kommt die „unableitbare Qualität des Spielhaften" (a. a. O. S. 15) auch dem tierischen Leben zu. Dieses besitzt aber keine Kultur — ein Widerspruch, den der holländische Kulturwissenschaftler nicht auflöst.

Die Frage nach dem Ursprung von Spiel und Sport ist mit jener nach deren Funktion eng verquickt. Lassen das schon die bisher angeführten Ursprungstheorien erkennen, so wird dies bei jenen

Autoren noch deutlicher, bei denen die Beschäftigung mit den Funktionen des Spiels und (darin mit eingeschlossen) des Sports in den Vordergrund rückt.

Schon Schiller hielt den Abbau von Kraftüberschuß für die Funktion des Spiels, H. Spencer fügte dem den Gedanken hinzu, daß das Kind im Spiel durch die Nachahmung der Tätigkeiten des Erwachsenen lernen würde. K. Groos stellte besonders heraus, daß auf Instinkten oder Trieben basierende Handlungen eingeübt würden. Lazarus und Steinthal legten ihr Augenmerk auf den Erholungswert des Spiels. Nach S. Freud hätte es die Aufgabe, entstandenen Triebstau, Ängste und Konflikte abzubauen. Demgegenüber betonte K. Bühler, daß die Befriedigung der Lust am Ablauf instinkthafter Handlungen („Funktionslust") zu spielerischem Verhalten führe. Nach Bally wird durch das Spiel ein Freiraum gewonnen, der zur Verwirklichung der schöpferischen Fähigkeiten des Menschen genützt werden kann. In letzter Zeit untersucht man besonders unter dem Eindruck der Vielfalt spielerischer und sportlicher Erscheinungen in außereuropäischen Kulturen die sozialen Auswirkungen und Funktionen von Spiel und Sport genauer (vgl. unten S. 49ff.).

Überblickartige Darstellungen: H. S c h e u e r l, Theorien des Spiels ([10]1975); C. A l l e m a n n, Über das Spiel (1951); V. H a r m s, Der Terminus 'Spiel' in der Ethnologie (Diss. Hamburg 1969). — Mit kritischen Bemerkungen H. Ueberhorst, Ursprungstheorien, in: GL Bd. 1, S. 11—38; R. R e n s o n, Theories concernant l'origine des exercices physiques, in: 7. Intern. HISPA-Kongreß (Paris 1978), S. 325—336; J. M a i e r, in: W. B e r n s d o r f (Hrsg.), Wörterbuch der Soziologie ([2]1969), Sp. 1094—1096, Art. Spiel; H. K a m p h a u s e n, Traditionelle Leibesübungen bei autochthonen Völkern, in: GL Bd. 1, S. 73—80; L. M a l t e n, Leichenspiel und Totenkult, in: MDAI (R) 38/39 (1923/24), bes. S. 337—340. Die marxistische Position wird vertreten von: W. E i c h e l, Die Entwicklung der Körperübung in der Urgemeinschaft, in: Theorie und Praxis der Körperkultur 2 (1953), S. 14—33; G. L u k a s, Die Körperkultur S. 17—19; d e r s., Bemerkungen zu dem Artikel von W. E i c h e l, in: Theorie und Praxis der Körperkultur 2 (1953), S. 58—61; N. I. P o n o m a r e v, Some research problems of physical education in the early history of mankind, in: History of physical education

and sport. History Committee of the International Council of Sport and
Physical Education (Tokio 1974), S. 27—46. — Der Sport hat kultischen
Ursprung für: A. E. J e n s e n, Mythos und Kult bei Naturvölkern (1951),
S. 53—79; C. D i e m, Weltgeschichte des Sports und der Leibeserziehung
(³1970), S. 3 ff.; W. K ö r b s, Kultische Wurzel und frühe Entwicklung des
Sports, in: Studium generale 13 (1960), S. 11—21; K. H y e - K e r k d a l, Das
menschliche Spiel in der Völkerkunde, in: Die Leibeserziehung 7 (1957),
S. 193—199; W. H i r s c h b e r g, in: Wörterbuch der Völkerkunde (²1977),
S. 412—414, Art. Spiel; mit Einschränkungen auch H. D a m m, Vom We-
sen sog. Leibesübungen bei Naturvölkern, in: Studium generale 13 (1960),
S. 1—10; G. E i s e n, The role of women in ancient fertility cults and the ori-
gin of sports, in: NASSH Proceedings (1976), S. 97—101. — J. H u i z i n g a,
Homo Ludens (holl. 1938, dt. 1963). — H. W i e m a n n, Die Phylogenese
menschlichen Verhaltens im Hinblick auf die Entwicklung sportlicher
Betätigung, in: GL Bd. 1, S. 48—63; ethologische Literatur siehe unten
S. 42 ff.

Wie sich zwischen Sport (oder Körperübung, Leibesübung)
und Spiel keine eindeutige Abgrenzung treffen läßt, ist auch eine
klare Scheidung von Sport und Arbeit oder von Sport und
Kampf kaum möglich. Bernett spricht daher von einer unein-
heitlichen Erscheinung, die zwischen den Phänomenen Spiel,
Kampf und Arbeit fluktuiere, was zur Unsicherheit in der Theorie des Sports führe (Bernett a. a. O. S. 212). Unabhängig davon, in welchem dieser oder auch beliebig anderer Bereiche
(etwa Tanz oder Jagd) man den Sport besonders stark angesiedelt
sehen möchte, treten zwei Charakteristika hervor, auf die wir
uns in Anlehnung an Bernett im folgenden stützen werden: Das
Streben nach zunächst vorwiegend physischer Leistung und der
Leistungsvergleich im Wettkampf. Es ist nicht beabsichtigt, auf
die Diskussion um das 'Wesen des Sports' näher einzugehen —
wir würden auf ähnlich gelagerte methodische Schwierigkeiten
stoßen wie beim Versuch der exakten Bestimmung von Spiel
(vgl. dazu auch unten S. 50 f.). Im folgenden wird daher nur eine
Auswahl an spielerisch-sportlichen Phänomenen geboten werden, die im wesentlichen an den beiden Kriterien, aber ohne
starre Grenzziehung, orientiert ist.

Zum Grundsätzlichen und Methodischen vgl. H. Ueberhorst, Ursprungstheorien, in: GL Bd. 1, S. 11f.; H. Bernett, in: P. Röthig (Hrsg.), Sportwissenschaftliches Lexikon (²1974), S. 212, Art. Sport, S. 261, Art. Wettkampf; H. Geyer, in: Wörterbuch der Soziologie (²1969), Sp. 1099—1103, Art. Sport; überall weiterführende Literatur.

2. Beschreibung der Sportarten

Der Sport bei Naturvölkern weist einen überaus großen Formenreichtum auf. Dieser Eindruck entsteht, obwohl es keine größere Zusammenfassung der Sportarten gibt. Auch das Vorhaben, diese in ihrer Gesamtheit zusammenzustellen, dürfte kaum durchführbar sein, weil den vorliegenden Erwähnungen über sportliches Verhalten sehr oft der Charakter der Zufälligkeit anhaftet und es beinahe unmöglich erscheint, die zahlreichen und weit verstreuten Notizen zu erfassen. Zudem unterliegen auch rezente Primitivvölker kulturellen Veränderungen, so daß früher existierende Zustände nicht mehr oder nur mehr in Resten beobachtbar sind. Obwohl man in den letzten Jahrzehnten dem Sport mehr Aufmerksamkeit widmete, was u. a. zum Entstehen mehrerer monographisch angelegter Arbeiten führte, sind auch nur einigermaßen genaue Angaben über die Verteilung, den Grad der Intensität und den Anlaß der Ausübung einzelner Sportarten kaum möglich. Noch weniger sind Urteile über die Vorliebe oder Abneigung einer größeren sprachlichen oder ethnischen Einheit oder gar eines ganzen Kontinents berechtigt zu fällen, wie das gelegentlich in der ethnologischen und sporthistorischen Literatur getan wird.

Der im folgenden gegebene Überblick ist daher nicht nur wegen des einführenden Charakters dieses Buches nicht mehr als ein Einblick in die Vielfalt des Sports bei Naturvölkern. Auch die Literaturangaben sind nur als Hinweise zu verstehen und keinesfalls vollständig.

2.1   Grundsportarten

Die Grundformen menschlicher Bewegung werden auf der ganzen Welt zum Anlaß für sportliche Wettkämpfe genommen. Dazu im folgenden einige Beispiele.

2.1.1 Der Lauf

Häufig wird in der ethnologischen Literatur von Wettläufen über eine bestimmte *Distanz* ('Kurz- und Mittelstrecke') berichtet. Wir hören aber auch von *Hindernis-* und *Dauerläufen*. Besonders die Ausdauerleistungen sind auffallend. So laufen z. B. die Tarahumara, ein mexikanischer Indianerstamm, Strecken bis zu 200 und mehr Kilometern. Die Läufe sind durch das Stoßen eines Balles zusätzlich noch erschwert.

Der sog. Klotzlauf bei den Jê-Indianern in Zentralbrasilien führt über 5 bis 12 Kilometer. Die Läufer müssen Holzklötze mittragen, die bei den verschiedenen Gelegenheiten, an denen dieser Wettbewerb durchgeführt wird, unterschiedliche Größe, Gewicht und Aussehen aufweisen. Das Wettrennen wird zu Beginn der Regen- oder Trockenzeit, im Rahmen des Initiationsritus und bei der Rückkehr von der Jagd ins Dorf oder auch als Heiratsprobe ausgetragen. Meist sind die Teilnehmer in zwei Gruppen, die der sozialen Gliederung des jeweiligen Stammes zu entsprechen scheinen, geteilt. Die Läufer bilden dann eine Stafette. Das Zuschauerinteresse ist groß. Gelangt der Wettbewerb innerhalb magisch-religiös geprägter Feiern (z. B. Fruchtbarkeitsriten) zur Austragung, wird zwar die Siegerpartei ermittelt, es wird ihr aber nicht mehr Aufmerksamkeit als den Verlierern zuteil. Ist der Lauf nicht in ein magisch-religiöses Ritual eingebunden, dann reagieren die Zuschauer 'gewohnt': der Sieger oder die Siegerpartei wird umjubelt und geehrt.

Im folgenden wird bei der Darstellung der Sportarten auf derartige Einzelheiten nicht eingegangen werden können. Es sollten aber an einem Beispiel einige der Aspekte angedeutet werden, die bei der Beschreibung eines sportlichen Ereignisses bei einem Naturvolk zu berücksichtigen wären. Hinweise auf die vielfältigen Verankerungen des Sports im jeweiligen Kulturzusammenhang bieten die Abschnitte unten 3 und 4 S. 38 ff.

Dauerlauf: G. K o c h , Die materielle Kultur der Ellice-Inseln (1961), S. 154; H. E i c h b e r g , Spielverhalten und Relationsgesellschaft in West Sumatra, in: Arena (= Stadion) 1 (1975), S. 11; C. D i e m , Weltgeschichte des Sports und der Leibeserziehung (³1970), S. 15 f., 45, 86, 89; K. W e u l e , Ethnologie des Sports, in: G. A. E. Bo g e n g , Geschichte des Sports aller Völker und Zeiten (1926), Bd. 1, S. 7, 10, 13. — *Hindernislauf, Lauf mit Last*: V. D a g n y - S t ä h l e , Klotzrennen brasilianischer Indianer (Diss. Frankfurt 1969), K. H y e - K e r k d a l , Wettkampfspiel und Dualorganisation bei den Timbira Brasiliens, in: Die Wiener Schule der Völkerkunde. FS anläßlich des 25 jährigen Bestandes des Institutes für Völkerkunde der Universität Wien (Wien 1954), S. 504; K. G. J o n e s , Games and physical activities of the ancient Polynesians and relationships to culture (Diss. Edmonton 1967), S. 10 ff.; S. M e n d n e r , Das Ballspiel im Leben der Völker (1956), S. 35; D i e m a. a. O. S. 88; S. C u l i n , Games of the North American Indians, in: Annual Report of the Bureau of American Ethnology 24 (Washington 1903), S. 665 ff.; d e r s ., Hawaian games, in: AmA 1 (1899), S. 211. — *Distanzläufe:* R. J a n s s e n , Spiele in Mikronesien (Diss. Bonn 1971), S. 87; D a g n y a. a. O. S. 220; T. S. B a r t h e l , Spiele der Osterinsulaner, in: Beiträge zur Völkerforschung. H. Damm zum 65. Geb. hrsg. v. D. D r o s t / W. K ö n i g (1961), S. 38; G. K u t s c h e r , Chimu (1950, ND 1977), S. 84; H y e - K e r k d a l , Wettkampfspiel S. 512 f.; H. D a m m , Die gymnastischen Spiele der Indonesier und Südseevölker. 1. Teil: Die Zweikampfspiele (1922), S. 64 f.; W e u l e a. a. O. S. 9; D i e m a. a. O. S. 73 f., 77; C u l i n , in: AmA 1, S. 210 f.; H. F i s c h e r , Spiele der Wotut (Ost-Neuguinea), in: D. D r o s t / W. K ö n i g (Hrsg.), Beiträge zur Völkerforschung (1961), S. 149.

2.1.2 Springen und Klettern

Die Zahl der Berichte über diese Sportarten ist geringer als jene über den Lauf. *Hoch-* und *Weitsprung* werden mit und ohne Anlauf ausgeführt. Auffallend ist die Hochsprung-Leistung der Watussi, die mit einem Termitenhaufen als Absprunghilfe Höhen bis zu 2,5 m überqueren; die Watussi-Knaben müssen angeblich die eigene Körperhöhe überspringen, erst dann werden sie für erwachsen erklärt (Weule a. a. O. S. 13; kritisch dazu Reutler a. a. O. S. 50 ff.). Die Sprunghöhe legt man durch ein quergespanntes Seil, einen Balken, durch die Markierung an einem Baum usw. fest. Auch ein Hindernis oder ein Tier können zur Angabe der Sprunghöhe dienen.

Auch das *Klettern* wird von Naturvölkern wettkampfmäßig durchgeführt. In der Literatur wird die Fertigkeit der Australier im Baumklettern hervorgehoben (Meinhard [vgl. unten S. 28] S. 267), die Osterinsulaner schätzen Kletterleistungen in den Riffen der Insel sehr (Barthel a. a. O. S. 39), von den Kaingang in Zentralbrasilien heißt es, daß Klettern ihr 'Nationalsport' sei (Dagny a. a. O. S. 19).

> *Hochsprung:* Janssen a.a.O. S.87; H. F. Kauffmann, Die Spiele der Thadou-Kuki in Assam, in: ZfE 73 (1941), S. 43 ff.; A. Kayser, Spiel und Sport auf Noaero, in: A 16/17 (1921/22), S.699 f.; Damm, Spiele S.65; J. G. Frazer, The Golden Bough (³1912, ND 1976) Teil 5, Bd. 1, S.98; Janssen a.a.O. S.89; K. Reutler, Über die Leibesübungen der Primitiven (Diss. Rostock 1939). — *Weitsprung:* Koch, Ellice S.156; H. Eichberg a.a.O. S.21 f.; Diem a.a.O. S.89.

2.1.3 Ringen und Faustkampf

Beide Sportarten sind in vielfältigen Variationen mit oder ohne ausgefeiltes Regelsystem bekannt. Gut sind z. B. die *Ringkämpfe* der Nuba dokumentiert. Man ringt hier und auch anderswo bei großen Festen wie auch spontan ohne jede besondere

Vorbereitung. Was Janssen für Mikronesien feststellt, gilt auch für die Kämpfe in anderen Gegenden der Erde: „Tatsächlich ist die Skala weit, was den Charakter der Ringkämpfe anbelangt. Sie reicht vom Ringkampf als Spiel mit heiterer Note, an dem sich die Zuschauer erheitern . . . bis zum Ringkampf als einem ernsten Austrag von Ehrenhändeln . . . Ringen als Teil eines religiösen Festes . . . und Ringen manchmal nach Geburten 'aus Freude über das Ereignis' . . . sowie Ringen zweier Ortschaften als Wettkampf vor dem König . . . werden berichtet" (a. a. O. S. 91). Ein Beispiel für die letztgenannte Form stellen die Kämpfe der Kassanga in Westafrika mit einem ihrer Nachbarvölker dar. Sie werden mit einem Herausforderungsritual eingeleitet, bei dem sich die Ringer, nackt bis auf den Ringschurz, gegenseitig mit Worten reizen. „Alle Griffe, mit Ausnahme solcher auf die Geschlechtsteile oder des Austeilens von Schlägen, waren erlaubt" (Bernatzik a. a. O. S. 54). Wer am Boden liegt, hat verloren. Die Entscheidung darüber, ob ein Kampf unentschieden bleibt, obliegt eigenen Schiedsrichtern. Jedes Paar tritt zweimal gegeneinander an. Die beiden Parteien führen über die Anzahl der Siege genau Buch.

Von der Insel Yap in Mikronesien wissen wir über den Ablauf eines Ringkampfes insofern noch genauer Bescheid, als man dort „neun einheimische Bezeichnungen für verschiedene Situationen im Kampf" (Janssen a. a. O. S. 91) feststellen konnte. Überall auf der Welt gilt der als besiegt, der den Boden berührt oder auf die Schultern zu liegen kommt, es sei denn, man ringt im Wasser (Damm, Spiele S. 8, 14).

Ebenfalls umfangreiche Nachrichten besitzen wir über den *Faustkampf.* Man kämpft mit oder ohne Boxhandschuhe (als Schutz oder als Angriffswaffe); meist gelten wie beim Ringen genaue Regeln. Die Kampfweise der Polynesier auf Tongatabu beschreibt Damm: Die Kämpfer gehen seitlich aufeinander los, „sie wechseln mit jedem Schritt die Stellung. Dabei ist ein Arm vorwärts, der andere rückwärts gestreckt. [Die] Faust [ist] mit

Schnur umwickelt, manchmal auch ganz gepolstert, um sich die
Finger nicht auszurenken. Die Schläge werden nach dem Kopf
und nach den Seiten des Leibes geführt. Sie wechseln die Seiten
und schlagen mit der einen wie der anderen Faust zu. Sie drehen
sich auf der Ferse in dem Augenblick herum, wo sie den Gegner
getroffen haben" (a. a. O. S. 22). Sieger wird der, der den anderen zu Boden schlägt oder dessen Schläge nicht mehr erwidert
werden.

Die Grenze zwischen Faust- und Ringkampf ist im Sport der
Naturvölker nicht überall in 'europäischer Weise' gezogen. 'Ab-
arten' des Ringens, wie Beinringen (man hakt das eigene Bein bei
dem des Gegners ein und versucht, ihn zu Fall zu bringen) oder
Daumen- bzw. Handringen (Niederdrücken der Hand des Gegners bei aufgestütztem Ellenbogen) sind häufig. Im sportlichen
Wettbewerb versucht man auch, das gestreckte gegnerische Bein
mit dem eigenen abzubiegen, oder man schlägt sich gegenseitig
mit der Faust oder dem Fuß gegen die Wade oder, auf dem Boden sitzend, gegen die Lenden. „Jiu-jitsu-artige, waffenlose
Abwehrgriffe" (Koch, Gilbert-Inseln, S. 192) sind nicht nur im
ostasiatischen Raum, sondern auch auf den Gilbert-Inseln in
Mikronesien bekannt.

Zum *Ringkampf*: H. A. B e r n a t z i k , Aethiopen des Westens (1933) Bd. 1,
S. 97, 113 f.; D a g n y a. a. O. S. 220, 264; K o c h , Ellice S. 155; D a m m ,
Spiele S. 4—16 gibt genaue Beschreibungen von Kampftechniken und ver-
sucht, im Südseeraum Kampftypen zu unterscheiden; L. R i e f e n s t a h l ,
Die Nuba (1974), S. 124 ff.; J. I t t m a n n , Spiele der Stämme rings um die
Ambasbucht, in: Afrika und Übersee 43 (1959/60), S. 40 f.; A. K a y s e r , in:
A 16/17 (1921/22), S. 695 ff.; H. E. K a u f f m a n n , in: ZfE 73 (1941), S. 41 ff.;
O. B u n z e n d a h l , Über sportliche Kämpfe und gymnastische Spiele in
Alt-Tahiti, in: Veröffentlichungen des Deutschen Kolonial- und Übersee-
museums Bremen 1 (1935), S. 285 f.; D i e m a. a. O. S. 57, 77, 84 f.; W e u l e
a. a. O. S. 30 ff.; S. C u l i n , in: AmA 1 (1899), S. 208 f.; G. C a t l i n , Die
Indianer Nordamerikas (engl. 1851, ND o. J.), S. 313; E. F i s c h e r , Der
Wandel der ökonomischen Rollen bei den westlichen Dan in Liberia (Stu-
dien zur Kulturgeschichte 21, 1967), S. 99 f., 176—179. — Zum *Faustkampf:*
A. K a y s e r , in: A 16/17 (1921/22), S. 697 f.; D a m m , Spiele S. 22—28;

W. Kaudern, Games and dances in Celebes (1929), S. 32; Janssen
a. a. O. S. 93; Barthel a. a. O. S. 40; Diem a. a. O. S. 85, 94; Weule
a. a. O. S. 35 f.; Culin, in: AmA 1 (1899), S. 207 f. — *Mischformen:*
Damm, Spiele S. 8 f., 14, 24; Janssen a. a. O. S. 92; Koch, Ellice S. 157;
G. Koch, Die materielle Kultur der Gilbert-Inseln (1965), S. 192;
W. Kaudern, Games S. 33 ff.; Diem a. a. O. S. 84, 94; Weule a. a. O.
S. 34 ff.; Culin, in: AmA 1 (1899), S. 210; F. Grabowsky, in: Glo-
bus 73 (1898), S. 377.

2.2 Sportarten mit Geräten

2.2.1 Zieh- und Schiebekämpfe

Sehr beliebt sind bei Naturvölkern Zieh- und Schiebekämpfe.
Meist kämpft man in Mannschaften gegeneinander. Die Verbindung zwischen den schiebenden oder ziehenden Parteien stellt
ein Stock oder ein Seil her. Auf den polynesischen Ellice-Inseln
wird zum Tauziehen „ein Seil aus geflochtenen Kokosfasern . . .
benutzt, das etwa 10 ngafa (rund 18 m) lang und dessen Mitte
schwarz markiert ist (mit einem Stück angekohlter Kokosnuß-
hülle vom Erdofen). An jeder Seite zieht dann die gleiche Anzahl
von Frauen (etwa fünf). Da ein Stab in den Boden gesteckt ist,
auf dessen Position die Mittelmarkierung des Seiles zunächst gehalten wird, ist leicht zu entscheiden, daß eine Partei gewonnen
hat, sobald die Markierung ein entsprechendes Stück seitwärts
vom Stab sichtbar wird" (Koch, Ellice S. 154). Der Schiebe-
kampf kann zu einer Art von Drängelkampf werden, wenn sich
die Kontrahenten direkt gegenüberstehen. Bei den Warrau etwa
(im ehemaligen British Guyana) sind Seil bzw. Stock durch
Schilde ersetzt, und die beiden Männer, keine Mannschaften,
„suchen sich gegenseitig von ihrem Platz zu verdrängen oder
auch zu Fall zu bringen" (Weule a. a. O. S. 30). Auch zu den
Zieh- und Schiebekämpfen darf man die in der europäischen
Kultur nur mehr aus dem Brauchtum bekannten Wettbewerbe

im Fingerhakeln oder Nackenziehen rechnen, die in verschiedenen Variationen über die ganze Welt verbreitet sind (auch Rük-
ken gegen Rücken, Fußsohle gegen Fußsohle bei gleichzeitigem
Ziehen an einem Stock usw.).

Janssen a. a. O. S. 42—45; Koch, Ellice S. 154; Damm, Spiele S. 17 ff.;
Diem a. a. O. S. 18, 77, 92; Weule a. a. O. S. 29 f.; Kaudern, Games
S. 40 ff.; H. E. Kauffmann, in: ZfE 73 (1941), S. 46; S. Culin, in:
AmA 1 (1899), S. 210; V. Kunitz-Albertynski, Leibesübungen bei
den Eskimos, in: Leibesübungen und körperliche Erziehung 17/18 (1939),
S. 435; J. Ittmann, in: Afrika und Übersee 43 (1959/60), S. 50.

2.2.2 Schieß- und Schleuderwettbewerbe

Mit den bei Naturvölkern in Gebrauch stehenden Waffen
werden auch unblutige und sportliche Wettkämpfe ausgetragen:
z. B. im Bogenschießen, mit der (Stein-)Schleuder, dem Blas-
rohr oder dem Wurfbrett. Zur Feststellung des Siegers werden
die erreichte Weite oder die Treffsicherheit herangezogen.

Eine andere Form des Wettbewerbes ist der Zweikampf, bei
dem es darauf ankommt, den Geschossen möglichst geschickt
auszuweichen. Mit Ausnahme des Zweikampfes sind die Ziele
ein Baum, ein Pfahl, irgendein Tier (manchmal ein Vogel, der auf
einer Stange festgebunden ist) oder ähnliches. Von den nordamerikanischen Mandan-Indianern wird erzählt, daß einer ihrer
Wettbewerbe darin bestand, möglichst viele Pfeile gleichzeitig in
der Luft zu haben (Schnellschießen; Catlin a. a. O. S. 130).

Dagny a. a. O. S. 50, 220; Damm, Spiele S. 51 f.; W. Kaudern, Games
S. 119—134, 244—259; O. Bunzendahl a. a. O. S. 294 ff.; Culin,
Games S. 383 ff., 758 ff.; ders., in: AmA 1 (1899), S. 233; A. Kayser, in:
A 16/17 (1921/22), S. 694 f., 698; Diem a. a. O. S. 53; Weule a. a. O. S. 50;
Janssen a. a. O. S. 139; V. Kunitz-Albertynski a. a. O. S. 434.

2.2.3 Wurf- und Stoßwettbewerbe

Man wirft im Wettbewerb mit beinahe allen dafür geeigneten Gegenständen (Speer, Keule, Holzblock, Steinen, jeder Art von Früchten, Erde, ballähnlichen Gegenständen — auch mit mehreren Gegenständen gleichzeitig). Bedingt durch die Art des Sportgerätes wird entweder die Zielgenauigkeit oder die geworfene Weite gewertet. In den meisten Fällen wird das Geschoß mit der Hand geschleudert oder gestoßen. Die Ziele sind wie bei den Schießwettbewerben ein Baum, ein Pfahl, ein Ring oder ein Gegenstand, der in einiger Entfernung vor den Schützen vorbeigezogen (nachgeformtes Tier) oder vorbeigerollt (Scheibe oder Ring) wird. Auch Wurfwettbewerbe werden z. T. als Zweikämpfe ausgetragen.

Als ein Beispiel für die Vielfalt der Möglichkeiten sei ein Wettstreit der Osterinsulaner angeführt. In die Kalotte eines menschlichen Schädels bohrte man zwölf Löcher. Jeder Angehörige der zwei Parteien erhielt fünf Stäbe, die er in die Öffnungen zu werfen versuchte. „Das 'tuu' genannte Spiel fand vor einer großen Zuschauermenge statt... Hatte ein 'kio' (Stab) sein Loch getroffen, so erhob sich lärmender Beifall für die erfolgreiche Partei, während die Besiegten verspottet wurden" (Barthel a. a. O. S. 37). In diskuswurfähnlichen Bewerben sind Stein- und Holzdisken in Gebrauch. Die Wettbewerbsbedingungen entsprechen denen der anderen Wurfwettbewerbe. Die Wurftechnik ist unterschiedlich. Auf den Ellice-Inseln Polynesiens werfen die Männer kleine, dicke und runde Korallensteinscheiben „mit Hilfe eines darumgewickelten Blattstreifens..., dessen Ende um den Zeigefinger der Wurfhand gelegt war" (Koch, Ellice S. 162).

Bekannt in der Vielzahl der Wurfformen ist auch der Bumerangwurf. Dieses Wurfgerät, oft fälschlicherweise nur den Australiern zugeschrieben, dient in erster Linie als Sportgerät, kaum als Kampfwaffe. Andere, nicht zurückkehrende Wurfhölzer sind weltweit anzutreffen.

Damm, Spiele S. 38—56; Weule a.a.O. S. 15—23; H. D. Skinner, Bowling-discs drom New Zealand and other parts of Polynesia, in: Journal of the Polynesian Society 55 (1946), S. 243—262 (mit weiterführender Literatur); Culin, Games, S. 420 ff., 711 ff.; ders., in: AmA1 (1899), S. 233 f., 237; G. Catlin a.a.O. S. 120 f.; Kaudern, Games S. 114 f., 240 f.; V. Harms, Der Terminus 'Spiel' in der Ethnologie (Diss. Hamburg 1969), S. 151 ff.; M. A. Salter, An analysis of the role of games in the fertility rituals of the native North American, in: Internationales Seminar für Geschichte der Leibesübungen (Zürich 1973), 5, S. 5; Koch, Gilbert-Inseln S. 189 f.; ders., Ellice S. 161 ff.; Janssen a.a.O. S. 60—63; K. Trapp, Bantu-Spiele (Diss. Bonn 1960), S. 93 f.; K. G. Jones, Games and physical activities of the ancient Polynesians and relationships to culture (Diss. Edmonton 1967), S. 58 ff.; H. E. Kauffmann, L. G. Löffler, Spiele der Marma, in: ZfE 84 (1959), S. 242 ff.; H. E. Kauffmann, in: ZfE 73 (1941), S. 45 f.; J. W. Postma, Spiele der Bantus im südlichen Afrika, in: Leibesübungen und Leibeserziehung 10/10 (1956), S. 17; E. Köhler-Meyer, Spiele bei den Bali in Kamerun, in: Afrika und Übersee 39 (1954/55), S. 185 f., 190; J. Ittmann, in: Afrika und Übersee 43 (1959/60), S. 55—57; O. Bunzendahl a.a.O. S. 281; Mendner a.a.O. S. 21; R. Gardner, K. G. Heider, Dugum Dani. Leben und Tod der Steinzeitmenschen Neuguineas (1969), S. 64, 69; E. Meinhard, Die Leibesübungen der Australier, in: Leibesübungen und körperliche Erziehung 13/14 (1935), S. 268. Zu Bumerang und Wurfhölzern vgl. J. Lenoch, Wurfholz und Bumerang (Diss. Wien 1949); K. Hye-Kerkdal, Bewegungsanalyse als Qualitätskriterium, in: Wiener Völkerkundliche Mitteilungen 2/1 (1954), S. 134; Kaudern, Games S. 135—144, 230 f.

2.2.4 Fechten

Wie Werfen und Schießen trägt auch das Fechten Kampfcharakter. Man verwendet Stöcke, Keulen, auch Ruten, Schwerter oder Säbel (aus Holz oder Bambus), um den Gegner zu treffen, und kämpft auch gleichzeitig mit mehreren Waffen. Zur Schlagwaffe tritt meist ein eigenes Gerät, um den gegnerischen Schlag abzufangen (ein Stock oder ein Schild). Doch nicht immer versucht man, wie beim europäischen Fechten, die Schläge zu parieren. Zum Teil ficht man mit Kopfschutz und nach genauen

Regeln; nicht selten führen Schlagformen und Paraden eigene Namen und lassen dadurch eine Art von Fechtschule erkennen.

Damm, Spiele S. 29—38, 52—55, 75; Koch, Ellice S. 163; Diem a. a. O. S. 84, 96 f.; Weule a. a. O. S. 42—44; S. Culin, in: AmA 1 (1899), S. 208; O. Bunzendahl a. a. O. S. 282.

2.2.5 Ball und ballähnliche Gegenstände als Sportgerät

Ausführlich sind die Darstellungen von Ballspielen. Eingehende Untersuchungen liegen für das altmexikanische Ballspiel vor, die sich sehr stark auf archäologisches Material stützen müssen. Die Überlegungen zur Bedeutung dieses Ballspieles sind daher vielfach spekulativ. Das Spiel fand auf einem doppel-T-förmigen Platz statt, der von Mauern bzw. Grenzlinien umgeben war. Zwei Parteien stießen einen Kautschukball mit Gesäß, Hüfte oder Knien in die gegnerische Hälfte und versuchten, mit dem Ball ein Loch in der Querwand hinter den Spielern zu treffen (so eine Deutung des Spielzieles), den Ball über eine Linie zu befördern oder durch an beiden Seitenwänden angebrachte Steinringe zu schießen. Der Ball sollte vor Überschreiten der Mittellinie den Boden nicht berühren. Man unterscheidet ältere und jüngere Spielformen mit verschiedenen Spielregeln. Auch heute finden sich noch Variationen dieses Spiels auf den Großen Antillen und in Nordamerika.

Kaum weniger bekannt sind die brasilianischen Kopfballspieler, deren Ziel es ist, den Ball nicht den Boden berühren zu lassen. Dieses Vorhaben ist die Regel für die einfachsten, auf der ganzen Welt anzutreffenden Ballspiele: man hält den Ball möglichst lange in der Luft mit Händen, Füßen, Fersen oder Schultern (Hochball). Bei diesem Spiel bilden sich selten Mannschaften. Natürlich werden besonders gute Spieler geschätzt, während man schwächere nur ungern mitspielen läßt. Trägt das Spiel stärker ausgeprägten Wettkampfcharakter, dann geht es darum, daß ein Spieler oder eine Mannschaft den Ball länger als der/die Gegner in der Luft zu halten versteht.

Neben den Spielen mit dieser einfachen Grundregel kennen Naturvölker solche, die häufig mit den europäischen Sportarten verglichen werden: *Völkerball* (ohne 'Freigeist'), *Fußball* (der meist mit sehr großen Mannschaften — bis über 100 Spielern pro Mannschaft — gespielt wird. Der Ball soll möglichst oft getreten werden oder über eine Linie oder in ein Tor geschossen werden), *Raufball, Baseball* (dabei wird der Ball mit der offenen Hand geschlagen).

Selbstverständlich kennt der Sport der Naturvölker auch Spiele, bei denen der Ball mit einem Gerät (Racket, Stock, Keule) fortbewegt wird, d. h. *hockey*- oder *tennis*ähnliche Formen.

Auch *Federball* oder dem ähnliche Spiele gehören zum Repertoire naturvölkischen Sports. Man spielt sich den Ball mit einem Schläger, einer Fangschleuder oder mit der offenen Hand zu.

Das *Kegelspiel* wird in vielen Variationen gespielt. Meist soll eine Kugel oder ein Ball einen oder mehrere, vorher in einem bestimmten Abstand hingelegte Gegenstände (Nüsse, Kugeln, Bälle usw.) treffen.

Neben all diesen Spielen erscheint die gesamte Palette der europäischen Kinderspiele mit einem Ball gleich oder ein wenig geändert im (Kinder-)Spiel der Naturvölker. Der Ball wird aus unterschiedlichen Materialien hergestellt. Er ist eine Frucht, ein Stein oder aus Gummi, aus Blättern oder Gras geflochten oder aus Holz gedrechselt; man verwendet auch eine Tierblase oder den Hodensack eines Tieres, oder der Ball besteht aus mit Moos gefülltem Leder. Er ist nicht immer rund; für Mikronesien etwa bezeichnet Janssen die Würfelform als typisch (a. a. O. S. 145 ff.).

Überblick zu Ballspielen bei: Mendner a. a. O.; U. Simri, The religious and magical functions of ball games in various cultures, in: Proceedings of the first international seminar on the history of physical education and sport (Netanya 1968) 2, S. 1—20. — Zum *altmexikanischen Ball-*

spiel: W. K r i c k e b e r g, Das mittelamerikanische Ballspiel und seine religiöse Symbolik, in: Paideuma 3 (1944/49), S. 118—190; A. E. C o x, An historical analysis of competitive rubber ball games in Mesoamerica, Arizona and the Greater Antilles (Diss. Edmonton 1967) läßt die Ursprungsfrage offen. Er unterscheidet zwischen rituellen und profanen Spielformen und differenziert nach den geographischen Räumen; W. F i s c h e r, Das kultische Ballspiel der präkolumbischen Hochkulturen Mesoamerikas (Diss. Graz 1977) bietet u. a. ausführliche Überlegungen zur möglichen Durchführung des Spiels; H. S c h l e n t h e r, Sport und Spiel in Altamerika, in: Altertum 22 (1976), S. 36—41; T h. S t e r n, The rubber-ball games of the Americans (Monographs of the American Ethnological Society 17, 1948). — Zum *Hochball*: M e n d n e r a. a. O. S. 18, 23, 25, 31, 33, 36 f.; J a n s s e n a. a. O. S. 56, 138; K a u d e r n, Games S. 85—105; C u l i n, Games S. 708 ff.; D i e m a. a. O. S. 78 f.; K o c h, Gilbert-Inseln S. 185; H. E i c h b e r g a. a. O. S. 30; F. G r a b o w s k y, in: Globus 73 (1898), S. 377; H. E. K a u f f m a n n, G. L. L ö f f l e r, in: ZfE 84 (1959), S. 239; W. K r i c k e b e r g, in: Paideuma 3 (1944/49), S. 172; W e u l e a. a. O. S. 26. — Zum *Völkerball*: M e n d n e r a. a. O. S. 23 f.; K o c h, Gilbert-Inseln S. 188; J a n s s e n a. a. O. S. 56. — Zum *Fußball*: M e n d n e r a. a. O. S. 17, 21 f., 27, 31; C u l i n, Games S. 697 ff.; d e r s., in: AmA 1 (1899), S. 227; d e r s., Philippine Games, in: AmA 2 (1900), S. 655; K a u d e r n, Games S. 228 ff., 233; D i e m a. a. O. S. 91; B u n z e n d a h l a. a. O. S. 289. — Zum *Raufball*: M e n d n e r a. a. O. S. 17, 30; T r a p p a. a. O. S. 86; B u n z e n d a h l a. a. O. S. 289 f.; D i e m a. a. O. S. 91; A. K a y s e r, in: A 16/17 (1921/22), S. 708. — Zum *Baseball*: M e n d n e r a. a. O. S. 21; K o c h, Ellice S. 158; K a u d e r n, Games S. 232; C u l i n, in: AmA 1 (1899), S. 227. — Zu *Hockey und Tennis*: M e n d n e r a. a. O. S. 19 f., 36 f.; C u l i n, Games S. 562 ff., 647 ff.; D i e m a. a. O. S. 48, 80, 88; C a t l i n a. a. O. S. 312—315, 321 f.; H. A i g n e r, Chueco oder Palitun, ein altes südamerikanisches Hockeyspiel, in: Leibesübungen und Leibeserziehung 10/5 (1956), S. 2 f.; B u n z e n d a h l a. a. O. S. 289; J a n s s e n a. a. O. S. 63; K r i c k e b e r g a. a. O. S. 176; D a g n y a. a. O. S. 220; T r a p p a. a. O. S. 96; E. N o r d e n s k i ö l d, Spiele und Spielsachen im Gran Chaco und in Nordamerika, in: ZfE 42 (1910), S. 430 ff.; J. M. C o o z e r, South American Indians, games and gambling, in: Bulletin of the Bureau of American Ethnology 143, 5 (1949), S. 514 ff.; J. C. E a g l e s m i t h, The native American ball games, in: M. H a r t (Hrsg.), Sport in the sociocultural process (²1976), S. 493—505. — Zum *Federball*: M e n d n e r a. a. O. S. 23, 25; C u l i n, Games S. 717 ff.; J a n s s e n a. a. O. S. 64; K a u d e r n, Games S. 105—114; D i e m a. a. O. S. 79; H. A. B e r n a t z i k, Akha und Meau (1947), Bd. 1, S. 63; K. H y e - K e r k d a l, Wettkampfspiel S. 511. G. K u t s c h e r, Ceremonial "Badminton" in the ancient culture of Moche (North

Peru), in: Proceedings of the thirty-second international congress of Ameri-
canists (1959), S. 422—432. — Zum *Kegelspiel*: Mendner a. a. O. S. 17,
23, 29 f.; Culin, in: AmA1 (1899), S. 643 f.; ders., in: AmA 2 (1900),
S. 227; Trapp a. a. O. S. 92; Janssen a. a. O. S. 57; Kauff-
mann/Löffler a. a. O. S. 248 f.

2.2.6 Turnen

Über diese Sportform finden wir nur vereinzelte Bemerkun-
gen in der Literatur. Von den Eskimo wird z. B. berichtet, daß
sie an einem reckartigen Gerät turnen und auch die Rolle
kennen. Es ist umstritten, ob diese Übungen nicht erst von den
Europäern übernommen worden sind. Die Möglichkeit der autochthonen Entstehung besteht, da andere Naturvölker diese
Sportart auch ohne europäische Beeinflussung ausüben. Vom
'Reckturnen' hören wir auch in Mikronesien (Janssen a. a. O.
S. 87). Von einer ganzen Reihe von Bodenübungen berichtet
Kauffmann aus Assam, und auch im vorspanischen Mexiko soll
man auf verschiedene Weise geturnt haben.

H. E. Kauffmann, in: ZfE 73 (1941), S. 48 f.; R. Piña Chan, Spiele und
Sport im alten Mexiko (1968), S. 37 ff.; H. Kamphausen, in: GL Bd. 1,
S. 83.

2.2.7 Wassersport

Der Wassersport (Schwimmen, Tauchen, Segeln, Rudern
usw.) ist naturgemäß auf fluß- und meeresnahe Gebiete beschränkt. Aus diesem Grund stammt die Hauptmasse der Belege
aus dem Südseeraum oder den Gegenden um die großen amerikanischen Flüsse, wobei aber, wie bei allen Aussagen über die
Verbreitung von Sportarten bei Naturvölkern, die Lücken-
haftigkeit des ethnologischen Materials ins Kalkül zu nehmen
ist.

Von den Schwimmarten sind das *Brust-* und *Kraulschwimmen* belegt. Aus dem Variantenreichtum der Schwimmbewerbe seien nur zwei herausgegriffen. Auf der mikronesischen Insel Yap mißt man sich im Wettauchen „zwischen zwei in den Boden gesteckten Bambusstäben" (Janssen a. a. O. S. 89), bei den Wotut (Neuguinea) wird in einem Wettbewerb das Schwimmen dadurch erschwert, daß man ein Bein aus dem Wasser strecken muß (Fischer a. a. O. S. 149). Seit langem schon sind die Leistungen der Japaner im Schwimmen und die der Polynesier auf Tonga, den Ellice-Inseln, auf Tahiti usw. im Tauchen bekannt.

Auch das *Rudern* wird von Naturvölkern als Wettkampf betrieben. Meist als Mannschaftssport ausgeübt, gilt es, schneller als das gegnerische Boot eine bestimmte Strecke zu bewältigen oder so lange zu rudern, bis eine der Mannschaften erschöpft aufgibt. Sehr verschieden sind natürlich die Bootstypen. Sie reichen vom Auslegerboot und Einbaum über Rinden- und Fellkanus zu den Kajaks und den großen Ruderbooten.

Verhältnismäßig gering scheint demgegenüber die Zahl der Belege für den *Segelsport* zu sein. Mehrfach sind die Angaben dafür aus dem mikronesischen Raum, wo dieser Sport z. T. auch große Bedeutung besessen haben muß. Auf der Insel Palau „wurde der Sieger eines solchen Wettsegelns (ursprünglich) zum König gewählt" (Janssen a. a. O. S. 75).

Das *Fischen* wird mit mehreren Fangarten sportlich betrieben. Sieger ist, wer als erster einen Fisch fängt oder am meisten Fische angelt.

Zum *Schwimmen*: K o c h, Ellice S. 151, 156; B u n z e n d a h l a. a. O. S. 290; J a n s s e n a. a. O. S. 87; H. F i s c h e r, in: D. D r o s t (Hrsg.), Beiträge zur Völkerforschung (1961), S. 149; K a u d e r n, Games S. 36 f.; C u l i n, in: AmA 1 (1899), S. 211; D i e m a. a. O. S. 89; W e u l e a. a. O. S. 48; A. E. J e n s e n, Wettkampfparteien, Zweiklassensysteme und geographische Orientierung, in: Studium generale 1 (1947), S. 181. — Zum *Rudern*: D i e m a. a. O. S. 85 f., 98; W e u l e a. a. O. S. 46 f.; J. I t t m a n n, Spiele der Stämme rings um die Ambasbucht, in: Afrika und Übersee 43 (1959/60), S. 45 f.; K o c h, Ellice S. 152; J a n s s e n a. a. O. S. 75; J e n s e n a. a. O. S. 181; B u nz e n d a h l a. a. O. S. 285; K u n i t z - A l b e r t y n s k i a. a. O. S. 435. — Zum *Segeln*: K o c h, Gilbert-Inseln S. 190; C u l i n, in: AmA 1 (1899), S. 211 f.; K a u d e r n, Games S. 51 f.; B i e r m a n n, Gleitboote der Kingsmill-Insulaner, in: ZfE 51 (1919), S. 19. — Zum *Fischen*: K o c h, Ellice S. 151; W e u l e a. a. O. S. 55—57; V. H a r m s, Der Terminus 'Spiel' in der Ethnologie (Diss. Hamburg 1969), S. 139 f.; B. M i s h k i n, The Maori of New Zealand, in: M. M e a d (Hrsg.), Cooperation and competition among primitive peoples (1937), S. 439 f.

2.2.8 Rodeln

Unerwartet mag die Tatsache sein, daß im Südseegebiet eine Form des Rodelsports, die dem europäischen Skeleton sehr nahe kommt, intensiv betrieben wurde. Heute ist diese Sportart beinahe in Vergessenheit geraten. Man präparierte eine eigene Bahn an den Abhängen der Berge und fuhr darauf — manchmal in Parallelrennen — mit rodelartigen Geräten aus Rippenstücken oder einem Bananenstamm als Kufen zu Tal. Die Hangneigungen betragen z. T. über 45 Grad.

J a n s s e n a. a. O. S. 114; C u l i n, in: AmA 1 (1899), S. 214—216; B a r t h e l a. a. O. S. 32; K a u d e r n, Games S. 79; W e u l e a. a. O. S. 60.

2.2.9 Reiten

„Man kann es wohl als Regel hinstellen, daß, wo Naturvölker im Besitz des Pferdes sind, sie auch Wettrennen mit ihnen veranstalten" (Weule a. a. O. S. 48). Diese Feststellung betrifft die Indianer in Nord- und Südamerika seit dem Eindringen der Europäer, gilt aber auch für Indonesien und die Reitervölker in West- und Zentralasien, wie auch für nordafrikanische Beduinenstämme. Das Wettreiten kann zu Wettkämpfen werden, versucht man, während des Reitens den Gegner mit der Hand oder einer Lanze vom Pferd zu werfen.

C. Diem, Asiatische Reiterspiele (1941); Kaudern, Games S. 48 ff.;
Diem, Weltgeschichte S. 56, 94; Catlin a. a. O. S. 131 f., 174 f., 262 f.;
Damm, Spiele S. 45; Eichberg a. a. O. S. 23. H. Meyer, Zur Kultursoziologie der Leibesübungen der frühen Reitervölker, in: GL Bd. 2,
S. 64—77.

2.3 Dem organisierten Sport der 'zivilisierten' Welt weitgehend unbekannte Wettbewerbe

Schon von den bisher angeführten Sportarten werden manche
so ausgeübt, daß sie keine großen Gemeinsamkeiten mit 'europäischen' Formen aufweisen. Noch stärker unterscheiden sich
die im folgenden genannten Disziplinen. Auch hier können nur
wenige davon mit knappen Worten beschrieben werden. Manche der oben, aber auch der im folgenden angeführten Sportformen sind im Kinderspiel oder im Brauchtum früher Hochkulturen und der sog. zivilisierten, modernen Welt anzutreffen.

Ein unter Naturvölkern weit verbreiteter Sport ist das Spiel
mit dem *Springenden Stab*. Es heißt bei nordamerikanischen Indianern 'Schneeschlangenspiel', in Australien 'Känguruhrattespiel', in Polynesien 'Tika'. Man wirft mit der Hand oder einer
eigenen Schleuder einen speziell dafür vorbereiteten Stock
(manchmal mit verdicktem Ende) so auf den Boden einer präparierten Bahn, daß er — stets mit der Spitze aufkommend — möglichst weit 'hüpft' (bis zu 400 m). Neue Rekorde werden auf Tikopia durch Marken in der Bahn festgehalten (Firth a. a. O. S. 86).

„Ein kleiner Stab ist, über ein Erdloch gelegt, mit einem größeren von unten zu fassen und fortzuschleudern bzw. hochzuschlagen und in der Luft zu halten. Zwei Parteien spielen nach
genauen Regeln rundenweise mit Punktewertung" — so beschreibt Koch das *Schlagstabspiel* auf einer mikronesischen Insel
(Koch, Gilbert-Inseln S. 184). Dieses Spiel wird oft in dieser
oder ähnlicher Weise gespielt. Weit verbreitet ist auch das Spiel
mit dem *Kreisel*. Ziel dieses Wettkampfes ist es, den Kreisel mög-

lichst lange in Bewegung zu halten oder den gegnerischen mit dem eigenen von der abgegrenzten Bahn zu drängen.

Häufig läuft man auf *Stelzen* um die Wette; auf den Ellice-Inseln tragen die Jungen einen Wettlauf auf den Händen aus, „entweder um den Schnellsten zu ermitteln, oder, im Kreis, als eine Probe der Ausdauer". Männer und Knaben kriechen auf dem Versammlungsplatz des Dorfes um die Wette (Koch, Ellice S. 154 f.; Janssen a. a. O. S. 87). *Balancieren* und *Jonglieren* sind 'wettbewerbswürdig' ebenso wie das *Schaukeln* und das *Hüpfen* über ein Seil, möglichst hoch oder über eine bestimmte Strecke.

Eine beinahe vergessene andere Sportart des Südseeraums erhielt dadurch wieder Auftrieb, daß sie von Amerikanern und Europäern übernommen wurde: das *Wellenreiten*. Man läßt sich mit oder ohne Schwimmbrett, stehend oder liegend, von der Brandungswelle, die in periodischen Abständen größer als normal ausfällt, ans Ufer tragen. Die Wettkämpfe fanden früher vor großer Zuschauerkulisse statt wie auch das als Sport ausgeübte *Springen von den Klippen* ins Meer.

In Mikronesien trägt man *Wettkämpfe mit Modellbooten* aus, die sehr ernst genommen werden und z. T. in kultischem Zusammenhang stehen. Die Boote werden von besonderen Spezialisten gebaut. Natürlich lassen auch Kinder ihre Boote um die Wette segeln (Janssen a. a. O. S. 73 ff.). Auf den Südseeraum beschränkt scheint der Wettkampf mit dem *Drachen* zu sein. Ziel dieses Sports ist es, die Schnur des gegnerischen Drachens mit der des eigenen, die dafür u. a. mit Glasstaub eingerieben wird, zu zerschneiden oder den eigenen Drachen höher als alle anderen steigen zu lassen. Als Kinderwettkampf gilt das *Weitspucken* in Neuguinea; auch *Fang-*, *Faden-* und *Rätselspiele* können — nicht nur bei Kindern — eine sportliche Note erhalten.

Ernsteren Charakter tragen das *Suchwettspiel* (bei Australiern und Polynesiern), der *Wettkampf im Hausbau* oder das *Wettfällen* von Bäumen (Janssen a. a. O. S. 44). Nicht leicht durchschaubar ist die Motivation für einen Wettkampf, der von mehreren Teilen der Erde berichtet wird. Man bewirft sich gegenseitig im Wettstreit mit glühenden Holzstückchen bei Tag oder bei Nacht. Für den europäischen Betrachter nicht selbstverständlich sind auch die Wettkämpfe im *Singen, Reimen, Trommeln* und *Wortgefecht*. Bei Indianern in Südkalifornien werden z. B. Streitigkeiten um den Besitz von Eichbäumen, „die die Hauptnahrung für die Eingeborenen liefern", im Wettgesang beigelegt (Jensen, in: Studium generale 1 [1947], S. 170). Auf den Ellice-Inseln reizen sich Frauen- und Mädchengruppen gegenseitig, um dann in Gesang und Tanz zu entscheiden, welche die bessere Gruppe ist (Koch, Ellice S. 157). Die Indianer Zentralbrasiliens kennen ein eigenes Fest, an dem Wettgesänge und gegenseitige (zeremonielle) Beschimpfungen mit Wettkampfcharakter abgehalten werden (Dagny a. a. O. S. 221), die an die bekannten Berichte über die Eskimos von K. Rasmussen erinnern.

Zum Spiel mit dem springenden Stab: H. D a m m , Das Känguruhratte-Spiel der Australier, in: Ethnologischer Anzeiger 4, H. 2 (1936), S. 60—67; d e r s., Das Tikaspiel der Polynesier, in: Bässler Archiv 19 (1936), S. 5—15; R. F i r t h , A dart match in Tikopia, in: Oceania 1 (1930), S. 64—96 geht auf den kulturellen Kontext des Spieles ausführlich ein; K. H y e - K e r k d a l , The secret of the jumping stick, in: Journal of the Polynesian Society 64 (1955), S. 35—43; d i e s., Tika, an old mystery game in the Pacific, in: Journal of the Polynesian Society 64 (1955), S. 197—226 versucht, fußend auf Überlegungen von A. E. Jensen, den Nachweis, daß das Tika-Spiel die Nachformung eines kosmischen Geschehens und damit kultischen Ursprungs sei; D. S. D a v i d s o n , The pacific and circumpacific appearances of the dart-game, in: Journal of the Polynesian Society 45 (1936), S. 99—114, 119—126 und 46 (1937), S. 1—23; H. S b r z e s n y , Die Spiele der !Ko-Buschleute (1976), S. 134—137; C u l i n , Games, S. 399 ff.; K o c h , Ellice S. 160 f.; D i e m a. a. O. S. 77, 91. — Zum *Kreiselspiel:* C u l i n , Games S. 733 ff.; d e r s., in: AmA 1 (1899), S. 221 f.; H. D a m m , Kreiselspiele bei den Indonesiern und Südseevölkern, in: O. R e c h e (Hrsg.), Beiträge zur Völkerkunde und Vorgeschichte (1929), S. 299—334; T r a p p a. a. O. S. 88 ff.; K a u d e r n , Games S. 146—221; K a u f f m a n n , in: ZfE 73 (1941), S. 55 ff.; K a y s e r , in: A 17/18 (1921/22), S. 701 f.; K o c h , Ellice S. 171; H. A. B e r n a t z i k , Akha und Meau (1947), Bd. 1, S. 63 f. — Zum *Wellenreiten:* J a n s s e n a. a. O. S. 87, 114 f.; J o n e s a. a. O. S. 153 ff.; B a r t h e l

a. a. O. S. 32—35; Culin, in: AmA1 (1899), S. 212 ff.; Bunzendahl a. a. O. S. 290 f.; Harms, Der Terminus 'Spiel' in der Ethnologie (Diss. Hamburg 1969), S. 176 f.; Koch, Ellice S. 152; Weule a. a. O. S. 47. — Für die anderen angeführten Sportarten findet sich eine Reihe von Belegen bei Culin, Games; ders., in: AmA1 (1899), S. 212 ff., 224 ff., 239 ff.; Damm, Spiele S. 38 f., 86, 90 f., 106; Diem a. a. O. S. 41, 45, 74, 88, 98 u. ö.; Janssen a. a. O. S. 71, 73, 87 ff.; Jones a. a. O.; Kaudern a. a. O.; Koch, Gilbert-Inseln S. 181—192; Kayser, in: A 16/17 (1921/22), S. 693 f., 706 f.; W. Thalbitzer, Eskimomusik und Dichtkunst in Grönland, in: A6 (1911), S. 491 f.; J. Mirsky, The Eskimo of Greenland, in: M. Mead (Hrsg.), Cooperation and competition among primitive peoples (1937), S. 68—70.

3. Aspekte für eine Analyse des Sports bei Naturvölkern

Es darf nicht erwartet werden, daß hier eine auch nur einigermaßen vollständige Analyse geboten werden kann. Es wird nur auf einige Aspekte hingewiesen, die für das Verständnis der Zusammenhänge von Sport und kulturellem Hintergrund von Interesse sind.

3.1 Sport und Ethologie

Tierisches Verhalten zeigt in vielen Bereichen frappante Ähnlichkeiten zu menschlichem. Sind auch die Äußerungen des tierischen Lebens nicht von vornherein und unbesehen als unmittelbare Vorstufen jener des heutigen Menschen zu werten, so weist die Existenz weitgehender Parallelen zwischen Mensch und Tier sehr stark auf stammesgeschichtlich zurückverfolgbare Motivationen menschlichen Verhaltens hin. Der Vergleich zwischen Mensch und Tier kann nur dann als sinnlos abgelehnt werden, wenn man eine prinzipielle (und willkürliche) Grenze zwischen beiden ziehen will (vgl. oben S. 15 f.).

Die Existenz spielerischer Verhaltensformen ist bei Tieren vielfach bezeugt. Die Art der Analogien kann nur an einigen eher zufälligen Beispielen verdeutlicht werden. Die Kampfspiele mancher Tiere weisen große Ähnlichkeit mit 'menschlichen' Zweikampfsportarten auf. In den Balgereien verschiedener Tiere (von Affe, Elefant, Hund, Iltis, Dachs usw.) könnte man Entsprechungen zum Ringen sehen (Meyer a. a. O. S. 15, 18, 21 f.), in Schiebe- und Ziehkämpfen eine Analogie zum gleichen Spiel bei Tieren (etwa bei Buntbarschen; Eibl-Eibesfeldt a. a. O. S. 315; Heymer, Art. Maulkampf). Im Wettlauf, z. B. von Rothirschkälbern, ist eine Analogie zu menschlichen Wettläufen gegeben (Meyer a. a. O. S. 14), in den Purzelbäumen, die der Dachs im Spiel schlägt, findet eine Turnart des Menschen ihre Parallele (Eibl-Eibesfeldt a. a. O. S. 245). Manche Tiere unterhalten sich mit einem Ball, indem sie diesen mit der Schnauze, den Beinen oder dem Schwanz stoßen, schlagen oder in die Luft werfen (Meyer a. a. O. S. 16, 19, 21). Viele Tiere tanzen (K. Lorenz a. a. O.; Meyer a. a. O. S. 15; Eibl-Eibesfeldt a. a. O. S. 131, 144 ff.); katzenartige Tiere kennen Jagdspiele (Meyer a. a. O. S. 19). Seelöwen lieben wie Menschen das Wellenreiten (Eibl-Eibesfeldt a. a. O. S. 245). In den Wechselgesängen von Vögeln, die Wettstreitcharakter tragen, und in dem sog. Reviergesang zur Abgrenzung des eigenen Gebietes könnte man 'Vorläufer' des Wettsingens bei Naturvölkern sehen (Eibl-Eibesfeldt a. a. O. S. 142, 312, bes. 323).

Über diese sehr allgemeinen Parallelen hinaus sind auch Einzelerscheinungen im Ablauf des spielerisch-sportlichen Verhaltens bei Tier und Mensch mit guten Gründen nebeneinanderzustellen. Auch hier nur einige Andeutungen, für eingehendere Vergleiche muß auf die ethologische Literatur verwiesen werden.

Der Ringkampf wird bei einigen Naturvölkern mit einem *Herausforderungsritual* eingeleitet (Umkreisen des Gegners, Zeigen der Breitseite, Bewerfen mit einem Gegenstand, auf El-

lenbogen, Brust oder Schulter klopfen, Ausstoßen eines Rufes
oder Lautes, Beschimpfen, Necken). Er wird beendet, wenn der
Gegner auf dem Boden, oft auch erst, wenn er auf dem Rücken
liegt (vgl. oben S. 23). Ähnliches können wir auch bei Tieren
beobachten: Imponiergehabe, entschärftes Drohgebaren oder
direkte Aufforderung, wie Zerren oder Stoßen, sollen den Partner zum spielerischen Kampf locken. Die Niederlage wird dadurch eingestanden, daß das Tier die *Demutsstellung* einnimmt.
Manche Tiere bieten, auf dem Rücken liegend, den Bauch oder
die Kehle dem Gegner ohne jede Verteidigungshaltung dar.
Wird diese Stellung eingenommen, dann verhält sich Tier wie
Mensch 'sportlich fair' und läßt von dem sich als besiegt zeigen-
den Gegner ab (Meyer a. a. O. S. 15 f.; Eibl-Eibesfeldt a. a. O.
S. 133, 244, 321). Damit ist das Zeichen für das Ende des Spie-
les/Wettkampfes gegeben, und es kommt nicht zu dem den
ernsthaften Kampf beschließenden Verletzen oder Töten des
Gegners.

Ein anderes Beispiel zeigt, daß bei Mensch und Tier Verhaltensweisen des 'Ernst-Lebens' in ähnlicher Weise in spielerisch-
sportliche verwandelt werden können. Wir lernten den Europäer eigenartig anmutende Wortgefechte als eine der vielen
Wettkampfformen bei Naturvölkern kennen. Man könnte sie als
den Rest eines ehemals einen Ernstkampf einleitenden Verhaltens interpretieren. Bei einem Papua-Stamm, den Dani, beschimpfen sich die Kontrahenten vor den einzelnen Auseinandersetzungen in dem bei diesem Stamm zwischen den einzelnen
Sippen beinahe dauernd herrschenden Krieg. Sie leiten den
Kampf ein. Beide Verhaltensweisen beobachtete man auch bei
Tieren. Im Ernstfall leiten Drohgebärden und Drohlaute (z. B.
Anbrüllen, besondere Kampflaute usw.: Eibl-Eibesfeldt a. a. O.
S. 151 f., 307 ff.) den Kampf ein. Handelt es sich um keine ernst-
hafte Auseinandersetzung, drohen Tiere abgeschwächt. Sie
schreien, brüllen, singen sich zwar auch hier gegenseitig an, aber
mit zu erkennenden Spielmerkmalen und ohne den 'dazugehöri-

gen' Kampf (z. B. Brüllaffen, Nachtreiher, Dohlen, Singvögel. K. Groos, Die Spiele der Tiere S. 160 f.; Meyer a. a. O. S. 12). Die sog. *Kommentkämpfe* oder *Turnierkämpfe* bei Tieren beweisen das Vorhandensein von Regeln im Zweikampfverhalten beim Spiel. Die Angriffswaffen werden nicht verwendet, der Kampf ist unblutig, eine Verletzung des Gegners nicht beabsichtigt. Die Kämpfe werden zur Einstufung in die Rangordnung innerhalb einer Gruppe durchgeführt oder in ähnlicher Weise auch bei dem Streit um ein Weibchen (Eibl-Eibesfeldt a. a. O., bes. S. 314—324, 348—358). Die innerartlichen Kämpfe bei Tieren erinnern so an die turnierartigen Auseinandersetzungen, bei denen die stärksten und besten Ringer festgestellt werden (vgl. oben S. 23). Die in einem solchen Kampf festgelegte Rangordnung wird bis zum nächsten Turnier nicht umgestoßen. Vielleicht sind die Begrüßungskämpfe bei verschiedenen Naturvölkern (Diem a. a. O. S. 77, 95 f.; Damm, Spiele S. 6 f., 82, 99 ff.; Kamphausen a. a. O. S. 64) als *survival* einer einstigen Abwehr gegen Gruppenfremde zu erklären, oder die Neuankömmlinge sollen in die Rangordnung der eigenen Gruppe aufgenommen werden.

Aus diesen knappen Andeutungen geht schon hervor, daß zwischen Menschen- und Tierverhalten phylogenetisch bedingte Parallelitäten auftreten — man würde bei genauerer Analyse sicher noch eine Reihe weiterer Übereinstimmungen finden —, die sich m. E. nicht als Zufall ansehen lassen können und nicht mit dem Hinweis auf das angeblich prinzipielle Anderssein des Menschen beiseite geschoben werden dürfen. Diese Überlegung führt uns zur Frage nach dem Ursprung von Spiel und Sport zurück. Der Grund für dieses dem Menschen und Tier eigene Verhalten ist ohne Zweifel im Triebleben zu suchen, weshalb man in der Ethologie manchmal einen eigenen Spieltrieb annimmt (Eibl-Eibesfeldt a. a. O. S. 240). Die größere Häufigkeit und Zahl von Spielen und Sportarten beim Menschen ließe sich neben seiner größeren Intelligenz und Phantasie auch durch seine größere

Ungebundenheit an ökonomische Zwänge und durch seine gegenüber dem Tier geringere Spezialisiertheit erklären.

Beispiele für Herausforderungsrituale bei Naturvölkern bei: D a g n y a. a. O. S. 62; D a m m , Spiele S. 6 ff., 18, 20, 22, 26, 53, 114; M e n d n e r a. a. O. S. 20, 30; D i e m a. a. O. S. 85, 94; W e u l e a. a. O. S. 31 f.; B u n - z e n d a h l a. a. O. S. 282, 286 f.; B e r n a t z i k , Äthiopen des Westens (1933) Bd. 1, S. 54 f., 134; C u l i n , AmA 1 (1899), S. 209. — *Ethologische Literatur:* Noch immer grundlegend K. G r o o s , Die Spiele der Tiere (²1907); gute Zusammenfassung bei M. M e y e r - H o l z a p f e l , Das Spiel bei Säugetieren, in: W. K ü k e n t h a l , Handbuch der Zoologie 8/10 (5), S. 1—36; und E. Inhelder, Zur Psychologie einiger Verhaltensweisen — besonders des Spiels — von Zootieren, in: Z. f. Tierpsychologie 12 (1955), S. 88—144; H. S b r z e s n y , Die Spieler der !Ko-Buschleute (Monographien zur Humanethologie 2, 1976), S. 14—18; 219—272; viele Hinweise in den Einführungen zur Ethologie von I. E i b l - E i b e s f e l d t , Grundriß der vergleichenden Verhaltensforschung (1973) und A. M a n n i n g , Verhaltensforschung. Eine Einführung (engl. ³1979, dt. 1979), S. 161 f., 173 f., 270 ff.; K. I m m e l m a n n , Einführung in die Verhaltensforschung (1976), S. 112 f., 126—133, 143—146. Vgl. auch A. H e y m e r , Ethologisches Wörterbuch (1977); K. I m m e l m a n n , Wörterbuch der Verhaltensforschung (1975). G. B a l l y , Vom Spielraum der Freiheit (1966); B. B u n k , J. T a u s c h , Grundlagen der Verhaltenslehre (³1979), bes. S. 83 ff.; W. F i s c h e l , Die kämpferischen Auseinandersetzungen in der Tierwelt (1947); K. Lorenz, Über tanzähnliche Bewegungsweisen bei Tieren, in: Studium generale 5 (1953), S. 1—9; A. P o r t m a n n , Riten der Tiere, in: Eranos Jahrbuch 19 (1950), S. 357—401; d e r s ., Das Spiel als gestaltete Zeit, in: Z. f. Pädagogik 21 (1975), S. 335—340; vom Standpunkt der Ethologie speziell zum Sport m. W. nur H. W i e m a n n , Die Phylogenese des menschlichen Verhaltens im Hinblick auf die Entwicklung sportlicher Betätigung, in: GL Bd. 1, S. 48—63.

3.2 Zur Organisation des Sports

Es liegt in der Natur einzelner Sportarten, daß sie entweder als *Mannschafts-* oder als *Einzelsport* oder in der Form des *Zweikampfes* zur Austragung gelangen. Die Ausführung einer Sportart als Mannschafts-, Einzel- oder Zweikampfsport ist aber nicht

ausschließlich an die Sportart gebunden. Einzel- und Zweikampfsportarten werden auch innerhalb von Mannschaften ausgeübt. So wird etwa der Klotzlauf meist als Stafettenlauf ausgetragen, bei dem nur die Mannschaft gewinnen oder verlieren
kann (vgl. oben S. 20). Der Faustkampf bei den Kassanga (vgl.
oben S. 23) ist ein Beleg für die Möglichkeit, daß auch ein
Zweikampfsport nur innerhalb einer Mannschaft gewertet
wird.

Komplexere Organisationsformen stellen die *Sportspiele* dar.
Auf dem Programm derartiger Spiele steht entweder nur eine
Sportart mit vorher geplantem Wettbewerbsablauf (Auslosung
der Teilnehmer, Einteilung in Altersklassen usw.) oder aber
parallellaufend oder in einer Art von Mehrkampf angeordnet
mehrere Sportarten. Die *Anlässe* für 'Sportfeste' sind vielfältig:
z. B. zu Saat- und Erntebeginn, bei Pubertätsriten, Hochzeits-
und Totenfeiern, beim Empfang von (vornehmen) Gästen, auf
Anordnung des Königs, zur Ehre und Freude von Göttern usw.
Weniger leicht als der Zeitpunkt, an dem die Spiele stattfinden,
sind deren Funktionen im sozialen Kontext festzustellen (vgl.
unten S. 45, 49 ff.).

Die Existenz von organisierten Spielen läßt bereits vermuten,
daß auch bei der Durchführung der einzelnen Sportarten mit einem mehr oder weniger *geregelten Ablauf* zu rechnen ist. Das
wird mehrfach bestätigt und gilt nicht nur für Wettbewerbe im Rahmen von Sportspielen, sondern auch für den spontan entstandenen sportlichen Wettstreit. Das ist bei der Beschreibung der
Sportarten schon mehrmals angeklungen. Man kennt etwa beim
Faustkampf oder beim Ringen erlaubte und verbotene Schläge
oder Griffe (vgl. oben S. 22 ff.); Ballspiele haben ein erklärtes
Spielziel, das mit bestimmten Mitteln erreicht werden soll, und
weisen zuweilen komplizierte Punktewertungen auf (z. B.
Koch, Ellice S. 158 f.). Oft fungieren Männer oder Frauen, Priester oder auch nur das Publikum als Schiedsrichter. Interessant
ist die Beobachtung, daß im europäischen Sinn 'unfaires' Verhal-

ten (Hinterlist) den Rahmen der Regeln nicht sprengen muß (z. B. Kunitz-Albertynski a. a. O. S. 434).

Beispiele für Sportspiele bei D a m m, Spiele S. 61 ff. (bietet ausführliche Belege für den Südseeraum mit Diskussion von Anlaß und Motivation); D a - g n y a. a. O. S. 67, 264, 329; L. R i e f e n s t a h l, Die Nuba (1974), S. 130 ff.; J a n s s e n a. a. O. S. 132; K a y s e r, in: A 17/18 (1921/22), S. 682 ff.; L u k a s, Die Körperkultur S. 43; B u n z e n d a h l a. a. O. S. 268, 297; M e n d n e r a. a. O. S. 19; W e u l e a. a. O. S. 31 f.. Wie z. B. schon J. G. F r a z e r, The golden bough ([3]1912, ND 1976), Teil 5, Bd. 1, S. 92 — 112 stellt A. M. S a l - t e r, An analysis of the role of games in the fertility rituals of the native North American, in: Internationales Seminar für Geschichte der Leibeserziehung (Zürich 1973) 5, S. 1 — 19 die Motivation heraus, daß Spiele die Götter erfreuen sollen, weil diese dann die Fruchtbarkeit steigern würden; je besser man spiele, desto eher würden die Götter gnädig gestimmt. — Zur Existenz von Regeln vgl. J a n s s e n a. a. O. S. 47, 56, 73 f., 91 ff.; K o c h, Ellice S. 154, 158 f., 160, 162; D a g n y a. a. O. S. 264; D a m m, Spiele S. 16, 57 ff.; W e u l e a. a. O. S. 8, 17, 29 ff., 34; D i e m a. a. O. S. 48; K a y s e r a. a. O. S. 682 ff.; F. S t u m p f - F r e d e r i c k s o n, Sports and the culture of man, in: W. R. J o h n s o n (Hrsg.), Science and medicine of exercise and sports (1960), S. 633 — 646; K u n i t z - A l b e r t y n s k i a. a. O. S. 434.

3.3 Soziale Gliederung im Sport

Die sozialen Gegebenheiten innerhalb einer Gemeinschaft finden im Sport ihren Niederschlag. Das geht u. a. aus der Existenz *exklusiver Sportarten* bzw. dem Vorrecht weniger auf bestimmte Sportarten hervor. Dazu einige Beispiele: Das in Polynesien früher ausgeübte Rodeln und der Speerzweikampf galten in Hawaii als aristokratischer Sport (Damm, Spiele S. 43; Weule a. a. O. S. 60), ebenso wie das Bogenschießen auf Tahiti (Bunzendahl a. a. O. S. 296). Auf Samoa war einmal das Taubenfangen den Häuptlingen vorbehalten gewesen (H. L. Dunlap, in: Research Quarterly 22 [1951], S. 303). Auf Java ist der Ringsport auf die sozial niederen Schichten beschränkt (Damm, Spiele S. 9), während sich etwa in Zentralpolynesien derselbe Sport bei allen Schichten bis zum König großer Beliebtheit erfreut (Damm, Spiele S. 11). Auf Ponape äußert sich der Einfluß der sozialen Bedingungen auf den Sport dadurch, daß nur Gleichgestellte miteinander spielen (Janssen a. a. O. S. 134).

Die Frage, wodurch es zu solchen Erscheinungen kommt, läßt sich nicht allein durch eine Analyse der betreffenden Sportart bzw. ihrer Regeln beantworten, sondern bedarf der Miteinbeziehung des kulturellen Rahmens, in dem die Sportart zur Austragung gelangt. Nur so wird z. B. erklärt werden können, warum dieselbe Sportart einmal als aristokratischer Sport gilt, das andere Mal von jedermann ausgeübt werden kann.

Stärker als diese Fragestellung wird in der Literatur der Zusammenhang zwischen der *Parteienbildung* in Mannschaftssportformen und der sozialen Gliederung innerhalb einer Gesellschaft beachtet. Man meint, zwischen den Wettkampfparteien und der in einem Dorf, Stamm usw. existierenden sog. Dualform (Halbierung in zwei gegensätzliche Hälften, die in einem bestimmten Verhältnis zueinander stehen) einen direkten Zusammenhang herstellen zu können. Das trifft ohne Zweifel in manchen Fällen zu, doch ist der Schluß von der in vielen Mannschaftssportarten naheliegenden Zweizahl auf eine dual organisierte Gesellschaftsform nicht zwingend, da nur einzelne Gruppen an verschiedenen Sportarten oder bei verschiedenen Anlässen aktiv teilnehmen, oder aber die Zweiteilung nur für ein bestimmtes Spiel in dieser Form erfolgt (z. B. Zieh- und Schiebekämpfe zwischen Männern und Frauen).

K. Hye-Kerkdal, Wettkampfspiel S. 504—533; A. E. Jensen, Wettkampfparteien, Zweiklassensysteme und geographische Orientierung, in: Studium generale 1 (1947), S. 38—48; jeweils mit weiterführender Literatur. Vgl. auch Dagny a. a. O. S. 170 ff.; Janssen a. a. O. S. 131.

3.4 Training und Professionalismus, Preise und Zuschauer

Oft ist man der Meinung, länger dauerndes Training oder professionelle Einstellung zum Sport seien Einrichtungen in höher entwickelten Zivilisationen oder der jüngsten Vergangenheit. Man übersieht dabei, daß der Professionalismus der als Vorbild beschworenen griechischen Kultur keineswegs fremd war (vgl. unten S. 96 f.) und daß deutliche Ansätze dazu auch schon bei Naturvölkern zu erkennen sind.

Von geregeltem, länger währendem *Training* wird von Ethnologen öfters berichtet. Bei den Meau (Hinterindien) wird für ein bestimmtes Ballspiel das ganze Jahr über trainiert (Bernatzik a. a. O. S. 63), auf Kusaie ist tagelanges Training, verbunden mit der Einhaltung mehrerer Vorschriften (z. B. Verbot bestimmter Nahrung) — wie oft bei Sportspielen mit stark rituellem Charakter — Bedingung für die Teilnahme am Wettlauf (Janssen a. a. O. S. 88). Ähnliches gilt für Boxkämpfe auf Nauru (Janssen a. a. O. S. 93). Für einen Mehrkampf auf Hawaii wird intensiv trainiert (Culin, AmA 1 [1899], S. 237). Die Eskimos steigern im Laufe des Trainings die Schwierigkeiten stufenweise (Ponomarev a. a. O. S. 39 f.); das Tika-Spiel kann ohne eifrige Übung kaum mit Erfolg betrieben werden (Damm, Bäßler Archiv 19 [1936], S. 10).

Der *Zwang zum Training* betrifft stets alle Spieler. Einzelne Sportler stechen des öfteren durch ihre besonderen Leistungen hervor und werden auch besonders geehrt. Das wissen wir z. B. von den Boxern und den Ballspielern auf Nauru (Kayser a. a. O. S. 680 f.) oder auch von Schneeschlangenspielern bei den nordamerikanischen Indianern. Bei diesen soll es zeitweise professionelle Ringer gegeben haben (Diem a. a. O. S. 57; Weule a. a. O. S. 21), was sicher in Japan der Fall war (Weule a. a. O. S. 33 f.) und was auch für die altmexikanischen Ballspieler wahrscheinlich ist (Krickeberg a. a. O. S. 118; Fischer a. a. O. S. 109). Eindeutiger ist noch die Nachricht, daß sich jeder Häuptling in Hawaii eine Ringertruppe 'hielt', die er gegen andere antreten ließ (Stumpf-Frederickson a. a. O. S. 640), und auch jene, daß die Veranstalter von Stabwurfveranstaltungen auf Nauru besonders gute Spieler sozusagen als 'Zugpferde' mieten (Kayser a. a. O. S. 689; vgl. für die Verhältnisse bei den Eskimos Ponomarev a. a. O. S. 37).

Welche *Preise* die Sportler zu erwarten haben, ist nicht immer bekannt. Oft scheint es 'nur' die Ehre bzw. das soziale Prestige, die Bestätigung des Rangs zu sein, die auf dem Spiel steht, aber auch materiell so wertvolle Dinge wie Grundnahrungsmittel, die zum täglichen Leben unentbehrlich sind, Wertgegenstände oder Geld werden vor dem Wettkampf ausgesetzt, oder die Wettkämpfer leisten selbst einen Einsatz, der dem Sieger zufällt. Werden sportliche Bewerbe als Heiratsprobe veranstaltet, dann ist der Preis natürlich eine Frau. Der Sieg ist beinahe immer heiß begehrt (vgl. oben S. 20, 23, 27).

Zuschauer sind immer in mehr oder weniger großer Zahl anwesend. Sie setzen sich aus allen jenen zusammen, die nicht selbst am sportlichen Geschehen beteiligt sind, also aus Frauen, Mädchen, alten Leuten und Kindern. Sie wetten gerne auf Sieg und Niederlage und unterstützen die Spieler durch Zurufe, Musikbegleitung oder auch direkt durch das Reichen von Erfrischungen oder körperliche Hilfe.

Zu *Training und Professionalismus*: H. A. Bernatzik, Akha und Meau (1947) Bd.1; Ponomarev a.a.O.; W. Krickeberg, in: Paideuma 3 (1944/49), S.118—190; W. Fischer, Das kultische Ballspiel der präkolumbischen Hochkulturen Mesoamerikas (Diss. Graz 1977); H. Findeisen, Sportliche Betätigung bei den Völkern Nord- und Ostasiens, in: Das Museum für Leibesübungen, hrsg. v. A. Mallwitz und E. Mindt, Berlin 1930, S. 48. — Zu den *Wettkampfpreisen* vgl. Jensen a.a.O. S.170; Janssen a.a.O. S.130; Culin, AmA 1 (1899), S.210; Damm, Bäßler Archiv 19 (1936), S. 11; H. Günther, Um Ball und Tor (1955), S.82; Catlin a.a.O. S. 130f., 313 ff.; H. L. Dunlap, Games, sports, dancing and other vigorous recreational activities and their function in Samoan culture, in: Research Quarterly 22 (1951), S.300f., 303. — Zur *Rolle der Zuschauer*:

H. Kamphausen, in: GL Bd.1, S.91; L. Riefenstahl, Die Nuba
(1974), S.133; Bunzendahl a.a.O. S.287; Dagny a.a.O. S.170ff.;
Damm, Spiele S.6, 11, 12; Diem a.a.O. S.85; Weule a.a.O. S.32.

3.5 *Sport und Geschlecht*

Nicht so eindeutig wie in der gegenwärtigen Sportszenerie
scheint die Einschätzung des Sports oder bestimmter Sportarten
als typisch männlich oder typisch weiblich zu sein. Die Berichte,
daß Frauen in unseren Augen gemeinhin als männlich angesehene Sportarten ausüben, sind zahlreich. Die Teilnahme von
Frauen an Ring- oder Faustkämpfen oder der Zweikampf zwischen Männern und Frauen ist in manchen Kulturen nicht ungewöhnlich (vgl. auch unten S. 170f.). Die weit verbreiteten Zieh-
und Schiebekämpfe werden häufig von gemischten Parteien oder
von einer Frauenmannschaft gegen eine Männermannschaft ausgeführt. Bei Fußballspielen sind gemischte Mannschaften keine
Seltenheit, auch an Fechtkämpfen beteiligen sich Frauen. Wird
eine Sportart von Frauen und Männern gemeinsam ausgeübt,
dann wird meist dem Geschlechtsunterschied dadurch Rechnung getragen, daß für Frauen Erleichterungen im Regelsystem
geschaffen sind (z. B. Mitbenutzung des Knies beim Ballspiel
oder ein eigener Ball). Dieselbe Haltung wird sichtbar, wenn
eine der Sportarten nur für Männer mit der Begründung zugäng-
lich ist, daß sie für Frauen zu hart oder zu schwierig sei.

Trotzdem dürfen nicht alle Sportarten *eo ipso* auch als Frauensportarten gelten. Wir erfahren im Gegenteil von ausgesproche-
nen Männer- und Frauensportarten. Eine Katalogisierung von
typischen Sportarten ist aber unmöglich, da die in einer Kultur
typische Frauensportart in einer anderen eine Männersportart
oder für beide Geschlechter offen sein kann. Das bei den nordamerikanischen Indianern beliebte Shinney (ein hockeyartiges
Spiel) gilt beinahe bei allen Stämmen wie das Doppelballspiel als

reiner Frauensport. Umgekehrt werden Zweikampfsportarten wie Speerwerfen, Keulenkampf in weiten Teilen der Südsee — aber nicht überall — als Männersport angesehen.

Betrachtet man eine Sportart als geschlechtsspezifisch, dann wird auf die Abgrenzung zwischen den Geschlechtern großer Wert gelegt. Das zeigt sich etwa darin, daß der Versuch der Teilnahme einer Frau am Wellenreiten in einem Lied auf der Osterinsel verspottet wird (Barthel a. a. O. S. 33) oder daß die beim Lauf mitzutragenden Klötze absichtlich so schwer gemacht werden, „daß die Männer den Frauen schließlich beim Tragen helfen müssen" (Dagny a. a. O. S. 71).

Einen Überblick über die Rolle der Frau versucht Kamphausen a. a. O. S. 86 f. zu bieten; Beispiele für die Teilnahme von Frauen an 'Männersportarten' etwa bei Mendner a. a. O.; Damm, Spiele (Hinweise in den Zusammenfassungen der einzelnen Abschnitte); Kayser, in: A 17/18 (1921/22), S. 687, 695; Diem a. a. O. S. 18, 47, 53, 77 ff., 84, 89, 92, 96; Weule a. a. O. S. 29, 35; Hye-Kerkdal, Wettkampfspiel S. 511 ff.; Bernatzik, Äthiopen des Westens (1933), Bd. 1, S. 135. Beispiele für Erleichterungen im Regelsystem bei Koch, Gilbert-Inseln S. 188; Kayser a. a. O. S. 687; Hye-Kerkdal a. a. O. S. 518; Diem a. a. O. S. 75; Krickeberg, in: Paideuma 3 (1944/49), S. 172. — Beispiele für geschlechtsspezifische Disziplinen bei Krickeberg a. a. O. S. 176; Mendner a. a. O. S. 36; Damm, Spiele S. 36, 40 und öfter; Diem a. a. O. S. 49, 52; Culin, Games S. 562, 616 ff., 647 ff.

4. Der Sport im Kulturzusammenhang

Wie schon mehrfach erwähnt, dient der Sport den verschiedensten Zwecken. Der Lauf z. B. kann im Rahmen von agrarischen Fruchtbarkeitsriten (vgl. oben S. 20; K. Hissink in: Paideuma 5 [1950/54], S. 118—121) als Analogiezauber fungieren oder z. B. bei Initiationsriten, zusammen mit einer Reihe anderer Sportarten, der körperlichen Ertüchtigung und als Vorbereitung für den Kampf dienen. Man ringt entweder zum Vergnügen der Götter, des Königs, von Gästen oder nur der Teilnehmer; man legt im Ringkampf Streitigkeiten bei (etwa zwischen Sippen oder Grenzstreitigkeiten) oder ermittelt in eigenen Ringkampf- festen die Besten in diesem Sport, was für die Beteiligten direkte Auswirkungen auf ihre Stellung innerhalb der Sozialhierarchie haben kann (vgl. oben S. 22 f.).

Die 'Verwendbarkeit' des Sports in verschiedenen Funktionen ließe sich an beinahe allen Sportarten nachweisen. Innerhalb der Untersuchungen über die Stellung des Sports in einer Kultur wird auch dieser Frage nachgegangen. Eine Forschungsrichtung tritt dabei in den Vordergrund, die davon ausgeht, daß „im Spiel Haltungen der Menschen offenbar [werden], die auch anderen Handlungen der Menschen zu Grunde liegen... Im Spiel wer- den sie lebendiger..." (Janssen a. a. O. S. 157). Man möchte mittels einer statistischen Erhebung der in einer Kultur prakti- zierten Spiele gehäuftes Vorkommen von Spiel- und Sporttypen mit damit jeweils korrelierenden Gesellschaftsformen bzw. -hal- tungen in Verbindung bringen (z. B. körperliche Geschicklich- keitsspiele mit einem komplexen sozialen System). „Wie die Haltungen der Spieler, so sind auch die Spiele unterschiedlich verteilt" (Janssen a. a. O. S. 157). Die für diese Arbeitsweise notwendige Klassifizierung der bekannten Sportarten wird von spieltheoretischen Ansätzen abgeleitet (vgl. oben S. 14 ff.). Janssen etwa stützt sich auf die Schematisierung der Spiele von R. Caillois, der die Spiele nach den Kategorien Agon (Wett- kampf), Alea (Chance), Mimikry (Verkleidung) und Ilinx (Rausch) einteilt.

Schwierigkeiten für derartige Untersuchungen erwachsen aus dem nur lückenhaft vorliegenden Material, das weder über die ausgeübten Spiele und Sportarten, noch über die zur Zeit des Be- richtes über die Sportarten gleichzeitig erscheinenden anderen kulturellen Phänomene in gewünschter und nötiger Genauigkeit Auskunft gibt, da auch naturvölkische Kulturen einem Wandel unterliegen — nicht zuletzt durch europäischen Einfluß. Mit großen Unsicherheiten sind aber nicht nur die generalisierenden Aussagen über ganze Kulturen, sondern auch die Festlegung der Spieltypen selbst belastet, wofür das Zögern bei der Kategorisierung mancher Sportart oder die häufig zu beobachtende Zuteilung einer Sportart zu mehreren Typen Indizien darstellen. Der nicht neue Versuch, zwischen dem allgemeinen Kulturniveau und den in dieser Kultur jeweils praktizierten Spielen und Sportarten Korrelationen herzustellen, scheint demgegenüber leichter realisierbar, zumal die mangelnde Vollständigkeit der über eine Kultur vorliegenden Berichte durch die auf vielen Gebieten nachzuweisende Parallelität in Kulturen entsprechenden Niveaus auf der ganzen Welt einigermaßen aufgehoben erscheint. In jüngster Zeit geht B. Sutton-Smith ausführlich auf diese Problematik ein. Ausgehend von der Entwicklungspsychologie und Piagets Versuch, logische Denkstrukturen mit Entwicklungsaltern in Verbindung zu setzen, führt er frühere Ansätze von R. Caillois und J. M. Roberts/M. J. Arth/R. R. Bush dadurch weiter, daß er die mit zunehmender Kulturhöhe steigende Interaktionskomplexität von Spielen an Beispielen aufzeigt (a. a. O. S. 183 ff.). Diese Erkenntnis ist für eine umfassende Untersuchung nur ein Baustein, zeigt jedoch, wohin die (nicht überraschende) Lösung führen dürfte. Entwicklungsgeschichtlich gesehen steigendes Kulturniveau scheint mit zunehmend komplexeren Organisationsformen des Sports (der einzelnen Sportarten wie der 'Sportfeste') verbunden zu sein. Ein Beleg dafür ist die Absenz komplexer Spielformen bei Völkern, die im Entwicklungsschema am Anfang stehen (z. B. Pygmäen, Australier), während wesentlich höher entwickelte Völker (z. B. Polynesier oder die schon zu den Hochkulturvölkern gezählten altamerikanischen Völker) sehr differenzierte und komplizierte Formen da wie dort bekannter Sportarten kennen. Beim Nachweis der Existenz eines durchorganisierten Wettbewerbsablaufs, von Regeln und Vorschriften, einer sozialen Gliederung im Sport der Naturvölker mußten wir uns in erster Linie auf höherentwickelte Ethnien stützen, weil all das nur bei diesen in größerer Zahl und in klar ausgeprägter Form vorhanden ist (vgl. oben S. 43 f.). Keine Sportart und kein Spiel etwa der Australier oder Pygmäen weist eine derartige Vielfalt an Vorschriften, Regeln und an Kooperationszwang zwischen den Teilnehmern auf wie — als Beispiel für eine hochentwickelte Sportform — das altmexikanische Ballspiel. Dieses Spiel wird im Gegensatz etwa zum Fußballspiel der Eskimos auf einem abgegrenzten Spielfeld mit einer Zuschauertribüne gespielt. Die Zahl der Spieler ist, anders als bei 'primitiveren' Spielformen, gering und wahrscheinlich genau festgelegt. Es wird nicht bis zur Erschöpfung gespielt, sondern das Erreichen einer bestimmten Punktezahl bzw. der Schuß durch einen der Seitenringe beenden das Spiel. Die Spieler werden von als Schiedsrichtern institutionalisierten Priestern überwacht, die auch das Zeichen für den Beginn des Spieles geben (vgl. auch oben S. 29). Natürlich kennen auch 'höher'entwickelte Kulturen wie 'niedere' einfache Sportarten, doch läßt sich dieser Satz nicht umkehren, weil keine im Entwicklungsschema ganz unten stehende Kultur so komplexe Spiel- und Sportformen aufzuweisen hat, wie sie uns von höheren und Hoch-Kulturen bekannt sind.

B. Sutton-Smith, Die Dialektik des Spiels (1978); R. Caillois, Die Spiele und die Menschen (1960); J. M. Roberts/M. J. Arth/R. R. Bush, Games in culture, in: AmA 61 (1959), S. 597—605; H. Eichberg, in: Arena (= Stadion) 1 (1975), S. 1—48 mit kritischen Bemerkungen zu früheren Arbeiten von Sutton-Smith, F. Stumpf-Frederickson, Sports and the cultures of man, in: W. R. Johnson (Hrsg.), Science and medicine of exercise and sports (1960), S. 633—646; H. Kamphausen, Traditionelle Leibesübungen bei autochthonen Völkern, in: GL Bd. 1, S. 64—109; überall weitere Literatur. R. G. Glassford, Organization of games and adaptive strategies of the Canadian Eskimo, in: G. Lüschen (Hrsg.), The cross analysis of sport and games (1970), S. 70—84.

III. SPORT IN DEN FRÜHEN HOCHKULTUREN

1. Allgemeine Vorbemerkungen

Die bemerkenswerten schöpferischen Leistungen der Griechen im Bereich der Gymnastik und Agonistik haben die Aufmerksamkeit der an sporthistorischen Fragestellungen interessierten Forschung so sehr in Anspruch genommen, daß zugleich mit dem Entstehen der Auffassung vom agonalen Griechentum, die zum Teil in der Selbsteinschätzung der Hellenen wurzelt, auch die These entwickelt werden konnte, sportliches Treiben habe im Alltag der Völker der frühen Hochkulturen nur eine geringe Rolle gespielt oder sei überhaupt fremd geblieben. Vorstellungen von einem bestimmten unsportlichen orientalischen Menschentypus sollten diese These stützen. So sagt etwa Jakob Burckhardt mit Blickrichtung auf den Alten Orient, es sei „noch bis heute nicht orientalische Denkweise . . .", sich mit anderen Gleichstehenden im Wettkampf zu messen, „sondern sich von Sklaven oder Bezahlten etwas vorkämpfen zu lassen" (Griech. Kulturgeschichte [1898—1902, ND 1977] Bd. 4, S. 85). Das sollte nach Ansicht des Basler Kulturphilosophen für die frühen asiatischen Kulturvölker genauso gelten wie für die alten Ägypter. Beispielhaft für diese Denkrichtung auch im sporthistorischen Schrifttum scheint mir die Kennzeichnung der Babylonier von Lukas, Die Körperkultur S. 66: „Die Religion durchdrang das gesellschaftliche wie private Leben der Babylonier in einzigartiger Weise. Diese religiöse Einstellung und der nüchterne kaufmännische Sinn für gründliche, rasche Berufsausbildung waren dem Sport und Spiel wohl abträglich" (vgl. dazu noch unten S. 69 f.). Derartige Charakterisierungen der frühen Hoch-

kulturen als nichtsportlich oder in der gräkozentrischen Sprache
besser: als 'unagonal' sind bereits im Altertum in der Hellenen-
Barbaren-Antithese vorgegeben; sie unterliegen aber auch wissenschaftsgeschichtlichen Bedingungen, nämlich insofern, als
die sporthistorische Erforschung der griechischen Welt ungleich
traditionsreicher ist als jene der anderen Völker der Alten Welt,
deren Kulturen allein schon durch die späte Entzifferung der
Schriftsysteme erst zu einem Zeitpunkt auf die Einstellung zu
Wettkampf und Spiel untersucht werden konnten, als das besondere Nahverhältnis der Griechen zum Sport bereits dogmati-
siert worden war. Dazu kommt, daß das Interesse an Fragestellungen der Sportgeschichte traditionellerweise erst in einem
fortgeschritteneren Stadium der Erforschung der frühen Hochkulturen erwacht, sozusagen erst im Anschluß an die politische
Geschichte und an die Kulturgeschichte mit ihrer Auffächerung
in Religion, Literatur und Kunst. Als dann im Zuge der Erforschung des Alten Orients allmählich von Fachleuten ein wenn
auch fragmentarischer Bestand an Quellen zur Sportgeschichte
vorgelegt wurde, bestand *eine* Reaktion der gräkozentrischen
Forschung darin, die dokumentierten Beispiele für sportliche
Betätigung in der Weise zu interpretieren, daß man aus ihnen
eine grundsätzlich von den Griechen unterschiedliche, eben eine
unagonale Einstellung herauslesen konnte. So etwa ignoriert
J. Jüthner bei seiner Suche nach dem Entstehungsanlaß des
Sportes die inzwischen von der Altorientalistik vorgelegten Belege für eine Existenz des Sportes auch in dieser Welt keineswegs, aber er gibt etwa den ägyptischen Ringkämpfen und anderen Formen der Leibesübungen einen „teils militärischen, teils ar-
tistischen oder rein spielerischen Charakter" und meint, im Alten
Ägypten seien „Wettkämpfe im sportlichen Sinne nicht zu erkennen" (Jüthner/Brein AL Bd. 1, S. 53 f.). Anderseits reichten
die Belege der asiatischen Kulturen zwar nach Jüthner/Brein AL
Bd. 1, S. 57 aus, um „den angeborenen Betätigungsdrang und
Wetteifer" der altorientalischen Völker sichtbar zu machen,

„aber Anreger der griechischen Gymnastik und Athletik kann man in ihnen nicht erblicken" (was auch freilich kaum jemand behaupten wird; vgl. allerdings zum Bogenschießen unten S. 60). Und die sportlichen Bilddokumente der kretisch-mykenischen Kultur finden ebenfalls eine Deutung, die das Bemühen erkennen läßt, den Sonderstatus der Griechen in Sachen Sport herauszustellen, wenn etwa zu den schwerathletischen Wettkämpfen der Kreter bemerkt wird, „daß diese interessante Kulturerscheinung nichts anderes war als ein Ausfluß üppigen Wohllebens und daß dieses gefährliche Messen der Kräfte nicht zur Ertüchtigung und eigenen Freude diente, vielmehr wie die römischen Gladiatorenkämpfe zur Befriedigung blutgieriger Schaulust vergnügungssüchtiger Zuschauer ausgeführt wurde, wahrscheinlich von Gefangenen, Sklaven oder Mietlingen, wobei ebensowenig wie beim Stierspringen ein ursprünglich kultischer Anlaß ausgeschlossen ist" (AL Bd. 1, S. 52). Gerade eine Interpretation wie diese, die ausschließlich auf dem Bildmaterial basiert und keinerlei schriftliche Quellen dafür anzuführen mag, macht deutlich, mit welchem Vorverständnis der nichtgriechische Sport hier betrachtet wird. Eine solche im Grunde klassizistische Betrachtungsweise läßt es schließlich auch verständlich erscheinen, daß etwa der „agonale Sport" zu den „spezifisch indogermanischen 'Großleistungen' gerechnet wurde und ihm im Rahmen der Beschäftigung mit der „Arischen Geistesgeschichte" in der NS-Zeit ein eigener Forschungsschwerpunkt zugeteilt wurde (vgl. dazu V. Losemann, Nationalsozialismus und Antike [1977], S. 147 f.). Eine möglichst unvoreingenommene Betrachtung des Kulturphänomens Sport, die frei ist von Gräkozentrik und Europazentrik, zeigt die Universalität des Sports, seine anthropologische Komponente, wie sie schon die oben S. 38 ff. angestellten Überlegungen zur Verhaltensforschung und Ethologie nahelegen, sie zeigt auch seine graduell (aber nicht prinzipiell) unterschiedlichen Ausprägungen in den einzelnen Kulturen. Die diversen Unterschiede liegen dabei sowohl im

entwicklungsgeschichtlich bedingten Kulturniveau (vgl. oben
S. 51 f.) als auch in dem verschiedenen Sekundärmotivationen, den
kultischen, militärisch-paramilitärischen und pädagogischen
Ursprüngen des Sports begründet. Die primäre, angeborene
Disposition des Menschen zum Messen der Kräfte im Wettkampf bildet somit den gemeinsamen Nenner, die Konstante im
sportlichen Verhalten — ihre vielfältigen Erscheinungsformen in
den verschiedenen Kulturen mag man als z. T. umweltbedingte
Variable verstehen, deren Bewußtmachung insbesondere durch
die komparative Methode der Geschichtswissenschaft erfolgen
kann. Der unterschiedliche Forschungsstand innerhalb der einzelnen frühen Hochkulturen mahnt dabei zur Vorsicht, allzu
rasch generelle Schlüsse über Rang und Bedeutung des Sports im
Leben dieser Völker zu ziehen. Aber verglichen mit dem sporthistorischen Wissen um die Jahrhundertwende läßt sich heute
ungleich mehr darüber sagen, und zwar nicht nur hinsichtlich
des Sports innerhalb der einzelnen Kulturen, sondern auch angesichts der Polarisierung der Völker der Alten Welt unter dem
Aspekt einer sporthistorischen Betrachtungsweise, die zu einer
Zweiteilung Griechen — Nichtgriechen führte. Die Forschungs-
resultate der Altorientalistik, insbes. jene der Ägyptologie, legen
eine Revidierung der Burckhardtschen Auffassung nahe.

Einführungen in den Sport der frühen Hochkulturen: E. N. G a r d i n e r
AAW, S. 4 —17 (über Ägypten, Kreta, China und Japan); J ü t h n e r / B r e i n
AL Bd. 1, S. 50 — 62 (zur vorgriechischen Bevölkerung, Ägypten, Asien,
Etruskern und Illyrern); ferner D i e m, Weltgeschichte des Sports Bd. 1,
S. 101—128, und J. P a w e l, Die Pflege der Leibesübungen bei den asiati-
schen Kulturvölkern, in: Monatsschrift für das Turnwesen 1, 2 (1885),
S. 3 —16 (von wissenschaftsgeschichtlichem Interesse). — L. J a k o b - R o s t,
Sport im Alten Orient, in: Altertum 11 (1965), S. 3 — 8; L u k a s, Die Körperkultur S. 52 — 74 (Ägypten, Kreta, Mykene, Babylon-Assur, Altper-
sien, Indien, China, Japan). Einen Überblick bieten die Beiträge des 1. Ban-
des der von H. U e b e r h o r s t edierten GL. Der Herausgeber verfaßte die
Abschnitte über Altchina, Altindien, Mesopotamien, Altisrael und Ägypten. Vgl. dazu die methodologisch ins Grundsätzliche reichende Rezension
von W. D e c k e r und M. L ä m m e r, die insbesondere den Mangel einer

quellenkritischen Arbeitsweise moniert, in: Sportwissenschaft 2 (1972), S. 312—322 sowie die oben S. 10 f. zitierte Diskussion, die sich daran anschloß. — Zur grundsätzlichen Diskussion über den Sport bei Griechen und Nicht-Griechen siehe I. Weiler, Der Wettkampf — ein Privileg der Griechen? Historisch-vergleichende Betrachtung, in: Wort im Gebirge 15 (1976), S. 40—54, bes. 48—50 und 54. Zum agonalen Gedanken in der altägyptischen, altmesopotamischen und altpersischen Kultur vgl. W. Dekker, Das sogenannte Agonale und der altägyptische Sport, in: M. Görg/E. Pusch (Hrsg.), FS Elmar Edel. Studien zur Geschichte, Kultur und Religion Ägyptens und des alten Testaments 1 (1979), S. 90—104; ders., Neue Aspekte zur Erforschung der altägyptischen Sportgeschichte, in: KBSW 4 (1975), S. 41—59; K. Oberhuber, Die Kultur des Alten Orients (Handbuch der Kulturgeschichte 1972), S. 264—273; W. Knauth, Das altiranische Fürstenideal von Xenophon bis Ferdousi (1975), S. 129—131; ders., Die sportlichen Qualifikationen der altiranischen Fürsten, in: Stadion 2 (1976), S. 24—32.

2. Ägypten

Das klischeehafte Bild vom jenseitsorientierten Ägypter, das vor allem auf den von Grabfunden und Darstellungen sowie Texten aus Gräbern dominierten Quellenbeständen basiert, und Versuche wie der des Ägyptologen Georg Steindorff, ›Das Wesen des ägyptischen Volkes‹ (1923) auf „ökonomisch-praktische" Interessen zu reduzieren, ihm eine „gewisse Nüchternheit, einen Mangel an Phantasie" zu bescheinigen, lassen nicht erwarten, daß dem Sport und der Körperkultur in der dreitausendjährigen Geschichte der ägyptischen Kultur eine erwähnenswerte Rolle zuzuordnen wäre. Aus solchen Einstellungen und Typisierungen heraus erklärt sich dann auch das Bemühen, in den sporthistorischen Quellen des Nillandes nur Zeugnisse entweder für militärische Übungen oder für die Existenz eines professionellen Sportes zu sehen. Gleichsam unter dem Motto "The Egyptians like all orientals, loved shows of every sort" (Gardiner AAW S. 4) wird damit im Sinne J. Burckhardts eine Folie geschaffen, von der sich der griechische Sport möglichst deutlich abheben sollte. Intensive Quellenforschungen der letzten Gelehrtengeneration unter dem Aspekt sporthistorischer Fragestellungen haben demgegenüber zu Resultaten geführt, die ein Umdenken hinsichtlich des ägyptischen Sportes notwendig erscheinen lassen. Nach dem Erscheinen von C. E. De Vries, Attitudes of the ancient Egyptians toward physical-recreative activities (Diss. Chicago 1960) und der mit aufschlußreichen Abbildungen ausgestatteten Monographie von A. D. Touny/St. Wenig, Der Sport im alten Ägypten (1969), waren es vor allem die Publikationen von W. Decker, die eine geeignete Grundlage für eine Revidierung der traditionellen Beurteilung des Phänomens Sport in der altägyptischen Kultur geschaffen haben. Mit der Edition der ›Quellentexte zu Sport und Körperkultur im alten Ägypten‹ (1975) wurde dem geschichtswissenschaftlichen Postulat einer philologisch-historischen Arbeitsmethode, die ägyptologische und sportwissenschaftliche Kenntnisse verbindet, Rechnung getragen. Zwar haben Einzelstudien, hier vor allem die Untersuchung von H. Wilsdorf, Ringkampf im alten Ägypten (Körperliche Erziehung und Sport. Beiträge zur Sportwissenschaft 3, 1939), dieses methodische Erfordernis schon früher erfüllt, eine systematische Zusammenfassung des literarischen sporthistorischen Materials verdankt die Fachwelt jedoch erst W. Decker, der als ein Supplementum zu den zumeist hieroglyphischen Texten auch einen ›Bildatlas zur ägyptischen Sportgeschichte‹ in Aussicht gestellt hat. Deckers kritische quellenkundliche Studien, die ihren Niederschlag auch in seinem Werk ›Die physische Leistung Pharaos‹ (1971) finden, liefern neue Grundlagen für die Erforschung des altägyptischen Sports. Eine wesentliche Erleichterung dabei bietet auch seine ›Annotierte Bibliographie zum Sport im alten Ägypten‹ (1978), die 701 Titel aufweist, wozu freilich auch allgemeine Einführungen in die Ägyptologie und den Sport nur sehr am Rande behandelnde Beiträge zählen. Dennoch verblüfft die Bibliographie mit der großen Zahl von

Untersuchungen, in denen ägyptische Sportarten und Wettkämpfe thematisiert werden.

Wer sich aus der Enge moderner Sportbegriffe löst und auch
nicht Vorstellungen der hellenischen Gymnastik und Agonistik
auf andere, zumal zeitlich weit vor der griechischen Welt liegende Kulturen transferiert, sieht sich genötigt, sein terminolo-
gisches Verständnis des Ausdrucks 'Sport' zu umreißen, will er
nicht von vornherein als Anachronist abqualifiziert werden.
Decker kommt dieser Forderung nach und bietet eine Real-
definition, die nicht nur für Ägypten, sondern für sämtliche frühen Hochkulturen adaptierbar erscheint. Danach umschließt
Sport „Gebiete wie Leibesübungen, Spiel, Wettkampfwesen,
Körperkultur, Tanz, Jagd, Hippologie, Kultspiel, Freizeitver-
halten u. ä." (Bibliographie S. 16). Im Detail zeigt dieser hier
abgesteckte Rahmen eine Fülle von Einzeldisziplinen, deren
sportlicher Charakter aus den Hieroglyphentexten und Bilddo-
kumenten ohne gekünstelte Interpretation sichtbar gemacht
werden kann. Der Umstand, daß einzelne Sportarten dabei eine
deutliche Verankerung in Kult- und Hofzeremoniell, in kriege-
rischer oder allgemeiner pädagogischer Ausbildung zeigen, hat
in diesem Zusammenhang nichts zu sagen. Man begegnet diesem
Phänomen bei allen Völkern der Alten Welt.

Wenden wir uns den einzelnen sportlichen Disziplinen zu, so
scheint der *Lauf* (Decker, Bibliographie Nr. 148—175), auf Reliefs in verschiedenen Laufarten dargestellt, im Herrscherritual
eine besondere Bedeutung erlangt zu haben. Der sog. Hebsed-
lauf, der schon seit der 1. Dynastie bezeugt ist, wurde als Rennen
interpretiert, bei dem sich in der ägyptischen Frühzeit „der
fähigste Prinz als Nachfolger qualifizierte" (vgl. Decker, Pharao
S. 60 f.). Die Wertschätzung dieser physischen Fähigkeiten
findet übrigens ihren literarischen Niederschlag in Formeln wie
„Schnellster unter den Schnellen" oder „Ich übertraf diese ganze
Stadt an Schnelligkeit, ihre Nubier und Oberägypter". Daß ein
Herrscher seine Eignung zum Regieren durch körperliche Lei-

stungen nachweisen muß, läßt sich anhand von Mythen und eth-
nographischer Materialien auch außerhalb Ägyptens gut belegen. D. Wiedemann, Der Sinn des Laufes im Alten Ägypten
(Diss. Wien 1975), hat darüber hinaus wahrscheinlich gemacht,
daß auch zwei andere Motive bei diesem Kultlauf eine Rolle
spielten, nämlich zum einen eine magische Erneuerung der
Kräfte zu bewirken (vgl. dazu auch unten S. 106 f.) und zum anderen einen rituellen Akt der Besitzergreifung zu setzen. In ähnlicher Weise, ebenfalls unter Heranziehung ethnologischer Parallelen des arabischen Raumes, konnte man auf Szenen in den
Gräbern des Ptahhotep und des Mereruka (5. Dynastie) einen
Hochweitsprung von Jugendlichen erkennen (vgl. Decker, Bibliographie Nr. 176—178). Zahlreich sind die Hinweise auf das
sportliche *Bogenschießen* in Ägypten, von dem W. Burkert, Von
Amenophis II. zur Bogenprobe des Odysseus, in: GB 1 (1973),
S. 69—78, angenommen hat, daß es auch als Vorbild für den
Odysseedichter fungierte, womit übrigens die These von Jüth-
ner/Brein, AL Bd. 1, S. 54 und Gardiner AAW S. 8 entkräftet
wäre, daß Griechenland im Bereich des Sportes keine Impulse
von Ägypten erhalten habe. „Bogenschießen auf Zielscheiben
war besonders in der 18. Dynastie die favorisierte Sportart ägyp-
tischer Könige, was durch eine große Anzahl von entsprechenden Inschriften und Funden von originalen Bogen und Zubehör
bewiesen wird" (Decker, Bibliographie Nr. 206). Die herausragende Gestalt in dieser Disziplin ist in den altägyptischen Quellen, vor allem nach einem der wichtigsten Zeugnisse zum Sport
in Ägypten, der sog. Sphinx-Stele (Dok. Nr. 17 in Deckers
Quellentexten), der geradezu als Paradeathlet gezeichnete Pharao Amenophis II. gewesen. Von ihm heißt es nicht nur, daß er
vom fahrenden Wagen herab die Zielscheibe, einen Kupferbar-
ren, mit Pfeilen zu durchschießen vermochte (sog. Schieß-Stele
= Dok. 19 in Deckers Quellentexten; auch auf der Sphinx-
Stele u. ö.); er konnte auch mit Pferden umgehen wie kein anderer, galt im Laufen als uneinholbar und ermüdete auch beim

Steuern eines Ruderbootes nicht. Überhaupt „hat er die Lüste des Leibes hintangesetzt und liebt die (Körper-)Kraft" (Dok. 17). Neben Amenophis II. verdienen auch sein Sohn Thutmosis IV. sowie Thutmosis I. und III. im Rahmen einer ägyptischen Sportgeschichte Erwähnung. Wenn Decker in mehreren Arbeiten bemüht ist, den Widerspruch zwischen agonaler Auffassung, die er auch für Ägypten bejaht (vgl. unten S. 63) und, im Hinblick auf das ägyptische Königsdogma, der Unantastbarkeit des Pharaos zu betonen, so wäre hier doch in Rechnung zu stellen, daß dieses Dogma, das den Pharao über die Wettkampfsphäre hinaushebt, entwicklungsgeschichtlichen Bedingungen unterliegt und erst allmählich dessen absolute Position fixiert haben dürfte.

Unter den ägyptischen Kampfsportarten verdient der *Ringkampf* eine besondere Beachtung. Über 400 Ringerszenen in den Gräbern von Beni Hasan (MR) bilden sozusagen ein Lehrbuch verschiedenartigster Griffe, Umklammerungen, Hebe- und Schleudertechniken. Ähnlich den Griechen sind die Ringer nackt dargestellt, tragen allerdings einen Gürtel. Die kontrastierende Hell-dunkel-Zeichnung der beiden Ringer erlaubt den Betrachtern zwar ein genaues Studium der einzelnen Griffe und Kampfpositionen, „verbindliche Aussagen zu den Regeln des Kampfes" lassen sich trotzdem nicht machen (vgl. Decker, Bibliographie Nr. 238, wo die oben S. 58 genannte Untersuchung zum Ringkampf von H. Wilsdorf kurz besprochen wird). Um etwa noch ein halbes Jahrtausend älter als diese Ringerszenen von Beni Hasan, die um 2000 v. Chr. datiert werden, sind sechs Ringerpaare aus dem schon genannten Grab des Ptahhotep von Sakkara. Alle diese Dokumentationen — insgesamt hat man für Ägypten weit über 400 Belege für diese Sportart gezählt (Lukas, Die Körperkultur S. 55) — weisen auf den großen Bekanntheitsgrad des Ringens hin und bestätigen, daß das Wettkampfdenken bei den Ägyptern durchaus präsent war. Dagegen spricht auch nicht, wenn der Bilderzyklus von Beni Hasan eine militäri-

sche Ausbildung nahelegt, denn völlig zu Recht hat Decker, Das
sogenannte Agonale S. 94, darauf verwiesen, daß auch „gerade
die griechische Agonistik ihr Entstehen dem Einfluß militärischer Interessen an körperlicher Ausbildung" verdanke. Andere
ägyptische Kampfsportarten sind eine Form des *Stockfechtens*,
die ebenfalls paramilitärischen Ursprungs sein dürfte und für die
noch Parallelen bei den heutigen Fellachen existieren, sowie
vermutlich der *Boxkampf(?)*. Zum Stockfechten vgl. insbes.
J. Vandier d'Abbadie, Deux nouveaux ostraca figurés, in:
ASAE 40 (1940), S. 467—488. Die Anwesenheit eines
Schiedsrichters mit Trompete, wie sie die Ringer- und Stock-
fechter-Reliefs vom Ramesseum in Medinet Habu zeigen, deutet
wohl darauf hin, „daß die Kämpfe nach festen Regeln ausgetragen wurden" (Decker, Quellentexte S. 82). Sehr bemerkenswert
an den Reliefs des Totentempels von Medinet Habu erscheint im
Hinblick auf die Exklusivität der panhellenischen Agone auch
der Umstand, daß die Wettkämpfe im Ringen und Stockfechten
zwischen Ägyptern und 'Ausländern' zur Austragung gelangen
und Ramses II. mit fremdländischen Gesandten offensichtlich
als Zuschauer anwesend gedacht wird (vgl. dazu Dok. Nr. 32).
Trotz dieser Beispiele von Sportveranstaltungen, die um das
nicht ganz unproblematische Zeugnis des Herodot (2, 91; vgl.
dazu A. B. Lloyd, Herodotus Book II [1976] S. 367 ff.) über einen gymnischen Agon der Stadt Chemmis zu erweitern wären,
sollte es zu denken geben, wenn Touny/Wenig a. a. O. S. 12 ff.
in ihrer Behandlung des ägyptischen Sportes, in die auch noch
Rudern, Gewichtheben(?) und *Pferdesport* miteinbezogen werden, den Wettkämpfen eine verhältnismäßig geringe Bedeutung
beimessen. Die von Decker gesammelten Arbeiten über das *Ballspiel* (vgl. Bibliographie Nr. 275—285) und den *Wassersport*
(Schwimmen, Tauchen, Schwimmunterricht, Rudern, Fischer-
stechen Nr. 286—333) runden das Bild von der Vielfältigkeit
sportlichen Treibens und der Körperkultur im alten Ägypten ab.
    In einer abschließenden Beurteilung des altägyptischen Spor-

tes zeigt sich die Schwierigkeit, die zahlreichen Belege in einen entwicklungsgeschichtlichen Kontext zu stellen. Ueberhorsts Bemühungen (GL Bd. 1, S. 190 f.) in dieser Richtung, nach dem klassischen Schema AR-MR-NR vorzugehen und den kultursoziologischen Kontext, in dem Sport und Leibesübung stehen, dabei im Auge zu behalten, sind zwar methodisch prinzipiell zu bejahen, das Resultat enttäuscht freilich etwas. Auch der Versuch von W. Eichel und G. Lukas, Vergleichende Studie über Erscheinungsformen und Stellung des Sports im Alten Ägypten und in anderen Klassengesellschaften (1974), wo der Sport unter dem Aspekt des Wandels sozialökonomischer Bedingungen betrachtet und dabei seit dem MR „eine gewisse Demokratisierung des Sports" (a. a. O. S. 135) festgestellt wird, ist quellenmäßig nur schwach abgesichert, wenngleich der theoretische Ansatz akzeptabel erscheint. Als problematisch an dieser Studie erweist sich eher die Behauptung, daß den Ägyptern das „agonale Prinzip" fehle (a. a. O. S. 136), eine Auffassung, der allerdings Dekker, Das sog. Agonale, mit meines Erachtens überzeugenden Gründen entgegengetreten ist. Unter Hinweis ferner auf die Märchen von ›Wahrheit und Lüge‹ und vom ›Verwunschenen Prinzen‹, in denen agonistische Motive vorkommen, zeigt der Kölner Gelehrte, daß in der schriftlichen Überlieferung die „Existenz des agonalen Gedankens in Ägypten in aller Deutlichkeit anzutreffen ist, die die bildlichen Wettkampfdarstellungen erwarten lassen".

Literatur zum ägyptischen Sport: Grundlegend W. Decker, Annotierte Bibliographie zum Sport im alten Ägypten (1978); ders., Quellentexte zu Sport und Körperkultur im alten Ägypten (1975) mit Einleitung, Übersetzung und Kommentar zu insgesamt 44 Dokumenten; weitere Arbeiten von Decker wurden bereits oben S. 58 angeführt; ferner die Monographie von Touny/Wenig, vgl. oben S. 58, H. Ueberhorst, Leibesübungen im alten Ägypten, in: GL Bd. 1, S. 190—224; dazu die Rezension von Dekker, in: Sportwissenschaft 2 (1972), S. 316—322 und die Antworten darauf in: Sportwissenschaft 3 (1972), S. 79—86 und 4 (1974), S. 201—205; W. Eichel/G. Lukas, Vergleichende Studie über Erscheinungsformen und Stellung des Sports im Alten Ägypten und in anderen antiken Klassengesellschaften, in: WZ Leipzig der Deutschen Hochschule für Körperkultur 15 (1974), S. 131—138; zum Ringen außer H. Wilsdorf (vgl. oben S. 58) noch W. Decker, Neue Dokumente zum Ringkampf im alten Ägypten, in: KBSW 5 (1976), S. 7—24. Vgl. auch M. Triet u. a., Spiel und Sport im alten Ägypten (Ausstellungskatalog Basel 1978).

3. Die vorderasiatischen Kulturen

Die Forschungssituation im Bereich der Sporthistorie dieses Raumes ist wesentlich unübersichtlicher als jene Ägyptens. Dafür sind mehrere Gründe verantwortlich. Das Fehlen einer Kulturkontinuität mit dem chronologischen Neben- und Hintereinander verschiedener Völkerschaften und ihrer voneinander abweichenden Schriftsysteme und die teilweise unterschiedlichen sozialökonomischen und ökologischen Bedingungen schaffen andere Voraussetzungen als die Stromkultur am Nil. Dazu kommt das wissenschaftsgeschichtliche Faktum, daß die Ägyptologie dem Kulturphänomen Sport — aus welchen Gründen auch immer — früher ihre Aufmerksamkeit geschenkt hat als die Altorientalistik. Daher fehlen heute monographische Darstellungen für dieses Gebiet ebenso wie Quellensammlungen und Bibliographien, wie sie für den ägyptischen Sport zur Verfügung stehen und wie sie nun einmal eine systematische Erforschung der Körperkultur und des Sports voraussetzt. Man wird aufgrund dieser anderen Forschungssituation, selbst auf die Gefahr hin, eines rückständigen Positivismus bezichtigt zu werden, zuerst einmal die einzelnen zerstreuten Belege zum Sport in den Kulturen Vorderasiens sammeln und, soweit dies möglich ist, in eine systematische Ordnung bringen müssen, ehe generelle Aussagen über die Einstellung zu Sport und Körperkultur in diesem Raum formuliert werden können. Die ersten Anfänge dafür sind gemacht. L. Jakob-Rost hat auf ihre eigene rhetorische Frage nach dem ›Sport im Alten Orient?‹ positiv geantwortet, indem sie sportliche Darstellungen auf Siegeln und Reliefs, in Plastik und Malerei gesammelt und untersucht hat und dabei nicht nur Tätigkeiten feststellte, die praktischen Bedürfnissen wie der 'Nahrungsbeschaffung' und der 'Verteidigung des Lebens' dienen, sondern die „schon Übergänge zu sportlicher Betätigung in unserem Sinne" (a. a. O. S. 4) dokumentieren. Die Quellensammlung von Jakob-Rost ist ergänzungsbedürftig: Ein Neufund des frühdynastischen Mesilim-Stils (etwa 1. Hälfte des 3. Jt.) mit Darstellungen von Ringern und Musikanten dürfte wohl als einer der ältesten zur Zeit vorhandenen Belege für die Existenz des Sports in den frühen Hochkulturen angesprochen werden. Es finden sich darauf ein kämpfendes Ringerpaar und „drei Ringer mit betend erhobenen Händen" (vgl. E. Strommenger, Der Garten in Eden. 7 Jahrtausende Kunst und Kultur an Euphrat und Tigris [1978], S. 123, Nr. 81). Jakob-Rost erwähnt u. a. ein altbabylonisches Tonrelief im Louvre (Anfang 2. Jt. v. Chr.), das zwei Boxer, einen in Links-, den anderen in Rechtsauslage, wiedergibt, die bekannte Kupferstatuette mit einem Ringerpaar aus Chafadschi (Mitte 3. Jt.), von wo auch ein Relief mit Szenen von nackten Ringern und Boxern aus der 1. Hälfte des 3. Jt. stammt (vgl. Oberhuber a. a. O. S. 268), ferner die Darstellung eines Bodenringkampfes auf einem in Syrien gefundenen Siegelzylinder (1. Hälfte 2. Jt.) sowie Belege, insbesondere aus dem Assyrischen Reich, für das Bogenschießen auf Scheiben und Vögel. Die dabei dargestellte Technik des frühen Ringkampfes scheint nach mehreren Indizien der sog. *Gürtelringkampf* gewesen zu sein. Dabei fassen sich die sonst nackten Athleten gegenseitig am Gürtel und versuchen, einander aus dem Stand zu heben. Das kupferne Ringerpaar aus Chafadschi, das übrigens auch mit Gilgamesch und Enkidu identifiziert wurde (H. Frankfort, More sculpture from the Diyala region [The University of Chicago. Oriental Institute Publications Bd. 60, 1943] S. 12), veranschaulicht diese Ringerart, die auch im Alten Testament und in den Gräbern von Beni Hasan anzutreffen ist, wie C. H. Gordon, Beltwrestling in the Bible-world, in: Hebr-UCA 23 (1950/51), S. 131—136, nachweist. In der einschlägigen Übersetzung nach A. L. Oppenheim lautet die Textstelle im Gilgamesch-Epos (II 6, S. 15—24) bei K. Oberhuber (a. a. O. S. 266): Gilgamesch und Enkidu „packten einander (an ihren Gürteln), wie Fachleute rangen sie. Sie ruinierten den Türpfosten, die Mauer wankte, aber Gilgamesch und Enkidu hielten einander noch immer am Gürtel. Wie erfahrene Ringer rangen sie. [Just] beugte Gilgamesch das eine Knie, mit dem anderen Fuß fest auf dem Boden [hob er Enkidu hoch]". In H. Schmökels Übersetzung des ›Gilgameschepos‹ (²1971) findet sich zwar ebenfalls die Ringkampfepisode, allerdings ohne ausdrücklichen Hinweis auf die Technik des Gürtelringens (der auch im Text fehlt); hier ist vielmehr davon die Rede, daß die beiden Athleten „in die Knie nach Ringer Art" gingen (vgl. 2. Tafel 16 und 21; Schmökel a. a. O. S. 40). Die Popularität des Ringens im Alten Orient schlägt sich auch in verschiedenen Redewendungen des babylonischen Schrifttums nieder, auf die Oberhuber a. a. O. S. 269 verweist.

Auch zum *Pferdesport* läßt sich einiges sagen. Jakob-Rost erwähnt die quellenmäßig gut dokumentierte gewissenhafte Ausbildung und das Training der Pferde, das sie zur Annahme veranlaßt, bei den Assyrern und Hethitern seien auch „Rennen gefahren worden, die der Überprüfung der Trainingsergebnisse dienten; von eigentlich sportlichen Wettkämpfen erzählen die Texte jedoch nichts" (a. a. O. S. 6). Die Grundlage für diese Hypothese bilden das Pferdebuch des Mitanniers Kikkuli, das im hethitischen Archiv von Boghazköy gefunden wurde und das aus der 2. Hälfte des 2. Jt. stammt, und andere einschlägige Fragmente mittelassyrischer und hethitischer Herkunft. Die Absicht dieser Zucht- und Trainingsvorschriften soll es gewesen sein, Pferde „für Rennen in der Bahn vorzubereiten" (so J. Wiesner, Fahren und Reiten in Alteuropa und im Alten Orient, in: Der Alte Orient 38, 2—4 [1939] S. 34; vgl. auch ders.,

Fahren und Reiten, in: Archaeologia Homerica 1 [1968] S. 85 f.). Die Texte vermitteln mit ihren fachkundigen Anweisungen über Art des Futters, Kalt- und Warmbäder, genaue Zahlen der täglich zu absolvierenden Runden, teils in lockerer Form, teils mit extremer Belastung, den Eindruck einer langfristigen Vorbereitung der Pferde für den Ernst- oder Wettkampf, die H. Ueberhorst (a. a. O. S. 167) nicht zu Unrecht mit dem modernen Intervalltraining vergleicht.

Angesichts ihrer Dokumentation zum altorientalischen Sport kommt L. Jakob-Rost zu dem Schluß, daß im Alten Orient „doch Ansätze zur sportlichen Betätigung" (a. a. O. S. 8) zu erkennen sind. Eine ähnliche, etwas ausführlichere synoptische Darstellung zum Sport im Alten Orient hat Ueberhorst vorgelegt, wobei seine Betrachtung auch die Perser miteinbezogen hat. Über deren Einstellung zum Sport informieren u. a. Xenophon und Herodot. In der ›Kyroupaideia‹ wird vom Reichsgründer Kyros berichtet, daß er mit seinen Gefährten Wettkämpfe ausgetragen habe, und zwar interessanterweise in jenen Disziplinen, in denen er sich nicht stark, sondern schwach fühlte. Dadurch brachte er es, „weil er die Sache mit Liebe betrieb", allmählich zur Meisterschaft im Reiten, Lanzenwerfen und Bogenschießen (vgl. Xen. Kyr. 1, 4, 4—5). Bemerkenswert an dieser Stelle ist auch, daß zur sportlichen Begeisterung, von der hier die Rede ist, noch die Bereitschaft des Kyros hinzukam, gelegentliche Niederlagen heiter hinzunehmen und darin nur einen weiteren Ansporn für intensives Training zu sehen. Herodots Zeugnis (1, 136) über die persische Leibeserziehung der Knaben zwischen dem 5. und 20. Lebensjahr, demzufolge drei Dinge erlernt werden mußten, nämlich Reiten, Bogenschießen und die Wahrheit zu sagen, nimmt schon jenen Bezug zwischen Sport und sittlichem Verhalten vorweg, der dann auch in der ›Kyroupaideia‹ zum Ausdruck kommt. So nimmt es auch nicht weiter wunder, wenn W. Knauth in seiner Studie über ›Die sportlichen Qualifikationen der altiranischen Fürsten‹ nicht nur auf einen

dem griechischen Kalokagathia-Begriff (siehe dazu unten
S. 94 f.) analogen persischen Ausdruck aufmerksam macht, nämlich „das vor allem im Schahnamen gebrauchte *Pahlawāni*"
(a. a. O. S. 10), sondern auch betont, daß das „agonistische
Lebensideal", und zwar *expressis verbis* jenes, von dem
J. Burckhardt spricht, auch die Perser kennzeichnet: „Es gilt . . .
auch für Alt-Iran" (a. a. O. S. 25), oder: „Das agonale Denken
beherrscht durchaus die Lehre Zarathustras" (a. a. O. S. 27).

H. Ueberhorst stellt in seinem Beitrag als einen „Grundzug . . . bei allen Völkern des Alten Orients" den militärischen
Wert der Leibesübungen heraus, „nur selten haben sie 'Spielcha-
rakter'" (a. a. O. S. 162). Diese Auffassung läßt sich aus den von
Jakob-Rost und W. Knauth angeführten Zeugnissen keineswegs
zwingend und generell ableiten, wenngleich nicht auszuschließen ist, daß einzelne Wettkampfformen, wie überall, so auch
hier militärischen Ursprungs sind. Neben den Assyrern, deren
kampfsportliche Ausbildung Reiten und Bogenschießen, offensichtlich auch Schwimmen, Lanzenwerfen und Boxkampf umfaßt, führt Ueberhorst auch einige sporthistorisch interessante
Belege aus der Welt der Hethiter an. Eine Tontafel der späthethi-
tischen Periode (um 1200 v. Chr.), die nach M. Riemschneider,
Die Welt der Hethiter (⁴1959), S. 9 f. zitiert wird, zählt neben
dem Wettfahren und Reiten „die Freude am Schwimmen, Rudern, Fechten, Schießen und Ringen" auf (Ueberhorst a. a. O.
S. 169). Kultische Wettläufe zu Ehren des Hethiterkönigs sowie
Mannschaftswettkämpfe, bei denen eine Gruppe mit Bronze-
waffen, die andere mit Waffen aus Rohr kämpfte, scheinen bei
festlichen Anlässen veranstaltet worden zu sein. Inwieweit die
großen Neujahrsfeste in Babylon ein sportliches Programm
aufwiesen, ist nicht mit Sicherheit auszumachen. Immerhin verweist Oberhuber auf folgenden mittelbabylonischen Text zu einem kultischen Wettkampf: „An deinem Fest ['Held' Ninurta]
messen sich die Athleten in athletischen Kämpfen für dich, die
Bürger von Nippur verbringen, Clan um Clan, die Tage fest-

lich." — Wie in Ägypten und bei den Persern findet auch bei den älteren asiatischen Völkern die physische Leistungsfähigkeit der Herrscherpersönlichkeiten, die schon im Gilgameschepos anklingt (vgl. 1. Tafel IV 48: „Ich bin der Stärkste"), Beachtung. Oberhuber (a. a. O. S. 269 f.) nennt einen Beleg aus der altbabylonischen Hymnik („Ich bin Meister mit der Schleuder und dem Schleuderstein") und ein Selbstzeugnis Assurbanibals, der sich rühmt, Reiten und andere Sportarten betrieben zu haben, als er noch Kronprinz war.

Zum Abschluß dieser nur in einige Probleme des altorientalischen Sports einführenden Skizze sei noch auf einen einschlägigen Abschnitt der ›Kultur des Alten Orients‹ von K. Oberhuber verwiesen, der speziell dem Sport gewidmet ist und der nachdrücklicher als die bisher vorliegenden Sammlungen sporthistorischer Dokumente auch eine Gesamtaussage wagt. Ausgehend von der Feststellung, daß „von Sport als Selbstzweck . . . im Alten Mesopotamien nicht gesprochen werden" (a. a. O. S. 264) könne, vertritt K. Oberhuber aufgrund seiner Untersuchung, die Bildmaterial und Texte im gleichen Maße berücksichtigt, die Meinung: „Zweikampf als Auseinandersetzung mit einem Gegner (das agonale Prinzip) ist dem altmesopotamischen Denken durchaus eigentümlich und findet seinen Niederschlag nicht bloß im gegenständlichen Ringen zweier Akteure (kultisch und profan), sondern auch im geistigen Bereich", was dann an zahlreichen bemerkenswerten Belegen für die Literatur, das Ritual und das Gerichtswesen illustriert wird. Als bemerkenswert darf diese Feststellung deshalb gelten, weil sie wiederum zeigt, daß die Fachgelehrten der einzelnen frühen nichtgriechischen Hochkulturen für ihren Bereich ebenfalls — zu Recht, wie mir scheint — den agonalen Charakter beanspruchen. W. Decker führte den Nachweis für Ägypten (vgl. oben S. 62 f.), W. Knauth für Alt-Iran und K. Oberhuber für Alt-Mesopotamien; dabei widerstehen diese Autoren der Neigung, für 'ihre' Kultur nun ein spezifisches Wettkampfdenken anzunehmen. Im Gegenteil, der Inns-

brucker Orientalist betont, daß in dem agonalen Prinzip „eine
der Natur abgelauschte, urtümlich elementar kreaturhafte Verhaltensweise, eine biologische Gesetzmäßigkeit, zum Durch-
bruch gelangt" (a. a. O. S. 268 f.), eine Auffassung, die sich auch
in Deckers Beurteilung der wettkämpferischen Einstellung als
einer „anthropologischen Konstante" (a. a. O. S. 104) widerspiegelt und die dem traditionellen Bild vom passiven und kon-
templativen Orientalen durchaus entgegensteht. Mit Einschränkungen, auf die hier nicht näher eingegangen werden kann, gilt
dies auch für die Körperkultur Altisraels und Phönikiens sowie
jener des mittleren und fernen Ostens, also für Kulturbereiche,
für die ebenfalls noch nicht der Forschungsstand der Ägyptologie in Sachen Sport und Körperkultur erreicht wurde. Immerhin
liegt aber auch hierfür bereits eine Reihe von kleineren Vorarbeiten und Sammelbeiträgen vor.

Literatur zum asiatischen Sport der frühen Hochkulturen: Neben den bereits genannten Arbeiten von J a k o b - R o s t, K n a u t h und O b e r h u b e r
vgl. H. U e b e r h o r s t, Leibesübungen in den Hochkulturen Mesopotamiens, in: GL Bd. 1, S. 161—177; L u k a s, Die Körperkultur S. 64—71.
Eine Sammlung von archäologischen und literarischen Quellen, wie sie in
der Sekundärliteratur erwähnt werden, bietet D. F. M e i k l e, Recreational
and physical activities of the Sumerian and Hittite civilizations (M. A. Thesis, Univ. of Alberta, Edmonton 1971). Vgl. ferner V. O l i v o v á, Games
and sports elements in ancient Mesopotamia, in: History of Physical Education and Sport 2 (1974), S. 47—70. Als höchst problematisch erweist sich
der Versuch, den Ursprung des zweckfreien Sports im Gegensatz zu anderen
Historikern (welchen?), die ihn angeblich in Ägypten oder Olympia lokalisieren, im Alten Irak zu suchen, bei N. M. S e h r e w e r d i, Iraq was the
cradle of sports and physical education, in: Histoire de l'éducation physique
et du sport (Seminaire Zürich 1973), Bd. 1, 7, S. 1—5. — J ü t h n e r / B r e i n
AL Bd. 1, S. 54—57; G. O f f n e r, Jeux corporels en Sumer, in: R Assyr 56
(1962), S. 31—38; D. W i d e n g r e n, Der Ringkampf im alten Iran. 3. Anhang, in: Der Feudalismus im alten Iran (1969); zur oben S. 60 zitierten
Arbeit von C. H. G o r d o n vgl. auch J. M. S a s s o n, Reflections on an unu-
sual practice reported in ARM X: 4, in: Orientalia 43 (1974), S. 404—410;
ferner J. B o e s e, Ringkampfdarstellungen in frühdynastischer Zeit, in:
AOF 22 (1968/69), S. 30—37. — H. E h e l o l f, Wettlauf und szenisches

Spiel im hethitischen Ritual, in: SB Berlin 1925, S. 267—274; A. Lesky, Ein ritueller Scheinkampf bei den Hethitern, in: ARW 24 (1926), S. 73—82. — Aus Assur wird „Nabu, der [Gott] des Schnellaufes" überliefert; vgl. E. Weidner, in: AOF 16 (1952/53), S. 66; zum assyrischen Ausdruck für Wettlauf (lismu) siehe: The Assyrian Dictionary of the University of Chicago 9 (1970), S. 208; zum kultischen Schnellauf vgl. auch H. Zimmern, Zum babylonischen Neujahrsfest. Zweiter Beitrag (Berichte... der Sächs. Akademie, philol.-hist. Klasse 70, 1918), S. 19. — P. Haupt, The Cuneiform terms for sport (Beiträge zur Assyriologie und semitische Sprachwissenschaft [10, 1927], S. 127—130). — F. Hančar, Das Pferd in prähistorischer und früher historischer Zeit (Wiener Beiträge zur Kulturgeschichte und Linguistik Bd. 11, 1935); A. Salonen, Hippologica Accadica (1956); A. Kammenhuber, Hippologia hethitica (1961); vgl. auch S. Heinhold-Krahmer, Entstehung und Entwicklung der Datierungsfrage, in: S. Heinhold-Krahmer—I. Hoffmann—A. Kammenhuber—G. Mauer (Hrsg.), Probleme der Textdatierung in der Hethitologie (1979) S. 31 ff.; J. A. Potratz, Der Pferdetext aus dem Keilschrift-Archiv von Bogazköy (1938); E. Ebeling, Bruchstücke einer mittelassyrischen Vorschriftensammlung für die Akklimatisierung und Trainierung von Wagenpferden (Deutsche Akademie d. Wiss. Berlin, Institut für Orientforschung 7 [1951]); H. Meyer, Zur Kultursoziologie der Leibesübungen der frühen Reitervölker, in: GL Bd. 2, S. 11—81 mit Einschluß der Kimmerier, Skythen, Sarmaten, Goten, Assyrer, Meder, Perser, Parther, Sasaniden, Hiung-nu und Hunnen sowie anderer Stämme. — Zu *Altisrael* vgl. den Beitrag von H. Ueberhorst, Wertung des Leibes und Leibesübungen in Altisrael, in: GL Bd. 1, S. 178—189; dazu die Rezension von M. Lämmer, in: Sportwissenschaft 2 (1972), S. 313—316 und die weiteren Diskussionen (vgl. oben S. 10f.); W. Krampe, Die Gymnastik in der Bibel, in: Deutsche Turnzeitung 26 (1881), S. 269—292, 313 ff., 337; F. Pinczower, Sport bei den Juden im Altertum. Die Rennbahn des Königs Salomo (1930); ders., Der jüdische Läufer (1937); M. Kranz, Probleme der Leiblichkeit im biblischen Judentum (1965); E. Halle, Die Leibesübungen bei den Juden, in: Die Leibeserziehung 11 (1962), S. 273—281; U. Simri, Physical education in ancient Israel, in: PSAPA 1972, S. 21—30; M. Lämmer, Ideological tendencies in the historiography of sport in the Jewish culture, in: Proceedings (Sport in Jewish History and Culture) 1973, S. 54—77; vom gleichen Autor stammen auch zahlreiche Beiträge zur Frage Judentum und griechische Gymnastik und Agonistik, vgl. etwa in: PSAPA 1972, S. 31—70; und in: KBSW 2 (1973), S. 182—227, 3 (1974), S. 95—164; 5 (1976), S. 37—67; dazu auch H. A. Harris, Greek athletics and the Jews (Hrsg. I. M. Barton—A. J. Brothers, 1976). U. Simri, The influence of Greek gymnastics on the Jewish culture, in: Proceedings (wie oben) 1976, S. 13—17 und G. E i s e n , Some historiographical problems in writing the sport history of the Jewish culture, in: Proceedings (wie oben) S. 19—27.

Zu *Körperkultur und Sport im Mittleren und Fernen Osten*: H. U e b e r - h o r s t , Leibesübungen in Altindien; d e r s., Leibesübungen in Altchina, in: GL Bd. 1, S. 130—160 bzw. S. 110—129; einige sporthistorische Materialien zu Asien bietet auch C. D i e m , Weltgeschichte des Sports, Bd. 1, S. 323—439, der allerdings dazu generalisierend feststellt: „Was die Körperkultur Asiens von allen anderen abhebt, ist das Nicht-Agonale. Diese negative Erklärung bezeichnet am deutlichsten den Unterschied, zugleich auch das Element, das die verschiedenen Formen Chinas, Japans, der malaiischen Völker und Indiens verbindet und das wir bis ins alte, ja, in das heutige ägyptische Leben verfolgen können. Während also der antike griechische Sport vom Wettkampfgedanken ebenso bestimmt ist wie der moderne im Abendland, herrscht im asiatischen Bereich eine andere Gewichtsverteilung... Nicht agonal und nicht rational: das unterscheidet den asiatischen Sport vom abendländischen" (a. a. O. S. 325 f.). Daß derartige Typisierungen eines ganzen Kontinents und seiner bis zu 5000 Jahre alten Kultur aus europazentrischer Sicht älter sind als die sporthistorische Erforschung der asiatischen Kulturen, steht wohl außer Zweifel. Solange systematische Quellensammlungen und Bilddokumentationen zur altindischen und altchinesischen Kultur für den Sporthistoriker noch als Desiderate gelten, sollte diesen, einem klischeehaften Denken entsprungenen negativen Beurteilungen des asiatischen Sports mit Skepsis begegnet werden. Vorarbeiten insbesondere zum Sport in Altchina lassen erwarten, daß auch hier ein Umdenken notwendig ist. Eine Reihe von internationalen sporthistorischen Organisationen und Periodica trägt dazu bei, daß die europazentrierte Sicht des Sports auf Kosten einer universalhistorischen Betrachtungsweise zurückgedrängt wird. Dazu zählen u. a.: ›Internationale Gesellschaft für Geschichte der Leibeserziehung und des Sports‹ (HISPA), Hrsg. eines ›Bulletins‹ (mit wertvollen bibliographischen Nachrichten und Kongreßberichten); ›Society on the History of Physical Education in Asia and in the Pacific Area‹ (SHPESA), Hrsg. der PSAPA; ›International Committee of Sport and History of Physical Education‹ (ICSPE), Hrsg. des ›Journal of Physical Education and Sport‹ (Tokio); ›Association for the Anthropological Study of Play‹ (TAASP); ›North American Society for Sport History‹ (NASSH), Hrsg. des ›Journal of Sport History‹. Bei aller Unterschiedlichkeit des Methodenrepertoires und des wissenschaftlichen Standards der einzelnen sporthistorischen Forschungsprojekte und Publikationsorgane führen diese Unternehmungen mit ihren Aktivitäten doch allmählich zu einer universalhistorischen Betrachtungsweise des Sportes und der Leibeserziehung. Gerade auch die gegenwärtige Popularität der traditionsreichen ostasiatischen Kampfsportarten in der 'Westlichen Welt' dürfte diesen Prozeß fördern. Ohne jeden Anspruch auf Vollständigkeit oder Repräsentativität sei verwiesen auf Wen-Chung Wu, Physical education activities of the Chou dynasty (1122 B.C.—256 B.C.), in: Proceedings (wie oben) 1976, S. 43—51; ders., Selections of historical literatures and illustrations of physical activities in Chinese cultures (1975); ders., Wan Chin-classical Chinese golf, in: PSAPA 1972, S. 71—79; ders., A study of the phenomenon of physical education activities of Han Dynasty (1974); U. Simri, The ancient Chinese kicking game and its remnants, in: PSAPA 1972, S. 81—89; ferner Cheng-chih Fan, Division of periods of the Chinese thought on physical education, in: HISPA 6. Kongreß (Dartford 1977), S. 333—344; siehe auch M. Dewall, Pferd und Wagen im frühen China (Saarbrücker Beiträge zur Altertumskunde 1, 1964), S. 92 ff. über Wettkämpfe (auch 186 f.) und allgemeiner dazu C. Diem, Asiatische Reiterspiele (1941). Einen kurzen ›Vergleichenden und ergänzenden Blick auf den Fernen Osten‹ bietet auch Lukas, Die Körperkultur S. 71—74.

IV. GRIECHENLAND

1. Der kretische und mykenische Sport

Im Unterschied zu den oben besprochenen frühen Hochkulturen fehlt es für den kretisch-mykenischen Bereich an literarischen Quellen zur Sportgeschichte, so daß die bildliche Überlieferung nicht ohne Vorbehalte interpretiert werden darf. Zwar steht außer Zweifel, daß spielerisch-sportliche Verhaltensweisen auch in diesem Kulturkreis auf das Interesse nicht nur elitärer Gesellschaftsschichten stießen — minoische Wandmalereien haben tribünenartige Anlagen mit größeren Zuschaueransammlungen abgebildet —, doch sind die Zeugnisse für die einzelnen Sportarten, insbesondere für das hierorts offensichtlich favorisierte Stierspiel mehrdeutig bis unverständlich. Die noch immer nicht voll akzeptierte Entzifferung der Linear-B-Schrift hat zur Klärung dieses ungesicherten sporthistorischen Sachverhalts so gut wie nichts beigetragen. Wer von der häufig vertretenen Auffassung einer friedlichen kretischen Kultur, der sog. *pax Minoica* ausgeht, ist nicht weiter überrascht, wenn in der künstlerischen und materiellen Überlieferung zahlreiche Motive aus der Welt des Sports und Spiels aufscheinen. Neben dem bekannten Spieltisch und Brettspiel, die eine Schöpfung des kretischen *homo ludens* sind und die sich heute im Museum von Heraklion befinden, ferner einigen Hinweisen auf das Vorhandensein einer Akrobatik und einer möglicherweise besonderen Wertschätzung des Tanzes gelten lediglich das Stierspiel und der Boxkampf als gut bezeugte Sportarten. Ringen, Laufen und Ballspielen, Schwimmen und Rudern mag es, wie Maxwell L. Howell behauptet, durchaus gegeben haben, allein „die umfangreichen Be-

lege . . . dafür" (a. a. O. S. 231), von denen der genannte Sporthistoriker in diesem Zusammenhang spricht, dürften einem
Wunschdenken entspringen, und die wenigen Hinweise, die tatsächlich existieren, lassen sich zumeist verschieden auslegen.
Als einigermaßen gesichert gilt unter den Wettkämpfen das
Boxen. Das Trichterrhyton von Hagia Triada, aus der Mitte des
2. Jt. v. Chr., eines der bemerkenswertesten sporthistorischen
Dokumente der kretischen Kultur, auf dem in vier Streifen agonistische Motive festgehalten sind, zeigt neben einer Stier-
kampfszene zwei oder drei Boxkämpfe, deren 'militärischer
Charakter' Jüthner zur Vermutung veranlaßte, daß hier Profes-
sionalisten am Werk waren (vgl. oben S. 54). Zieht man allerdings das Jüthner noch nicht bekannte Boxerfresko von Thera
(heute im Nationalmuseum von Athen) zum Vergleich heran, so
wird offenkundig, daß auch eine viel harmlosere Form des Boxens in der minoischen Welt geläufig gewesen sein mußte. Kopf-
und Armschutz auf dem erwähnten Rhyton — letzterer, der an
den römischen *caestus* erinnert, übrigens auch auf dem genannten Fresko von Thera — machen Jüthners Annahme, „daß der
Kampf durch Vernichtung [scil. des Gegners] entschieden
wurde" (AL Bd. 1, S. 51), als eine allgemeingültige Wettkampf-
regel doch eher unwahrscheinlich. Hinsichtlich der kretischen
Stierspiele läßt sich, was die Gefährlichkeit dieser Sportart anlangt, trotz der über 60 vorhandenen Belege wenig Sicherheit
gewinnen. In der Frage des Ursprungs sowie der kultischen und
profanen Funktion dieser Veranstaltungen bleibt man jedenfalls
auf Analogieschlüsse und Spekulationen angewiesen, weshalb
auch die beiden Auffassungen im Schrifttum nebeneinanderstehen. Schließlich divergieren auch noch die Erklärungen über die
einzelnen Arten der Stierspiele und über die Sprungtechnik. Seit
A. Evans einen Rekonstruktionsversuch des Stiersprungs vorgelegt hat, demzufolge der Athlet die Hörner des entgegenstür-
menden Stieres erfaßt und sich von diesem in die Luft schleudern
läßt, worauf der Springer nach einem Überschlag auf oder hinter

dem Tier landet — ein Ablauf, den spanische Toreros für un-
durchführbar hielten —, hat es immer wieder Versuche gegeben,
dieses gefährliche Spiel mit seinen Regeln zu erklären. Zuletzt
haben sich J. G. Younger und J. Sakellarakis mit dem Stierspringen befaßt, wobei der letztgenannte Gelehrte von Evans' Interpretation nicht allzuweit abweicht und Vorläufer für diese Art
des Stierspiels in Ägypten und im Osten sucht. Hingegen hat
Younger neben dem Vorschlag von Evans, der vor allem aus der
Interpretation des sog. Taureador-Freskos resultiert, auf der
Grundlage von 54 Stiersprungdarstellungen noch zwei weitere
Sprungtypen unterschieden. Zum einen ist dabei vom "scheme
of the diving leaper" die Rede, bei dem der Athlet von einer Er-
höhung, vermutlich einem Podium, mit Handstand-Überschlag
über den Rücken des Tieres springt; die andere Form, "the
scheme of the floating leaper", sei eine seitliche Überquerung des
Stieres durch eine Flanke oder Wende. Nach J. Chadwick, der in
seinem gleichzeitig mit Younger erschienenen Buch ›The Myce-
naean world‹ (1976) ebenfalls dazu Stellung nimmt, gelangte dieser gefährliche Sport von der Insel schließlich auch aufs griechische Festland. Seiner Meinung nach liegt der Grund für die In-
terpretationsschwierigkeiten dieser Sportart in der „Unfähigkeit
der Künstler, perspektivisch richtig zu zeichnen". Deshalb sein
Rekonstruktionsvorschlag: „Bei den Stierspielen muß es darum
gegangen sein, den Stier zum Angreifen zu reizen, um im kritischen Augenblick hoch in die Luft zu springen, so daß der Stier,
ohne den Springer zu verletzen, darunter durchlaufen konnte"
(a. a. O. S. 20). Obwohl die archäologische Dokumentation dieser Sportart, die Siegel oder deren Abdrucke, Gemmen, Klein-
plastiken, Reliefs und Fresken umfaßt, als recht reichhaltig anzusprechen ist, bleiben die bisherigen Vorschläge im Bereich der
Spekulationen und Hypothesen. Ein Kenner der minoisch-mykenischen Welt wie S. Marinatos trifft deshalb ohne Zweifel das
Richtige, wenn er dazu meint: „Die Handlung im kretischen
Stierspiel bleibt für uns noch dunkel" (a. a. O. S. 123), und sei-

nen Hinweis auf die Waffenlosigkeit der Athleten darf man wohl dahingehend verstehen, daß auch eventuell naheliegende Assoziationen zur spanischen *corrida de toros* unangebracht scheinen.

Ob das hier nur kurz erwähnte Material zu den Stierspielen und anderen Sportarten auf Kreta ausreicht, von einer „sportlichen Leidenschaft" der Minoer zu sprechen (so F. Schachermeyr, Die minoische Kultur des alten Kreta [1964], S. 129), obwohl der gleiche Autor diesen Menschen auch „eine mehr kontemplative Art der Lebensbejahung" (a. a. O. S. 129) bescheinigt, mag genauso problematisiert werden wie die Feststellung von Lukas (Die Körperkultur S. 60), derzufolge „Boxen, Ringen, Stierspiele und Tanz ... im Mittelpunkt des Lebens" der Kreter standen. Als zu schmal erweist sich die Quellenbasis, um derart generalisierende Aussagen zu treffen.

Das gilt schließlich auch noch für eine zweite Streitfrage im Fachschrifttum, nämlich dafür, ob der kretische und mykenische Sport, für dessen kriegeradlige Welt eigentlich hinsichtlich des Sports nur auf Wagenrennen verwiesen wird (die aufgrund der mykenischen Grabstelen allein aber nicht bewiesen werden können), auch die griechische Agonistik und Gymnastik beeinflußte. Jüthner/Brein AL Bd. 1, S. 51 f. und M. L. Howell a. a. O. S. 250 verneinen diese Frage, während W. R. Ridington in seiner Dissertation über ›The Minoan-Mycenaean background of Greek athletics‹ in der Abhängigkeit des Griechensportes von den kretisch-mykenischen Verhältnissen geradezu seine Generalthese sieht. Auch U. Popplow (a. a. O. S. 53) stimmt dieser Auffassung zu. Um diese Beeinflussung des Griechensportes durch die Minoer und Mykenäer glaubhaft zu machen, werden antike Mythen über Minos, Theseus, Herakles und vor allem auch die homerischen Totenagone und Phaiakenspiele (vgl. dazu unten S. 79 ff. und S. 81 f.), aber auch die Atlantissage im ›Kritias‹ Platons bemüht. Damit kann freilich nur bewiesen werden, was die Griechen ein halbes oder ganzes Jahrtausend nach dem Untergang der kretisch-mykenischen Welt in den Wirren der Ägäischen Wanderung über derartige Abhängigkeiten dachten.

Einführende Literatur: M. L. H o w e l l, Sport und Spiele im minoischen Kreta, in: GL Bd. 1, S. 229—258; W. R. R i d i n g t o n, The Minoan-Mycenaean background of Greek athletics (Diss. Philadelphia 1935); U. P o p p l o w, Leibesübungen und Leibeserziehung in der griechischen Antike (Beiträge zur Lehre und Forschung der Leibeserziehung 2 (²1960), S. 31—52; J ü t h n e r / B r e i n AL Bd. 1, S. 50—52; L u k a s, Die Körperkultur S. 59—64; P. F a u r e, Kreta. Das Leben im Reich des Minos (frz. 1973, dt. 1976), zum Stierspiel S. 377—79, zu Spiel und Sport allgemein S. 383—86; J. C h a d w i c k, Die mykenische Welt (engl. 1976, dt. 1979), S. 20 f.; E. M y l o n a s, The figured stelai, in: AJA 55 (1951) S. 134 ff., vgl. auch d e r s., in: AJA 52 (1948) S. 56 ff. S. M a r i n a t o s—M. H i r m e r, Kreta, Thera und das mykenische Hellas (³1976); A. E v a n s, The Palace of Minos (1921—36) 4 Bde.; J. G. Y o u n g e r, Bronze Age representations of Aegean bull-leaping, in: AJA 80 (1976), S. 125—137; J. S a k e l l a r a k i s, Athletics in Crete and Mycenae, in: N. Y a l o u r i s (Hrsg.), The Olympic games (1976), S. 13—23; M. L. H o w e l l, Sealstones of the Minoan period in the Ashmolean Museum, Oxford, depicting physical activities, in: Research Quarterly 40 (1969), S. 509—517. — Eine besonders hohe Einschätzung des minoischen Sports findet sich neuerdings bei A. E. R a u b i t s c h e k, Zum Ursprung und Wesen der Agonistik, in: W. E c k—H. G a l s t e r e r—H. W o l f f (Hrsg.), Studien zur antiken Sozialgeschichte. FS F. Vittinghoff (1930) S. 1—5.

2. Der griechische Sport in seiner Entwicklung von der homerischen bis in die hellenistische Zeit

Wie der Sagenschatz vieler Kulturen der Alten und der Neuen Welt erzählen auch die griechischen Mythographen von zahlreichen athletischen und musischen Wettkämpfen ihrer Götter und Heroen. Eine sporthistorische Auswertung des Agons im griechischen Mythos bietet zwar wertvolle Information über einzelne Wettkampfdisziplinen, ihre Spielregeln und ihre Popularität, über Preise und Motive der Athleten, über Aktive, Schiedsrichter und Zuschauer, und auch über die Frage, inwieweit der

Spielleidenschaft durch die Existenz eines Fairness-Gedankens Grenzen gesetzt waren, allein für die Erforschung der Anfänge und die Chronologie des Griechensportes bieten diese Wettkampfmythen nicht allzu viele Anhaltspunkte. Im Sammelsurium alexandrinischer Mythographie lassen sich einzelne datierbare Überlieferungsschichten nur in seltenen Fällen ausnehmen, und um die ältere hellenische Dichtung, soweit sie Wettkampfsagen tradiert, ist es ob der zumeist nur episodenhaften Hinweise auf die Welt des Sports und der Körperkultur nicht viel besser bestellt. Um so erfreulicher erscheint es also, wenn in der ›Ilias‹ nahezu ein ganzes Buch dem sportlichen Treiben der Helden vor Troia gewidmet wird. Freilich wirft die Diskussion um die chronologische Einordnung dieser Partien — das 23. Buch wird zuweilen als ältestes literarhistorisches Dokument der Sportgeschichte bezeichnet (was auf Griechenland einzuschränken wäre!) — und der ›Ilias‹ überhaupt neue Fragen auf. Denn ob die Leichenspiele für Patroklos das Sportverständnis der mykenischen Epoche oder jenes der homerischen Welt des 8. Jh. reflektieren, bleibt in der Fachwelt vorerst noch umstritten (vgl. oben S. 77 f.). Beide Meinungen lassen sich nämlich im altertumswissenschaftlichen und sporthistorischen Schrifttum nachweisen. Aus meiner Sicht sind sie eher auf den späteren Zeitpunkt zu beziehen, denn abgesehen von der Zuordnung des 23. Buches zu den jüngeren Schichten des Epos spiegelt sich darin die griechische Athletik und Agonistik in einer Vielseitigkeit und Fortschrittlichkeit, d. h. sie zeigt einen Formenreichtum an Disziplinen, der in deutlichem Gegensatz zur Dürftigkeit der sporthistorisch relevanten nichtliterarischen Überlieferung der mykenischen Kultur steht. Auch ein Seitenblick auf die Situation auf dem griechischen Festland, insbesondere auch auf die tradierte Frühgeschichte der Olympischen Spiele im 8. Jh., also jene Zeit, in der der bzw. die Dichter der großen Epen lebten, stützt die oben geäußerte Spätdatierung der Leichenspiele für Patroklos. Das umfangreiche Sportprogramm des Totenagons steht in deut-

lichem Gegensatz zur antiken Geschichte der Olympischen
Spiele, wo anfangs nur ein einziger Laufwettbewerb zur Austragung gelangt sein soll (siehe unten S. 110).

Welche Formen sportlicher Betätigung stehen nun am Anfang
der griechischen Geschichte? Der Iliasdichter schildert nach einem ziemlich fest umrissenen Schema (Aufzählung der vom
Agonotheten Achill erwähnten Preise, Vorstellung der Teilnehmer, Schilderung des Wettkampfes und Preisverteilung) insgesamt acht Disziplinen, wobei seine besondere Aufmerksamkeit dem Wagenrennen gilt, das übrigens — um den Vergleich
nochmals aufzunehmen — in Olympia nach antiker Tradition
erst etwa hundert Jahre nach dem Gründungsdatum ins Programm aufgenommen wurde. Die weiteren Wettbewerbe wurden im Boxen, Ringen, Wettlaufen, Diskus- und Speerwerfen
sowie im Waffenkampf (Hoplomachie) und Bogenschießen ausgetragen. Unter den Siegern befanden sich namhafte Helden, so
Odysseus, Diomedes, Agamemnon, die beiden Aias, aber auch
Vertreter der 'zweiten Garnitur', wozu wir Epeios, Polypoites
und Meriones zählen wollen. Kostbare Preise erwarten die Erst-
placierten, darunter wertvolle Gefäße und Dreifüße, Gold,
Sklavinnen im Wert von 12 und von 4 Rindern. Bemerkenswerterweise korrespondiert mit Ausnahme des Diskuswerfens jeweils die Zahl der Preise mit der Teilnehmerzahl, d. h., daß nicht
nur die Sieger Wettkampfpreise erhielten. Groß ist nach der
Schilderung des Dichters der Einsatz der Wettkämpfer, die mit
allen — auch unerlaubten — Mitteln die Wertpreise zu erringen
versuchen. Als nicht minder groß erweist sich die Anteilnahme
des zuschauenden Publikums.

Eine unter Sporthistorikern häufig kontrovers geführte Diskussion beschäftigt sich mit den Ursprungstheorien über die Anfänge des Sportes. Kultische Motive spielen dabei eine wichtige
Rolle (vgl. dazu oben S. 14 ff.). Das Sportfest im 23. Buch der
›Ilias‹ gehört zweifelsohne in diesen Zusammenhang, auch wenn
der Dichter bemerkt, daß die Helden nach Abbrennen des Schei-

terhaufens mit der Leiche des Patroklos erst an den Totenbrauch erinnert und mit attraktiven Wertpreisen sozusagen geködert werden müssen (Il. 23, 257 ff.). Dabei kommt zum Ausdruck, daß alte religiöse Bestattungsriten im griechischen Brauchtum wie auch andernorts fortleben. Der ἐπιτάφιος ἀγών war in frühen Zeiten zweifelsohne einer der populärsten Anlässe für das Veranstalten von Wettkämpfen. Das war schon im Altertum gut bekannt. Nicht nur, daß mehrere Varianten von Ursprungsmythen über die großen panhellenischen Agone auf Leichenspiele zurückgeführt wurden, auch andere mythische Sportfeste werden in engen Zusammenhang mit dem Totenkult gebracht. Hyginus führt in den ›Fabulae‹ (c. 273) neun von elf Sportveranstaltungen der griechischen Mythologie auf Totenspiele zurück, darunter so bekannte wie die des Perseus für Polydektes, des Herakles für Pelops, der Argonauten für Kyzikos, des Akastos für Pelias und des Priamos für Paris. Andere berühmte mythische Beispiele sind die Wettkämpfe für Amarynkeus, für Achill oder für Odysseus. Daß sich hier im Mythos eine historische Realität niedergeschlagen hat, steht wohl außer Zweifel. Kaum sonstwo zeigt sich die historische Wirksamkeit des Totenagons deutlicher als in den Leichenspielen, wie sie beispielsweise für folgende historische Persönlichkeiten gestiftet wurden: Alexander d. Gr., Antigonos Gonatas, Aratos von Sikyon, Brasidas, Hephaistion, Leonidas, Maussolos, Miltiades, Pausanias, Philopoimen, Timoleon und Timotheus (vgl. L. Malten, RE 24 [1925], Sp. 1859—1861, Art. Leichenagon).

Trotz dieser breiten Überlieferungsschicht und der mythischen Beispiele wäre aber eine monokausale Entstehungstheorie über Sportfeste mit einer Reduktion auf kultische Motive des Totenritus in zahlreichen Fällen schlechterdings falsch. In der ›Odyssee‹ wird ein ganz anderer Typus sportlicher Veranstaltungen geschildert, und zwar die Wettkämpfe am Hof des Phaiakenkönigs (Od. 8, 100—255), die bekanntlich nicht anläßlich einer Begräbnisfeierlichkeit, sondern zur Ehrung des inko-

gnito auftretenden Gastes Odysseus stattfinden. Vor einer Ku-
lisse von zehntausend Zuschauern (Od. 8, 110: μυρίοι) läßt der
Dichter einen Festagon ablaufen, bei dem u. a. als eine Art Höhepunkt ein Diskuswerfen zur Austragung gelangt (vgl. dazu
unten S. 163). Wiederum, wie bei den Patroklosspielen, ist vom
großen Einsatz der Athleten die Rede — diesmal werden allerdings keine Kampfpreise erwähnt —, der bis zur provokanten
Herausforderung des anonymen Gastes zum Wettkampf gesteigert wird, eine Provokation, die das Gastrecht schon zu verletzen scheint; und wiederum zeigt sich das Publikum sportbegei-
stert, so daß hier, wie in der ›Ilias‹, nicht nur die Vielfalt und
Popularität der athletischen Agone, sondern auch die gesamte
prickelnde Wettkampfatmosphäre mit vielen Einzelheiten und
in aller wünschenswerten Deutlichkeit evident wird. Das Interesse der Adelswelt an sportlichen Veranstaltungen, das des Zuschauers ebenso wie das des aktiven Athleten, wird aus den homerischen Epen vielfach sichtbar. Im Unterschied zu den Epen
Hesiods mit ihrem bäuerlichen Kulturhorizont, die für den
Sporthistoriker wenig Material bieten (was freilich nicht dahingehend verstanden werden darf, daß die Bauern damals kein Interesse am Sport zeigten), stellen die ›Ilias‹ und ›Odyssee‹ eine
hervorragende Quelle für die Erforschung der frühgriechischen
Agonistik und Athletik dar, nicht nur, weil die einzelnen Wettkämpfe ausführlich geschildert werden, sondern auch dadurch,
daß die Dichter häufig Gleichnisse aus der Welt des Sportes
benutzen, was wohl nur dann sinnvoll erscheint, wenn sie
damit bei ihrer Hörerschaft auf volles Verständnis hoffen
durften.

Diese Betonung der sportlichen Komponente im Leben des
homerischen Adels hat zahlreiche moderne Verfasser seit dem
19. Jh. immer wieder dazu verleitet, von einem *agonalen Geist*
zu sprechen, der den Epen Homers innewohne. Dabei wird
gerne auf das berühmte Diktum αἰὲν ἀριστεύειν καὶ ὑπείροχον
ἔμμεναι ἄλλων (Il. 6, 208; 11, 784) rekurriert, das gleichsam die

ethische Erziehungsmaxime der aristokratischen Gesellschaft Homers ausdrücken soll. Seit J. Burckhardt gilt das Agonale, das für den Basler Gelehrten sich erstmals in der homerischen Welt manifestiert, dann aber auch zum Grundpfeiler für die kulturelle Entwicklung der folgenden Jahrhunderte wird, als ein Signum des Griechentums schlechthin. Vergleichende und ideologiekritische Untersuchungen versuchen demgegenüber heute darzulegen, daß dieser angeblich kennzeichnende Zug der griechischen Kultur, vor allem der frühen Epoche, nicht nur für die homerische Welt, sondern für alle archaischen Gesellschaften ein Charakteristikum ist (vgl. oben S. 53 f.). Soziologische Analysen von H. W. Pleket erhärten diese Auffassung und verbieten es geradezu, der aristokratischen Welt, wie sie in der ›Ilias‹ geschildert wird, in sporthistorischer Hinsicht einen Sonderstatus gegenüber anderen Völkern und Kulturen zuzuerkennen, geschweige denn im Sinne einer überholten klassizistischen Betrachtungsweise einer „reinen und hohen Sportgesinnung der adligen Herren des archaischen griechischen Zeitalters" (Pleket, Soziologie S. 57) das Wort zu reden. Dies sollte gleich im ersten Abschnitt zum Sport der Griechen herausgestellt werden, weil nur aufgrund dieser Kritik an der Position des Klassizismus das Bild vom Verfall der Athletik und Gymnastik in späteren Jahrhunderten revidiert und eine dem Sachverhalt besser Rechnung tragende Entwicklung des griechischen Sportes dargestellt werden kann. Die Vorstellungen von einem Goldenen Zeitalter des Sports in der archaischen und frühklassischen Welt und einem in sportlicher Hinsicht dekadenten Hellenismus lassen sich auch in differenzierter Form nicht quellenmäßig belegen (vgl. dazu unten S. 97 f.). Die kritischen Stimmen einzelner griechischer Autoren über einen angeblichen Verfall der Sportgesinnung, die seit dem späten 6. Jh. nicht mehr verstummen und die eine bessere Vergangenheit, sozusagen eine gute alte Zeit implizieren, liefern keine geeignete Basis, das homerische Sportgeschehen der Patroklosspiele unter dem Aspekt des Fairness-Gedankens höher zu bewerten als das irgendeiner anderen Epoche der griechischen Geschichte (zur antiken Sportkritik vgl. unten S. 102).

Die Epen liefern aber auch für andere Totenagone in kursorischer Form Belege, was die Verankerung des frühen Sportes im Brauchtum der homerischen Gesellschaft nahelegt. Nestor schildert seine Erfolge bei den Wettkämpfen in Buprasion (Il. 23, 630—642; das Programm umfaßt dabei Boxen, Ringen, Laufen, Speerwerfen und Wagenrennen); in Theben siegte Euryalos im Boxen anläßlich der Leichenspiele für Oidipus (Il. 23, 679 f.); die Spiele für Achilles werden Od. 24, 85—92 erwähnt, und bei der Beschreibung der Kypseloslade nennt Pausanias (5, 17, 9 f.) die Peliasspiele, die wie einige andere Totenagone auch in der oben S. 81 erwähnten Liste bei Hyginus (Fabulae c. 273) aufscheinen. Aus dem Zwielicht der Heldensage in geschichtliche Zeit führt die Erwähnung eines Leichenagons auf Euboia, bei dem es viele Preise zu gewinnen gab und Hesiod in einem musischen Agon (Hes.erg. 654—662, die Stelle ist möglicherweise interpoliert) den Sieg davongetragen haben soll.

Trotz dieser Belege wäre es, wie bereits gesagt, unangebracht, die Motivation für die Athletik primär in einem Totenbrauch zu suchen. Sport zur Unterhaltung, aus biologisch-triebhaften Bedürfnissen, als Vorbereitung für Krieg, Jagd und Arbeitstätigkeiten oder schlicht als Freizeitbeschäftigung und aus Langeweile scheinen den Ependichtern nicht ungeläufig. Vor Troia nutzten die Helden bekanntlich die Kriegspausen zum Diskus- und Speerwerfen sowie um sich im Bogenschießen zu üben (Il. 2, 774 f.), und die Freier im Hause des Odysseus standen ihnen darin offenbar kaum nach (Od. 4, 625; 17, 167). Als bekanntestes Beispiel aber für eine Sportveranstaltung in der homerischen Welt, die nicht ein Begräbnis zum Anlaß hat, gilt das oben S. 81 f. erwähnte athletische und musische Fest, das der Phaiakenkönig mit neun Kampfrichtern (Od. 8, 258) für seinen Gast organisierte (Od. 8, 97—265). Nach festlichem Mahl lädt Alkinoos die Jugend zum Wettkampf mit der Faust, zum Ringen,

Springen und Wettlaufen ein, damit der fremde Besucher, wie der König wünschte, zu Hause erzählen könne, welch vorbildliche sportliche Ausbildung die Phaiaken erführen (Od. 8, 100—103). Im Rahmen dieser Wettbewerbe kam es dann auch zu jenem Diskuswerfen, an dem Odysseus sich beteiligte. Neu gegenüber dem Programm der Patroklosspiele ist der Sprungwettbewerb. Die knappen Hinweise dazu (103, 128) bieten keinerlei Einzelheiten über diese der Sporthistorie noch manche Rätsel aufgebende Disziplin (vgl. unten S. 157 ff.).

Auch unorganisierte Formen des Sportes und der Leibesübungen werden in den frühen Epen erwähnt. Neben den schon genannten Freizeitbeschäftigungen wäre an die zahlreichen Anspielungen auf Tanz und Spiel, insbesondere an das Ballspiel zu erinnern (vgl. etwa Il. 18, 494 f., 590 ff.; 24, 261; Od. 4, 17 f.; 6, 65; 8, 248, 260 ff.; 18, 304; 23, 133 f.). In der idyllischen Ballspielszene der Nausikaa (Od. 6, 99 ff.) üben die Mädchen unter Gesang ein Fangspiel, und in ähnlicher Form amüsieren sich die Jünglinge am Hof des Alkinoos (Od. 8, 370 ff.).

Zur Einführung in den Problemkreis *Mythos und Wettkampf* vgl. I. W e i - l e r, Der Agon im Mythos. Zur Einstellung der Griechen zum Wettkampf (Impulse der Forschung 15 [1974]; vgl. dazu die Rezensionen von J. E b e r t, in: Stadion 2 [1976], S. 307—314; R. M u t h, in: AnzAW 30 [1977], S. 194—197; H. E i s e n b e r g e r, in: GB 8 [1979], S. 277—281); siehe auch B. B i l i ń s k i, Agoni ginnici. Componenti artistiche ed intellettuali nell'antica agonistica greca Accademia Polacca delle scienze. Biblioteca e centro di studi a Roma 75 [1979], S. 10 ff., dazu die Besprechung von H. W. P l e k e t, in: Stadion 5 [1979] i. Dr.; I. W e i l e r, Agonales in den Wettkämpfen der griechischen Mythologie (Veröffentlichungen der Univ. Innsbruck 19, 1969); A. B r e l i c h, Guerre, agoni e culti nella Grecia arcaica (Antiquitas 1, 7, 1961); J. F o n t e n r o s e, The Hero as Athlete (CSCA 1, 1968); zur grundsätzlichen Frage, inwieweit ›Dichtung als historische Quelle‹ zu dienen vermag, vgl. G. W i c k e r t - M i c k n a t, in: Saeculum 21 (1970), S. 57—70 (mit Beispielen aus der ›Ilias‹), und F. H a m p l, Die ›Ilias‹ ist kein Geschichtsbuch, in: Geschichte als kritische Wissenschaft (Hrsg. I. W e i - l e r, 1975), Bd. 2, S. 51—99.
Zur *Datierung der homerischen Epen*: A. H e u b e c k, Die Homerische Frage (Erträge der Forschung 27, 1974), bes. S. 213 ff. datiert in seinem For-

schungsbericht Homer ins letzte Drittel des 8. Jh., den Dichter der ›Odyssee‹ „in einigem zeitlichen Abstand" (S. 227 f.) davon; lokalisiert werden
beide Werke im nördlichen Ionien, womit Zeit und Raum, in denen die
sportlichen Szenen der homerischen Epen anzusiedeln sind, einigermaßen
klar umrissen werden können. Die in der Altertumswissenschaft seit Jahrhunderten mit viel Aufwand diskutierte Frage, ob die frühen Epen die mykenische Welt oder die der Lebenszeit der Dichter reflektieren (vgl. oben
S. 79), schlägt sich, wie nicht anders zu erwarten, auch in der sporthistorischen Literatur nieder, wenngleich hier hinzuzufügen wäre, daß sich diese
Frage nicht in dieser antithetischen Form stellt. Prinzipiell ist es durchaus
denkbar, daß ältere, d. h. in mykenische Zeit zurückreichende sportliche
Ereignisse neben solchen stehen, die dem Zeitkolorit der Dichter zuzuschreiben sind. Allein methodisch lassen sich solche unterschiedlichen Da-
tierungsansätze bisher nicht ausmachen. Die Mehrzahl der Sporthistoriker
plädiert für einen zeitlichen Ansatz insbes. der Patroklosspiele in der Kul-
turwelt Mykenes, so etwa K. W i l l i m c z i k, Leibesübungen bei Homer
(1969), S. 19; H a r r i s SGR S. 153 ff.; E. K o r n e x l, Leibesübungen bei
Homer und Platon (Studientexte zur Leibeserziehung 5, 1969) S. 48; nicht
explizit dafür auch L u k a s, Die Körperkultur S. 177. Bewußt offen gelassen wird die Frage bei H. W. P l e k e t, Zur Soziologie des antiken Sports, in:
Mededelingen Nederlands Instituut te Rome 36 (1974), S. 57—87; bes. 58.
Daß die „von Homer gezeichnete Entwicklungsstufe der Leibesübungen . . .
also nicht der Zeit der achäischen Helden, die eher durch die mykenischen
Kunstwerke illustriert werden [entspricht], sondern annähernd der Zeit des
Dichters", wird ausdrücklich betont von J ü t h n e r / B r e i n AL Bd. 1, S. 65.
Ähnlich auch P a t r u c c o, Lo sport nella Grecia antica (Arte e archeologia 1,
1972), S. 13 ff. Diese Datierung findet eine Stütze in der von den Homerana-
lytikern als „späte Schicht der Ilias" bezeichneten Ἆθλα ἐπὶ Πατρόκλῳ (so
der Titel des 23. Buches), eine These, die aber wiederum nicht gänzlich un-
widersprochen blieb; siehe P. v o n d e r M ü h l l, Einige Gedanken zum Ψ
der Ilias, in: MH 18 (1961), S. 198—203; vgl. auch H e u b e c k a. a. O.
S. 86. — Vgl. auch J. L a t a c z, Einführung zu: J. L a t a c z (Hrsg.),
Homer. Tradition und Neuerung (Wege der Forschung Bd. 463, 1979),
S. 1 ff.
Zu den *Patroklosspielen als Totenagon* (ἐπιτάφιος ἀγών) vgl. K. M e u l i,
Der griechische Agon. Kampf und Kampfspiel im Totenbrauch, Totentanz,
Totenklage und Totenlob (Basler Habilitationsschrift 1926, hrsg. aus dem
Nachlaß (mit Zusätzen) vom Histor. Seminar der Deutschen Sporthoch-
schule Köln 1968, mit einem Nachwort von R. M e r k e l b a c h), S. 57 ff. (mit
zahlreichen ethnologischen Parallelen); eine umfassende Zusammenstellung
der antiken Totenagone liefert L. M a l t e n, Leichenspiel und Totenkult, in:

MDAI(R) 38/39 (1923/24), S. 305—340. Siehe auch M. Andronikos, Totenkult (Archaeologia Homerica III W, 1968). Ferner Harris SGR S. 16 f. und A. Pope, Die Gymnastik bei Homer (Diss. Rostock 1936); B. Biliński, L'agonistica sportiva nella Grecia antica. Aspetti sociali ispirazioni letterarie (Accademia Polacca di scienze e lettere. Biblioteca di Roma 12, 1959), S. 16—25; siehe auch L. E. Roller, Funeral games in Greek literature art and life (Thesis Univ. Pennsylvania 1977), S. 50—55; W. H. Willis, Athletic contests in the epic, in: TAPhA 72 (1941), S. 392—417; M. M. Willcock, The funeral games of Patroclus, in: Institute of Classical Studies 20 (1973), S. 1—11; gegen die Interpretation der Wettspiele für Patroklos als Totenagon spricht sich vor allem Jüthner/Brein AL Bd. 1, S. 77 aus; vgl. auch Weiler AM S. 253 ff.

Zur *frühgriechischen Adelsethik* und der *Frage des Fairness-Gedankens* siehe Pleket, Soziologie S. 59; H. A. Harris, in: CR 21 (1971), S. 467; Weiler AM S. 258 ff. und ders., AIEN APICTEYEIN. Ideologiekritische Bemerkungen zu einem vielzitierten Homerwort, in: Stadion 1 (1976), S. 200—227; aus der großen Zahl von Darstellungen der homerischen Adelsethik seien zwei Werke ausgewählt: W. Jaeger, Paideia (²1936) Bd. 1, S. 23 ff. und H.-I. Marrou, Geschichte der Erziehung im klassischen Altertum (⁷1976, ND 1977), S. 33 ff. Der Herausgeber der deutschsprachigen Ausgabe dieses Werkes, R. Harder, hat in einer Studie über ›Die Eigenart der Griechen‹ (1962), S. 142 von einer „eigenen Ethik des Spiels, dem 'fair play' [gesprochen], deren Grundregeln im 23. Buch der Ilias lebendig demonstriert werden". Siehe auch R. Muth, *Mens sana ... —* und Odysseus, in: F. Fetz (Hrsg.), Sport und Universität (Innsbruck 1972), S. 13—20. — Zu den *homerischen Metaphern* aus dem sportlichen Bereich vgl. F. Lochner-Hüttenbach, Sportgleichnisse in der archaischen Epik und Lyrik der Griechen, in: FS Josef Recla — 60 Jahre (Univ. Graz 1965), S. 44—57.

Zu den *einzelnen Wettkampfarten* in den frühen Epen: Zum Wagenrennen: Harris SGR S. 151 ff.; Patrucco a. a. O. S. 373 ff. (mit weiteren Literaturhinweisen a. a. O. S. 403); Kornexl a. a. O. S. 17 ff., 42 f.; Weiler AM S. 221 ff.; zum Boxen und Ringen außer den oben genannten Werken noch W. Rudolph, Olympischer Kampfsport in der Antike. Faustkampf, Ringkampf und Pankration (Schriften der Sektion für Altertumswissenschaft 47, 1965), S. 8 ff.; Weiler AM S. 69 ff., 185 ff.; zum Wettlauf ferner Jüthner/Brein AL Bd. 2, S. 16 f.; zum Waffenkampf Jüthner, RE 8 (1913), Sp. 2298 f., Art. Hoplomachie; zum Solos- bzw. Diskuswerfen W. Decker, Zum Ursprung des Diskuswerfens, in: Stadion 2 (1976), S. 196 ff.; Jüthner/Brein AL Bd. 2, S. 228 ff.; Weiler AM S. 227 ff.; zum Bogenschießen Patrucco a. a. O. S. 365 ff.; Weiler AM S. 241 ff.;

W. D e c k e r, Zur Bogenprobe des Odysseus, in: KBSW 6 (1977), S. 149 ff.;
zum Speerwerfen J ü t h n e r / B r e i n AL Bd. 2, S. 307 ff.; P a t r u c c o
a. a. O. S. 171 ff.; W e i l e r AM S. 233 f. Weitere Angaben dazu siehe
noch unten S. 196 ff.
Zu den *Phaiakenspielen* vgl. P a t r u c c o a. a. O. S. 22 f. und W e i l e r AM
S. 203 f., 229 ff.; J. G ö h l e r, Ein Sportfest bei den Phaiaken, in: Gymnasium 56 (1959), S. 196—200; G. P a t r o n i, I ludi atletici presso i Faeci, in:
Miscellanea G. Galbiati (1951), Bd. 1, S. 5 ff.; ferner K o r n e x l a. a. O.
S. 35 ff. Zum Weitspringen J ü t h n e r / B r e i n AL Bd. 2, S. 159 ff.

Die homerische Epik gewährt in erster Linie Einblick in das
sportliche Treiben der höfischen Welt. Über den Sport des 'ge-
wöhnlichen' Volkes erfährt man daraus wenig. Höchstens Andeutungen wie der derbe Boxkampf des Bettlers Iros mit dem
unerkannten Odysseus lassen sich in Richtung 'Volkssport' interpretieren. Dennoch darf aufgrund dieser Quellensituation
nicht gefolgert werden, daß Spiel und Wettkampf ausschließlich
Privileg des Adels waren. Zu den Festen der dörflichen und städtischen Bevölkerung gehörten wahrscheinlich auch sportliche
Veranstaltungen, wie sie für spätere Jahrhunderte bezeugt sind
und wie sie der ihnen innewohnende Konservativismus auch für
die homerische Welt nahelegt. Was sich im Laufe der Zeit änder-
te, war eher der Grad der Differenziertheit einzelner sportlicher
Disziplinen und der Anteil neuer sozialer Schichten an der
offiziellen Agonistik aufgrund sich allmählich ändernder sozialökonomischer Bedingungen und nicht das Bedürfnis nach dem
sportlich rivalisierenden Messen der Kräfte oder Zerstreuung im
Spiel.

Der wirtschaftliche und soziale Wandel im *Zeitalter der Kolonisation* mit dem allmählichen Aufkommen der Geldwirtschaft,
mit der Ausbreitung der Griechen im mediterranen Raum und
der Entstehung der Hoplitenpoliteia hat auf die Entwicklung
von Athletik und Gymnastik sichtbaren Einfluß genommen.
J. Burckhardt bezeichnete die Griechen dieses Zeitalters bekanntlich als 'koloniale und agonale' Menschen. Mag dies im
Hinblick auf das erste Epitheton noch plausibel erscheinen, so

muß die besondere Würdigung der agonalen Komponente schon
allein deshalb in Frage gestellt werden, weil der Basler Kultur-
philosoph diesen Abschnitt um 500 v. Chr. enden läßt, obwohl
im agonistischen Leben der Griechen hier keinerlei Zäsur er-
kennbar ist und zahlreiche Verfasser heute sogar im 5. und
4. Jahrhundert „den Höhepunkt der Entwicklung... beim
Sport ebenso wie bei den anderen Kulturphänomenen der Klassik" (Brein, Die Leibesübungen S. 87) sehen möchten. Wiederum anders H. E. Stier, Grundlagen und Sinn der griechischen
Geschichte (1945), S. 435, für den der Hellenismus „wesentlich
'agonaler' gestimmt war als die Klassik" (vgl. auch C. Schneider,
Kulturgeschichte des Hellenismus [1967] Bd. 1, S. 55). Das zeigt
u. a. das Programm der panhellenischen Agone, die in den zwei
Jahrhunderten der griechischen Kolonisation ins Licht der
Geschichte rücken, das zeigt auch die regionale und soziale
Herkunft der Athleten bei den Spielen.

Mit dem Wandel im griechischen Heerwesen vom homerischen Reiteradel zur Hoplitenphalanx wird es notwendig, die
militärische Ausbildung der neuen Rekrutierungsschichten in
den Poleis zu organisieren. Ihre Institutionalisierung findet sie
im *Gymnasion,* einer Ausbildungsstätte, wo man nackt (γυμνός)
übte und die in ihrer voll entwickelten Form aus Dromos (offene
und/oder gedeckte Laufbahn = ξυστός) mit Hypaithron (hofar-
tige Übungsfläche), Palästra und eigenen Räumlichkeiten für
Körperpflege und Unterricht bestand. Auf den funktionellen
Zusammenhang dieser Institution mit der Hoplitenausbildung
haben insbesondere J. Delorme, Gymnasion S. 24 ff., und Pleket, Soziologie S. 61 f., nachdrücklich hingewiesen. Letzterer
betont dazu noch, daß dieser ursprüngliche militärische Zweck
allmählich in den Hintergrund trat und die sportliche Ausbildung selbst das Mittel zum Zweck wurde, was für die Entwicklung des griechischen Sports von 'doppelter Bedeutung' gewesen
sei: „Erstens wurde nun wenigstens prinzipiell auch für nicht-
adlige Leute die Möglichkeit geschaffen, um sich an den im Gym-

nasion praktizierten Übungen zu beteiligen" (Pleket, Soziologie S. 61); und die zweite Konsequenz war, „daß die adligen Herren nicht darum hin konnten, auch ihrerseits zum Phänomen des systematischen Trainings und des Trainers (paidotribes) Stellung zu nehmen" (a. a. O. S. 63). Die in dieser Weise sozusagen staatlich forcierte militärisch-athletische Ausbildung hat im kulturell noch aufgeschlossenen frühen Sparta zweifelsohne einen ersten Höhepunkt erreicht, was in den zahlreichen Erfolgen in Olympia (siehe unten S. 115) und in der sportlichen Mädchenausbildung, in der man den Garanten eines gesunden Nachwuchses sah, seinen Ausdruck findet.

Nach Philostrat (gymn. 27) geht übrigens die Einbeziehung der *Mädchen* ins Athletik- und Erziehungsprogramm auf Lykurg zurück. Neben dem Laufen übten sie noch Diskus- und Speerwerfen sowie den Ringkampf (Paus. 3, 13, 7; Plut. Lyk. 14, 2; Xen. Lak. pol. 1, 4; Aristoph. Lys. 78 ff.). Die „vielerörterte Streitfrage", ob die Mädchen dabei und auch bei öffentlichen Agonen tatsächlich nackt auftraten, hat Jüthner/Brein AL Bd. 1, S. 101, dahingehend zu beantworten versucht, daß er den Ausdruck übersetzt mit 'ohne Oberkleid', sozusagen 'im Hemd', eine Interpretation, die aber seiner Meinung nach nur für die Laufbewerbe, nicht für das Ringen gelten sollte. Platons Forderungen in der ›Politeia‹ (die in den ›Nomoi‹ wiederholt werden) nach einer entsprechenden Leibeserziehung für Mädchen blieben im übrigen Griechenland weitgehend unberücksichtigt (rep. 5, 451 ff.; leg. 7, 804 E; 8, 833 C). Beide Geschlechter haben nach Platon die gleichen Naturanlagen und daher auch die Gleichstellung gegenüber der Politeia, auch in der Erziehung. Obwohl schon der Mythos athletische, jagende und ballspielende Frauengestalten wie Atalante, Thetis, Chloris, die Tochter des Amphion, Artemis und Nausikaa mit ihren Gefährtinnen kennt, hat die griechische Agonistik und Gymnastik, von Sparta abgesehen, vom weiblichen Geschlecht kaum Notiz genommen (zu Ringkämpfen auf Chios vgl. unten S. 170f.). In seinem Abschnitt über ›Women in Greek athletics‹ nennt Harris "three pieces of positive information" (GAA S. 179) und bezieht sich dabei auf das bekannte bei Pausanias (5, 16, 1) überlieferte Mädchenrennen anläßlich der Heraien in Olympia sowie auf zwei späte Inschriften, die von erfolgreichen Athletinnen berichten (IAG 63 = Syll.³ 802). Erst durch die (pseudo-)emanzipatorischen Bewegungen der hellenistisch-römischen Epoche finden die Mädchen und Frauen mehr Zugang zu den Wettkampfstätten, was freilich sofort auch Kritiker und Spötter auf den Plan ruft, die für den pejorativen Klang des Wortes 'Sportsweiber' sorgen und zusammen mit den frühchristlichen Autoren eine weitere Entfaltung des Frauensportes im Altertum unterbrechen.

In *Athen* soll Solon „nach spartanischem Muster" (Jüthner/Brein AL Bd. 1, S. 80) die Leibeserziehung in den Gymnasien gesetzlich geregelt und die ersten Trainerposten geschaffen haben. Nach Demosthenes (Timokrates 24, 114) bestanden damals mit Lykeion, Akademie und Kynosarges bereits drei prominente Gymnasien. Aus dem übrigen Griechenland läßt sich durch indirekten Schluß aus der Tatsache, daß auch immer zahlreicher Olympioniken aus dem Kolonialgebiet in den Siegerlisten aufscheinen (vgl. unten S. 115 f.), annehmen, daß die sportliche Ausbildung in städtischen Institutionen gefördert wurde. Auch das späte Zeugnis des Pausanias (10, 4, 1), wonach eine Siedlung niemals als Polis zu bezeichnen sei, die neben einem Verwaltungsgebäude (Archeion), einem Theater und der Agora nicht auch ein Gymnasion besitze, bestätigt, welch integrierenden Bestandteil diese zunächst militärische Ausbildungsstätte, die immer mehr zu einem allgemeinen städtischen Zentrum für Leibeserziehung und zur Heimstätte der pindarischen Athleten wurde, im kommunalen Leben darstellte. J. Delorme, Gymnasion S. 23 ff. hat auch die Auffassung vertreten (und Pleket, Soziologie S. 61 f. ist ihm darin gefolgt), daß überhaupt erst mit der Einrichtung der Gymnasien die gymnischen Agone bei den pan-

hellenischen Spielen und bei den Panathenäen Einzug halten
konnten. Darin sehe ich nun doch eine Überbewertung dieser
Institution, zumal auch schon bei den Totenagonen der homerischen Welt diese Disziplinen aufscheinen und gerade die olympische Tradition mit Laufwettbewerben einsetzt. Hingegen ist
wohl nicht zu leugnen, daß eine differenziertere Organisation
der großen Wettkämpfe in Griechenland im 6. Jh. mit der Entfaltung des Gymnasialwesens in Zusammenhang steht. Ob die
'Demokratisierung im Sport', die darzustellen das Hauptanlie-
gen von Plekets ›Soziologie‹ ist, ebenfalls schon im gleichen Jh.
beginnt, diese Frage muß zwar mangels Quellen noch offen-
bleiben, doch scheinen die Voraussetzungen für eine vorsichtige
Beantwortung nunmehr gegeben.

Auf die agonistische Situation dieses Zeitraumes werfen unter
ganz anderem Blickwinkel, als der Dichter der Patroklosspiele es
tut, die ›Epinikien‹ von Pindar und Bakchylides etwas Licht.
Eine Studie dieser Gedichte im Hinblick auf deren Ertrag für die
Sportgeschichte von K. Kramer hat bemerkenswerte Resultate
vorgelegt, darunter eine Zusammenstellung aller griechischen
Agone der Zeit Pindars, in der neben den großen panhellenischen Wettkampfstätten noch mindestens 20 andere Festspiel-
orte aufscheinen (a. a. O. S. 62f.); dazu kommt der eingehend
geführte Nachweis berufsmäßiger Trainer. Die Existenz des
Sportlehrers ist dabei insofern bemerkenswert, als mit ihr eine
Entwicklung sichtbar wird, die auch mit der Gründungsphase
des Gymnasions in Verbindung stehen dürfte.

Zwei Aspekte verdienen im Sport der Gymnasien, der in regional unterschiedlichen Prozessen allmählich die Athletik der
homerischen Welt ablöst, noch kurz unsere Aufmerksamkeit,
zumal beide für die weitere Entwicklung des griechischen Sportlebens von erheblicher Bedeutung sind. Zum einen ist es die
schon erwähnte Entstehung eines *Berufsstandes der Trainer,* der
entsprechende Methoden zur Leistungssteigerung entwickelt.
Diese Gruppe der Paidotriben, die sich im 5. Jh. dann noch in

die Gymnasten (mit besonderen Kenntnissen in Hygiene und Diätetik) und etwas später in die Aleipten bzw. die Iatraleipten (Masseure, Physiotherapeuten und Heiltrainer) untergliedert — wobei die Kompetenzen nicht immer klar abgrenzbar sind —, unterrichtet die Jugendlichen mit zwei unterschiedlichen Zielen. Einerseits geht es um die sportlich-militärische Grundausbildung, sozusagen um die schulische Leibeserziehung, aus der sich dann im 4. Jh. die Einrichtung der Ephebeia entwickelt; zum andern bereiten die Paidotriben einen kleineren, wohl besonders sportlich begabten Teil der Jugend auf die zahlreichen lokalen und panhellenischen Agone vor. Dieses Leistungstraining bringt es mit sich, daß einzelne Ausbilder sich damit auch theoretisch befassen, indem sie eigene Trainingssysteme entwickeln und publizieren. Von zwei späteren Gymnasten, Theon und Tryphon, sind solche Trainingszyklen durch Galenos überliefert worden, darunter ein viertägiges Intervalltraining, bei dem der erste Tag kurzdauernde, hohe Belastungen, der zweite Maximalanstrengungen mit Simulierung der Wettkampfsituation, der dritte ein Entspannungstraining und der vierte Tag schließlich mittlere Belastungen bringen sollte. Dieses von Galenos kritisierte Tetradensystem zeigt u. a., daß eben die theoretische Beschäftigung mit dem Leistungstraining durchaus nachweisbar ist (vgl. dazu Jüthner/Brein AL Bd. 1, S. 22, 188, 195; vgl. unten S. 278 ff.).

Der zweite Aspekt, der hier ins Kalkül zu nehmen ist, gilt der Entstehung einer Gesundheitslehre, der sog. *Diätetik,* zu der die Paidotriben, Gymnasten und Aleipten nicht nur die gesunde Ernährung, sondern alle Fragen einer geordneten Lebensweise zählten, die Hygiene, den Schlaf, die körperliche Konstitution ebenso wie den Geschlechtsverkehr. Daß dabei die einzelnen Ernährungslehren nicht nur auf die Gesundheit und körperliche Wohlgeformtheit des Sportlers, sondern auch ausschließlich auf physische Leistungssteigerung hin orientiert sein konnten, zeigen z. B. die 'Rezepte' der Anankophagie in der Schwerathletik (vgl. unten S. 172). Der Pentathlonike Ikkos von Tarent und

der Paidotribe Herodikos von Selymbria, vermutlich der Lehrer
des Hippokrates, die beide ins 5. Jh. v. Chr. zu datieren sind,
verfaßten Schriften, die eine vernünftige Lebensweise für Sportler propagieren (vgl. unten S. 278 ff.). Der große Einfluß der wissenschaftlichen Medizin der damaligen Zeit auf die Gymnastik,
der etwa in der anonymen Schrift ›περὶ διαίτης‹ im *Corpus hip-
pocraticum* oder in pythagoreischen Diätvorschriften sichtbar
wird, bedeutet für den Trainerstand im 5. Jh. eine allmähliche
Spaltung in eine Gruppe von überwiegend medizinisch-hygie-
nisch gebildeten Gymnasten und den mehr die Technik der einzelnen Disziplinen und Ringgriffe zum Zwecke der Leistungssteigerung vermittelnden Paidotriben. Nach Jüthner/ Brein AL
Bd. 1, S. 184 klang der Name 'Gymnastes', der kurz vor Platon
aufkam, 'vornehmer' als der des Paidotriben.

   Als Ziel der gymnasialen Bildung wird insbesondere für Athen
im Fachschrifttum das viel zitierte und viel mißverstandene Ideal
der *Kalokagathia* (καλὸς κἀγαθός) angegeben, eine „mehr
künstlerische als literarische und mehr sportliche als intellektu-
elle Erziehung" (Marrou a.a.O. S.101), die vom „alten
Geburtsadel und den in der Demokratie emporgekommenen gebildeten und begüterten Elementen des Volkes" (Jüthner, Kalokagathia S. 113) angestrebt worden sein soll. Das Mißverständ-
nis liegt dabei vor allem in einem postulierten, aber unbeweis-
baren funktionalen Zusammenhang zwischen körperlicher
Schönheit und moralischer Qualität, es liegt aber auch in der
klassizistisch-ästhetisierenden Vorstellung, daß den Griechen
im Unterschied zu anderen Völkern eine diesbezügliche spe-
zifische Disposition eigen sei. Mißverstanden wird die Kalokagathie vielfach auch deshalb, weil ihre unterschiedliche Beurteilung zu verschiedenen Zeiten und bei einzelnen Autoren, wie sie
Jüthners Analyse des gegenständlichen Ausdruckes betont, dabei zuwenig in Rechnung gestellt wird. So versteht Aristophanes
(Ran. 717) unter den Kalokagathoi 'die oberen Zehntausend' in
Athen, während man im Kreis um Sokrates damit Menschen mit

bestimmter geistig-ethischer Haltung meint (Xen. mem. 1, 2, 18; oik. 11, 3); für Thukydides (8, 48, 6) bildet das Wort den Gegensatz zum Demos, und an anderer Stelle subsumiert Xenophon (Kyr. 4, 3, 23) unter diesem Begriff auch die vornehme Welt selbst bei den Nichtgriechen. Auf weitere Facetten des Begriffes, andere unterschiedliche Anwendungen des antiken 'herrschenden Sprachgebrauchs' mit diversen philosophischen Einschränkungen, auch auf den politischen Bereich (wie bei Platon), schließlich auch auf die Bezeichnung von Sachen, hat Jüthner a. a. O. nachdrücklich hingewiesen. Unsere allgemeinen Vorstellungen von der Kalokagathie als einem angestrebten Ziel der griechischen Paideia müssen also recht vage bleiben und beschränken sich wohl darauf, daß im Zuge der Entstehung der Gymnasien Versuche unternommen wurden, aristokratische Wertvorstellungen homerischer und pindarischer Provenienz gewissermaßen zu popularisieren, eine Absicht, die im Rahmen des perikleischen Erziehungsprogramms bekanntlich eine Rolle spielte.

Die Integration einer bürgerlichen Mittelschicht, die Entstehung eines Trainerstandes und die Durchdringung der Leibesübungen mit medizinisch-hygienischem Gedankengut gehören somit zu den vorrangigen Beiträgen des Gymnasions zum Griechensport. So gesehen wurde diese Polis-Institution mit ihrer anfänglich ganz anderen Zielsetzung, nämlich „als öffentlicher Übungsplatz für künftige Hopliten ein wichtiger Faktor . . . zur Erklärung der Blüte der Gymnastik und Agonistik unter der breiten Masse der Bevölkerung" (Pleket, Soziologie S. 72). In Athen übernahm die *Ephebie* für die 19- und 20jährigen im 4. Jh. die militärische Ausbildung, wobei eine ähnliche Entwicklung wie im Gymnasion insoferne zu beobachten ist, als der Anteil an sportlicher und intellektueller Erziehung immer mehr in den Vordergrund trat. Die athletischen Übungen lagen in Händen von spezialisierten Paidotriben, die die nach Phylen organisierten Jünglinge im Bogenschießen, Speerwerfen, Waffenkampf

und in Gymnastik unterrichteten und mit ihnen verschiedene
Agone, wie Ruderwettbewerbe (siehe unten S. 207 ff.) und Fak-
kelläufe (siehe unten S. 155 f.) veranstalteten. Die zunächst für
den Erwerb der Bürgerrechte verbindliche Ephebie öffnete sich
aber dann auch für 'Ausländer', ihr Besuch wurde freiwillig und
nur mehr einjährig, und sie endet schließlich in einem hellenistisch-römischen Schultypus, den Pleket (Soziologie S. 73)
treffend mit einem „exklusiven angloamerikanischen 'College'
oder [mit der] 'public school', d. h. einer Institution für die
Söhne der 'upper class'" vergleicht. Außerhalb Athens waren die
zahlreichen Gymnasien und Palästren — darunter befanden sich
auch manche Anstalten im Privatbesitz der Paidotriben —, die in
der sog. dritten Kolonisationsphase unter Alexander und danach
in den Neugründungen entstanden, die Träger der athletischen
Kultur und somit zugleich die Wegbereiter für einen weiteren
Aufschwung der Agonistik (vgl. unten S. 137 ff.).

Die Unterscheidung von Kranzspielen und Preisspielen (siehe
unten S. 104) im Wettkampfkalender der hellenistischen Athletik förderte die Ausbreitung jenes Phänomens, das man nur recht
unzureichend als Entstehung des *Berufsathletentums bzw. Pro-
fessionalisierung* des griechischen Sports beschrieben hat. Als
Ausgangspunkt für die zuletzt genannte These wird häufig Isokrates (7, 45; 16, 33) gewählt, wo von ungebildeten, aus ärmeren
Schichten stammenden Athleten die Rede ist, die seiner Meinung
nach aufgrund ihrer Armut und ihrer mangelhaften Bildung nur
zur gewerblichen Tätigkeit taugten, während dem Adel Sport
und insbesondere der Pferdesport, Jagd und höhere Bildung zu-
stünden — so jedenfalls sollte es bei Isokrates der Wunsch der
Vorfahren gewesen sein. Von diesen und ähnlichen Banausos-
Vorstellungen ausgehend, etablierte sich in der Fachwelt unter
verstärkter Berücksichtigung der mit den Jahrhunderten an-
wachsenden Quellenbelege, die von Belohnungen und Siegespreisen im Hellenismus und in der römischen Zeit berichten, die
Auffassung, daß die Entstehungszeit der Sportprofessionalisten

in die Zeit des Peloponnesischen Krieges bzw. des Niedergangs der Polis zu datieren sei. W. Rudolph hat nun in seiner Studie ›Zu den Formen des Berufssports zur Zeit der Poliskrise‹ auf die Problematik dieser These hingewiesen, indem einerseits sichtbar gemacht wird, daß z. B. unter den Periodoniken schon seit dem 6. Jh. 'Berufssportler' nachweisbar sind, und anderseits die Polarisierung mit den 'Amateuren' für das Altertum als recht bedenklich dargestellt wird; ich möchte das als Anachronismus bezeichnen, zumal die antike Klassengesellschaft aufgrund völlig anders gelagerter ökonomischer Bedingungen eine solche Gegenüberstellung schlechterdings nicht erlaubt. Auch die Meinung, daß die Aristokratie die Wettkampfstätten wegen einer 'Proletarisierung des Sportes' mied und bestenfalls im Hippodrom um Siegesehren kämpfte, wie das Beispiel Alkibiades lehren soll, ist angesichts des Beweismaterials, das Rudolph und vor allem aber Pleket dagegen vorlegen, heute nicht mehr haltbar. Denn viele Adlige wurden für ihre Teilnahme an den Agonen in hellenistisch-römischer Zeit genauso finanziell entschädigt wie ihre Konkurrenten aus sozial niedrigen Schichten, mit denen sie übrigens in den ab dem 1. Jh. v. Chr. nachweisbaren, wohl Jahrhunderte älteren ökumenischen Athletenvereinen gemeinsam organisiert waren. Gewiß läßt sich nicht ausmachen, „wann genau die 'Demokratisierung des internationalen Leistungssports' begann" — Pleket (Sport S. 297) denkt an das 5. Jh. v. Chr. —, aber das epigraphische Material gestattet immerhin den Schluß, „daß man eine klare Entwicklungslinie zeichnen kann von dem exklusiven Sport der archaischen adligen Herren, auf dem Wege über die u. a. durch das Polis-Gymnasium geförderte Demokratisierung des Sports, bis zur letzten Phase der späthellenistisch-römischen Zeit, in der die Bourgeoisie der Polis-Welt und die Sprösse(!) von unscheinbaren Familien im Berufsport und in dem Berufsverein zusammenarbeiten" (Pleket, Soziologie S. 79).
Allein diese Entwicklung müßte Anlaß genug sein, die weit-

verbreitete Vorstellung vom Hellenismus als einer *Verfallszeit des Sportes* zu revidieren. Und für diese Notwendigkeit einer Revidierung spricht auch, daß durch die Erweiterung der Rekrutierungsbasis für talentierte Athleten und die ausschließliche Hingabe an den Sport die Leistungen bei den Agonen zweifelsohne gesteigert wurden, zumal die Spezialisierung, die Verbesserung von Sporttechnik und Trainingsmethoden, aber auch eine wissenschaftlich fundiertere Diätetik diesen Prozeß erheblich fördern konnten. Daß die agonistischen Veranstaltungen dadurch für die Zuschauer attraktiver wurden, sich also ein 'Publikumssport' entwickelte, darin sollte man genausowenig ein Argument für die Dekadenz-Vorstellungen vom hellenistischen Sport suchen wie in der bis heute nicht beweisbaren Behauptung, List und Brutalität sowie die Honorierung von Siegen seien in der Frühzeit unbekannt gewesen und hätten die Sportszene erst allmählich korrumpiert.

Wenn die *antike Sportkritik* der späten Griechen ein solches Verfallsmodell vertreten hat, so dürfen moderne Interpreten daraus nicht den Schluß ziehen, daß diese beklagten Zustände in der Welt des Hellenismus in Agonistik und Gymnastik tatsächlich überhand genommen, geschweige denn ein Novum dargestellt hätten. In der Absichtserklärung Philostrats (gymn. 2), warum er ein Buch über die Gymnastik abfassen wolle, heißt es, daß er die Gründe mitteilen möchte, „weshalb dieser Verfall eingetreten sei und die jetzigen Athleten den früheren um vieles" nachstünden, wobei er bezeichnenderweise das Goldene Zeitalter des Sports im Mythos sucht. Was verlorenging, waren seiner Meinung nach u. a. die Bereitschaft zum einfachen Leben, zum schweren Waffendienst, für den die Gymnastik als wichtige Vorübung erachtet wird (c. 43). Hier trat nach Philostrat der verhängnisvolle Umschwung ein. Die Wettkämpfer seien nun militärisch untaugliche Weichlinge geworden, sizilische Schlemmerei hätte Vorrang bekommen, und Entnervung hätte folglich auf den Sportplätzen um sich gegriffen, Luxusköche hät-

ten die Wettkämpfer gemästet . . . (c. 44). „Eine solche Üppig-
keit ist auch ein starker Anreiz für den Geschlechtstrieb und gab
den Athleten sogar Anstoß zu Gesetzwidrigkeiten in Geld-
sachen und zum Kauf und Verkauf der Siege; denn die einen ver-
kaufen gar ihren Ruhm, wie ich glaube, weil sie viel brauchen,
die anderen müssen sich einen mühelosen Sieg kaufen, weil sie
ein weichliches Leben führen" (nach der Übersetzung von
J. Jüthner zitiert). Solches Lamentieren klingt heute nicht nur als
Kritik am Gegenwartssport vertraut, auch Philostrat konnte auf
eine damals schon lange Ahnenreihe ähnlicher Sportkritiker zu-
rückblicken. Galenos, Vitruvius, Platon, Isokrates, Euripides
und Xenophanes dürfen als seine illustren Vorläufer gelten. Eine
Übertragung des für die gesamte griechische Geschichte häufig
angewandten, gewiß nicht unproblematischen biologistischen
Entwicklungsschemas, das eine Linie von der archaischen Periode, der ein 'Noch-nicht' anhaftet, zu Blütezeit und Höhepunkt
in der Klassik und schließlich zu Niedergang und Verfall im
Zeitalter des Hellenismus zeichnet, läßt sich in seiner Werthaf-
tigkeit nicht ohne Schaden für eine Sportgeschichte durch-
führen.

Allgemeine Literatur zur nachhomerischen Agonistik und Gymnastik in
epochenspezifischer Betrachtungsweise: B r e i n , Die Leibesübungen
S. 84—89; P a t r u c c o a. a. O. S. 27—62; J ü t h n e r / B r e i n AL Bd. 1,
S. 82—154; B i l i ń s k i , L'agonistica S. 57—87; W. K u c h e n m ü l l e r , Ὁ
ἀγὼν καί τό νόημα τοῦ εἰς τούς Ἐλλήνας, in: Platon 22 (1970),
S. 233—240. U. P o p p l o w , Leibesübungen und Leibeserziehung in der
griechischen Antike S. 64—166; K. K r a m e r , Studien zur griechischen
Agonistik nach den Epinikien Pindars (Diss. Köln 1970); A. B r u e c k n e r ,
Kerameikos-Studien. Der ἐπιτάφιος ἀγών im 5. Jh., in: MDAI(A) 35
(1910), S. 200—210; vgl. auch die unten S. 138 zitierte Arbeit von
T h . K l e e. — Zur Beachtung psychologischer Momente bei Wettkämpfen
in der griechischen Literatur vgl. R. P a t r u c c o , La psicologia dell' atleta,
in: Maia 23 (1971), S. 245—253. — *Zum Sport ab etwa dem 4. Jh. v. Chr.*
bis in römische Zeit siehe insbesondere die Bibliographie bei M. L ä m m e r ,
Die Bedeutung epigraphischer Zeugnisse für die Geschichte der griechischen Gymnastik und Agonistik (1968) S. 21—58; H. W. P l e k e t , Sport

und Leibesübungen in der griechischen Welt des hellenistisch-römischen
Zeitalters, in: GL Bd. 2, S. 280—311 (die Arbeit basiert u. a. auf den zahlreichen unentbehrlichen epigraphischen Analysen von L. Robert, die im
Schriftenverzeichnis bei Pleket, Sport S. 310 f. aufgezählt sind; vollständiger noch bei Lämmer a. a. O. S. 46—54); ferner C. Schneider, Kulturgeschichte des Hellenismus (1967) Bd. 1, S. 55 f. und (1969) Bd. 2,
S. 190—198. Biliński, Agoni ginnici S. 87—115 (Il fisico e l'intelletto:
equilibrio o supremazia nell'epoca ellenistica e greco-romana). — Zum sozialen Wandel und zur Entstehung und Funktion des *Gymnasions* vgl.
H. W. Pleket, Soziologie S. 57—87; J. Delorme, Gymnasion. Étude
sur les monuments consacrés à l'éducation en Grèce (des origines à l'empire
romain) (1960); außerordentlich materialreich nach wie vor die im ND 1971
erschienene Darstellung ›Erziehung und Unterricht im klassischen Alter-
tum‹ von L. Grasberger (1864—1881) 3 Bde.; Ch. Petersen, Das
Gymnasium der Griechen nach seiner baulichen Einrichtung (1858);
W. Zschietzschmann, Wettkampf- und Übungsstätten in Griechenland
(Beiträge zur Lehre und Forschung der Leibeserziehung 8), Bd. 2: Palästra
— Gymnasium (1961); Jüthner/Brein AL Bd. 1, S. 157—197. — *Zum
Frauensport* im Altertum vgl. Harris GAA S. 179—186; ders., SGR
S. 40 f.; Jüthner/Brein AL Bd. 1, S. 100—102; Marrou a. a. O. S. 67;
E. Kornexl, Leibesübungen bei Homer und Platon S. 64 ff.; H. Langen-
feld, Griechische Athletinnen in der römischen Kaiserzeit, in: HED
S. 116—125; G. Eisen, Sports and women in antiquity (M. A. Thesis Univ.
of Mass. 1976); ders., The role of women in ancient fertility cults and the
origin of sport, in: NASSH Proceedings (1976) S. 7, vertritt die problemati-
sche Auffassung, daß "agricultural rites" für mediterrane Muttergottheiten
"were transformed, through slow evolution into sports and games"; weitere
Titel bei K. Lennartz, Geschichte des Frauensports. Bibliographie. Geschichte der Leibesübungen (Sportbibliographische Veröffentlichungen des
Seminars für Leibeserziehung…, Köln 1974). — *Zu Training und Trainer-
typen* vgl. Jüthner/Brein AL Bd. 1, S. 161—197; Jüthner, Philostrat
S. 3—26; Kramer a. a. O. S. 64—107; Harris GAA S. 170—178. — *Zu
Leibeserziehung und Ephebie* Marrou a. a. O. S. 55 f., 96 f., 227—256;
C. A. Forbes, Greek physical education (1929, ND 1970); Ch. Péléki-
dis, Histoire de l'Ephébie attique des origins à 31 avant Jésus-Christ
(1962); O. W. R. Reinmuth, The Genesis of the Athenian Ephebia, in:
TAPhA 83 (1952), S. 34—50; ders., The ephebic inscriptions of the fourth
century B.C. (1971); ders., Kl. Pauly 2 (1967), S. 287—291, Art. Ephebia;
S. Dow, The Athenian Epheboi, in: TAPhA 91 (1960), S. 381—409;
E. Ruschenbusch, Die soziale Herkunft der Epheben um 330, in:
ZPE 35 (1973), S. 173—176; R. Patrucco, L'attività sportiva di Sparta, in:

Archaeologica (FS A.Neppi-Modona 1975), S. 395—412; M. Luni, Documenti per la storia della istituzione ginnasiale e dell' attività atletica in Cirenaica, in: QAL 8 (1976), S.223—284 (zu den archäologischen und epigraphischen Denkmälern, darunter 26 Inschriften, und zur Ephebenausbildung in der Kyrenaika); J. Reynolds—O. Masson, Une inscription éphébique de Ptolemais (Cyrenaique), in: ZPE 20 (1976), S. 87—100; M. P. Nilsson, Die hellenistische Schule (1955); E. Meinberg, Gymnastische Erziehung in der Platonischen Paideia, in: Arena (= Stadion) 1 (1975), S. 228—266; R. Weirich, Körper und Körpererziehung bei Platon (Diss. Freiburg i. Br. 1932); P. Musiolek, Die Anschauungen des Aristoteles über körperliche Erziehung als Teil der Paideia in ihrem historischen Zusammenhang, in: StudClas 4 (1962), S. 95—124. — Immer noch grundlegend A. Dumont, Essai sur l'éphébie attique (1875/76, ND 1968) 2 Bde. — Zu Diätetik, Gesundheitslehre und Heilgymnastik im Hinblick auf Agonistik und Gymnastik: E. Kornexl, Begriff und Einschätzung der Gesundheit des Körpers in der griechischen Literatur von ihren Anfängen bis zum Hellenismus (Commentationes Aenipotanae 21, 1970); Jüthner/Brein AL Bd. 1, S. 97—124; Jüthner, Philostrat S. 30—60; R. Weinrich a. a. O. S. 73—89; L. Edelstein, Antike Diätetik, in: Antike 7 (1931), S. 255—270; vgl. auch W. Rudolph, Sportverletzungen und Sportschäden in der Antike, in: Altertum 22 (1976), S. 21—26; A. Jung, Massage und Sport im Altertum (Diss. Bonn 1930); L. Casson, A passion for the hard workout, in: Horizon 18, 2 (1976), S. 12—15. Zur mißlichen Quellensituation über die sporttheoretischen Schriften von Theon, Tryphon, Ikkos und Herodikos u. a. vgl. unten S. 278 ff. — Zum Begriff der Kalokagathia vgl. vor allem J. Jüthner, Kalokagathia, in: Charisteria. Alois Rzach zum 80. Geburtstag dargebracht (1930), S. 99—119; zur kynischen Kritik an diesem Ideal vgl. I. Nachov, Der Mensch in der Philosophie der Kyniker, in: R. Müller (Hrsg.), Der Mensch als Maß der Dinge (1976), S. 374 ff. Marrou a. a. O. S. 101—104; Jaeger, Paideia S. 23 ff. — Zum Professionalismusproblem und den Athletenvereinen vgl. vor allem Pleket, Soziologie S. 57 ff., der sich zu Recht gegen den „klassizistisch orientierten Althistoriker" wendet, welcher im Unterschied zur „reinen und hohen Sportgesinnung der adligen Herren des archaischen griechischen Zeitalters" für die postklassische Zeit einen „derben Professionalismus der 'lower-class' Athleten" (S. 57 f.) annehmen möchte; ders., Games, prizes, athletes and ideology, in: Arena (= Stadion) 1 (1975), S. 49—89; ders., Some Aspects of the history of the athletic guilds, in: ZPE 10 (1973), S. 197—227; vgl. den Abschnitt ›Democrazia e professionismo atletico‹ bei Biliński, L'agonistica S. 57—74; C. A. Forbes, Ancient athletic guilds, in: CPh 50 (1955), S. 238—252; J. Göhler, Olympioniken als Krieger und

Politiker: Zur sozialen Stellung der Olympia-Sieger im Altertum, in: Die
Leibeserziehung 19 (1970), S. 190—195. Ebenfalls betont kritisch W. Rudolph, Zu den Formen des Berufssports zur Zeit der Poliskrise, in: E. Ch.
Welskopf (Hrsg.), Hellenische Poleis (1974) Bd. 3, S. 1472—1483; Jüth-
ner-Brein AL Bd. 1, S. 89—91; C. A. Mannings, Professionalism in
Greek athletics, in: Classical Weekly 11 (1917), S. 74—78, betonte zwar bereits, daß die Griechen selbst die Unterscheidung zwischen Professionali-
sten und Amateuren nicht kannten, läßt aber selbst den Berufssport mit dem
Peloponnesischen Krieg beginnen. Dagegen neuerdings auch D. Matz,
The development of professionalism in Greek athletics, in: NASSH Proceedings (1978), S. 4 f.; H. A. Harris, El aficionado y el profesional en el de-
porte griego y romano, in: CAF 14, 1 (1972), S. 69—87. — Zur Bewertung
des späteren griechischen Sports als *Verfallserscheinung* vgl. neben den Arbeiten von Pleket auch Lämmer, Die Bedeutung epigraphischer Zeugnisse S. 1 f. und 10; Biliński, L'agonistica S. 107—128; Marrou a. a. O.
S. 253—256; Jüthner/Brein AL Bd. 1, S. 147—149. Ferner C. A. Forbes, Crime and punishment in Greek athletics, in: CJ 47 (1951/52),
S. 169 ff.; siehe auch unten S. 119. Allgemein zur Verfallsideologie vgl.
F. Hampl, Universalhistorische Vergleiche und Pespektiven zum The-
menkreis 'Politik—Staatsethik—Sittenverfall im republikanischen Rom',
in: Geschichte als kritische Wissenschaft (1979), Bd. 3, S. 120—158. — Zur
antiken Sportkritik siehe R. Muth, Olympia — Idee und Wirklichkeit, in:
Serta Philologica Aenipontana 3 (1979), S. 161—202; ders., Der Sieg in
Olympia: Faszination und Kritik, in: Wort im Gebirge 15 (1976), S. 7—39;
M. Marchovich, Xenophanes on drinking-parties and Olympic games,
in: ICS 3 (1978), S. 1—26; Biliński, L'agonistica S. 25—50, bes.
S. 31—33; C. M. Bowra, Xenophanes and the Olympic Games (1938),
in: Problems in Greek poetry (1953), S. 15—37; Ch. Welskopf,
Die Krise des Sports im Spiegel der Literatur und der Philosophie, in:
E. Ch. Welskopf (Hrsg.), Hellenische Poleis (1974), Bd. 3, S. 1484
bis 1489.

3. Die periodischen Sportfeste

3.1 Die panhellenischen Agone

Die drei peloponnesischen Festorte Olympia, am Isthmos und Nemea sowie das phokische Delphi bildeten für mehr als ein halbes Jahrtausend das Zentrum der griechischen Agonistik. Hier gaben sich die Athleten bei den 'Heiligen' Kranzspielen, den ἀγῶνες στεφανῖται, ein Stelldichein, auf das sie sich in der Regel in den heimatlichen Gymnasien und Erziehungsstätten und — zumindest in Olympia — auch am Wettkampfort selbst gründlich vorzubereiten hatten. Nicht das 'Dabeigewesen-Sein' im Sinne Coubertins war das Ziel der Wettkämpfer, sondern die Auszeichnung mit dem berühmten Siegeskranz, der wohl nur in späteren Jahrhunderten rein symbolischen Charakter haben konnte. Von ihren Heimatstädten wurden die Sieger, die Hieroniken, in der Regel hierfür hinlänglich entschädigt, und zwar nicht nur durch zusätzliche Ehrungen, sondern durch Belohnungen verschiedenster ideeller und materieller Art. H. Buhmann (a. a. O. S. 104 ff.) zählt u. a. auf: Feierlicher Empfang, Geldprämien, Aufstellung einer Statue, Eintragung in die Siegerliste, Speisung im Prytaneion, Proedrie, Atelie, Ehrenbürgerrecht und Ehrenmitgliedschaft im Rat. Dazu kamen sicherlich noch weitere Auszeichnungen und Unterstützungen aus privaten Kreisen, so daß insgesamt gesehen ein Sieg bei den panhellenischen Wettkämpfen bedeutende sozialökonomische Konsequenzen und Prestigegewinn mit sich brachte. Die herausragenden Erscheinungen unter den Hieroniken waren wohl jene, die bei den Olympien, Pythien, Isthmien und Nemeen, also bei der sog. Periodos, mit dem Kranz ausgezeichnet wurden und die man daher als 'Periodoniken' feierte, ein Titel, der erst im 2. nachchristlichen Jh. verliehen wurde, obgleich man diese außerordentliche Leistung schon seit dem 6. Jh. in der antiken Sportchronik registrierte. Daß sich trotz dieser Begleiterschei-

nungen bei panhellenischen Siegen im modernen und — wie
H. W. Pleket mit eindrucksvollen Beispielen nachgewiesen hat
— auch im antiken Schrifttum eine 'Ideologie der Athletik' und
eine Auffassung entfalten konnte, derzufolge die Griechen um
den Sieg 'an sich' kämpften, kann hier nur kritisch angedeutet
werden.

Man gliedert die agonistischen Festspiele aufgrund der Siegespreise gewöhnlich in Kranzspiele (ἀγῶνες στεφανῖται), wozu
die vier panhellenischen Agone zählen, und in Spiele, bei denen
Wertgegenstände, die allmählich durch Geldpreise abgelöst
wurden, zu gewinnen waren (ἀγῶνες θεματικοί bzw. χρηματῖ-
ται), ein Einteilungsprinzip, das H. W. Pleket, Sport S. 292 f. zu
Recht modifizierte, indem er zwar „formal gesehen zwei, prak-
tisch aber drei Arten von Spielen" unterscheidet (1. die heiligen,
periodisch wiederkehrenden panhellenischen Spiele, 2. die heiligen Spiele, bei denen Geldpreise den Kränzen hinzugefügt wurden, und 3. Spiele, bei denen die Preise nur aus materiellen Werten bestanden) und die historische Genese dieses Systems kurz
beschreibt. Bei aller Popularität einzelner Wettkampfstätten und
ihrer durch die zum Teil wertvollen Preise und oben erwähnten
Begleiterscheinungen für die Athleten noch gesteigerten Attraktivität, die Aristokraten im gleichen Maße interessiert zu haben
scheinen wie die Vertreter niedriger sozialer Schichten (jedenfalls ist mir kein Fall bekannt, daß ein Adliger auf einen Preis
verzichtet hätte; vgl. auch oben S. 80), blieben doch die Sportfeste der Periodos die bedeutendsten.

Zur Einteilung der Agone vgl. Patrucco a. a. O. S. 30 f.; E. Reisch, RE 1
(1894), Sp. 836—866, bes. 836—840, Art. Agon(es); Pleket, Sport
S. 280—311. — Zu *Siegern und Preisen* vgl. H. Buhmann, Der Sieg in
Olympia und in den anderen panhellenischen Spielen ([2]1975); R. Knab,
Die Periodoniken. Ein Beitrag zur Geschichte der gymnischen Agone an
den vier griechischen Hauptfesten (Diss. Gießen 1934); H. C. Montgo-
mery, RE 19 (1937), Sp. 813—15, Art. Περιοδονίκης; zur agonistischen
Ideologie der Griechen siehe neben den o. a. Arbeiten von R. Muth,
J. Göhler und H. W. Pleket, Sport (S. 300—305), auch besonders

d e r s., Games, prizes, athletes and ideology, S. 49—89; ferner B i l i ń s k i,
Agoni ginnici S. 44—86.

3.1.1 Die Olympischen Spiele

3.1.1.1 Fragen der Datierung und des Ursprungs

Nicht nur unter dem wirkungsgeschichtlichen Aspekt einer
Weltgeschichte des Sports, sondern auch im Hinblick auf seine
Einschätzung bei den Griechen stellen die Olympischen Spiele
einen Höhepunkt im vielfältigen Bereich sportlicher Veranstaltungen dar. Kein Wunder, daß keinem Gegenstand der antiken
Sportgeschichte so viele wissenschaftliche und populäre Darstellungen gewidmet wurden. Daß dessenungeachtet eine Reihe von
Fragen bis heute nicht klar beantwortet werden kann, hängt vor
allem mit dem Mangel an geeigneten Quellen, besonders für die
Frühzeit, aber auch für die nachchristlichen Jh.e zusammen. Zu
den meistdiskutierten Problemen zählt dabei die Frage nach dem
Ursprung der Olympischen Spiele. Die Forschung kennt heute
einen umfangreichen Katalog von Motiven für die Einrichtung
des großen periodischen Sportfestes, wobei hinzuzufügen wäre,
daß die Griechen selbst schon sehr unterschiedliche Auffassungen darüber vertreten haben. In ihren variantenreichen Mythen
machen sie unter anderem Pelops, Herakles, Endymion, ja Zeus
selbst für die Gründung verantwortlich. Andererseits hat der
eleische Sophist Hippias um 400 v. Chr. in den pseudohistori-
schen Studien seiner ›Ὀλυμπιονικῶν ἀναγραφή‹ das Jahr 776
als den Beginn der Olympischen Spiele bezeichnet. Nach einer
auf dem Weihediskus des Asklepiades (vgl. dazu M. Lämmer,
Der Diskus des A. aus Olympia und das Marmor Parium, in:
ZPE 1 [1967], S. 105 f.) angegebenen Chronologie datierte man
übrigens die Gründung der Spiele auch 201 Penteteren früher,
d. h. in das Jahr 1580 v. Chr. Der Aitoler Oxylos, von den

Herakliden zum König von Elis gemacht, soll nach einer anderen
Variante des Mythos als erster Agonothet in Olympia aufgetreten sein, einer seiner Nachkommen, Iphitos, habe dann, nachdem die Spiele angeblich wieder in Vergessenheit geraten waren,
den Agon erneuert; der Perieget Pausanias (5, 20, 1) will noch
den beschrifteten Bronzediskus im Heratempel der Altis gesehen
haben, auf dem dieser Tatbestand, an welchem übrigens auch
Aristoteles (Fr. 490; Phlegon von Tralleis, FGrHist. 257, 1, 2)
nicht zweifelte, bezeugt gewesen sein soll. Heute wissen wir,
daß die genannten Eleerkönige der Sagenwelt zuzuordnen sind
und der genannte Diskus eine antike Fälschung darstellt; damit
wollten die Eleer nur ein 'historisches' Argument für ihre ange-
stammte Hegemonie über Olympia nachliefern (vgl. allerdings
Hönle [unten S. 113] S. 7ff. mit Anm. 150).

Die moderne Forschung ist in diesen Fragen keineswegs va-
riantenärmer. Wenn H. Bengtson, Die Olympischen Spiele in
der Antike (1971), S. 29 zur Ursprungsfrage feststellt: „Ernstlich
in Betracht kommen nur zwei Theorien", womit hier der Totenagon und ein rein agonistisches Motiv im Sinne Jüthners gemeint
sind, so wird der Diskussionsstand doch stark vereinfacht, abgesehen davon, daß sich diese beiden Theorien bzw. Motive kaum
ausschließen. Bengtson selbst hält dabei die Totenagon-Theorie
für die wahrscheinlichere, „da in dieser frühen Zeit das Kultische
eine überragende Bedeutung spielt" (a. a. O.).

Im Rahmen der Ursprungstheorien, die vom Kult ausgehen, zeigt die Diskussion eine bemerkenswerte Bandbreite. Eine Übersicht dazu bieten E. N.
Gardiner, Olympia (1925), S. 63 ff.; H. C. Montgomery, The contro-
versy about the origin of the Olympic games, in: Classical Weekly 29
(1936), S. 169—174; R. Bloch, The origins of the Olympic games, in:
Scientific American 219, Nr. 2 (1968), S. 78—85; L. Drees, Der Ursprung
der Olympischen Spiele (Beiträge zur Lehre und Forschung der Leibeserziehung 13, 1962) und kurz auch F. Brein, in: Jüthner/Brein AL Bd. 1,
S. 74. Dabei werden folgende Möglichkeiten in Betracht gezogen: M. F.
Cornford, The origin of Olympic games, in: J. E. Harrison, Themis
(1912), S. 212 ff. argumentiert für einen Kultlauf, der mit einer Heiligen

Hochzeit endet; eine Verbindung des Kultlaufes mit Totenriten versucht R. Vallois, Les origines des jeux olympiques, in: REA 28 (1926), S. 305 ff., herzustellen. Ausschließlich auf die Leichenspiele rekurrieren K. Meuli, Der griechische Agon, bes. S. 58 sowie ders., Der Ursprung der Olympischen Spiele, in: Antike 17 (1941), S. 189—208 und L. Malten, Leichenspiele und Totenkult, in: MDAI(R) 28/29 (1923/24), S. 300—340; P. Lévêque, Des dieux et des jeux d'Olympie, in: REG 87 (1974), S. 341—44. Magisch-apotropäische Vorstellungen beim ursprünglichen Wettlauf der Mädchen führt L. Deubner, Kult und Spiel im alten Olympia (1936) ins Treffen, während Drees a. a. O. S. 52 ff. eine Kombination von Fruchtbarkeitsriten und Heiliger Hochzeit im Rahmen eines Kultlaufes mit Elementen des Leichenagons zu einer Ursprungstheorie zusammenfaßt. — Popplow a. a. O. S. 50 f., der wie viele andere in letzter Zeit die Auffassung vertritt, „daß ... der Ursprung der Olympischen Spiele in der mykenischen Zeit gesucht werden muß" und der im übrigen der These Meulis beipflichtet, propagiert zusätzlich „eine Ausdeutung der ältesten Olympien auf dem Untergrund des die Spiele tragenden Lebensgefühls". Dazu vgl. nunmehr Ch. Ulf—I. Weiler, Der Ursprung der antiken Olympischen Spiele in der Forschung, in: Stadion 6 (1981) im Druck; ferner J. Ebert (u. a.), Olympia. Von den Anfängen bis zu Coubertin (1980) S. 9 ff.

Gegen den Kultus als treibende Kraft der Spiele hat sich mit Nachdruck (und mit Berufung auf den englischen Altertumswissenschaftler und Mythologen H. J. Rose) Jüthner/Brein AL Bd. 1, S. 75, ausgesprochen, wobei er zwar den „kultischen Charakter" der vier Nationalspiele nicht in Abrede stellt, aber anderen Beobachtungen mehr Gewicht beimißt (ähnlich übrigens auch Gardiner AAW S. 32: "There was no ritual meaning in the games themselves which were purely secular"). Jüthners wesentliche Argumente: Die zahlreichen griechischen Festspiele lassen sich nicht einfach auf „einen religiösen Nenner" bringen; Agonotheten und Hellanodiken sind keine Priester; die Olympischen Spiele unterliegen im Laufe der Zeit zahlreichen Wandlungen und verstoßen damit gegen einen Grundzug religiöser Feste, nämlich den Konservativismus. Seiner Auffassung nach liegt in der rein agonistischen Triebkraft der profane Ursprung der Olympischen und aller anderen griechischen Wettspiele, womit zugleich auch den Nichtgriechen vergleichbare Qualitäten abgesprochen werden. Denn andere Völkerschaften besitzen zwar nach Jüthner/Brein AL Bd. 1, S. 62 „die physiologischen Voraussetzungen ..., aber die körperliche Betätigung zu reinem Wettkampfzweck, d. h. zu eigener Freude und Erhebung unter den in Betracht kommenden Völkern [ist] nur bei den Hellenen mit Sicherheit zu beobachten".

Alle diese Versuche, den Ursprung der Olympischen Spiele zu erklären, bleiben hypothetisch und lassen sich wohl nur dahingehend vage zusammenfassen, daß die kultisch-magischen Motive nicht ausreichen, wenn nicht auch die Bereitschaft und Freude zum Messen der physischen Kräfte vorhanden ist. Dem verdienstvollen Herausgeber der ›Athletischen Leibesübungen der Griechen‹, Friedrich Brein, ist daher durchaus zuzustimmen, wenn er bei seinem Bemühen, den gegenwärtigen Forschungsstand (1965) zu dieser Frage in das Werk Jüthners nachträglich einzuarbeiten, bemerkt: „Absolute Klarheit läßt sich nicht erreichen" (a. a. O. Bd. 1, S. 74).

Diese Unsicherheit bei der Beantwortung der Ursprungsfrage gilt auch für andere Detailfragen der Olympischen Spiele auf ihrem religiös-kultischen Hintergrund, die häufig im Zusammenhang mit dem Problem des Beginns der Agone interpretiert werden. Einen besonderen Rang nimmt dabei die *Aussperrung verheirateter Frauen* von den Olympischen Spielen ein. So hat Erwin Mehl ›Mutterrechtliche Reste in der Olympischen Festordnung‹ nachzuweisen und zugleich eine Reihe „bisher ungelöster Olympischer Fragen" (a. a. O. S. 73) zu beantworten versucht. Dazu zählen nach Mehl Datierungsfragen der Gründung, das hohe Alter der weiblichen Gottheiten in Olympia, die Heräen, der Vorrang des Wettlaufs, der Ölkranz als Preis, der Ausschluß der Frauen von den Spielen, die Ekecheiria und die führende Rolle der Eleer. Alle diese Probleme lassen sich nach Mehl erklären, wenn man im Sinne J. J. Bachofens ein von Frauen dominiertes, vorhellenisches Olympia anzunehmen geneigt ist, das von eindringenden hellenischen „Männern" abgelöst wurde. Auch die Nacktheit der Athleten, die schon im Altertum verschiedene Deutungen gefunden hat (Thuk. 1, 6; Paus. 1, 44, 1; vgl. auch 5, 6, 7 ff.; Dion. Hal. 7, 72), ferner die Bekränzung der Sieger mit einem Zweig vom Ölbaum, dem möglicherweise ein Apfel als Siegespreis voranging (Phlegon von Tralleis 1, 10—11), und die Ekecheiria, alles Bräuche, die in die Frühgeschichte der Olympischen Spiele zurückweisen, sind von der Forschung in Verbindung mit der Ursprungsfrage und alten kultischen Praktiken interpretiert worden.

> Dazu vgl. E. Mehl, Mutterrechtliche Reste in der Olympischen Festordnung, in: FS Carl Diem (Hrsg. W. Körbs, H. Mies, K. C. Wildt, 1962), S. 71—81. Zur kultischen Nacktheit und zum Ölbaum siehe D r e e s a. a. O. S. 124 ff., 129 ff. und unten S. 116 f. — Zur *Ekecheiria* vgl. nunmehr M. L ä m m e r, The nature and function of Olympic Truce in ancient Greece, in: History of Physical Education and Sport 3 (1975/76), S. 37—52. Hier revidiert der Verfasser die klassische Vorstellung vom „Gottesfrieden", bei dem eine allgemeine Waffenruhe herrschte, sowie dessen ideologische Ausdeutung im modernen Schrifttum, indem gezeigt wird, daß „die Ekecheiria... lediglich in der gegenseitigen Zusicherung aller Staaten, die der Olympischen Festgemeinschaft angehörten, [bestand], die Unverletzlichkeit der Kult- und Wettkampfstätte zu achten und allen Wettkämpfern und Zuschauern innerhalb eines festgelegten Zeitraumes ungehinderte Hin- und Rückreise zu garantieren" (nach einem deutschen Manuskript, das mir der Verf. freundlicherweise zur Verfügung stellte).

3.1.1.2 Das olympische Sportprogramm

Nach der antiken Chronologie zählte man zur Zeit des Kaisers Theodosius I., in dessen Regierungszeit nicht nur die endgültige Teilung des Imperium Romanum, sondern auch das Ende der Olympischen Spiele fällt, die 293. Olympiade (Herrmann, Olympia S. 14, rechnet mit 287 Olympiaden). Auch wenn das aus diesen Angaben resultierende Gründungsjahr 776 in seiner Historizität nicht gesichert ist, so ergibt diese Rechnung doch

ein Alter von über einem Millenium, eine Zeitspanne, in der das
olympische Sportprogramm einem großen Wandel unterworfen
war. Daraus schließt übrigens Jüthner/Brein AL Bd. 1, S. 75,
daß die kultische Bindung nicht allzu groß zu veranschlagen ist:
„Den Spielen . . ., die von Anfang an ständigen Erweiterungen
und Abänderungen unterworfen waren, [fehlt] das Haupt-
merkmal religiöser Einrichtungen, die Beständigkeit, der Konservativismus." Nach antiker Tradition, die für die Frühzeit auf
den Arbeiten des oben S. 105 erwähnten Sophisten Hippias von
Elis zu den Listen der Olympioniken fußt, zeigt die Entwicklung des sportlichen Festkalenders folgendes Bild:

    1. Olympiade (776 v. Chr.): Stadionlauf
   14. Olympiade (724 v. Chr.): Doppellauf (Diaulos)
   15. Olympiade (720 v. Chr.): Langlauf (Dolichos)
   18. Olympiade (708 v. Chr.): Fünfkampf (Pentathlon), Ringkampf
   23. Olympiade (688 v. Chr.): Faustkampf
   25. Olympiade (680 v. Chr.): Rennen mit dem Viergespann
   33. Olympiade (648 v. Chr.): Pferderennen, Pankration
   37. Olympiade (632 v. Chr.): Stadionlauf und Ringkampf der Jugendlichen
   38. Olympiade (628 v. Chr.): Fünfkampf der Jugendlichen (nur dies einzige
                                Mal durchgeführt)
   41. Olympiade (616 v. Chr.): Faustkampf der Jugendlichen
   65. Olympiade (520 v. Chr.): Waffenlauf
   70. Olympiade (500 v. Chr.): Rennen mit dem Zweigespann von Maultieren
                                (= Apene; auf der 84. Olympiade wieder ab-
                                geschafft)
   71. Olympiade (496 v. Chr.): Reiten auf Stuten (= Kalpe; auf der 84. Olym-
                                piade wieder abgeschafft)
   93. Olympiade (408 v. Chr.): Rennen mit dem Zweigespann von Pferden
   96. Olympiade (396 v. Chr.): Wettbewerb der Trompeter und der Herolde
   99. Olympiade (384 v. Chr.): Rennen mit dem Viergespann von Fohlen
  128. Olympiade (268 v. Chr.): Rennen mit dem Zweigespann von Fohlen
  131. Olympiade (256 v. Chr.): Rennen der Fohlen
  145. Olympiade (200 v. Chr.): Pankration der Jugendlichen

Abgesehen von den ersten etwa anderthalb Jahrhunderten, in
denen nach Hippias zunächst schrittweise das Programm der

Laufbewerbe ausgestaltet worden sein soll, ehe man dann das Pentathlon, die schwerathletischen und die hippischen Agone einführte, dürfte die Geschichte des olympischen Sportprogramms im wesentlichen historisch zuverlässig sein. Ob anfangs tatsächlich nur ein eintägiges Sportfest veranstaltet wurde, bleibt Vermutung; die Begründung dafür, daß für einen Stadionlauf eben keine längere Dauer des Festes notwendig war (vgl. Herrmann, Olympia S. 81: „Vielleicht waren die Spiele doch im 8. Jh. schon vielseitiger . . .“), geht von der Historizität jener oben angeführten Chronik aus; sie läßt außer acht, daß die kultischen Handlungen umfangreicher sein konnten und die Sportveranstaltungen der homerischen Epen bereits recht verschiedene Wettkampfdisziplinen kannten (siehe oben S. 80f.). Für die historisch hellere Zeit läßt sich jedenfalls ein mehrtägiges Festprogramm rekonstruieren. Aufgrund einer Reorganisation der Olympischen Spiele im Jahre 472 (= 77. Ol.; Paus. 5, 9, 3—4; 5, 13, 3) nimmt man für das 5. und die darauffolgenden Jahrhunderte ein fünf- bis sechstägiges Sportfest an, das zwar wiederum einzelnen Programmänderungen unterworfen gewesen sein dürfte, für das sich aber grundsätzliche Neuordnungen in den Quellen nicht ausmachen lassen. Nach den wichtigsten antiken Belegstellen, die vorsichtige Rückschlüsse auf die Reihenfolge der Wettkämpfe gestatten (außer den genannten Pausaniaszitaten noch die 5. Ol. Ode Pindars, Xen. hell. 7, 4, 29), hat Herrmann, Olympia S. 124, die Auffassung vertreten, daß seit dem 5. Jh. das Fest fünf Tage dauerte und „die meisten modernen Darstellungen . . . zu einem erheblichen Teil reine Phantasie“ sind.

Dem im Hochsommer Juli/August zur Zeit des Vollmondes begangenen Fest ging ein sog. 'Olympischer Monat' voraus, der jedoch auf den ersten Vollmond nach der Sommersonnenwende folgte. In dieser Zeit zogen die σπονδοφόροι durch Griechenland und verkündeten die Ekecheiria. Genaue Datumsberechnungen für das olympische Fest von 500 v. Chr. bis 97 n. Chr.

(= 70. Ol.—219. Ol.) hat S. G. Miller, The date of Olympic festivals, in: MDAI(A) 90 (1975), S. 215—231 durchgeführt.
Dann begannen die Olympischen Spiele, die mit einem Prozes-
sionszug von Elis nach Olympia eröffnet wurden, an dem neben
den Wettkämpfern und einzelnen Honoratioren auch die Hellanodiken teilnahmen. Man opferte einen Eber am Altar des Zeus
Horkios, mit dem auch die Ablegung des *Eides* verbunden war;
sein Inhalt in der Fassung des Pausanias (5, 24, 9) lautet: „Die
Athleten und ihre Väter und Brüder sowie auch die Gymnasten
müssen schwören, daß sie sich keinen Verstoß gegen die olympischen Wettkämpfe zuschulden kommen lassen werden. Die
Athleten leisten dazu noch folgenden Schwur, daß sie sich insgesamt zehn Monate nacheinander der sorgfältigen Übung hinge-
geben hätten. Es schwören auch diejenigen, die die Knaben und
bei den Pferderennen die Fohlen zu beurteilen haben, daß sie ihr
Urteil nach Recht und ohne Geschenke abgeben und das, was
sich auf Zulassung oder nicht bezieht, geheimhalten werden."
Nach der Prüfung der Zulassungsbedingungen für die Teilnehmer (griechische Abstammung, freie Geburt und Freisein von
Blutschuld) durch die Hellanodiken und anderen Vorberei-
tungsarbeiten sowie seit der 96. Olympiade (= 396 v. Chr.)
nach dem Agon der Trompeter und Herolde begann man am
zweiten Tag mit den sportlichen Wettkämpfen der Knaben (etwa
bis zum 18. Lebensjahr; vgl. Klee, Geschichte der gymnischen
Agone S. 46 ff.; Bengtson a. a. O. S. 98). Am dritten Tag wurden
die Wagen- und Pferderennen veranstaltet, während man am
Abend das Opfer für Pelops und Achill darbrachte. Mit dem
Opferfest, der Hekatombe der gastgebenden Eleer für Zeus,
wurden die Feierlichkeiten des vierten Tages begangen. Den Abschluß der Olympischen Spiele bildeten dann die Laufwettbewerbe, das Pentathlon, die schwerathletischen Disziplinen (Boxen, Ringen, Pankration) sowie der Waffenlauf. Mit der Siegerehrung, der Kranzverleihung und Feiern für die Olympioniken
(„auf die Spuren der gewaltigen Gelage . . . stößt der Archäologe

vielfach bei den Ausgrabungen", so Herrmann, Olympia S. 124) klangen die sportlichen und kultischen Festlichkeiten, die ab dem 5. Jh. zu einem gesellschaftlichen Ereignis ersten Ranges geworden waren, aus.

Neben der rein sportlichen und kultischen Komponente gehören in den Rahmen des Festprogramms auch das inoffizielle Auftreten zahlreicher Schriftsteller, Philosophen und Redner, wie Herodot, Gorgias, Hippias, Prodikos, Isokrates, Lysias, später noch Lukian und Dion Chrysostomos, vor allem aber die Aktivitäten der Politiker und Festgesandtschaften einzelner griechischer Poleis. In der materialreichen Studie über ›Olympia in der Politik der Griechischen Staatenwelt (von 776 bis zum Ende des 5. Jh.)‹ (Diss. Tübingen 1968, gedruckt 1972) zeigt A. Hönle allerdings, daß die politische Bedeutung der Spiele erst dann richtig gewürdigt werden kann, wenn sie über die Beachtung der in Olympia auftretenden Einzelpersönlichkeiten hinaus auch „in der Politik der Griechischen Staatenwelt" (a. a. O. S. 3) beurteilt wird. Dabei gelangt Hönle zu dem Resultat, daß die Olympischen Spiele zwar „die kulturelle Zusammengehörigkeit der Griechen" (a. a. O. S. 212) förderten, aber „nie eine panhellenische Politik zustande kam" (a. a. O. S. 4). Vgl. auch M. F. McGregor, Cleisthenes of Sikyon and the Panhellenic Games, in: TAPhA 72 (1941), S. 266—287.

3.1.1.3 Die historische Entwicklung

Die historische Entwicklung der Olympien kann am ehesten aufgrund der Nachrichten über die erfolgreichen Athleten nachgezeichnet werden, da das im Altertum vorhandene Schrifttum über die Geschichte Olympias zur Gänze verlorengegangen ist. Um die heute grundlegende Zusammenstellung der *Siegerlisten* hat sich Luigi Moretti verdient gemacht, der die antiken Belege für eine möglichst vollständige Olympionikenliste gesammelt und kommentiert hat, wobei allerdings in Rechnung zu stellen ist, daß der italienische Gelehrte die Skepsis anderer Forscher gegenüber der Echtheit der Rekonstruktion des Hippias von Elis nicht voll teilt (Hönle a. a. O. S. 6); L. Moretti, Olympionikai. I vincitori negli antichi agoni Olimpici (Mem. Acc. Linc. Ser. VIII Bd. 8, 2, 1959 [erschien bereits 1957]); dazu das Supplementum von L. Moretti, in: Klio 52 (1970), S. 295 ff. Hauptquelle für die Siegerlisten ist die im 1. Buch der Chronik (ed. Schoene, S. 193 ff.) des Kirchenvaters Eusebius überlieferte ›᾽Ολυμπιάδων ἀναγραφή‹ von S. Iulius Africanus (3. Jh. n. Chr.), welche die Stadioniken von 776 bis 217 n. Chr., d. h. bis zur 249. Olympiade auflistet. Der antike Autor hat darüber hinaus seiner Liste einzelne historische und sporthistorische Notizen beigegeben, die beispielsweise Programmänderungen betreffen. Ein anonymes Papyrusbruchstück aus dem frühen 3. Jh. n. Chr. (POxy. II 1899, Nr. 222; POxy. 2381; vgl. dazu H. Diels, Die Olympionikenliste aus Oxyrhynchos, in: Hermes 36 [1901] S. 72 ff.) nennt die Sieger aller Wettbewerbe der Olympien von 480 bis 468 und von 456 bis 448 (= 75.—78. Ol. und 81—83. Ol.) und bietet somit eine wertvolle Kontrollmöglichkeit für die Zuverlässigkeit des Iulius Africanus. Zu den wichtigsten Quellen zählen auch die Fragmente des Phlegon von Tralleis, der zur Zeit Hadrians lebte und der aus einem damals greifbaren 16bändigen Werk eine Kurzfassung der olympischen Geschichte herstellte (vgl. oben S. 106). Die Verzeichnisse aller Olympioniken (nicht nur der Stadionläufer) des Aristoteles und des alexandrinischen Universalgelehrten Eratosthenes (3. Jh. v. Chr.), die ebenfalls mit historischen Anmerkungen angereichert gewesen sein dürften, basierten auf Hippias von Elis, der als erster eine Gesamtredaktion der damals wohl vorhandenen Aufzeichnungen der Hellanodiken vorgenommen hatte. Seit Plutarch (Numa 1) ist die Kritik an der Historizität dieser Siegerlisten nicht mehr verstummt, und im modernen Schrifttum existieren dazu zahlreiche Kontroversen. Letzter Stand dieser Dis-

kussion: Bengtson a. a. O. S. 21 ff. und Herrmann, Olympia
S. 216 Anm. 14. Da die Fragen des Gründungsdatums der
Olympischen Spiele, der Einführung der einzelnen Wettkampfdisziplinen und der Herkunft der Olympioniken, somit also wesentliche Aspekte der Entwicklungsgeschichte der Olympischen
Spiele, von der Einstellung zur Historizität der Siegerlisten nicht
zu trennen sind, scheint es trotz einer im neueren Schrifttum allmählich zurückweichenden Skepsis ratsam, sich des Hypothe-
sencharakters der frühen olympischen Geschichte bis ins letzte
Drittel des 7. Jh. oder noch später bewußt zu bleiben, zumal
„authentische Zeugnisse der Sieger aus Inschriften . . . erst seit
dem 6. Jh. v. Chr." (Herrmann, Olympia S. 216) vorliegen, ein
Sachverhalt, der auch für die Siegerepigramme zutrifft (vgl.
Ebert, Epigramme [wie unten S. 127] S. 9 ff.).

   In einem Überblick über die Entwicklung der Olympischen
Spiele in der *archaischen Periode,* der auf der Historizität der
frühen Siegerlisten fußt, zeigt sich zunächst ein deutliches Über-
gewicht der Peloponnesier, allen voran Spartas, dessen Stellung
als 'Sportler-Großmacht' mit dem politischen Aufstieg korreliert. Ab dem 7. und 6. Jh. wird allmählich Spartas herausragende Rolle durch athenische, kleinasiatische und großgriechi-
sche Konkurrenz abgebaut. Zu dieser Auffassung, derzufolge
das geographische Einzugsgebiet der Athleten — nicht zuletzt
als eine Folge der Kolonisation — immer größer wird, mag man
freilich auch ohne die Siegerlisten gelangen. Auch der schwin-
dende Einfluß Messeniens auf Olympia, der mit der Helotisie-
rung durch Sparta parallelläuft, erscheint aus allgemeinen historischen Überlegungen plausibel und bestätigt indirekt die Listen
der Olympioniken.

   Der Ruhm einzelner Athleten der archaischen Epoche hat das
Altertum überdauert, was freilich durch die anscheinend allezeit
vorhandene Neigung zur Legendenbildung bei Sportheroen erleichtert wurde. Namen wie Chionis und Euagoras von Sparta,
Kylon und Phrynon von Athen, Lygdamis von Syrakus, Glau-

kias und Milon von Kroton und Glaukos von Karystos mögen
hier die Spitzen der olympischen Agonistik repräsentieren. Die
beiden letztgenannten Athleten eröffnen auch jene Reihe be-
rühmter Periodoniken, von denen oben S. 103f. schon kurz die
Rede war. Dieser Sportlerruhm provozierte Männer wie Xenophanes von Kolophon, der mit seiner Kritik an der Agonistik
eine Tradition einleitete, in der auch Euripides, Isokrates, Platon, Aristoteles, einzelne Kyniker, Galenos, Philostratos u. a.
stehen (siehe dazu oben S. 102). Immerhin bezeugen die Verse
des Xenophanes eine Popularität Olympias im ausgehenden
6. Jh., die am Ende der sogenannten großen griechischen Kolonisationsepoche über die regionale Bedeutung weit hinausreicht.

In diesen frühen Abschnitt der olympischen Sportgeschichte
gehört auch noch die mehrfach bezeugte Nachricht über die Sit-
te, daß die Athleten — und später angeblich auch ihre Trainer
(Philostrat, gymn. 17) — in Olympia nackt zum Agon antraten.
Die antiken Autoren begründen diese *Nacktheit* (vgl. oben
S. 109), die für den Griechensport so charakteristisch geworden
ist und über die die Römer sich mokierten, unterschiedlich.
Während nach Paus. 1, 44, 1 ein Läufer entgegen dem Brauch
seinen Lendenschurz (περίζωμα) absichtlich fallen ließ, um im
Lauf schneller zu sein, meint Lukian (Anarch. 36), daß sich die
Athleten vor den Zuschauern entkleiden mußten, um das gute
Aussehen ihres trainierten Körpers zu zeigen. Und obwohl
Dion. Hal. 7, 72 die Auffassung vertritt, daß vor dem Auftreten
des Spartaners Akanthos Nacktheit bei den Griechen als Schande
galt, und nach Thuk. 1, 6 der Verzicht auf eine Bekleidung der
Athleten noch nicht lange bekannt ist (καὶ οὐ πολλὰ ἔτη ἐπειδὴ
πέπαυται), während bei den Barbaren Faust- und Ringkämpfe
gegürtet ausgetragen werden, wird doch diese Sitte aus der
archaischen Zeit stammen.

Inwieweit mit der Bestimmtheit von „Kultischer Nacktheit"
gesprochen werden kann, wie es etwa Bengtson (a. a. O. S. 59)
mit Berufung auf R. Harder, Eigenart der Griechen (1949),

S. 13 ff. tut, bleibt wohl noch diskutierbar. Unwahrscheinlich erscheint auch die rationalisierende Auslegung der Nacktheit von J. A. Arieti, Nudity in Greek athletics, in: CW 68 (1975), S. 431—436: Danach sollte der Athlet seinen Körper stets in Kontrolle haben und dadurch den Barbaren überlegen bleiben. Vgl. auch J. C. Mann, Γυμνάζω, in Thuc. 1, 6, 5—6, in: CR 24 (1974), S. 177f., und Drees, Ursprung S. 124 ff.

In diese frühe Phase der Olympischen Spiele gehören zweifelsohne auch die Bestimmungen über die Ekecheiria (vgl. oben S. 109), den Ausschluß der Frauen von den Spielen und die Bekränzung des Siegers, wenngleich letzteres auch gelegentlich in Frage gestellt und für den Anfang ein Wertagon angenommen wird. Vgl. dazu Jüthner/Brein AL Bd. 1, S. 87 und H. Buhmann a. a. O. S. 53. Eine Institution, deren Anfänge ebenfalls noch in die archaische Zeit gehören, ist das Schiedsgericht der *Hellanodiken*, deren Zahl zwischen 2 und 12 schwankt (Paus. 5, 9, 4 ff.). Diese Schiedsrichter, die in ihre vielfältigen Aufgaben wie Qualifikationsprüfung der Athleten, Beaufsichtigung der Agone, Preisverteilung und Redaktion der Siegerlisten von den Nomophylakes eingeführt wurden, hatten sich Reinigungsriten zu unterwerfen und traten in purpurnem Gewand auf, was wohl eine sakralrechtliche Kompetenz und Herkunft andeuten dürfte, obwohl Jüthner/Brein AL Bd. 1, S. 75 betont, daß nichts darauf hinweist, daß „die beaufsichtigenden Beamten . . . etwa wie die Opferpriester religiöse Ämter bekleideten". Belege zu den Hellanodiken bei O. W. R. Reinmuth, Kl. Pauly 2 (1967), Sp. 1006, Art. Hellanodikai, und Herrmann, Olympia S. 105.

Das *5. Jahrhundert* gilt nicht nur als „Blütezeit" oder klassische Periode der allgemeinen Geschichte Griechenlands, sondern auch jener Olympias. Sowohl baugeschichtlich als auch hinsichtlich der Sportgeschichte — auf diesen Zusammenhang geht vor allem H.-V. Herrmann, Olympia und seine Spiele im Wandel der Zeiten, in: Gymnasium 80 (1973), S. 172—205 ausführlich ein — bezeugen die Quellen umfangreiche Aktivitäten und bemerkenswerte Leistungen für diese Epoche. Bengtson a. a. O. S. 70 unterteilt sie noch in drei Abschnitte, nämlich in eine typische Übergangsperiode von der archaischen zur klassischen Zeit (496—480, mit so berühmten Athleten wie Astylos von Kroton, Theagenes von Thasos mit seinen angeblich 1200—1400 Siegen und Euthymos von Lokroi); ferner kennt Bengtson a. a. O. eine zweite Periode (476—432), in der sich die oben S. 111 erwähnte Neuordnung durchsetzt und die von den Erfolgen einer rhodischen Familie bestimmt ist, und schließlich einen letzten Abschnitt (432—400), in welchem überwiegend peloponnesische Sieger in den Listen aufscheinen. Die Leistungen dieser Athleten, die durch die Epinikien von Simonides, Pindar und Bakchylides verewigt wurden, die Ausgestaltung des olympischen Sportprogramms, die Bedeutung des Festes für die geistige und politische Prominenz, die auch zum sportlichen Engagement sizilischer Tyrannen, makedonischer Könige oder eines Alkibiades führte, und seine Rolle als einer der kultischen Mittelpunkte der Hellenen seit der Kolonisationsepoche charakterisieren dieses Jahrhundert. Die betont „neutralistische Politik der Eleier" (Hönle a. a. O. S. 168) zur Zeit des Perserkrieges hat Olympia nicht geschadet. Gerade durch die nunmehr einsetzende Bautätigkeit „entstanden damals die beiden Werke, in denen alles, was griechische Kunst in Olympia je geschaffen hat, kulminiert: der Zeustempel mit seinem plastischen Schmuck und das gewaltige Kultbild . . . Sie machten Olympia weltberühmt" (Herrmann, Olympia S. 120).

Das *4. Jahrhundert* und das *Zeitalter des Hellenismus* gelten, wie oben S. 96 f. schon bemerkt, gemeinhin als Epoche des Niedergangs und des Verfalls, wobei gerne auf die angeblich zunehmende Korruption, die Spezialisierung der Athleten und das Aufkommen des Professionalismus als sportliche Entartungsphänomene hingewiesen wird. Abgesehen von dem Umstand, daß die Nachrichten über Korruptionsfälle in der griechischen

Überlieferung noch nicht gleichzusetzen sind mit dem, was heute als Verlust sportlicher Fairneß anzusehen ist — die archaischen Verhältnisse, wie sie etwa zahlreiche Mythen widerspiegeln, lassen sich kaum im Lichte einer *fair-play*-Ideologie interpretieren —, impliziert die geringschätzige Beurteilung des Spezialistentums eine Wertvorstellung, die in starker Abhängigkeit von modernen universellen Bildungsidealen geprägt ist. Und was das Aufkommen eines Berufsathletentums anlangt, so gilt das gleiche (siehe die heutigen Diskussionen um den Amateurstatus der Sportler); vgl. dazu R. Muth, Olympia-Idee und Wirklichkeit, in: Serta Philologica Aenipontana 3 (1979), S. 161—202; W. J. O'Neal, Fair play in Homeric Greece, in: Classical Bulletin 56 (1979) S. 11 ff.; siehe auch noch oben S. 82 f. Darüber hinaus werden die soziologischen Veränderungen, wie sie im Prozeß der „Demokratisierung des Sports", den Pleket, Soziologie S. 57—87, in so eindrucksvoller Weise dargelegt hat, dabei kaum in Rechnung gestellt. Das heißt natürlich nicht, daß nach dem Ende des Peloponnesischen Krieges die Olympischen Spiele in ihrer Organisationsform, ihrem Programm und ihrer Popularität stagnieren. Zweifelsohne lassen sich Veränderungen in der Geschichte Olympias und des griechischen Sportes registrieren. So werden die Wettbewerbe der Trompeter und Herolde, die Wettrennen der Fohlen und das Pankration der Jugendlichen noch in den Festkalender aufgenommen. Auch das Einzugsgebiet der Athleten unterlag, wie schon in den früheren Jahrhunderten, dem Wandel der Ereignisse, und die politischen Verhältnisse korrelierten wiederum mit der Geschichte Olympias: Zwar dominierten die Peloponnesier nach wie vor in den Siegerlisten — allein im 4. Jh. stellen sie mehr als die Hälfte aller Sieger, eine Relation, die in der Folgezeit sich noch weiter zugunsten der Teilnehmer aus der näheren Umgebung des Wettkampfortes verschieben sollte und die Olympischen Spiele allmählich zu einem „lokalen Sportfest" (Bengtson a. a. O. S. 86) umformte —, doch treten auch neue politische

Mächte auf den Plan: Philipp II. von Makedonien und sein Ri-
vale Arybbas von Epirus sowie zahlreiche Athleten aus der Kyrenaika und besonders aus Alexandrien und anderen Regionen
der Diadochenreiche tragen sich in die Siegerlisten ein. Bemerkenswert hingegen ist, daß die Römer bei den anderen panhellenischen Agonen wohl schon ab dem 2. Jh. v. Chr. teilnehmen,
der erste Olympionike vermutlich aber erst für das J. 4 v. Chr.
(= 194.Ol.) bezeugt ist, nämlich der spätere Kaiser Tiberius
(vgl. unten S. 269). Während Tiberius aber nicht selbst in den
Rennwagen stieg, blieb es Kaiser Nero, dem zu Ehren die klugen
Griechen im J. 67 (anstatt 65 n. Chr.) olympische — und übrigens auch die anderen panhellenischen — Wettkämpfe veranstalteten, vorbehalten, persönlich im Wagenrennen anzutreten. Ansonsten läßt sich im kaiserzeitlichen Olympia ein Trend beobachten, demzufolge vor allem professionelle Athleten aus den
Griechenstädten Kleinasiens die Wettkampfstätte aufsuchten
und — mit dem olympischen Kranz ausgezeichnet — heimkehr-
ten. Dies war die letzte Blütezeit, die die Altis mit ihren angrenzenden Sportanlagen im Sog der gräkophilen Herrscher des
zweiten Jahrhunderts und dann der severischen Dynastie noch
erlebte. Ab der Herrschaft der Soldatenkaiser verstummen allmählich die Nachrichten aus Olympia; außer einer Notiz vom
Einfall der germanischen Heruler (um 267 n. Chr.), der die für
Olympia Verantwortlichen zum überstürzten Bau einer mit Materialien der Tempelanlagen errichteten Schutzmauer veranlaßte,
ferner dem zunehmenden Auftauchen nichtgriechischer Sportler
aus Ägypten, Lykien, Lydien, Phönikien in den Siegerlisten und
dem Namen des letzten bezeugten Olympioniken, des Arme-
nierprinzen Var(a)zdates, der im Faustkampf entweder in der
287. oder 288. Ol. (also 369 oder 373 n. Chr.) den Sieg davon-
trug und bald darauf den armenischen Königsthron bestieg, ist
kaum etwas aus der Spätzeit Olympias bekannt. Im J. 393 oder
394 wurden die Olympischen Spiele nach dem späten Zeugnis
des Georgios Kedrenos durch Theodosius I. anscheinend abge-

schafft; in seiner ›Historia Comparativa‹ (aus dem 11./12. Jh.) schreibt der byzantinische Historiker: „Diese Festversammlung (d. h. die alle vier Jahre in Olympia stattfindende Ἠλείων πανήγυρις) nahm ihren Anfang zur Zeit, da Manasse König der Juden war (693—639), und wurde beibehalten bis zur Regierung desselben großen Theodosius" (Kedrenos, Hist. comp. 326 D ff. [hrsg. I. Bekker I, S. 573], übersetzt ist die Stelle bei Drees, Olympia S. 190; vgl. dazu auch Ebert, Olympia S. 125 ff.).

Eine andere Theorie, daß nämlich die Spiele nicht im J. 393 unter Theodosius I. verboten wurden — dieser Herrscher habe lediglich die Olympiaden-Zeitrechnung untersagt, während das eigentliche Verbot auf Kaiser Iustinus zurückgehe (im J. 521) — entwickelt J. Keresztényi, Olympiai jatékok Daphnéban, in: Studia Antiqua 8 (1961), S. 221—242. — (Einen problematischen Versuch, ›The reasons of decline of the ancient Olympic Games‹ darzulegen, hat C. Palaeologos, in: The International Olympic Academy [1971], S. 54—69, unternommen). Möglicherweise hatte es nach 393 noch ein Nachleben in Olympia gegeben, da der gleichnamige Enkelsohn, Theodosius II., kraft eines Ediktes die Zerstörung aller heidnischen Tempel angeordnet hat. Anfang und Ende der antiken Spiele bleiben, was das Datum anlangt, wohl im Dunkel. In den ›Scholia in Lucianum‹ (Hrsg. H. Rabe 1906) S. 176 und 178 heißt es, daß mit dem Brand des Zeustempels unter dem „Kleinen Theodosius" (= II.) der ἀγὼν Ὀλυμπιακός sein Ende gefunden habe. Willkürliche und natürliche Gewalt, insbesondere schwere Erdbeben zu Beginn des 6 Jh., ließen den Namen Olympia für fast 1000 Jahre in Vergessenheit geraten, und es dauerte dann noch Jahrhunderte, bis der Engländer R. Chandler die antike Stätte lokalisierte, und weitere hundert Jahre, ehe man im J. 1875 auf Initiative von Ernst Curtius mit systematischer Grabungstätigkeit dieses Zentrum der griechischen Agonistik freizulegen begann.

Über Kenntnisse und Vorstellung von *Olympia und den Olympischen Spielen in der Zeit von 393—1896* informiert die Dokumentation von K. Lennartz (Theorie der Leibeserziehung 9, 1974). Siehe auch Herrmann, Olympia S. 200 ff. und Ebert, Olympia S. 129 ff.

3.1.1.4 Zur archäologischen Erforschung Olympias

Nach der erwähnten Wiederentdeckung durch R. Chandler im J. 1766 und einem nicht realisierten Plan J. J. Winckelmanns, den Boden Olympias zu untersuchen, waren es die Franzosen, die im Anschluß an den griechischen Freiheitskrieg im J. 1829 eine mehrwöchige Grabung beim Zeustempel vornahmen; sie mußten jedoch aufgrund einer Intervention des griechischen Präsidenten Kapodistrias ihre archäologische Tätigkeit einstellen, durften aber eine Reihe von Skulpturen abtransportieren. Deutsche Archäologen legten dann in den Jahren 1875—1881 vor allem den heiligen Bezirk der Altis und teilweise die angrenzenden Anlagen frei, wobei der nach Abschluß der Grabungsarbeiten von W. Dörpfeld erstellte Plan neben den Sakralbauten auch die Palästra, den östlichen Flügel des Gymnasions und das Stadion aufweist, das allerdings nur aufgrund von Suchgräben rekonstruiert worden war. Mit der Herausgabe der 5 Text- und 4 Tafelbände sowie einer Foliomappe ›Olympia, die Ergebnisse der vom Deutschen Reich veranstalteten Ausgrabungen‹ (1890—1897, ND 1966/67) durch E. Curtius und F. Adler wurde damals die gesamte altertumswissenschaftlich interessierte Welt auf die antike Wettkampfstätte aufmerksam, ein Eindruck, der durch die Neubegründung der Olympischen Spiele im J. 1896 noch verstärkt wurde. In einer Serie von Nachgrabungen (1906—1909, 1921—1923, 1927—1929) hat dann W. Dörpfeld vor allem Fragen der olympischen Frühgeschichte untersucht und die Resultate in seinem zweibändigen ›Alt-Olympia‹ (1935) publiziert. Anläßlich der Olympischen Spiele in Berlin wurde unter der Schirmherrschaft Adolf Hitlers beschlossen, die Ausgrabungen in Olympia fortzusetzen — sie dauerten von 1936 bis 1942 —, und nach zehnjähriger Unterbrechung nahm man sie ab 1952 dann bis 1966 wieder auf. In diesen Jahren wurde das Stadion freigelegt, ein Unternehmen, das vor allem der Initiative Carl Diems zuzuschreiben ist. Emil Kunze hat zusammen mit Hans Schleif bzw. nach dem Zweiten Weltkrieg mit Alfred Mallwitz die Grabungsarbeiten geleitet und die wissenschaftliche Publikation der Forschungsergebnisse betreut. Abgesehen von einer großen Zahl von Einzelstudien, die im Olympia-Buch von Herrmann (a. a. O. S. 212 ff.) und bei A. Mallwitz, Olympia und seine Bauten (1972), S. 294—299, bis 1972 erfaßt sind, wurden zwei große Reihen zur Grabungstätigkeit herausgebracht; und zwar die ›Berichte über die Ausgrabungen in Olympia‹, von denen bisher 8 Bände (1937—1967) vorliegen und die vor allem auch die Erforschung des antiken Stadions dokumentieren, und die ›Olympischen Forschungen‹ mit bisher 12 Bänden (1944—1979), deren Herausgabe E. Kunze und H. Schleif besorgten.

Zu den einzelnen Sportanlagen: Während man heute *Gymnasion und Palästra* als zwei getrennte Bauwerke bezeichnet, hat Paus. 5, 15, 8 und 6, 21, 2 den gesamten Gebäudekomplex als Gymnasion verstanden, also die Laufbahn und die Ringplätze in diesem Bauwerk lokalisiert und dazu bemerkt, daß die Läufer und Fünfkämpfer hier trainierten. Im großen inneren Hof des Gymnasions (ca. 200 × 100 m), dem Hypaithron, fand dieses Training der Athleten statt: Diskus- und Speerwerfen sowie Laufübungen in mehreren Bahnen waren hier möglich — man hat als Abstand der nördlichen von der südlichen Säulenreihe 192 m berechnet. Ein Schlechtwettertraining für Läufer ermöglichten die zwei gedeckten Laufbahnen (Xystoi) der östlichen Halle des Gymnasions. Der südlich an das Gymnasion anschließende Peristylbau beherbergte die Palästra von Olympia, „geradezu die Musteranlage einer griechischen Palästra" (Zschietzschmann a. a. O. Bd. 2, S. 47). In der Regel dienten diese Sport-

anlagen mit einem Innenhof (ca. 40 × 40 m) und einem Säulen-
umgang, von dem aus 19 Räume betreten werden konnten, den
Ringern, Faustkämpfern und Pankratiasten. Einzelne Räumlichkeiten dürften als Waschraum, als Gerätekammer und als
Baderaum mit einem Bassin identifiziert werden. Daß in dem das
Gymnasion und die Palästra zusammenfassenden Gebäudekomplex, der erst ins 3. bis 2. Jh. v. Chr. zu datieren ist, die Athleten einen Teil ihrer verpflichtenden Trainingszeit absolvierten
— den letzten Monat übten sie in Elis —, wird wohl zu Recht
immer angenommen. Weiterführende Literatur dazu bei Delorme a. a. O. S. 102—114, 374—394; Zschietzschmann a. a. O.
Bd. 2, 39—56; Herrmann, Olympia S. 175—179; Mallwitz
a. a. O. S. 278 —289.

Das *olympische Stadion* in seiner ältesten Form, bereits mit
Laufbahn und Zuschauerraum, wird in die Mitte des 6. Jh. datiert. Dieses archaische Stadion (I), das wie der Nachfolgebau
vermutlich noch zum Zeusaltar in der Altis hin orientiert war
(anders Krinzinger, Das antike Stadion. Eine entwicklungsgeschichtliche Untersuchung zur Wettkampfstätte der Griechen
[Innsbrucker Beiträge zur Kulturwissenschaft, Heft 50/51, im
Druck]), wurde durch eine frühklassische Anlage (Stadion II) abgelöst, die etwa 80 m weiter nach Westen reichte als das heute
sichtbare Stadion. Dadurch war es möglich geworden, beim Bau
des neuen Stadions (III) im 4. Jh. — in dieser Form bietet es sich
den heutigen Besuchern dar — auch im Westen einen Wall zu errichten, somit den Zuschauerraum, dessen Fassungsvermögen
von G. Gruben mit 50000 Personen angegeben wird (so in: Lexikon der Alten Welt [1965] Sp. 2881), rings um die Sportanlage
zu führen. Zugleich bedeutete dies die Trennung des Kultbezir-
kes Altis vom Sportplatz, worin Bengtson (a. a. O. S. 11) eine
Widerspiegelung der „zunehmenden Säkularisierung, der Ver-
weltlichung der Olympischen Spiele" sehen möchte. Instandset-
zungsarbeiten und Erweiterungen des Stadions in augusteischer
und hadrianischer Zeit (IV, V), die den spätklassischen Bau nur

mehr geringfügig modifizierten, wurden von den Ausgräbern mehrfach festgestellt. Stets gleichgeblieben zu sein scheint die Distanz von der Start- zur Zielschwelle mit 600 Fuß (192,24 m). Zur Ausstattung der wohl berühmtesten Sportanlage der griechischen Welt gehörten die Kampfrichtertribüne mit 12 Steinsitzen für die Hellanodiken auf dem südlichen Zuschauerwall sowie auf der gegenüberliegenden Seite ein Altar der Demeterpriesterin, ferner eine Steineinfassung der Laufbahn mit einer Frischwasseranlage und die zweirilligen Start- und Zielschwellen, wobei die einzelnen Startplätze durch dünne Pfosten voneinander getrennt waren. Im 3. Jh. n. Chr. wurde noch der von der Altis ins Stadion führende überwölbte Eingang gebaut, in dessen westlicher Verlängerung Pausanias (5, 21, 2 ff.) die bekannten Zanesstatuen der Altis gesehen hat, die aus Strafgeldern korrupter Athleten errichtet worden waren (vgl. dazu die oben S. 102 zitierte Arbeit von Forbes).

Literatur zum Stadion: F. Krinzinger a. a. O.; Zschietzschmann a. a. O. Bd. 1, S. 13 ff., 39 ff.; Herrmann, Olympia S. 105 f., 159, 164 ff., 183, 191; Mallwitz a. a. O. S. 180—194; ders., Ein Jahrhundert deutsche Ausgrabungen in Olympia, in: MDAI(A) 92 (1977) S. 1 ff. — Einen Überblick über die olympischen Kampfstätten bietet auch Drees, Olympia S. 43—127.

Südlich des Stadions befand sich der heute durch Überschwemmungen des Alpheios nicht mehr erkennbare *Hippodromos*, der vor allem wegen des komplizierten Startmechanismus, dessen Beschreibung bei Paus. 6, 20, 10 ff. vorliegt (vgl. unten S. 203), eine Erwähnung verdient und der vermutlich mit den großen Umbauten anläßlich der Errichtung von Stadion III seine vom Periegeten beschriebene Form erhalten haben dürfte. Auf einer Seite des Hippodroms hat sich nach Paus. 6, 20, 15 ein Erdwall und ein Altar des „Pferdeschrecks" Taraxippos befunden, im Zieleinlauf soll auf einer Säule Hippodameia, wie sie dem Pelops eine Siegesbinde anlegt, dargestellt gewesen sein. Über das Aussehen der gesamten Pferdesportanlage läßt sich trotz der ausführlichen Beschreibung bei Pausanias wenig Definitives sagen. Daß sie größere Dimensionen als das nördlich davon gelegene Stadion aufwies, versteht sich von selbst, und daß zwei Wendemarken zu umfahren bzw. zu umreiten waren (von denen eine wohl die erwähnte Hippodameia-Säule darstellt), wissen wir von anderen antiken Hippodromen. Viel mehr ist nicht zu sagen. Vgl. dazu Herrmann, Olympia S. 166 ff.; Harris SGR S. 163 ff.; vgl. auch unten S. 203 f. — Bemerkenswert an der architektonischen Gestaltung der Profanbauten in Olympia sind auch die *Badeanlagen,* „nicht nur, weil sie als älteste ihrer Art einen bedeutenden Platz in der Geschichte des antiken Badewesens einnehmen, sondern weil sie eine neue Art der Bautätigkeit in Olympia einleiten, die vor allem den Bedürfnissen der Athleten Rechnung trägt" (Herrmann, Olympia S. 159). Darunter befindet sich ein Badehaus mit mehr als 10 Sitzwannen (frühes 5. Jh. v. Chr.), eine Schwitzbadeanlage mit Rundbau und Peristylhaus (etwa gleichzeitig) sowie ein Schwimmbad (ca. 30 × 20 m, ebenfalls aus dem 5. Jh.) — das „einzige in Griechenland bisher nachgewiesene offene Schwimmbecken klassischer Zeit" (E. Kunze, Olympia, in: Neue deutsche Ausgrabungen im Mittelmeergebiet und im Vorderen Orient (1959) S. 273; vgl. auch Herrmann, Olympia S. 158). Nach einer Modernisierung eines Teiles dieser Badeanlagen im 1. vorchristlichen Jh. erhielt Olympia dann im Zuge der letzten größeren Bauaktivitäten im 2. und 3. Jh. n. Chr. römische Thermenanlagen anstelle des Schwimmbades: die Kladeosthermen, eine weitere Anlage östlich des Leonidaions, die sog. Südthermen, und nördlich vom Prytaneion die nur teilweise erforschten Nordthermen; dazu Herrmann, Olympia S. 156—159 bzw. 179 f. und 189—191; Mallwitz a. a. O. S. 199—210, 244—246, 270—277.

Die baulichen Reste um die Altis zählen zu den bedeutenden Primärquellen der antiken olympischen und damit der gesamten antiken Sportgeschichte. Wertvolle Hinweise hierzu bieten auch die *Ehren- und Siegerstatuen,* die jeder Olympionike im Heiligen Bezirk (vgl. Paus. 6, 1, 1) mit den Inschriften, die sowohl in Prosa als auch in Gedichtform abgefaßt wurden, aufstellen durfte; der Leser erfährt daraus in der Regel die Namen des Siegers und seines Vaters, gelegentlich den des Künstlers, das Ethnikon und die Wettkampfart; in den Epigrammen werden darüber hinaus weitere Informationen über die Person und die Familie des Siegers, oft auch sporttechnisch interessante Einzelheiten geboten. Die Fülle der dabei gemachten Mitteilungen wird schon daran sichtbar, daß Paus. 6, 1—18 über 200 Statuen erfolgreicher Athleten beschreibt, von denen bis auf wenige Fragmente nichts die Antike überlebt hat. Zu den Siegerstatuen und -inschriften Herrmann, Olympia S. 114—118 (in den Anmerkungen 436 und 437 eine ausführliche Diskussion zur von Paus. 5, 21, 1 durchgeführten Unterscheidung zwischen Siegerstatuen und Weihgeschenken und der von Plinius [nat. 34, 16] behaupteten Porträtähnlichkeit der Statuen). Ferner dazu Buhmann a. a. O. S. 59 ff.; F. Eckstein, ANAΘHMATA. Studien zu den Weihgeschenken Strengen Stils im Heiligtum von Olympia (1969); vgl. auch H.-V. Herrmann, RE Suppl.bd. 14 (1974) Sp. 977 ff., Art. Zanes; die *Inschriften von Olympia* wurden erstmals veröffentlicht von W. Dittenberger und K. Purgold in Bd. 5 (1896, ND 1960) der von E. Curtius und F. Adler herausgegebenen ›Olympia‹-Publikationen (anstelle von IG VI); vgl. zur Ergänzung L. Semmlinger, Weih-, Sieger- und Ehreninschriften aus Olympia und seiner Umgebung (Diss. Erlangen–Nürnberg 1974). — L. Moretti, Olympionikai, und ders., Iscrizioni agonistiche, vgl. dazu oben S. 113 f. Siehe ferner J. Regner, RE 18 (1939), Sp. 232—241, Art. Olympionikai. J. Ebert, Griech. Epigramme auf Sieger an gymnischen und hippischen Agonen (Abh. Sächs. Akad. Wiss. philol.-hist. Kl. 63, 1972), wo in einer materialreichen Einleitung auch auf die Bedeutung der seit dem 6. Jh. auftretenden agonistischen Versinschriften näher eingegangen wird. Ebert hat in seiner Auswahl, die 81 Gedichte umfaßt, Inschriften über Sieger bei hippischen und gymnischen Agonen der Olympien, Pythien, Isthmien und Nemeen und andererorts berücksichtigt. — M. Bernhart, Die Olympischen Spiele auf antiken Münzen, in: Blätter für Münzfreunde 71 (1936), S. 393 ff. — Von den *literarischen Quellen* zu Geschichte und Mythen sowie zu den Denkmälern Olympias ist an erster Stelle Pausanias zu nennen, der in der Zeit Mark Aurels die Wettkampfstätte aufsuchte und einen Großteil seiner Beschreibung von Elis im 5. und 6. Buch diesem Besuch widmete (5, 6, 7—6, 21, 3). Zum mythischen Ursprung auch Pindars ›Olympische Oden‹; zu Einzelfragen der Pindarforschung vgl. E. Thummers Berichte im AnzAW, zuletzt 27 (1974), S. 1—34; ferner dazu die ›Epinikien‹ des Bakchylides, Strab. 8, 3, 30 ff. und die oben S. 106 erwähnten Fragmente des Phlegon von Tralleis. Zur Organisation der Spiele

Thuk. 5, 49 f.; 6, 16; siehe auch Philostr. Apollonius von Tyana 5, 43, und
Diod. 13, 82; 14, 109. — Eine umfassende Zusammenstellung der Quellen
zu den *Siegespreisen* und *Ehrungen,* die sowohl am Festspielort selbst als
auch in der Heimat den erfolgreichen Athleten zuteil wurde, bietet B u h -
m a n n a. a. O. S. 53 f., 104 ff.; vgl. dazu auch oben S. 80 und 108.
*Die wissenschaftliche Literatur zu Olympia und den Olympischen Spie-
len,* die mit › Olympia, oder Darstellung der großen olympischen Spiele und
der damit verbundenen Festlichkeiten‹ von Johann Heinrich K r a u s e im
Jahre 1838 (ND 1972) einsetzt, wurde bis 1972 zusammengestellt von
H e r r m a n n, Olympia S. 212 f.; d e r s., Olympia und seine Spiele im Wandel der Zeiten S. 172—205; L. D r e e s, Olympia. Götter, Künstler und
Athleten (1967); danach noch P. A n g e l i B e r n a r d i n i, I giochi olimpici
nell' antichità, in: QUCC 16 (1973), S. 155—161 (u. a. Auseinandersetzung
mit H. B e n g t s o n, Die Olympischen Spiele in der Antike [²1972]); H. W.
P l e k e t, Olympic benefactors, in: ZPE 20 (1976), S. 1—18 und J. E b e r t,
Olympia — Olympische Spiele, in: Altertum 22 (1976), S. 5—20; d e r s.
(u. a.), Olympia. Von den Anfängen bis zu Coubertin (1980) S. 168 ff.; M. I.
F i n l e y — H. W. P l e k e t, Die Olympischen Spiele der Antike (1976); eine
handliche Darstellung mit vielen Abbildungen, aber ohne Anmerkungsap-
parat von W. R u d o l p h, Olympische Spiele in der Antike (1975). Vgl. auch
den Ausstattungsband mit Einbeziehung der neuzeitlichen Olympischen
Spiele von N. Y a l o u r i s (Hrsg.), › The Olympic games‹ (1976), und die oben
S. XIII zitierte Bibliographie von M a r ó t i S. 20 ff.; ferner J. S w a d d l i n g,
The ancient Olympic Games (1980). Zur Wirkungsgeschichte der Olympischen Spiele vgl. die oben S. 122 zitierte Arbeit von Lennartz.

3.1.2 Die Pythien (τὰ Πύθια)

Sie wurden wie die Olympien und die anderen panhellenischen Agone im Altertum auf Leichenspiele, in Delphi in Erinnerung an den durch Apollon besiegten und getöteten Python,
zurückgeführt und fanden vermutlich anfangs in Anlehnung an
die frühe Oktaeteris alle acht Jahre statt, ehe sie sich zu Beginn
des 6. Jh. dem olympischen Rhythmus anglichen und jeweils im
Monat Bukatios (August—September), und zwar im 3. Jahr der
Olympiade, veranstaltet wurden. S. G. Miller, The date of the
first Pythiad, in: CSCA 11 (1979). Auch das pythische Festpro-

gramm dürfte wie jenes in Olympia im Laufe der Jahrhunderte zusehends ausgestaltet worden sein, wenngleich die Überlieferung, derzufolge man in der Gründerzeit lediglich einen musischen Agon austrug, in ihrer Historizität angezweifelt werden darf. Vermutlich ab dem J. 582, d. h. im 3. Jahr der 49. Olympiade, hat das sportliche Fest jenen Rahmen gefunden, der dann bis zum allmählichen Ende der Spiele in den Jahrhunderten um Christi Geburt beibehalten wurde (Paus. 10, 7, 2 ff.). Im Unterschied zu Olympia wird in Delphi, wie schon die legendäre Überlieferung andeutet, den musikalischen und künstlerischen Wettbewerben besondere Beachtung geschenkt. Der kitharodische und der pythische Nomos, Formen des musikalischen Agons im Gesang mit Kitharabegleitung (Kitharodie) und im Vortrag von Chorwerken zur Flötenmusik (Aulodie), stellen einen Höhepunkt der pythischen Spiele dar. Wettbewerbe für Solo-Kitharisten und Maler sowie dramatische und andere poetische Agone schlossen sich diesen musischen Disziplinen an. Die Pflege von Dichtkunst und Musik in dieser Region Griechenlands besitzt uralte mythische Tradition: Hierher gehört Apollon Musagetas und seine Musen; hier befindet sich der Parnassos, der Musenberg, sowie in nächster Nähe das Kithairon- und das Helikongebirge, die einem Aition zufolge einen musischen Agon ausgetragen haben sollen.

Daneben umfaßte das pythische Programm auch noch die üblichen gymnischen Wettkämpfe, für die in Delphi vermutlich ab dem 5. Jh. großzügige Sportanlagen bereitgestellt werden konnten. So mußte das Stadion unter großem Aufwand direkt aus der Felswand der Phaidriaden herausgearbeitet und das Gymnasion mit seinen eindrucksvollen Waschanlagen, einer überdeckten Laufhalle und einer Palästra auf zwei künstlichen Terrassen errichtet werden. Auch die hippischen Wettbewerbe, die in der Ebene bei Krisa stattfanden, fehlten im Veranstaltungskalender nicht. Von ihrer Existenz und Berühmtheit künden heute noch die sophokleische Pseudosage (El. 680—763) vom Tod des

Orest in Delphi (der vor dem Wagenrennen angeblich im Wettlauf und vermutlich im Pentathlon gesiegt haben soll) und das
bronzene Abbild des Wagenlenkers, der für den sizilischen
Tyrannen Polyzalos im J. 475 eine Quadriga zum Sieg geführt hat.

Die archäologische Erforschung von Delphi ist seit dem 19. Jh. eine Domäne
der École Française d'Athènes, die die Berichte von den Grabungen in den
›Fouilles de Delphes‹ (Paris) ediert; in dieser Reihe P. A u p e r t — E. C a l -
l o t , Le stade (1979) 2 Bde.; Bd. 3 die Inschriften in sechs Faszikeln (anstatt
IG VIII); ein sporthistorisches Kuriosum ist die Inschrift in der südlichen
Umfassungsmauer des Stadions, die bei Strafandrohung (5 Drachmen) das
Mitnehmen von Wein untersagt. Vgl. SEG 1 Nr. 209 und 25 Nr. 569. Zu
den Sportbauten vgl. Z s c h i e t z s c h m a n n Bd. 1, S. 26 ff.; 30 f. und Bd. 2,
S. 67 ff. K r i n z i n g e r , Das antike Stadion (mit Datierung ins 5. Jh.); D e -
l o r m e a. a. O. S. 76 ff. (datiert das Gymnasion ins 4. Jh.). — Zu den *Py-
thien* vgl. die pseudoplutarchische Schrift ›περὶ μουσικῆς‹ und Paus. 9, 29,
6; 10, 7, 2, ferner die 12 pythischen Oden Pindars; dazu R. W. B. B u r t o n ,
Pindar's Pythien (1922); vgl. auch B i l i ń s k i , Agoni ginnici S. 73 f. — Wie
die Olympien wurden auch die Pythien an anderen Orten, so in Megara und
Sikyon, nachgebildet; vgl. dazu K. K r a m e r , Studien zur griechischen
Agonistik nach den Epinikien S. 45 bzw. 54. — Die Namen der Pythionikai
wurden schon früh aufgezeichnet. Aristoteles hat zusammen mit seinem
Schüler Kallisthenes im Auftrag der Amphiktyonen eine Siegerliste mit zu-
sätzlichen historischen Bemerkungen, bekannt als ›Πυθιονικῶν ἀναγραφή‹ (Plut. Solon 11, 1), herausgegeben. — Wettkampfpreise in Delphi:
Bargeld (Diog. Laert. 1, 55), Äpfel und Lorbeerkränze vom heiligen Baum
des Apollon; zu den Äpfeln vgl. L. R o b e r t , Les boules dans les types monétaires agonistiques, in: Hellenica 7 (1949), S. 93—104. Paus. 10, 32, 7;
Strab. 9, 31, 1. B u h m a n n a. a. O. S. 53 bezeichnet die Pythien von 582 mit
Berufung auf Strab. 9, 421 und Paus. 10, 7, 5 als „Wertagon"; danach soll
„erst ab der zweiten Pythiade . . . der Kranz als Siegespreis eingeführt" worden sein. Zur Bedeutung des Lorbeers vgl. die Verbindung mit Apollon, der
sich nach der Tötung des Python damit gereinigt haben soll; siehe auch
Apollon und Daphne; angeblich kaute Pythia, die Orakelpriesterin von
Delphi, Lorbeerblätter. E. R. D o d d s , Die Griechen und das Irrationale
(engl. 1966, Dt. 1970), S. 46; zweifelsohne steht die Bekränzung des Siegers
mit der *laurus Delphica* mit kultischen Vorstellungen in Verbindung. Allgemein zum religiös-kultischen Aspekt der Pythien vgl. G. R o u x , Delphi.
Orakel und Kultstätte (1971), S. 156—159, wo auch auf die mit sportlichem

Programm ausgestatteten Soteria, die anläßlich des Keltensturmes im 3. Jh.
v. Chr. eingerichtet wurden, hingewiesen wird (a. a. O. S. 180 ff., vgl. dazu
IG II² 680).

3.1.3 Die Isthmien (τὰ ῎Ισθμια)

Nahe bei Korinth veranstaltet, gingen die Isthmien nach den
Vorstellungen der Griechen auf einen von Sisyphos gestifteten
Totenagon für Melikertes-Palaimon zurück und galten als dem
Poseidon, der hier seit dem frühen 8. Jh. einen Kult, seit dem
7. Jh. einen Tempel besaß, heilig. Bemerkenswerterweise existiert eine späte Notiz (Solin. 7, 14), wonach die Isthmischen
Spiele, die jeweils im 1. und 3. Jahr nach den Olympischen Spielen vermutlich im April ausgetragen wurden, schon vor dem
Auftreten der Kypseliden, also in der ersten Hälfte des 7. Jh.,
veranstaltet wurden, dann aber vom korinthischen Tyrannenge-
schlecht (das ansonsten sowohl Olympia als auch Delphi förderte) eingestellt und erst in den 80er Jahren des 6. Jh. wiederaufge-
nommen wurden (die Datierungen schwanken zwischen 581 und
572/570 v. Chr.). Wie Inschriften und antike Autoren (Pindar,
Isthmische Oden, Plin. nat. 33, 58; Paus. 6, 20, 19) bezeugen,
umfaßte das sportliche Festprogramm die üblichen hippischen,
gymnischen und (später) auch musischen Agone (F. v. Schiller,
„Zum Kampf der Wagen und Gesänge . . .“), für dessen erfolgreiche Abwicklung ebenso wie in Olympia und Delphi eine
Waffenruhe verkündet wurde (Thuk. 8, 9). Besondere Beachtung scheinen dabei die Wagen- und Pferderennen gefunden zu
haben — wohl eine Reverenz an den Schutzgott der Isthmien,
den Pindar mit dem Epitheton „Wohltäter, der den Kampf der
Wagen beschirmt“ (I. 1, 53 f.: εὐεργέταν ἁρμάτων ἱπποδρό-
μιον) schmückt. Vielleicht hängt damit auch zusammen, daß für
die Isthmien (und die Nemeen, Paus. 6, 16, 4) auch der Hip-
pios-Lauf (über 4 Stadien) belegt ist, der in Olympia gefehlt
haben dürfte (Jüthner/Brein AL Bd. 2, S. 105; vgl. unten S. 152).

Einen weiteren Unterschied zu Olympia mag man darin sehen,
daß „für die Isthmien, Nemeen, Panathenäen und andere Agone . . . inschriftlich Männer, Jünglinge und Knaben als Teilnehmer bezeugt" sind (Jüthner/Brein AL Bd. 2, S. 97). Über das
'Rahmenprogramm' und das bunte Treiben anläßlich der Isthmien, das dem anderer panhellenischer Spiele durchaus ver-
gleichbar gewesen sein dürfte, informiert ein ironischer Bericht,
der auf den Kyniker Diogenes zurückgehen soll: „Zu jener Zeit
(d. h. im 4. Jh. v. Chr.) war es auch, daß man rings um den Po-
seidontempel beobachten konnte, wie viele erbärmliche Sophisten schrien und sich gegenseitig beschimpften, ihre sogenannten
Schüler miteinander stritten, viele Prosaisten ihre stumpfsinni-
gen Schreibereien vorlasen, viele Dichter ihre Werke rezitierten
und beim Publikum Beifall ernteten, viele Gaukler ihre Kunst-
stücke zeigten, viele Wahrsager die Zeichen deuteten, zahllose
Redner das Recht verdrehten und nicht wenig Krämer verhöker-
ten, was sie gerade hatten" (Dion Chrys. 8 [7], 9).

Die archäologische Erforschung von Isthmia, das etwa 1880 von Franzosen
entdeckt wurde, liegt seit 1952 in Händen der ›American School of Athens‹
und hat insbesondere für die Sportarchäologie mit der Freilegung der komplizierten Startanlage im älteren Stadion wertvolle Erkenntnisse geliefert.
Mit einem System von Holzlatten, Scharniergelenken und Schnüren, die am
Fußboden mit Bronzeösen verspannt waren und die ein gleichzeitiges Star-
ten aller Läufer durch Freigeben der Laufbahn gewährleisten sollten — im
Prinzip funktionierte die Ablaufvorrichtung wie die heutigen Startboxen bei
Pferderennen —, wurde ein komplizierter Mechanismus aufgebaut, den die
antiken Autoren als *hysplex* (F. Brein) oder *balbides* (O. Broneer) bezeich-
neten. Der verdienstvolle Ausgräber von Isthmia (und z. T. von Nemea)
O. Broneer hat die Anlage rekonstruiert und damit „die Lösung eines guten
Teiles der mit dem Ablauf zusammenhängenden Probleme" (Jüth-
ner/Brein AL Bd. 2, S. 64 f.; vgl. 84 f.) ermöglicht. Siehe O. B r o n e e r ,
Hesperia 27 (1958), S. 10 ff. und Klio 39 (1962), S. 262 f.; ferner d e r s ., Star-
ting devices in Greek stadia (summary), in: AJA 76 (1972), S. 205 f.; eine
knappe Zusammenfassung auch d e r s ., Isthmia, its gods and games, in:
Olympic Academy (1971), S. 164—69; ausführlicher d e r s ., Isthmia I;
Temple of Poseidon (1971); II: Topography and architecture (1973); ferner
auch K r i n z i n g e r , Stadion, im Druck, und H a r r i s SGR S. 27 ff., wo

darauf hingewiesen wird, daß auch in Olympia, Delphi, Epidauros, Delos und Didyma ähnliche *hyspleges* in älterer Zeit existiert haben dürften. Das Gymnasion von Isthmia ist nach Delorme a. a. O. S. 233 nur literarisch bezeugt: Philostr. gymn. 45. Zu den Isthmien vgl. Pindars acht Oden, textkritisch herausgegeben, mit Übersetzung und Kommentar, von E. Thummer, Pindar. Die Isthmischen Gedichte (1968/69), 2 Bde.; siehe auch P. Angeli Bernardini, Una nuova fonte sull' istituzione dei giochi istmici (POxy. 2451 fr. 1), in: QUCC 16 (1973), S. 138—141. — Ein Fichten-(Pinien-?)kranz, „ab 475/74 durch Sellerie ersetzt, vom 2. Jh. v. Chr. ab wieder Fichte und/oder Sellerie", galt als Siegespreis; dazu Broneer, in: AJA 66 (1962), S. 259—63; im Unterschied zu Nemea, wo die Sieger frischen Sellerie erhielten, gab es für die Isthmioniken getrockneten Sellerie (ἄφθαρτος). Siehe auch O. W. Reinmuth, Kl. Pauly 2 (1967), Sp. 1475, Art. Isthmien. Buhmann a. a. O. S. 53 nennt für die Isthmien der Frühzeit einen Kranz aus Eppich (wie in Nemea) als Siegeszeichen. Nach Plut. Solon 23; Diog. Laert. 1, 55 erhielten die athenischen Isthmioniken von ihrer Mutterstadt einen Siegespreis von 100 Drachmen, also ein Fünftel der Olympioniken; dazu Buhmann a. a. O. S. 106; vgl. auch oben S. 103 f. Erwähnung verdienen auch die besonders harten Strafen für Vergehen gegen die Spielregeln und die merkwürdigen Umstände bei der Eidesleistung in einer Krypta des Palaimontempels; dazu Broneer, Isthmia, its gods and games S. 168 f. — Zur Rolle der Tyrannen vgl. Berve, Tyrannis S. 19 und 25; zur politischen Bedeutung von Isthmia (481/80 und 338/37 große Konferenzen, 302 Erneuerung des panhellenischen Bundes, 196 Freiheitsproklamation des T. Quinctius Flamininus im Stadion, dazu Pol. 18, 46; von Nero später nachgeahmt; vgl. Reinmuth a. a. O. Sp. 1475. Nach der Zerstörung Korinths im J. 146 v. Chr. wurden für 100 Jahre die Spiele von der Stadt Sikyon veranstaltet, ehe die Neugründung *Laus Iulia Corinthiensis* das traditionsreiche Fest übernahm und bis gegen Ende des 2. Jh. n. Chr. betreute. „Seit dem 3. Jh. v. Chr. wurden die Römer zu den Isthmischen Spielen zugelassen und damit gewissermaßen als Stammesgenossen der Hellenen anerkannt" (Bengtson GG S. 423). Ein Neufund (1968) informiert über eine Siegerliste von römischen Spielen, siehe W. R. Biers—D. J. Gleagan, A new list of victors in the Caesarea at Isthmia, in: Hesperia 39 (1970), S. 79—93.

3.1.4 Die Nemeen (τὰ Νέμεια)

Sie fanden jeweils im Juli des gleichen Jahres wie die Isthmien statt und dürften erstmals im J. 573 (nach der Parischen Chronik 987/86) abgehalten worden sein. Nach antiker Überlieferung sind sie anläßlich des Zuges der 'Sieben gegen Theben' als Totenagon für Opheltes bzw. Archemoros oder nach der Bezwingung des nemeischen Löwen durch Herakles als Totenagon eingerichtet worden. In historischer Zeit galt dieses von Kleonai, später von Argos veranstaltete Sportfest als dem Zeus geweiht. Der Schwerpunkt des sportlichen Programms dürfte dabei auf den gymnischen Agonen gelegen sein; zu den Laufbewerben (Stadion, Diaulos, Dolichos, Hippios- und Waffenlauf) sowie den drei schwerathletischen Bewerben und dem Pentathlon gehörten noch Wagenrennen und ab der hellenistischen Zeit musische und andere Wettkämpfe. Für Nemea werden ähnlich wie in Delphi, Isthmia, Epidauros und Athen epigraphisch auch Mädchen-Wettbewerbe für das 1. nachchr. Jh. bezeugt (Harris SGR S. 41 und 264). Möglicherweise hielt man die Nemeia eine Zeitlang oder ständig seit dem 3. vorchr. Jh. am Westabhang der Aspis von Argos ab, zumal eine Plutarchnotiz (Aratos 28) von der Rückverlegung der Spiele an ihren ursprünglichen Entstehungsort bei Kleonai berichtet; auch Paus. 2, 15, 2 f. spricht von einem Restaurierungsversuch der Spiele (die sog. Winternemeen Hadrians). Immerhin scheinen die Nemeen einem Kaiser Iulianus zugeschriebenen Brief zufolge (ep. 51) noch in der Kaiserzeit in ihrer traditionellen Form veranstaltet worden zu sein, zumal der Briefschreiber an den Korinthern kritisiert, daß sie mit ihrem Geld Tierhetzen finanzieren und nicht, wie die Veranstalter der Nemeen, gymnische und musische Agone.

Die archäologische Erforschung von Nemea wurde von C. W. Blegen, (The American Excavation at Nemea, in: Art and archeology 19 [1925], S. 175 ff., und in: AJA 31 [1927], S. 421 ff.) in den 20er Jahren begonnen und nun in den 70er Jahren von der ›American School of Athens‹ recht erfolgreich vorangetrieben. Dabei wurden neben dem bekannten Zeustempel, wo auch das sog. Opheltesgrab gezeigt wird, die Reste eines Gymnasions mit Palästra und ein Stadion (außerhalb des Sanktuariums für Zeus, ca. 178 m lang) sowie ein Gästehaus mit Bad und — ähnlich wie in Olympia — einzelne Schatzhäuser freigelegt. Vgl. dazu die Grabungsberichte in der Zeitschrift ›Hesperia‹; zuletzt S. G. Miller, Excavations at Nemea. 1978, in: Hesperia 48 (1979), S. 73—103. Zum neuentdeckten Tunnel zwischen Zeusheiligtum und Stadion, das nach Miller Platz für 40 000 Zuschauer bot, und zu den Athletengraffiti, die dabei festgestellt wurden, vgl. vorerst S. G. Miller, Tunnel Vision: The Nemean Games, in: Archaeology 33 (1980) S. 54 ff. — Aufgrund von Zerstörungsspuren soll der 'takeover' von Nemea durch Argos anstelle von Kleonai an der Wende vom 5. zum 4. Jh. erfolgt und die Errichtung der meisten Sportbauten in die zweite Hälfte des 4. und den Beginn des 3. Jh. zu datieren sein. Dabei wurden auch Startschwellen gefunden, die zu einem älteren Stadion "in the area of the Sanctuary of Zeus" gehört haben dürften. Vgl. dazu D. G. Romano, An early stadium at Nemea, in: Hesperia 46 (1977), S. 27—31; vgl. auch Krinzinger, Stadion, im Druck; Delorme a. a. O. S. 65—67. — Zur Existenz eines Hippodroms, den es in Nemea ebenso wie in Isthmia gab, siehe Paus. 6, 20, 15 f. Epigraphische Belege für den 4. Rang von Nemea im Rahmen des panhellenischen Agon-Zyklus vgl. bei Reinmuth, Kl. Pauly 4 (1972), Sp. 47; Ebert, Epigramme z. B. Nr. 15, 26, 36, 37, 39. Zu den Wettkampfpreisen vgl. oben S. 103 f. Im pseudojulianischen Brief (Nr. 51, ep. 407 ff.) an die Argiver ist übrigens davon die Rede, daß die Bürger von Argos zur Zeit der Abfassung des Schreibens für die Finanzierung der Nemeen, so wie die Korinther für die Isthmien, zuständig waren.

3.2 Zur griechischen Agonistik
außerhalb der panhellenischen Wettkampfstätten

Neben den vier großen heiligen Agonen der Griechen, die man übrigens in römischer Zeit auf sieben erweiterte, indem die Aktia Oktavians, die Heraien von Argos und die römischen Capitolia in denselben Rang erhoben wurden, gab es noch zahlreiche andere große und kleinere periodische Feste mit agonistischem Programm. Zu letzteren gehören die *Panathenäen,* eine Gründung des Peisistratos vor der Mitte des 6. Jh. Im Rahmen

dieses Kultfestes für Athene fanden zahlreiche, insbesondere
von Perikles eingeführte und geförderte musische (Plut. Perikles 13), ferner gymnische und hippische Agone statt — von letzteren kannte der hellenistische Festkalender allein 25 Arten (vgl.
unten S. 204 f.). Auch hier lagen wie in Olympia Administration
und Organisation der Spiele in Händen eigens ausgeloster
Kampfordner. Aristoteles (Ath. pol. 60) zählt zu deren Kompetenz u. a. die Vergabe der Preise, wobei den Siegern in musischen
Agonen Silber und Gold, in den athletischen Schilde, in gymnischen und hippischen Agonen Amphoren mit Öl, die sog. athenischen Preisamphoren, zustanden. Eine Inschrift aus dem
4. Jh. (IG II² 2311) nennt folgende Preise für die Erst- und
Zweitplacierten (in Klammer für die *paides*):

	1. Preis	2. Preis	
Stadionlauf	60 (50)	12 (10)	Amphoren Öl
Pentathlon	40 (30)	8 (6)	Amphoren Öl
Ringkampf	40 (30)	8 (6)	Amphoren Öl
Faustkampf	40 (30)	8 (6)	Amphoren Öl
Pankration	50 (40)	10 (8)	Amphoren Öl

Für die Sieger mit dem Viergespann gab es sogar 140 Ölampho-
ren (vgl. Brein, Die Leibesübungen S. 100). Eine Besonderheit
der attischen Spiele waren auch die wettkämpfenden Phylen-
mannschaften, von denen noch unten S. 206 kurz zu sprechen
sein wird.

Zu den *Panathenäen* vgl. Brein, Die Leibesübungen S. 99—101;
L. Deubner, Attische Feste (1932, ND ²1966, 1969), S. 22—34, wo allerdings für die sportlichen Wettkämpfe u. a. auf A. Mommsen, Feste der
Stadt Athen im Altertum (1898), S. 61 ff., Th. Klee a. a. O. S. 28 f. und ferner auch auf L. Ziehen, RE 36 (1949), Sp. 457—493, Art. Panathenaia
verwiesen wird. J. A. Davison, Notes on the Panathenaia, in: JHS 78
(1958), S. 23—42; M. A. Tiberios, ΠΑΝΑΘΕΝΑΙΚΑ, in: AD 29
(1974) S. 142 ff. Zu den *Preisamphoren,* die mit ihren zahlreichen agonistischen Motiven eine hervorragende Quelle für den Sporthistoriker darstellen, siehe G. Brauchitsch, Die panathenäischen Preisamphoren (1910)
und K. Peters, Studien zu den panathenäischen Preisamphoren (Diss.

Köln 1941), der hinsichtlich der Chronologie und der Frage, wer die Preisamphoren erhielt, eine andere Auffassung als Brauchitsch vertritt.

Immer mehr griechische Städte organisierten sportliche und
musische Wettkämpfe in periodischen Intervallen — ihre Popularität läßt sich schon aus den ›Epinikien‹ Pindars, der zumindest
20 Wettkampfstätten außer den panhellenischen kennt, ablesen
(vgl. oben S. 92). Man brachte sie in Zusammenhang mit alten
Kultfesten, und diese Stiftertätigkeit der Poleis übernahmen in
hellenistischer Zeit dann einzelne Herrscherpersönlichkeiten
und private Wohltäter. Th. Klee (a. a. O. S. 29 ff.) zählt in seiner
Liste über die erwähnten Agone hinaus noch 15 andere regelmäßig veranstaltete Sportfeste auf, darunter die Amphiareia von
Oropos, die Asklepieia in Epidauros und Kos, die Delia, die
penteterischen und trieterischen Eleusinia, die Eleutheria in
Larisa und Plataiai, die Hekatombaia und Heraia in Argos, die
Herakleia in Theben, die arkadischen Lykaia, die Naia in Do-
dona und die Soteria in Delphi. Eine Übersichtskarte der lokalen
Festivitäten mit agonistischen Zügen hat I. C. Ringwood für das
griechische Festland (außer Athen) und die angrenzenden Inseln
(außer Euboia) zusammengestellt und dabei an die 140 verschiedenen Agone aufgelistet (wovon etwa ein Drittel der römischen
Periode angehört). Diese Untersuchungen von Ringwood, die
vorwiegend auf epigraphischem Material basieren, zeigen auch,
daß die lokalen Wettkämpfe sich hinsichtlich ihres Ursprungs,
der Organisation, des Programms und der Wettkampfdisziplinen, der Schiedsrichter und der Altersklassen, gelegentlich selbst
in der Namensgebung (isolympios oder Olympia an anderen Orten) stark an den großen panhellenischen Agonen orientieren,
wobei es nach Ringwood wenig ausmacht, daß die Informationen darüber erst aus relativ später Zeit stammen. Denn "the con-
servatism of records of this kind" (a. a. O. S. 4) mag als gewisse
Garantie dafür gesehen werden, daß sich darin "the customs of
earlier times" widerspiegeln. Daß bei einer derartigen Fülle von
periodischen Festveranstaltungen zumindest für die bekannte-

sten unter ihnen ein koordinierender Terminkalender in der griechischen Welt erstellt werden mußte, um Kollisionen zu vermeiden, liegt auf der Hand, und er wurde von Klee (a. a. O. S. 70) auch zu rekonstruieren versucht. Danach verteilen sich die agonistischen Feste einer Olympiade folgendermaßen:

1. Ol.jahr:	Olympia	3. Ol.jahr:	Panathenaia
	Soteria		Pythia
	Naia		Delia
	Eleutheria in Larisa		Heraia
	Heraia		
	Amphiareia		
2. Ol.jahr:	Lykaia	4. Ol.jahr:	Lykaia
	Nemea		Nemea
	Hekatombaia		Isthmia
	Eleutheria in Plataiai		Asklepieia in Epidauros
	Isthmia		

C. Schneider, Kulturgeschichte des Hellenismus (1969) Bd. 2, S. 191, bemerkt in Ergänzung zu dieser Liste, daß in ihr „die Ptolemaia in Alexandreia, die Leukophryeneia in Magnesia am Maiandros, die Nikophoria in Pergamon, die Eumeneia in Sardeis, die Asklepieia in Kos, die Erotideia in Thespiai, die Herakleia in Chalkis und die Theseia und Eleusinia in Athen, dazu einige kleinere" nicht enthalten sind. Dieses Anwachsen der Zahl der Spiele im Hellenismus führte schließlich auch dazu, daß „in der römischen Epoche ... der 'Agonistik-Markt' den Athleten mehr als 300 Agone" bot und beispielsweise im kleinasiatischen Aphrodisias deshalb „der agonale Kalender so aufgestellt [werden mußte], daß die teilnehmenden Athleten zur rechten Zeit in zwei Nachbarstädten und später im fernen Rom anwesend sein konnten" (Pleket, Sport S. 293).

Vergleiche zu diesen agonistischen Festen Pleket, Sport S. 280—311; I. C. Ringwood, Agonistic features of local Greek festivals chiefly from inscriptional evidence. Part. I: Non-Attic mainland and adjacent islands, except Euboea (Diss. Columbia Univ. N. Y. 1927); Th. Klee, Zur

Geschichte der gymnischen Agone an griechischen Festen (1918); C. Schneider, Kulturgeschichte des Hellenismus (1969) Bd. 2, S. 190—198; eine systematische Bearbeitung aller kleineren Agone nach der Art von M. Lämmer, Olympien und Hadrianeen im antiken Ephesos (Köln 1967) wäre in höchstem Maße wünschenswert. Die Bearbeitung einzelner lokaler Agone und erst recht der Versuch einer Synthese wird vorerst wohl ein Desideratum bleiben, vor dessen Realisierung noch so manche Geschichte der Olympischen Spiele erscheinen wird. — Zur Nachahmung der großen panhellenischen Agone: Lämmer a. a. O. S. 1 f. spricht von einer „Gründungswelle isolympischer und isopythischer Spiele" und zählt an die 20 Festorte auf, die ihre Agone in der frühen Kaiserzeit als Olympien bezeichneten. Einen weiteren Agon mit gymnischem, hippischem und nautischem Programm, die ägyptischen Antinoeia, hat untersucht W. Decker, Bemerkungen zum Agon für Antinoos in Antinoupolis, in: KBSW 2 (1973), S. 38—56; vgl. auch R. Heberdey, Gymnische und andere Agone in Termessus Pisidiae, in: Anatolian Studies presented to Sir W. M. Ramsay (1923), S. 195—204; ferner S. Dow, Athletic Agones in Roman Athens honoring Tykhe Poleos, in: AJA 100 (1979), S. 31—44; Zur Organisation und zu Siegerlisten (Neufunde 1969) rhodischer Spiele vgl. V. N. Kontorini, Les concours des grands Éréthimia à Rhodes, in: BCH 99 (1975), S. 97—117; P. Angeli Bernardini, Le Halieia di Rodi, in: Stadion 3 (1977), S. 1—3; dies., *Hekatombaia* o *Heraia* di Argo, in: Stadion 2 (1976), S. 213—217. M. Kublanow, Agone und agonistische Festveranstaltungen in den antiken Städten der nördlichen Schwarzmeerküste, in: Altertum 5/6 (1959/60), S. 131—148. — Zur besonderen Situation des Griechensports und des Gymnasions bei den Juden vgl. M. Lämmer, Griechische Wettkämpfe in Jerusalem und ihre politischen Hintergründe, in: KBSW 2 (1973), S. 182—227. — Zur griechischen Agonistik in römischer Zeit vgl. unten S. 268 ff. und die Literaturangaben unten S. 275 f. Zum religiösen Rahmen dieser Feste M. P. Nilsson, Griechische Feste von religiöser Bedeutung mit Ausschluß der attischen (1906, ND 1975), und L. Deubner, Attische Feste (1932, ²1966, ND 1969).

4. Einzelne Sportarten

4.1 Zur Forschungssituation

Die Vielfalt der sportlichen Programme der panhellenischen
Agone und der historische Wandel, dem die Athletik und Agonistik der Griechen im Laufe der Jahrhunderte unterworfen war,
machen es notwendig, auf die einzelnen Wettkampfdisziplinen
näher einzugehen. Im Rahmen einer Einführung kann es natürlich nur darum gehen, die geläufigsten Sportarten mit ihrem Regelwerk, den Geräten und Sportanlagen sowie ihre Spezialisie-
rungsprozesse kurz darzustellen. Wer genauere Informationen
sucht, sei auf eine Reihe von Monographien und Einzelstudien,
denen auch der Verfasser sein Wissen zumeist verdankt, hingewiesen. Die wohl geschlossenste Darstellung der einzelnen
Sportarten unter Berücksichtigung des neueren Schrifttums bietet zur Zeit R. Patrucco, Lo Sport nella Grecia antica (Arte e
archeologia. Studi e documenti 1, 1972), S. 65—402, wo folgende Disziplinen behandelt werden: Sprung, Lauf, Diskus-
und Speerwerfen, Pentathlon, Boxen, Ringen, Pankration, Ballspiele, Wassersport, Bogenschießen und Pferdesport. Jedem
Abschnitt ist neben den wichtigsten antiken Belegen ein biblio-
graphischer Anhang beigegeben. In wesentlich kürzerer Form
und ohne Miteinbeziehung des Ballspiels, des Wassersports, des
Bogenschießens und des Pferdesports werden die übrigen bei Patrucco aufgezählten Wettkampfdisziplinen auch von H. A. Harris, Greek athletes and athletics (1964), S. 64—110, und von
E. N. Gardiner, Athletics of the ancient world (1930),
S. 128—221 (hier auch das Ballspiel, S. 230—238) besprochen.
Auch B. Schröder, Der Sport im Altertum (1927) führt in die
Wettkampfdisziplinen ein, indem er das Pentathlon, die hippi-
schen und die übrigen Agone (Faustkampf, Pankration, Bogen-
schießen) unter Einbeziehung literarischer und archäologischer
Quellen ausführlich (a. a. O. S. 82—166) bespricht. Siehe ferner

Lukas, Die Körperkultur S. 87—92. Eine neue Kurzfassung der einzelnen Sportarten, gegliedert nach athletischen Leibesübungen, hippischen Bewerben und sonstigen Leibesübungen (Wassersport, Ballspiele, Bogenschießen, Turnen und Tanz) bietet F. Brein, Die Leibesübungen im alten Griechenland, in: GL Bd. 2, S. 82—167, bes. S. 101—167.

Für alle diese und die unten noch zu nennenden Abhandlungen zu den einzelnen Wettkampfdisziplinen haben J. H. Krause mit seinem Hauptwerk ›Gymnastik und Agonistik der Hellenen‹ (1840/41, ND 1971) und J. Jüthner mit zahlreichen Studien zu einzelnen Sportarten und Sportgeräten, darunter ›Über antike Sportgeräthe‹ (Abh. des archäologisch-epigraphischen Seminars der Universität Wien 12, 1896) und viele RE-Artikel wie δίαυλος, δόλιχος, δρόμος, Gymnastik, Halma, Halter, ἵππιος, Hoplomachia, Pentathlon, Stadion u. a. die antiken Textstellen und das damals bekannte archäologische Material gesammelt, gesichtet und ausgewertet. Der auf Krause und Jüthner aufbauenden späteren sporthistorischen Forschung blieb es vor allem vorbehalten, die Masse der von Archäologen und Ausgräbern in unserem Jahrhundert für die Sportgeschichte bereitgestellten aufschlußreichen Funde auszuwerten und dadurch die bisherigen Erkenntnisse zu überprüfen, zu ergänzen und gelegentlich zu revidieren.

Zu diesen sozusagen enzyklopädisch angelegten Abhandlungen über einzelne Sportarten kommt eine Reihe von Werken, die sich mit einem Teil der Wettkampfdisziplinen, etwa der Leicht- oder Schwerathletik oder dem Wassersport befassen. An der Spitze wäre hier die grundlegende Dokumentation der sog. *leichtathletischen Wettbewerbsdisziplinen* des Laufens (mit den speziellen Formen Stadion, Diaulos, Hippios, Dolichos, Waffen- und Fackellauf), des Weitsprungs, des Diskus- und des Speerwerfens von Julius Jüthner in ›Die athletischen Leibesübungen der Griechen‹ II. Teil, 1. Hälfte: Einzelne Sportarten. Lauf-, Sprung- und Wurfwettbewerbe (Hrsg. F. Brein, SB der

Österr. Akad. Wiss. philos.-hist. Kl. 249, Bd. 2, Abh. 1968) zu
nennen. Diese Publikation wurde aus dem Nachlaß J. Jüthners
(1866—1945) von F. Brein mit zahlreichen, durch eckige
Klammern gekennzeichneten Ergänzungen herausgegeben, und
sie wird (hoffentlich) durch einen zweiten Teil, der in ähnlicher
Weise Faust-, Ringkampf und Pankration sowie das Pentathlon
behandelt, ergänzt werden, womit die Edition des materialreichen Jüthnerschen Nachlasses, der als stenographisches Manuskript für eine mehrbändige historische und systematische Darstellung des Griechensportes vorliegt, abgeschlossen wäre.
Diese Lücke füllen zwei in der DDR herausgebrachte Publikationen, die in der Fachwelt zu Recht durchaus nicht nur als Lük-
kenbüßer betrachtet werden: Die heute der Schwerathletik zu-
zuordnenden Sportarten *Faustkampf*, *Ringkampf* und *Pankration* behandelt W. Rudolph, Olympischer Kampfsport in der
Antike (Schriften der Sektion für Altertumswissenschaften 47,
1965) mit dem Ziel, die Kampfregeln und die äußeren Bedingungen im Wettkampf aufgrund literarischer Überlieferung und des
archäologischen Materials, insbesondere auch der Vasenmalerei,
in knapper Form darzustellen und die widersprüchlichen modernen Interpretationen zu untersuchen. Dabei kommen u. a.
auch Fragen des Pentathlons zur Sprache, da das Ringen sowohl
als Einzelwettbewerb als auch im Rahmen dieses Mehrkampfes
ausgetragen wurde. Ausführlicher beschäftigt sich mit dem
Pentathlon und seinen Teildisziplinen, hier besonders mit dem
Halteressprung, vor allem aber mit dem umstrittenen Problem
der Siegerermittlung J. Ebert in seiner gründlichen Studie ›Zum
Pentathlon der Antike‹ (Abh. Sächs. Akad. Wiss. philol.-hist.
Kl. 56, 1, 1963). — Für den *Pferdesport* bei den Griechen liegt
bis heute keine umfassende Monographie vor. Das meiste Material dafür dürfte Harris in seinem Abschnitt ›Chariot-Racing‹ in:
SGR S. 151—243 bieten, wo die hippischen Wettkampfdisziplinen von den Patroklosspielen bis in byzantinische Zeit (einschließlich Roms) zur Darstellung kommen; Harris (a. a. O.

S. 275) betont in einer bibliographischen Notiz zur Sportgeschichte des Altertums: "Most surprising of all is the lack of books on Chariot-Racing." Als Ergänzung dazu wäre auch J. K. Anderson, Ancient Greek Horsemanship (1961) heranzuziehen, wo aber die Wagenrennen nicht Gegenstand eigener Untersuchungen sind. Vgl. auch Patrucco a. a. O. S. 373 ff. und die unten S. 252 zu den römischen Wagenrennen angeführte Literatur. — Auffallend ist auch das Fehlen einer enzyklopädischen Darstellung der *antiken Ballspiele*. Neben den Beiträgen von L. Gründel über ›Griechische Ballspiele‹, in: AA (1925), S. 80—95 und einem Abschnitt in dem universalhistorisch angelegten Werk ›Das Ballspiel im Leben der Völker‹ (1956), S. 77—137, von S. Mendner wäre auch hier wiederum auf Patrucco a. a. O. S. 333—350, Harris SGR S. 75—111 und die Ballspielliteratur zu den Römern unten S. 268 zu verweisen. Einzelstudien zu den Fragen des Pferdesportes und zum Ballspiel gibt es natürlich in größerer Zahl. Auf sie soll aber erst bei Besprechung der einschlägigen Abschnitte unten S. 200 ff. und S. 205 in einer Auswahl hingewiesen werden. — Für die Erforschung des *Wassersportes* im Altertum hat vor allem Erwin Mehl mit der ›Antiken Schwimmkunst‹ (1927) und seiner Habilitationsschrift ›Antike Schwimmkunst und [antikes] Schwimmen‹ (1941) einen Grundstein gelegt. Eine Zusammenfassung der Aussagen griechischer und römischer Autoren bietet heute auch Harris SGR in seinem Kapitel ›Swimming and Rowing‹ (S. 112—132); dazu kommt noch der Überblick ›Gli sport in acqua‹ bei Patrucco a. a. O. S. 351—363. — Hier ging es zunächst einmal darum, jene Titel anzuführen, die eine Einführung in möglichst viele oder zumindest einige Sportarten und Spielformen zu bieten beabsichtigen.

Die panhellenischen Agone weisen — wie oben S. 128 ff. zu zeigen versucht wurde — ein in wesentlichen Zügen ähnliches *Sportprogramm* auf. Der olympische Kanon, gewiß wegweisend auch für die anderen großen, aber auch kleineren lokalen Sportfeste, umfaßte — wenn hier von den Knabenwettkämpfen, die keine eigenen Disziplinen kannten, einmal abgesehen wird — zumeist folgende athletischen Sparten: die Laufkonkurrenzen: Stadionlauf, Doppellauf (Diaulos), Langlauf (Dolichos) und Waffenlauf; Ring- und Faustkampf, Pankration; das Pentathlon mit Diskuswurf, Weitsprung, Speerwurf, Lauf und Ringkampf; die Wagenrennen und das Wettreiten. Daß man darüber hinaus noch zahlreiche andere Wettkampfdisziplinen kannte, steht außer Zweifel. Allein der Bereich der musischen Konkurrenzen erweitert dieses Repertoire um eine Reihe agonistischer Wettbewerbe; von den vielen Formen des Sich-Messens in quasi-sportlichen Bereichen des Alltags sei erst gar nicht ausführlicher gesprochen. Der Wunsch, einen Mitmenschen in irgendwelchen alltäglichen oder außergewöhnlichen Leistungen zu übertreffen, liefert nicht nur in unseren Tagen Stoff für Bücher, wie die von Guinness immer wieder neu herausgebrachte Sammlung ausgefallener Spitzenleistungen und Weltrekorde im ›Buch der Rekorde‹ (1980) dokumentiert, er hat schon die Griechen, aber nicht nur diese beflügelt (vgl. zu den Naturvölkern oben S. 35), dem leidenschaftlichen und ehrgeizigen Drang auch dort nachzugeben, wo man kaum von „Sport" sprechen möchte. So kann man auch in einem Abschnitt über den griechischen Agon im Zeitalter des Hellenismus lesen: „Darum konnte auch alles zum Agon werden: es gab Schönheitskonkurrenzen von Frauen und Männern, Trink- und Eßbewerbe, in Megara sogar einen Kuß-Agon, einen Wettkampf im Rätsellösen" (C. Schneider, Kulturgeschichte des Hellenismus [1967] Bd. 1, S. 55). Auf eine Darstellung derlei kurios und gelegentlich auch absurd anmutender Wettbewerbe sei im folgenden verzichtet, wenngleich zugegeben werden muß, daß es unmöglich ist, eine scharfe Grenze zu den sportlichen Disziplinen im engeren Sinne zu ziehen. Das Schwergewicht sei daher bei Besprechung der einzelnen Sportarten auf jene institutionalisierten Wettbewerbe gerichtet, die die Programmkalender der großen Wettkampfstätten füllten. Und in zweiter Linie sollen dann noch jene Formen von Sport und Spiel bei den Griechen Beachtung finden, die der Freizeitgestaltung dienten, wie Ballspiele, Wassersport und ähnliches. Um dabei einem systematischen Gesichtspunkt zu folgen, wird zunächst nach der antiken Einteilung in gymnische und hippische Agone vorgegangen. Schließlich gab es noch die ἀγῶνες μουσικοί, das waren Wettkämpfe in Musik, Dichtkunst, im Tanz, in Rhetorik sowie „zwischen musikalischen Ensembles mit Chor- und Instrumentalmusik" (so O. W. Reinmuth, Kl. Pauly 1 [1964], Sp. 135—139, Art. Agon[es]; ausführlicher dazu E. Reisch, RE 1 [1894], Sp. 836 ff., Art. Agones). Sie müssen hier vor allem aus Raummangel außer Betracht bleiben, was freilich angesichts der Tatsache, daß die musischen Agone außer bei den Olympien stets zum Wettkampfprogramm der panhellenischen und vieler anderer lokaler Spiele gehörten, einer gewissen Willkür nicht entbehrt.

In der folgenden *Besprechung der einzelnen Sportarten* geht es in erster Linie darum, die Wettkampfregeln, eventuell vorhandene einzelne Teildisziplinen (wie beim Laufen) und die für den Agon üblichen Voraussetzungen und Vorbereitungen in knapper Form darzustellen. Daß es sich dabei nur um eine Darstellung einführenden Charakters handeln kann, liegt in der Zielsetzung dieser Sportgeschichte begründet und erhellt schon aus dem Umstand, daß beispielsweise Jüthner/Brein bei seiner Besprechung der einzelnen Sportarten allein dem Wettlauf über 140 Seiten widmet (AL Bd. 2, S. 13—156).

4.2   Gymnische Agone (Zur Einleitung siehe unten S. 199 f.)

4.2.1 Wettlauf

Für die Popularität dieser elementaren athletischen Disziplinen bei den Griechen spricht wohl nichts deutlicher als die antike
Chronik von Olympia, derzufolge der Stadionlauf am Anfang
der Spiele steht und erst nach Einführung weiterer Laufbewerbe
(Doppellauf und Langlauf) andere Sportarten, wie das Pentathlon, die schwerathletischen und hippischen Agone ins Programm aufgenommen wurden (vgl. oben S. 110). Damit ist freilich die Aussage B. Schröders, derzufolge „bei den Hellenen der
bewußt betriebene Sport mit dem Laufen" (a. a. O. S. 102) be-
ginne, ihres hypothetischen Charakters kaum entkleidet. Der
Wertschätzung des Wettlaufs steht auch kaum entgegen, daß
etwa in der ›Ilias‹ dem Wagenrennen mehr Beachtung geschenkt
wird, zumal auch hier schon dem Paradehelden Achill wie auch
anderen Heroen mit einem Epitheton „Schnellfüßigkeit" bescheinigt wird, ganz abgesehen davon, daß die mythischen
Agone von zahlreichen hervorragenden Wettläufern berichten
(Apollon Dromaieus; Hermes Dromios, Atalanta, der idäische
Herakles, die Söhne des Endymion, Nestor, Odysseus u. a.).
Auch auf die kultische Bedeutung des Wettlaufs wurde mehrfach
hingewiesen (vgl. etwa zu Drees und Deubner oben S. 106 f., zu
den Naturvölkern oben S. 20 f., 49).

Die Eleer wahren diese Tradition das Altertum hindurch,
indem sie die Olympiaden nach den Stadioniken bezeichneten.
Neben dem einfachen Stadionlauf gelten der Doppellauf (δίαυλος), Langlauf (δόλιχος) und der Doppellauf in Waffen (ὁπλίτης) als populärste Laufkonkurrenzen. Seltener veranstaltet
wurden der 'Roßlauf' (ἵππιος) und der Fackelstafettenlauf
(λαμπαδηδρομία, λαμπάς), der letztgenannte anläßlich verschiedener kultischer Begehungen. Rituellen Charakter hatten
auch der spartanische 'Weintraubenlauf' (σταφυλοδρομία), eine

Art Verfolgungslauf, und das Wettrennen, das jeweils im Anschluß an den Festzug bei den Oschophorien, einem alten athenischen Erntefest, durchgeführt wurde.

Im Vergleich zur modernen Leichtathletik hat H. A. Harris
SGR S. 27 zwei grundsätzliche Unterscheidungsmerkmale des
griechischen Wettlaufs herausgestellt: "the abrupt turn round a
post instead of a gradual bend, and the use by the Greeks of a
starting-gate to prevent 'jumping the gun'". Mit dem an zweiter
Stelle genannten Merkmal sei begonnen. Für die Ablaufstelle der
meisten Wettlaufdisziplinen kennt die antike Überlieferung verschiedene technische Bezeichnungen, darunter γραμμή, βαλβίς
und ὕσπληξ (Jüthner/Brein AL Bd. 2, S. 52), was im Fachschrifttum zu ausführlichen Diskussionen Anlaß bot. Dabei hat
sich gezeigt, daß durch die bemerkenswerten Entdeckungen im
Stadion von Isthmia die Auffassungen Jüthners über *hysplex* und
balbis nicht mehr haltbar sind, weswegen F. Brein hier bei der
Herausgabe von Jüthners Nachlaß Korrekturen vorgenommen
hat.

Vgl. dazu die oben S. 132 f. zitierten Arbeiten von B r o n e e r und die Doku-
mentation des antiken Schrifttums sowie der archäologisch untersuchten
Startanlagen in Olympia, Delphi, Epidauros, Isthmia, Priene, Milet, Di-
dyma, Korinth, Rhodos und der Vasenbilder bei B r e i n / J ü t h n e r AL
Bd. 2, S. 51—79; ferner K r i n z i n g e r, Stadion, im Druck; H a r r i s
GAA S. 67—71 sowie SGR S. 27—31 und P e t r u c c o a. a. O. S. 103 ff.

Nach Jüthners Auffassung, der selbst noch meinte, eine be-
friedigende Lösung der Fragen um die Startvorrichtungen sei
nicht zu gewinnen (Manuskriptabschluß um 1945), kannte man
am Anfang nur die einfache, in den Sand gezogene Startlinie, die
Grammé, während das Verlegen von Startschwellen, zunächst
„einfacher Pflasterreihen" (balbis), dann der bekannten Quader
mit den beiden Rillen oder Startlöchern und vertikal versenkten
Trennpfosten, erst in eine spätere Zeit zu datieren sei (AL Bd. 2,
S. 78—86). Die im antiken Schrifttum als *hysplex* erwähnten
Startanlagen wurden durch die oben S. 132 angesprochenen ar-

chäologischen Entdeckungen von Oscar Broneer im Stadion von
Isthmia einleuchtend interpretiert: Durch einen einzigen Zug an
verschiedenen Schnüren, die an Querbalken vor dem Läufer
"like the arm of a railway signal" (Harris SGR S. 28) befestigt
waren, wurde die Rennbahn für alle gleichzeitig freigegeben.
Damit konnten Frühstarts, die bei den anderen Startvorrichtungen möglich waren und für die es nach Herodot (8, 59) die Strafe
der Auspeitschung mit Ruten gab, verhindert werden (Jüth-
ner/Brein AL Bd. 2, S. 90).

Die komplizierte Einrichtung der *hyspleges* dürfte nach einer
Vermutung F. Breins (Jüthner AL Bd. 2, S. 84; vgl. auch Brein,
Die Leibesübungen S. 92 f.) „wegen ihres schwierigen Mecha-
nismus bald zugunsten der allgemein üblichen Herrichtung des
Ablaufs aufgegeben" worden sein. Eine weitere *hysplex*-Anlage
wurde im kleinen Stadion von Priene, das nur Platz für acht Läu-
fer bot (ansonsten 12 bis 20), entdeckt und von Harris (SGR
S. 28 ff. nach den Forschungen von G. E. Bean) interpretiert.

Die Läufer waren, wie auch bei anderen Agonen, in einzelne
Altersklassen eingeteilt. Während man in Olympia und Delphi
zwischen Knaben (παῖδες) und Männern (ἄνδρες) unterschied,
gab es bei den restlichen panhellenischen und einzelnen lokalen
Spielen noch die Klasse der ἀγένειοι, der bartlosen Jünglinge,
sowie mancherorts noch eine vierte Gruppe der 'älteren Knaben'. Nach Platon (leg. 8, 833 C) sollen die Ageneioi zwei Drittel, die Knaben ein Drittel der Männerstrecke gelaufen sein
(siehe dazu Patrucco a. a. O. S. 100 f.). Mehrfach bezeugt sind
auch Mädchenwettläufe, insbesondere bei den Doriern und Aio-
lern (vgl. Jüthner/Brein AL Bd. 2, S. 37 mit Belegen sowie Patrucco a. a. O.; bei den Heraien liefen sie über $^5/_6$ der Männer-
distanz, d. h. 500 Fuß = ca. 160 m). Waren die Athleten in der
homerischen Zeit noch bekleidet (vgl. Il. 23, 683), so legten
sie zu einem nicht genau bestimmbaren Zeitpunkt der griechischen Geschichte ihre Kleider ab, ein Umstand, der den antiken
Autoren Anlaß zu allerlei aitiologischen Erzählungen bot (vgl.

oben S. 116 f.). Bevor die stets bloßfüßigen Läufer ins Rennen gingen, ölten sie — wie auch die Athleten anderer Disziplinen — ihre Körper ein. Die Mädchen trugen beim Wettlauf einen kurzen Chiton, der die rechte Schulter bis zur Brust freiließ. So stellten sich die Teilnehmer, deren Zahl beträchtlich differieren konnte (ca. 4 bis 20), gelegentlich im Anschluß an ein 'Aufwärmtraining' (Stat. Theb. 6, 565; Jüthner/Brein AL Bd. 2, S. 89) und nachdem ein Herold sie zum Wettkampf gerufen hatte, dem Starter. Das notwendige Training bestand nach Lukian (Anach. 27) aus der Gewöhnung an Ausdauer als auch aus Sprintübungen auf Kurzstrecken. Dazu kommt, daß das Laufen im tiefen Sand geübt wurde, weil dadurch die Beine im nachgiebigen Boden offenbar besonders gut durchtrainiert werden konnten, was einen Vergleich mit dem modernen Prinzip des 'overload-Trainings' nahelegt.

Das Kommando zum Start dürfte dort, wo nicht ohnedies durch Heben oder Senken der Querhölzer die Laufbahn freigegeben wurde, ἄπιτε, d. h. 'geht ab', gelautet haben, wenn es nicht durch einen Trompetenstoß erfolgte (dazu Jüthner/Brein AL Bd. 2, S. 90 und Harris GAA S. 66, der dem Kommandowort ἄπιτε, das parodierend bei Aristoph. Equ. 1161 bezeugt wird, skeptisch gegenübersteht). Wie die Vasenmaler zeigen, gab es unterschiedliche Laufstile; so holten die 'Sprinter' mit ihren Armen weit und kräftig aus, während die Langstreckenläufer ihre Arme stark abgewinkelt und die Hände zur Faust geballt hielten. Zu anderen Darstellungsformen des Laufens auf Vasen, zum 'Knielauf-', 'Beugelauf-' und 'Spreizlaufschema' vgl. Brein, Die Leibesübung S. 102 und unten S. 152 f.; zum Knielauf auch M. Matoušová-Rajmová, La position à genuflexion inachevée — activité et danse, in: Archív orientální 47, 1—2 (1979), S. 57 ff. Philostrat hat sich übrigens ausführlich zu den physiologischen Voraussetzungen der Kurz- und Langstreckenläufer geäußert und für die 'Kombinierer', die Teilnehmer an allen Laufbewerben, die vereinten Vorzüge der körperlichen Proportionen und

Muskulatur aller Spezialisten gefordert (gymn. 32 und 33). Kurios mutet es heute an, wenn berichtet wird, daß sich die Läufer selbst „durch lautes Rufen und Schreien zur Siegeszuversicht" — wie Jüthner/Brein AL Bd. 2, S. 91 vielleicht zu sehr rationalisierend diese Nachrichten deutet — anstachelten und daß es untersagt war, Zaubermittel einzusetzen. Verboten waren selbstverständlich auch Rempeleien und andere Formen der Behinderung des Konkurrenten, wozu es, da vorgezeichnete Laufbahnen nicht überliefert sind, insbesondere bei jenen Wettläufen kommen konnte, die eine Wende im Stadion voraussetzen. Für die Ermittlung des Siegers, jenes Läufers, der als erster die Ziellinie überquerte, waren die Schiedsrichter, in Olympia drei Hellanodiken, zuständig.

Der Stadionlauf (στάδιον). Entsprechend den regional unterschiedlichen Längenmaßen gab es in den griechischen Städten verschieden lange Laufbahnen. So berechnete man z. B. für Delos das Stadion von der Grammé bis zur Ziellinie (600 Fuß) auf 167,00 m, Delphi 177,35 m, Epidauros 181,30 m, Athen 184,30 m, Priene 191,39 m und Olympia 192,24 m (Zschietzschmann Bd. 1, S. 7). Die Popularität dieses kürzesten Laufwettbewerbes — nur für Jugendliche und Mädchen gab es noch kürzere Distanzen — brachte es offenbar mit sich, daß Ausscheidungsläufe notwendig waren, weshalb die einzelnen Teilnehmer durch Los in Gruppen (τάξεις) eingeteilt wurden. Die Sieger der einzelnen Vorläufe mußten dann nochmals antreten, was nach Pausanias (6, 13, 4) zur Folge hatte, daß der Stadionike in Olympia in seinem Bewerb faktisch zwei Siege errang. Der Start erfolgte in gebückter, vorgebeugter Haltung, d. h. „auf einen Tiefstart läßt nichts schließen" (Brein, Die Leibesübungen S. 103; dagegen ist Schröder a. a. O. S. 103 aufgrund eines Vasenbildes der Ansicht, daß „auch eine Art des Startens ähnlich des unsrigen, mit Berührung des Bodens durch eine Hand", bekannt gewesen sei). Der Stadionlauf selbst forderte den oben S. 149 kurz besprochenen „Laufstil mit flügelschlagartigen Armbewegungen, um so den

Schwung zu vergrößern" (O. W. Reinmuth, Kl. Pauly 5 [1975],
Sp. 337, Art. Stadion 2) und brachte offenbar zumeist eindeutige
Entscheidungen, da kein einziges 'totes Rennen' und nur einmal
ein Protest gegen eine Siegerentscheidung überliefert sind, was
freilich auch als *argumentum e silentio* beurteilt werden kann
(Paus. 6, 3, 7). Zur griechischen Paradedisziplin der Wettläufer,
dem Stadionlauf, der der Chronik von Olympia zufolge bei den
ersten 17 Olympischen Spielen den einzigen sportlichen Pro-
grammpunkt darstellte und dessen Laufrichtung — stets von Ost
nach West, d. h. in Richtung auf den Zeustempel zu — den kultischen Charakter andeuten soll, vgl. auch oben S. 124.

Der Doppellauf (δίαυλος), in Olympia mit Start im Westen
um ein Wendemal (καμπτήρ) und Rückkehr zur Startlinie =
Ziellinie, führte also über zwei Stadien, d. h. hier über eine
Strecke von 384,48 m. Ungeklärt dabei ist die Form des Umkeh-
rens am Ende des ersten Stadions, bei dem es Kollisionen und
Rempeleien zu vermeiden galt — ein Problem, das auch für die
anderen Wettlaufarten noch nicht gelöst zu sein scheint. Eine
ausführliche Diskussion über vier Varianten bietet Patrucco
(a. a. O. S. 106 ff.), wobei er die Wende beim Diaulos und Dolichos getrennt untersucht und eine Hypothese von Harris
a. a. O. dahingehend modifiziert, daß er im Diaulos für jeden
Läufer je einen καμπτήρ annimmt (was auch mit Paus. 5, 17, 6
harmoniert). Mit Patrucco haben auch Jüthner/Brein AL Bd. 2,
S. 104 f. und Reinmuth (Kl. Pauly 1 [1964], Sp. 1517) von besonderen Wendepfosten gesprochen, um die die Athleten her-
umzulaufen hatten, während andere wie Gardiner und Harris
GAA S. 72 einen einzigen 'turning post' annehmen, der von
rechts nach links zu umlaufen war und der für die Läufer auf den
Außenbahnen einen Nachteil bedeutete. Für die dabei wohl un-
vermeidlichen Kollisionen hat Harris SGR S. 31 f. zwei Belege
bei Philon von Alexandreia ausfindig gemacht. Bevor die Stadien
entsprechende Start- und Wendevorrichtungen besaßen, dürften
die Läufer — nach einer Vermutung bei Jüthner/Brein AL Bd. 2,

S. 103 — die Wende durch Überschreiten der Ziellinie (des Sta-
dionlaufs) unter der Kontrolle einer Aufsichtsperson vollzogen
haben, ehe sie zum Ausgangspunkt und Ziel zurückkehrten.
Dieser schon im Altertum mit der Boustrophedon-Schreibweise
verglichene Wendelauf (Paus. 5, 17, 6) oder besser ‘Pendellauf’
war nach elischer Tradition der erste Agon, der das ursprüngliche olympische Sportprogramm um eine zusätzliche Disziplin
erweiterte (angeblich ab der 14. Ol. = 724 v. Chr.).

  Der Roß- oder Pferdelauf (δρόμος ἵππιος) ging nach Pausanias (6, 16, 4) über eine Distanz von zwei Diauloi, in der Regel also
über knapp 770 m. Der Name wird mit dem Hippodrom in Verbindung gebracht, d. h. Jüthner/Brein AL Bd. 2, S. 105 und
Gardiner AAW S. 136 meinen, der Hippios entspräche einem
Umlauf auf der Pferderennbahn, während Brein, Die Leibesübungen S. 103, dabei an eine Längsseite des Hippodroms denkt
(dagegen Herrmann, Olympia S. 168). Das olympische Programm kannte diesen Mittelstreckenlauf nicht, in Isthmia, Nemea, Athen, Epidauros, Argos, Plataiai und in anderen Wett-
kampforten wurde er zumindest vorübergehend veranstaltet
(Harris GAA S. 65).

  Für den *Langstreckenlauf* (δόλιχος, auch μακρὸς δρόμος genannt), in Olympia angeblich eine Olympiade nach dem Diaulos
eingeführt (d. h. 720 v. Chr.), bezeugen die antiken Quellen unterschiedliche Distanzen, und zwar 7, 8, 10, 12, 20 und 24 Stadien, von denen aber nach Jüthner/Brein AL Bd. 2, S. 108 f. nur
„die Angabe von 20 Stadien einer eingehenden Prüfung stand-
hält“, was etwa einer Strecke von 3845 m entspricht (als Haupt-
quellen nennt Jüthner a. a. O. Sch. Soph. El. 684; Suda 1339 und
Ioh. Chrys. praef. in epist. Philipp. P. G. 62, 180 und 271). Harris GAA S. 73 stellt demgegenüber angesichts der Nachrichten
über Knaben und Jugendliche, die am Dolichos teilnehmen
konnten, fest, daß man nicht allerorts dieselbe Distanz annehmen muß und somit die Varianten von 7 bis 24 Stadien den
Schluß auf verschiedene Streckenlängen, und zwar von ca.

1346 m bis 4614 m durchaus zulassen. Die Ähnlichkeit des antiken und modernen Langlaufstils — die Vasenbilder zeigen die Dolichodromen mit stark abgewinkelten Armen, die an eine Boxerposition erinnern, und kleineren Schrittstellungen als die Sprinter (vgl. dazu oben S. 149) — wird im sporthistorischen Schrifttum immer wieder hervorgehoben (so bei Jüthner/Brein AL Bd. 2, S. 109 ff.; Brein, Die Leibesübungen S. 103; Bengtson a. a. O. S. 38 f.; Gardiner AAW S. 137; Harris GAA S. 731 Patrucco a. a. O. S. 117 ff.). Philostrat (gymn. 32) erwartet vom idealen Langstreckenläufer starke Schultern, aber leichte Beine und meint zur Wettkampftaktik, daß der Athlet fast wie im Schritt bei ruhiger Armhaltung laufen, aber vor dem Ziel dann wie ein Stadionläufer sprinten und dabei kräftige 'Armarbeit' leisten sollte. Wie beim Diaulos ist das Problem des Wendens, dessen gute technische Beherrschung dem Läufer große Vorteile bringen konnte, nicht endgültig gelöst.

Der Marathonlauf. Der von Baron Pierre de Coubertin ins moderne olympische Programm aufgenommene Langstreckenlauf geht wohl auf die antike literarische Tradition zurück, die Historizität der Erzählung darf aber als fraglich gelten. Die patriotische Legendenbildung, wonach der mit verschiedenen Namen benannte Marathonläufer die Siegesbotschaft nach Athen überbrachte und daraufhin tot zu Boden stürzte, hat erst in der kaiserzeitlichen Literatur bei Plut. glor. Athen. 3, 347 C und Lukian. laps. 3 ihren Niederschlag gefunden; Herodot (6, 105 f.) selbst weiß nur von jenem Pheidippides zu berichten, der nach der Landung der Perser bei Marathon angeblich in zwei Tagen von Athen nach Sparta gelaufen sein soll (ca. 200 km). Ein Wettlauf zum Gedächtnis an diese fiktive Leistung des Marathonläufers ist aber für das Altertum quellenmäßig nicht zuverlässig bezeugt.

Vgl. dazu J ü t h n e r / B r e i n AL Bd. 2, S. 107; B r e i n , Die Leibesübungen S. 103 f.; H a r r i s GAA S. 76 f. und B. B i l i ń s k i , L'antico oplite corridore di Maratona. Leggenda o realtà? (Accademia Polacca di scienze e lettere. Bi-

blioteca di Roma 8, 1960); J. A. L u c a s, A history of Marathon-Race 490
B.C. to 1975, in: JSH 3 (1976), S. 120—138 (zur Nachricht über Pheidippides skeptisch a. a. O. S. 123 ff.); ferner V. J. M a t t h e w s, The hemerodro-
moi: Ultra long-distance running in antiquity, in: CW 68 (1974), S. 161—69
(auch über römische Beispiele); J. S u o l a h t i, The origin of the story about
the first Marathonrunner, in: Arctos 5 (1967), S. 127—133. Daß
außerordentliche Meisterschaft im Langstreckenlauf erzielt werden konnte,
legt nicht nur obige Herodotnotiz nahe (will sie bei Zeitgenossen irgendwie
glaubwürdig erscheinen), das wird auch aus Berichten über Dauerleistungen
der Hemerodromen (ἡμεροδρόμοι) oder Laufherolde (δρομοκήρυκες) ersichtlich, die im Dienste der antiken Nachrichtenübermittlung standen (vgl.
auch oben S. 20). Nach Philostrat (gymn. 4) soll in der Funktion dieser
Eilboten der Entstehungsgrund für den Dolichos liegen. Allgemein zu den
Dauerläufen J ü t h n e r / B r e i n AL Bd. 2, S. 106 f. (zusätzlich unter Anm.
225 von F. B r e i n nachgetragene Literatur).

Der Waffenlauf (ὁπλίτης, ὁπλίτης δρόμος, τὸ ὅπλον). Im
Unterschied zu einigen eventuell kultisch motivierten Wettläufen trägt diese Disziplin alle Kennzeichen einer paramilitärischen
Übung, die in Olympia erst 200 Jahre nach dem Dolichos eingeführt wurde (vgl. Philostr. gymn. 7, wo als konkreter Anlaß im
Sinne aitiologischer Erzählungen ein Krieg zwischen den Eleiern
und Dymaiern genannt wird; Harris GAA S. 74 bezeichnet den
Waffenlauf "a survival of the time when all athletic competition
was part of training for war"; vgl. auch ähnlich SGR S. 33). Daraus wird schon verständlich, daß ihr im Rahmen der Ephebenausbildung ein besonderer Rang zukommt. Die übliche Distanz,
die von Waffenläufern zu bewältigen war, entsprach dem Diaulos, gelegentlich auch dem Hippios. Von der ursprünglich mit-
geführten Waffenausrüstung (Beinschienen, Helm, Schild) blieb
im Laufe der Entwicklung dieser Wettkampfdisziplin schließlich
nur der Schild übrig. Das Studium der Vasenbilder und einzelner
Streunotizen, wie der des Pausanias (6, 10, 4), vermitteln eine
Vorstellung von diesem Wettbewerb. Dabei ist auf dem Ab-
bildungsmaterial, wie Brein, Die Leibesübungen S. 104, dem
archäologisch weniger Versierten erklärt, „der Waffenlauf von
militärischen Szenen durch das Fehlen von Angriffswaffen und

das Vorhandensein von athletischem Zubehör, wie Sportgeräten, Salbgefäßen, Badeschwämmen, Strigilen zu unterscheiden". Entgegen der Auffassung von Jüthner, demzufolge die
zahlreichen Vasenbilder vom „lebhaften Interesse" an dieser
Disziplin künden, vertritt Harris GAA S. 74 aufgrund inschrift-
licher Indizien die Auffassung, daß der Waffenlauf immer mehr
an Bedeutung verlor und schließlich zu einer Art "consolation
race" absank. Die von Platon in den ›Nomoi‹ (8, 833 B) erwähnten Geländeläufe für Schwerbewaffnete über eine Distanz von 60
Stadien (= etwa 20 km) sind im Rahmen von Sportfesten prak-
tisch wohl nicht durchgeführt worden, sie zeigen aber, welche
Leistungen man für zumutbar hielt. Der schwierigste und läng-
ste Waffenlauf, bei dem der Athlet bis an die Füße gerüstet war,
'als hätte er auch zu kämpfen', gelangte nach Philostrat
(gymn. 8) in Plataiai zur Austragung (möglicherweise über 15
Stadien; vgl. Jüthner/Brein AL Bd. 2, S. 124; siehe auch Patrucco a. a. O. S. 99 f.).

Der Fackellauf (λαμπαδηδρομία, λαμπάς), ein bei den Griechen populärer Stafettenwettlauf mythischen oder kultischen
Ursprungs — er sollte mit dem Feuerraub des Prometheus in
Verbindung stehen —, fand auf Straßen und Plätzen einzelner
Städte, also nicht auf den Sportanlagen selbst statt. In Athen, wo
dieser festliche Agon z. B. anläßlich der Panathenaien, der An-
thesterien, der Epitaphien von aus den einzelnen Phylen rekrutierten Mannschaften bestritten wurde, wählte man als Aus-
gangs- und Zielpunkt des Laufes verschiedene Altäre, zwischen
denen Streckenlängen von etwa 1500—2700 m berechnet wurden (vgl. H. Vretska, Kl. Pauly 3 [1969], Sp. 468 Art. Lampade-
dromia und Jüthner/Brein AL Bd. 2, S. 149). Im Rennen galt als
entscheidender Augenblick jeweils die Übergabe der Fackel von
einem an den anderen Läufer (διαδόχη), ein Vorgang, der in
Gymnasien und Palästren eifrig geübt wurde. Eine Mannschaft,
deren Fackelfeuer ausging, schied aus dem Wettbewerb aus. Sieger blieben dabei jene Epheben, deren Schlußläufer als erster das

Altarfeuer anzündete. Zahlreiche Vasenbilder vermitteln eine
Vorstellung von Training und Wettkampf, von Funktionären
und Athleten, welch letztere durch eine strahlenkronenartige
Kopfbedeckung (ursprünglich vermutlich eine Schilfkrone) gekennzeichnet waren. Die Prämierung der siegreichen Staffel
findet sich auf einer Votivtafel vom Peiraieus (4. Jh. v. Chr.;
heute im Britischen Museum Nr. 2155; Abb. 44 bei Patrucco
a. a. O. S. 128; siehe auch Jüthner/Brein AL Bd. 2, S. 150). Dazu
O. Gottwald, Der Fackellauf in der Antike (Diss. Wien o. J.),
der den Ursprung dieses Laufes in Feuerübertragungsbräuchen
und ev. Reinigungsriten sehen möchte, die älter sind als die Pro-
metheussage (a. a. O. S. 104). Hinweise neuerdings auch in der
oben S. 133 zitierten Arbeit von W. R. Biers—D. J. Gleagan.

Neuere Spezialliteratur zum Wettlauf: Patrucco a. a. O. S. 93—131 (mit
Bibliographie a. a. O. S. 131); Brein, Die Leibesübungen S. 101—104;
Harris SGR S. 27—33, ders. GAA S. 64—77; am ausführlichsten informiert Jüthner/Brein AL Bd. 2, S. 13—156; ders. verfaßte auch alle einschlägigen RE-Artikel. L. Gründel, Die Darstellung des Laufens in der
griechischen Kunst (Diss. Würzburg 1934) über die Laufstile bis zum 4. Jh.
v. Chr. — H. A. Harris, Stadia and starting-grooves, in: G & R 7 (1960),
S. 25 ff.; W. Mostue, Mallinien, Wendeschranken und Ziellinien im griechischen Stadion, in: Leibesübungen und körperliche Erziehung 52 (1933),
S. 291—294; P. Roos, The start of the Greek foot race, in: OAth 6 (1965),
S. 149 ff.; siehe auch oben S. 131 ff. zu den Isthmien; B. Ashmole, Torch-
racing at Rhamnus, in: AJA 66 (1962), S. 233 f.; J. Pouilloux, Lampadé-
dromies thasiennes, in: Melanges Ch. Picard (1949), S. 847 ff.; J. Ebert, Zu
Fackelläufen und anderen Problemen in einer griechischen agonistischen In-
schrift aus Ägypten, in: Stadion 5 (1979), S. 1 ff. — G. Neumann, Der
Waffenlauf im antiken Griechenland — Schriftliche Quellen und bildliche
Überlieferung, in: U. Hausmann (Hrsg.), Der Tübinger Waffenläufer
(Tübinger Studien zur Archäologie und Kunstgeschichte 4, 1977), S. 31 ff.

4.2.2 Weitsprung (τὸ ἅλμα)

Obwohl für die Griechen mehrere Sprungarten bezeugt sind, darunter auch eine Art Springtanz bei den Spartanern (βίβασις), wurde das Springen wettkampfmäßig nur als Weitsprung betrieben, und das — sieht man von der Frühzeit (vgl. zu den Phaiakenspielen oben S. 81 f.) und einem Knabenwettbewerb für Weitspringer bei den Eleusinien (vgl. IG ²I 802, 803; dazu Patrucco a. a. O. S. 66 f. mit Hinweisen auf weitere Ausnahmen) ab — nur im Rahmen des Pentathlons. Der Unterschied zur modernen leichtathletischen Disziplin wird vor allem augenscheinlich, wenn man bedenkt, daß die antiken Athleten beim Springen eigene Sprunggewichte (ἁλτῆρες, etwa 2,5 kg schwer, durchschnittliche Länge 25 cm; vgl. Ebert a. a. O. S. 46 und Jüthner/Brein AL Bd. 2, S. 163 ff.) benutzten und dabei von Flötenmusik begleitet wurden. In der Fachwelt existiert über die Art der Durchführung eine ausführliche Diskussion, die bis heute noch kein Ende gefunden hat. Die Kontroversen befassen sich vor allem mit den Fragen, ob der Weitsprung ein einfacher oder ein Mehrfachsprung war, ob aus dem Stand oder mit Anlauf gesprungen wurde, welche Funktion den Halteres dabei zukommt und wie die Weitsprunganlage, ob mit Sprungbahn, Sprunggrube und Absprungbalken (σκάμμα, βατήρ), gestaltet war.

Den Ausgangspunkt vieler Überlegungen bietet dabei neben literarischen Quellen, die einige die Popularität des Weitsprungs kennzeichnende Sprichwörter miteinschließen, und den Vasenbildern häufig das sog. 'Rätsel des Phayllossprunges', das ein agonistisches Epigramm aufwirft durch die Mitteilung, der berühmte Athlet aus Kroton habe bei den Pythien 'fünfzig Fuß und dazu noch fünf' übersprungen (und den Diskus hundert weniger fünf Fuß weit geworfen), was einer Weitsprungleistung von 16,28 m entspricht (1 delphischer Fuß = 0,296 m; dazu Ebert a. a. O. S. 35). Da nach heutigen Erfahrungen eine derartige Leistung für unmöglich gehalten wird, haben einzelne Gelehrte, wie

Gardiner, Schröder und Mezö, den Inhalt des Epigramms dem
Bereich der Legende zugeordnet, während andere wie Jüthner,
Brein und insbesondere Ebert darin einen wichtigen Interpreta-
tionsansatz für das rechte Verständnis des Weitsprunges sahen,
zumal die olympische Chronik vom Spartaner Chionis eine ähnliche Rekordweite von 16,66 m oder 17,06 m überliefert und
schließlich ein neuerdings entdecktes Inschriftenfragment aus
Delphi wiederum einen fünfzig-(delphische)Fuß-Sprung bezeugt (vgl. Ebert a. a. O. S. 39—43). Die meisten Gelehrten, die
diese Nachricht ernst nehmen, vertreten die Auffassung von
einem Mehrfachsprung; so hat sich Jüthner/Brein AL Bd. 2,
S. 218 u. ö. für einen Dreifachsprung mit Anlauf, Harris GAA
S. 82 mit Berufung auf Platons Nomoi (8, 794 D) für einen Zwei-
fachsprung ausgesprochen; Ebert (a. a. O.) nimmt vor allem
aufgrund einer ausführlichen Beschäftigung mit dem Themi-
stios-Kommentar zur Physik des Aristoteles (172, 26 ff. ed.
Schenkl) und sportpraktischer Versuche einen 5fachen Standsprung an, bei dem die einzelnen Teilsprünge in „zeitlich
nichtkontinuierlicher Form" aufeinander folgten. Der Umstand, daß „die Zahl 5 beim Pentathlon auch sonst eine Rolle
spielt" (a. a. O. S. 62: vermutlich je 5 Würfe mit Diskus und
Speer, Laufstrecke 5 Stadien [?], 5 Runden beim Ringkampf),
fällt für Ebert zusätzlich ins Gewicht.

Gegen diese Auffassung von einem Mehrfachsprung hat sich
zuletzt Patrucco (a. a. O. S. 65 ff.) ausgesprochen, der bei der
Alternative 'salto semplice–salto multiplo' (a. a. O. S. 78) für die
erstgenannte Form 'con breve rincorsa' eintritt, sich bei seiner
Argumentation von Brein, Die Leibesübungen S. 121 aber den
meines Erachtens zu Recht bestehenden Vorwurf gefallen lassen
muß, viel Mühe dafür aufgewendet zu haben, um „alles, was für
einen Mehrfachsprung spricht, wegzuerklären. Diese Vor-
gangsweise ist bei der großen Zahl der dann zu postulierenden
Irrtümer und Schreibfehler in der Überlieferung methodisch ab-
zulehnen". Brein befürwortet daher die Hypothese von Ebert,

abgesehen von der unten noch zu besprechenden 'Anlaufform' bis zum Bater (vgl. Die Leibesübungen S. 106 und Jüthner/Brein AL Bd. 2, S. 213).

Diese gründliche Rekonstruktion des Pentathlonsprunges durch Ebert hat auch noch zu einigen weiteren Resultaten geführt. So wird der besondere Vorteil der Halteres, die vor dem Absprung vor- und hochgeschwungen werden, in der dadurch entstehenden „Zentrifugalkraft und dem Impulsrückstoß" gesehen, die einen besseren Sprung bewirken und zugleich — was die antiken Sprungregeln forderten — eine feste und sichere Landung erleichtern. Was die Sprunganlage, die sich für den offiziellen Wettkampf im Stadion, für das Training in Gymnasion und Palästra befand, anlangt, so wurde nach Ebert (a. a. O. S. 64) die Sprungfläche (σκάμμα) „in ihrer ganzen Länge von 50 Fuß durch Graben aufgelockert und danach wieder sorgfältig geglättet", der Absprungbalken (βατήρ) bildete dabei den Anfang der Sprunggrube. Über den Wettkampf der Weitspringer berichtet Philostrat (gymn. 55), daß die durch Flötenmusik zu besserer Leistung angespornten Athleten mit den Halteres fest und elegant in der Sprunggrube landen, und was das wert sei, zeigen die Spielregeln: „Sie gestatten nämlich nicht die Ausmessung des Sprunges, wenn die Sprungspur nicht tadellos ist." Ebert (a. a. O. S. 62) sieht einen triftigen Grund für die genaue Beachtung des korrekten Aufsprunges vor allem darin, daß man dadurch ein unrechtmäßiges Vorrücken bei der 'Zwischenlandung' leicht erkennen konnte. Nach dem gelungenen Sprung wurde die Leistung der Athleten durch eine Markierung am Boden (σήματα/σημεῖα) gekennzeichnet. Die Halteres, deren Form sich im Laufe der Zeit mehrfach wandelte (kolbenförmige und bauchige Geräte aus Stein und Metall, besonders aus Blei), sollten also, wie schon bemerkt wurde, zum Erreichen größerer Weiten beitragen. Diese Auffassung hatten schon Aristoteles und Philostrat, der eine zusätzliche Einsatzmöglichkeit dieses Sportgerätes auch beim allgemeinen Konditionstraining sah, vertreten

(Aristot. animal. incess. III 705 a 12—19; danach springen die Fünfkämpfer mit Halteres weiter als ohne diese und laufen die Läufer schneller, „wenn sie die Hände an der Seite schwingen, denn es entsteht bei der Spannung [der Arme] ein gewisser Druck auf die Hände und Handgelenke"; Philostr. gymn. 55; dazu ausführlicher Jüthner/Brein AL Bd. 2, S. 162 ff. und Ebert a. a. O. S. 46 ff.).

Brein, Die Leibesübungen S. 106 f., hebt die Bedeutung des Flötenspiels, das auch andere Sportarten der Griechen begleitete, für den Weitsprung insofern hervor, als er damit einen Rhythmus vorgegeben sieht, „in welchem die Athleten einige Schritte auf die Schwelle zu machten, wobei sie die Halteren mit beiden Händen im gleichen Takt schwangen. Sie mußten ihre Schritte so einteilen, daß sie den Bater im rechten Moment trafen, um abzuspringen. Die weiteren Sprünge im aufgelockerten Erdreich waren Standsprünge..." Diese auch bei Gardiner AAW S. 152 geschilderte Form des Anlaufens, nach ihm in einer Länge von 14 yards (= 12,80 m), erwies sich bei Versuchen „als geradezu bedeutungslos" (Ebert a. a. O. S. 50), weshalb sich Ebert für den 'beidbeinigen Standsprung' entschied. Wer also einen Mehrfachsprung, wie er aus den Rekonstruktionsversuchen Eberts resultiert, akzeptiert, für den erweisen sich die antiken Sportleistungen eines Phayllos oder Chionis als durchaus realistisch; das 'Rätsel vom Phayllossprung' schiene damit gelöst.

Neuere Spezialliteratur zum Weitsprung: Patrucco a. a. O. S. 65—92 (mit Bibliographie a. a. O. S. 92); Brein, Die Leibesübungen S. 105—107; Harris SGR S. 35 f., ders. GAA S. 80—85 (ließ sich von Eberts Argumentation nicht überzeugen, vgl. a. a. O. S. 83); J. Ebert, Der Pentathlonsprung, in: ders., Zum Pentathlon der Antike. Untersuchungen über das System der Siegerermittlung und die Ausführung des Halterensprunges (Abh. Sächs. Akad. Wiss. philol.-hist. Kl. 56, 1, 1963), S. 35—64; Jüthner/Brein AL Bd. 2, S. 159—221 und ders., Über antike Turngeräte (1896), S. 3—18; R. L. Howland, Phayllus and the long jump record, in: PCPhS 181 (1950/51), S. 30; E. Lindner, Die Benutzung der Halteren im Weitsprung der Antike, in: AA (1956), S. 128 ff.; F. Mezö, Das Rätsel des

altgriechischen Weitsprunges, in: Altertum 4 (1958), S. 165 ff.; W. Rudolph, Antike Sportgeräte, in: Klio 48 (1967), S. 84 ff. — Zur kultischen
Wurzel des Springens vgl. K. Latte, De saltationibus Graecorum capita
quinque (RVV 13 [1913] ND 1967).

4.2.3 Diskuswerfen (δίσκος, σόλος)

Entgegen der *communis opinio*, wonach diese Wettkampfdisziplin als typisch griechisch gilt, hat W. Decker, Diskuswerfen
(a. a. O. S. 203, 212) sehr wahrscheinlich gemacht, daß Gerät
und Sportart im vorderasiatischen Raum (Kilikien—Phönikien)
und auf Zypern ihren Ursprung haben. Der Umstand, daß das
Diskuswerfen nicht wie andere leichtathletische Übungen mit
den elementaren Bewegungsformen in Verbindung gebracht
werden kann — was freilich nicht heißen muß, daß es sich dabei
um "a curious and illogical activity" handelt (Harris SGR S. 38)
— hat die Entstehung eigener Ursprungstheorien gefördert. So
hat man den Diskus wegen Hakenkreuzdarstellungen auf dem
Gerät als Sonnensymbol und demnach die sportliche Disziplin
als Analogiezauber gedeutet (H. E. Wilhelm) oder — dieser Hypothese durchaus nicht widersprechend — darin einen ländli-
chen Vegetationsritus erkennen wollen, der beim spartanischen
Hyakinthienfest zur Austragung gelangte (L. Castiglione). Ein
anderer Erklärungsversuch geht davon aus, daß das einfache
Werfen und Schleudern von Steinen und anderen Objekten auf
der Jagd und im Krieg als Vorstufe für die Wettkampfdisziplin
betrachtet werden könne (ebenfalls nach L. Castiglione; vgl.
Decker, Diskuswerfen S. 198; dazu Jüthner/Brein AL Bd. 2,
S. 256 f.). Jüthner selbst hält „die Annahme eines kultischen Ursprungs [für] entbehrlich" (a. a. O. Bd. 2, S. 255) und begründet
die „spezifisch hellenische" (a. a. O. S. 225) Sportart mit dem
„Hang zum spielerischen Werfen von Steinen, namentlich an
den Ufern eines Wassers", eine Neigung, die — wie hinzugefügt

wird — „in der Natur des Menschen" liege (vgl. dazu auch unten
S. 196).

Zu den fachlichen Kontroversen über die Entstehung des Diskuswerfens kommen weitere über die Form, wie in homerischer
und späterer Zeit dieser Agon ausgeführt wurde, ferner die
Frage, die sich mit einem eventuell vorhandenen Unterschied
zwischen Solos und Diskos beschäftigt, und schließlich das
technische Problem des Werfens selbst.

Die in der ›Ilias‹ geschilderte Disziplin mit dem Solos erinnert
nach Aussage einiger Gelehrter, zuletzt von Patrucco (a. a. O.
S. 137 f.), eher an das moderne Kugelstoßen oder Gewichtheben (« simile al moderno getto del peso ») und weniger an das
Diskuswerfen. Dieser schon länger bekannten These, die auch
Gardiner AAW S. 154 mit Hinweis auf die außerordentlichen
Gewichtsheberleistungen von Olympia und Thera (bis zu
480 kg, siehe unten S. 165 f.) vertreten hat, ist Jüthner/Brein AL
Bd. 2, S. 225 ff. entgegengetreten; seiner Meinung nach wurde
der homerische Solos „nach der Art eines Diskos mit einer Hand
in die Ferne geschleudert" (a. a. O. S. 228), eine Auffassung, der
sich auch Decker (a. a. O. S. 203 f.) angeschlossen hat. Das So-
los- bzw. Diskuswerfen in der frühen Epoche der griechischen
Geschichte nahm nur deshalb einen anderen Stellenwert in der
sportlichen Betätigung ein, weil es nicht wie in klassischer Zeit
nur im Rahmen des Pentathlons veranstaltet wurde, sondern
auch als eigenständige Disziplin — eine Austragungsform (vgl.
oben S. 85), die sich nur bei lokalen Agonen gehalten hat. Das
Solos-Schleudern scheint demnach eher eine Vorstufe zum
Diskuswerfen gewesen zu sein.

Über die Technik des Werfens kursieren im Fachschrifttum
ebenso verschiedene Meinungen, deren Hauptunterschied die
Frage betrifft, ob sich die Diskuswerfer ähnlich der heute üblichen Art um die eigene Achse gedreht oder ob sie das Gerät nur
aus dem Stand bzw. nach einem bestimmten Schrittmuster geschleudert haben. Das bildliche und monumentale Material, al-

lem voran der berühmte Diskobol von Myron (um die Mitte des 5. Jh. v. Chr.), bieten für die Interpretation dieses Problems, obwohl vielfach dabei strapaziert, nur eine bedingte Erklärungsmöglichkeit, da alle Dokumente immer nur als Momentaufnahmen verstanden werden können, die insbesondere die Frage der Drehtechnik offenlassen. Jüthner hat sich daher bei seiner Rekonstruktion auf die Beschreibung des myronischen Athleten bei Lukian (Philopseud. 18) und Philostrat (imag. 1, 24) sowie auf praktische Versuche unter Zuhilfenahme der Filmkamera gestützt. Seiner Auffassung nach wurde mit dem Diskus zunächst auf zwei Arten Schwung geholt. Einmal, indem der Werfer die Scheibe mit dem rechten Arm im 'Pendelschwung' bis in senkrechte Höhe über den Kopf vorschwingt, zum anderen erfolgt der Schwung in Bauchhöhe; sodann wird bei nochmaligem Schwungholen „ein kräftiger Schritt mit dem linken Fuß nach vorwärts gemacht, dem zugleich mit dem Abwurf ein zweiter mit dem rechten Fuß folgt" (AL Bd. 2, S. 291). Eine Drehung fehlt also bei dieser Wurfmethode, und die antiken Quellen, die eine solche nahelegen könnten, wie etwa die homerischen Beschreibungen des Diskuswerfens, werden anders ausgelegt (Il. 23, 849; Od. 8, 189, wo die Verben δινεύω und περιστρέφω, also 'herumdrehen' verwendet werden; Jüthner übersetzt 'ausholen', 'schleudern'). An Interpretationen des Diskuswerfens aus einem Kreisschwung heraus hat es denn auch nicht gefehlt. Jüthner, der selbst ursprünglich dieser Auffassung zuneigte (Turngeräthe S. 35 f.), führt E. Buschor, A. Pope, B. Schweitzer, B. Schröder und E. Mehl an. H. A. Harris (zuletzt SGR S. 38) scheint dieser Tradition verhaftet, wenn er 'a rotary movement of legs not unlike that of a modern thrower turning in the circle" annimmt. Ansonsten hat sich aber diese Kreisschwung-Hypothese im neueren Schrifttum nicht durchgesetzt. E. N. Gardiner, H. Bengtson und F. Brein stehen im wesentlichen der Rekonstruktion Jüthners nahe, und auch Patrucco (a. a. O. S. 152) vertritt eine ähnliche Auffassung, wenn er von einer «semi-rotazione del corpo» spricht. Die ausführlichste Beschreibung eines Diskobolen bei seiner Tätigkeit, die mit keinem Wort eine Drehung erwähnt, verdanken wir dem römischen Epiker Statius (Theb. 6, 668 ff.): Danach reibt der Diskobol zuerst seine Hand und das Gerät mit Staub ein, „und er schickt sich an, einen ungeheueren Weitwurf zu tun, schon ist der Nacken gewendet und schon bewegt sich die ganze Seite nach rückwärts", ganz in der Art, wie sie die myronische Statue festgehalten hat. Vor dem weiten Ausholen hatte der Athlet den Diskus zum Schwungholen senkrecht über den Kopf emporgehoben.

Der Wettkampf mit dem Diskus wurde im Stadion ausgetragen. Einer Inschrift aus Rhodos zufolge (vgl. Ebert, Pentathlon S. 13) durften die Athleten dabei insgesamt höchstwahrscheinlich fünf Wurfversuche machen. Die zahlreichen Palästraszenen auf Vasenbildern geben also das Training wieder. Daß der Diskuswurf als gefährliche Disziplin angesehen wurde, spiegeln jene Mythen wider, die vom Tod durch den Diskus erzählen. Der Standplatz des Athleten ist daher im Hinblick auf diese Gefahren möglichst in der Mitte des Stadions zu lokalisieren und dürfte, wie die Ablaufstelle, unter der Bezeichnung βαλβίς bekannt gewesen sein (vgl. Jüthner/Brein AL Bd. 2, S. 252 f.).

Über das Sportgerät, von dem, was das Material sowie Größe und Gewicht anlangt, recht unterschiedliche Exemplare erhalten sind (Metalldisken aus Eisen und Blei, besonders gegossene und gehämmerte aus Bronze, ferner aus Stein, verziert und unverziert, gelegentlich mit Weihinschriften), hat Jüthner ausführliche Untersuchungen angestellt und die Vermutung geäußert, daß bei den Wettkämpfen der Durchmesser der Disken etwa zwischen 17 und 32 cm lag und ihr Gewicht um die 4 bis 5 kg betrug (AL Bd. 2, S. 243—246). Die Wurfscheiben für Knaben dürften etwas kleiner und leichter gewesen sein. Daß bei den großen Agonen genormte Disken geworfen wurden, legt eine Pausaniasnotiz (6, 19, 4) nahe, derzufolge in einem olympischen

Schatzhaus drei Exemplare in jener Größe deponiert waren, wie man sie beim Pentathlon benutzte.

Über Wurfweiten ist wenig bekannt. Odysseus übertraf (mit Hilfe Athenes) seine Konkurrenz um Längen, der von Statius geschilderte Heros schleuderte die Scheibe über den Alpheios hinweg — beides sind dichterische Übertreibungen. Dagegen nimmt sich die einzige konkrete Nachricht vom Wurf des Phayllos (vgl. oben S. 157) über 28,10 m recht glaubwürdig aus — freilich bleiben dabei die technischen Daten des verwendeten Diskus unbekannt. Gemessen wurde übrigens anfangs jene Weite von der Abwurfstelle bis dorthin, wo das Gerät liegenblieb, erst später, in byzantinischer Zeit, rechnete man bis zum ersten Aufprall.

Neuere Spezialliteratur zum Diskuswurf: Patrucco a. a. O. S. 133—170 (mit Bibliographie a. a. O. S. 170); Brein, Die Leibesübungen S. 107 f.; Harris SGR S. 38 f.; ders. GAA S. 85—92; Jüthner/Brein AL Bd. 2, S. 225—303; ders., Über antike Turngeräthe S. 18—36; ders., Das Problem des Myronischen Diskobols, in: ÖJh 24 (1929), S. 123—161; B. Schröder, Neues vom Diskuswerfen, in: AA (1920), S. 61—84; H. E. Wilhelm, in: Leibesübungen und körperliche Erziehung 54 (1935), S. 309; R. Sunkowsky, Die Darstellung des antiken Scheibenwurfes (Diss. Wien 1939); W. Decker, Zum Ursprung des Diskuswerfens, in: Stadion 2 (1976), S. 196—212; L. Castiglione, Die Diskobolia — ein Agrarritus?, in: AAntHung 15 (1967), S. 409—415. — Zu einem Diskus, der als Votivgabe für Zeus wegen seiner Inschrift für die Chronologie der Olympischen Spiele herangezogen wird, vgl. die oben S. 105 genannte Arbeit von M. Lämmer.

In Verbindung mit dem Diskuswerfen werden im Fachschrifttum immer wieder auch antike Zeugnisse über besondere *Kraftleistungen* und die Frage diskutiert, ob es eine Art *Gewichthebersport* bei den Griechen gegeben habe. Drei Inschriften und eine Anekdote über Milon von Kroton, wonach er von einem gewissen Titormos im Steintragen übertroffen worden sein soll (Ail. var. 12, 33), haben diese Diskussion ausgelöst. Auf einem 143,5 kg schweren Stein im Museum von Olympia kann man die Inschrift lesen: „Bybon, Sohn des Phorys (?), hat mich mit einer Hand kopfüber hingeworfen" (Mitte 6. Jh. v. Chr., ³Syll. III 1071); auf einem vulkanischen Block (etwa 480 kg) heißt es, er sei von Eumastes vom Boden emporgehoben wor-

den (IG XII 3,449), und eine ähnliche Leistung mit einem 334 kg-Stein wird
für Hermodikos von Lampsakos in Epidauros bezeugt (IG ²IV 1, 125). Was
schon Jüthner in einer kurzen Bemerkung AL Bd. 1, S. 84 andeutete, daß
nämlich diese Nachrichten auf die Art des Krafttrainings der Athleten hinweisen, hat Harris SGR S. 142 ff. im Kapitel ›Weight-Lifting‹ ausführlicher dargelegt und betont (a. a. O. S. 148): "There is no evidence for ancient
contests in weight-lifting, there are some signs that it is used as part of training for other sports, as it is today" (vgl. dazu auch Patrucco a. a. O.
S. 145 f. und J. Zingerle, Der Steinwurf des Bybon, in: Commentationes
Vindobonenses 2 [1936], S. 111 f.). — Ebenfalls im Abschnitt über das Diskuswerfen behandelt Jüthner/Brein (AL Bd. 2, S. 229 f.) ein nur in späten Quellen (Poll. 8, 72 und Hesych. s. v. σφάλλος) überliefertes *Sphalos-
Spiel,* wonach ein an einem Seil befestigter Diskus um die Wette geschleudert wurde.

4.2.4 Speerwerfen (ἀκόντιον, ἀκόντισις, ἀκοντισμός)

Das Entstehen einer Wettkampfdisziplin, die die Fertigkeit
mit dem Speer mißt, ist wohl nicht schwer zu erraten, zumal der
geschulte Umgang mit diesem Gerät für Jäger und Krieger glei-
chermaßen lebensnotwendig sein konnte. Es überrascht daher
nicht, wenn die Griechen das Speerwerfen im Rahmen der Agonistik betrieben, und zwar zur Schulung der Treffsicherheit
ebenso wie als *Fernwurf.* Letztere Wettkampfform, die schon in
der ›Ilias‹ begegnet (vgl. oben S. 80 und die Nachricht vom
Speerwurfsieger Nestor Il. 23, 637), gelangt bei den großen
Agonen der Folgezeit jeweils nur als Teildisziplin des Pentathlons zur Austragung. Im Unterschied zur modernen Leichtathletik besitzt dabei der antike Speer, der etwa 1,5 bis 2 m lang und
leichter ist als der Jagd- und Kriegsspeer (was von Autoren wie
Tac. dial. 10 und Lukian. Anach. 32 wegen des geringen praktischen Effektes kritisiert wurde), eine Wurfschlinge (ἀγκύλη,
am(m)entum), wie sie zuweilen auch bei Naturvölkern beobach-
tet wurde (vgl. Jüthner/Brein AL Bd. 2, S. 307; Marrou a. a. O.
S. 237). Diese Ankyle bestand zumeist aus einem Lederriemen,

der um die Schwerpunktmitte des Schaftes so herumgewickelt wurde, daß das Ende eine Schleife bildete, in welche der Athlet einen oder zwei Finger steckte. Der Speerwerfer hielt das Gerät zwischen Daumen und Zeigefinger und mußte darauf achten, daß vor dem Abwurf die Ankyle gespannt war. Dadurch erzielte er nämlich neben der größeren Schleuderwirkung auch eine langsame Drehung des Speeres um die eigene Achse, was — wie moderne Experimente bestätigten — eine ruhigere Luftfahrt ermöglicht. Die lateinische Phrase *iaculum torquere* oder *contorquere* deutet diesen Zusammenhang an (Jüthner/Brein AL Bd.2, S.326—329). Die Durchführung des Wurfes gleicht ansonsten, wie zahlreiche antike Abbildungen zeigen, der modernen Sportart (Patrucco a.a.O. S.179 bezeichnet die Wurfmethode als «tutto simile a quello moderno»). Auf Vasen und Bronzedisken gelangen das Prüfen (Geradebiegen) des Schaftes, die Befestigung und das Spannen der Ankyle durch den Athleten, Anlauf- und Abwurfstellungen zur Darstellung. Daß die überlebensgroße Bronzestatue vom Kap Artemision einen Speerwerfer wiedergibt, wie Jüthner/Brein AL Bd.2, S.320f. und 345 (anders R. Wünsche, Der 'Gott aus dem Meer', in: JdI 94 [1979], S. 77ff., bes. 84f.) angenommen hat, mag zwar bezweifelt werden, aber auch die bekannteren Deutungen als Poseidon, den Dreizack bzw. Zeus das Blitzbündel schwingend, täuschen nicht darüber hinweg, daß dem Künstler ein speerwerfender Athlet Modell stand. Der Abwurf erfolgte nach einem kurzen Anlauf vermutlich wie beim Diskuswerfen bis zur Balbis, von wo aus dann der Speer geschleudert wurde. Aufgrund von Abbildungen meint Patrucco (a.a.O. S.180), daß kleine Säulchen die Abwurfstelle markierten, eine Deutung, die Jüthner/Brein AL Bd.2, S.347 schon früher in Frage gestellt hat. Für den Abwurf lassen sich auf den Bildern ähnliche Positionen in Schrittstellung, Kopf- und Armhaltung ausmachen, wie sie heute üblich sind. Die Wurfbahn befand sich bei den Wettkämpfen wohl im Stadion und war nach Zeugnissen des Antiphon und Pindar (te-

tral. 2, 2, 3, was sich allerdings auf das Gymnasion bezieht; Pind.
P. 1, 43 ff.; N. 7, 70 ff.; Jüthner/Brein AL Bd. 2, S. 346) von den
Seiten und vom Ende her zum Schutz der Zuschauer begrenzt.
Über Unfälle beim Speerwerfen mit tödlichem Ausgang berichtet die antike Sportchronik selten, immerhin haben sich Perikles
und Protagoras mit diesem Problem befassen müssen (vgl. neben
der oben erwähnten Antiphonstelle auch Plut. Perikles 36, 2;
FgrHist. II 107; Jüthner/Brein AL Bd. 2, S. 349). Die Wurfweiten antiker Athleten bleiben mangels Quellen unbekannt. Wurf-
experimente mit einer Ankyle haben aber ergeben, daß die er-
zielten Weiten zumindest bei ungeübten Werfern größer sind als
jene ohne Wurfschlinge, wobei die Angaben allerdings stark
differieren: Jüthner spricht von „ungleich größeren Wurfergeb-
nissen" und zitiert Berechnungen von Durchschnittsweiten mit
46 m (AL Bd. 2, S. 329, 343), Gardiner "by hearsay" von einer
Steigerung um 300 %, eine Angabe, der Harris GAA S. 93 wohl
zu Recht äußerst skeptisch gegenübersteht. Die Annahme, daß
der Speer wie der Diskus jeweils fünfmal geschleudert wurde,
beruht auf einem Analogieschluß und ist unwahrscheinlich, zumal die Athleten sehr häufig auf Abbildungen mit zwei Speeren
dargestellt sind (Jüthner/Brein AL Bd. 2, S. 349; Patrucco
a. a. O. S. 185).

Neben dem Fernwurf kannten die Griechen auch den *Ziel-
wurf,* der insbesondere „für die kriegsmäßige Ausbildung der
Jungmannschaft in Gymnasien" (Jüthner/Brein AL Bd. 2,
S. 341) als wichtig erachtet wurde. Dabei verwendete man Speere
mit scharfen Spitzen und offensichtlich eigene Zielscheiben,
über deren Beschaffenheit weder schriftliche noch bildliche
Zeugnisse informieren (Schröder a. a. O. S. 116). Aus welcher
Distanz die Epheben die Speere warfen, ob mit oder ohne Anlauf, und inwieweit diese Vorübung für den Krieg überhaupt
wettkampfmäßig betrieben wurde, lassen die antiken Gewährs-
leute und Vasenmaler nicht mit Sicherheit erkennen. In dieser
Zielwurfübung wurde der Ephebe ähnlich wie beim Bogen-

schießen, Waffenkampf und Katapultieren (Aristot. Ath. pol. 42, 3) übrigens von einem eigenen Trainer (ἀκοντιστής) für militärische Zwecke instruiert (Patrucco a. a. O. S. 186: «di indiscutibile utilità militare»). Die Vermutung Schröders a. a. O. S. 117 u. ö., diese palästrischen Speerübungen, die auch Platon (leg. 7, 794 C ff.) und Xenophon (equ. 12, 13) als Vorübungen für den Krieg empfahlen, stünden im Zusammenhang mit der Ablösung des Hoplitenheeres durch leichtbewaffnete Truppen zur Zeit des Peloponnesischen Krieges, hat viel für sich (vgl. etwa G. Kromayer, in: Heerwesen und Kriegsführung der Griechen und Römer [1928, ND 1963], S. 53, 87). Aus Anlaß der Panathenäen und Theseen wurden in Athen auch Reiterspiele durchgeführt, bei denen die Reiter Schilde zu durchbohren hatten, die auf einem Pfahl befestigt waren, vermutlich jenen sportlichen Leistungen nicht unähnlich, deren sich mehrere ägyptische Herrscher rühmten (vgl. oben S. 60; siehe Schröder a. a. O. S. 116 und Patrucco a. a. O. S. 187).

Neuere Spezialliteratur zum Speerwerfen: Patrucco a. a. O. S. 171—189 (mit Bibliographie S. 189); Brein, Die Leibesübungen S. 109f.; Harris SGR S. 36f.; ders. GAA S. 92—97; Jüthner/Brein AL Bd. 2, S. 307—350; ders., Über antike Turngeräthe S. 37—65; H. A. Harris, Greek javelin throwing, in: G & R 10 (1963), S. 26—36. H. G. Buchholz—V. Karageorghis, Homeric αἰγανέη, in: AAA 3 (1970), S. 386—391; H. M. Lee, The τέρμα in Pindar and Greek athletics, in: JHS 96 (1976), S. 70—79.

4.2.5 Ringen (πάλη)

Ein Papyrusfragment des 2. nachchristlichen Jh. (POxy III 466; vgl. Patrucco a. a. O. S. 305 f., Harris GAA S. 103 f.) vermittelt die seltene Möglichkeit eines direkten Einblicks in den Palästrabetrieb, indem es über die Anleitungen eines Trainers an zwei junge Ringer berichtet. Dabei werden zahlreiche Angriffsformen und Ringertricks sowie deren Parade geübt, die der

Berichterstatter in einem heute nicht in allen Einzelheiten verständlichen Fachjargon schildert. Der Ringkampf, ähnlich wie
die Laufwettbewerbe eine Sportart, die zunächst kaum irgend-
welcher technischer Hilfsmittel und besonderer Lokalitäten bedarf, entwickelte sich bei den Griechen zu einer Wettkampfdisziplin (in Olympia angeblich seit der 18. Ol. = 708 v. Chr.), die
eine ganz besondere Wertschätzung genoß, so daß der Ringer
zuweilen als 'Sportler' schlechthin bezeichnet wurde, vergleich-
bar etwa dem deutschen Wort 'Turner'. Daher galt auch die Palästra seit dem 5. Jh. v. Chr. generell als Übungsanstalt, die die gesamte körperliche (und auch geistige) Erziehung wahrnehmen
konnte (Harris SGR S. 21: "The 'palaestra' . . . was for many
centuries a feature of every Greek city"; siehe dazu auch
Zschietzschmann Bd. 2, S. 31 f.; Jüthner/Brein AL Bd. 1,
S. 157 ff.). Bei dieser sich darin ausdrückenden Popularität des
Ringkampfs erscheint es auch verständlich, wenn die Fachspra-
che der Ringer, wie sie im zitierten Papyrus verwendet wird, als
weitgehend bekannt vorausgesetzt werden darf, und wenn Me-
diziner, Pädagogen und Philosophen sich schon früh über den
erzieherischen und gesundheitlichen Wert dieser Sportart äußer-
ten oder wie Platon und Euripides selbst als Ringer Erfolge verbuchen konnten. Noch in der Zeit, in die obiger Papyrus datiert,
war eine Schrift des Protagoras ›Vom Ringkampf‹ erhalten
(Diog. Laert. 9, 55). Auch die große Zahl von Ringkampfdarstellungen im *Corpus vasorum* dokumentiert die Beliebtheit
dieses Sports. Wen wundert es dann, daß schon der Mythos
zahlreiche hervorragende Ringergestalten wie Herakles, Theseus, Kerkyon u. v. a., ja selbst eine eponyme Heroine, nämlich
die Tochter des Hermes Enagonios, mit Namen Palaistra kennt.
Sogar ein Ringkampf zwischen Mann und Frau, d. h. zwischen
Peleus und Atalanta, wird im Mythos und auf mehreren Vasenbildern geschildert, eine Kuriosität der Ringergeschichte, die
nach Athen. 13, 566 C auf der Insel Chios noch in historischer
Zeit eine Parallele besitzt (vgl. Patrucco a. a. O. S. 270 und oben

S. 90). Diese Volkstümlichkeit des Ringens, die die Hellenen mit vielen anderen Völkern der Erde teilen (vgl. auch oben S. 22 f.), liegt nicht nur in der oben erwähnten Voraussetzungslosigkeit dieser Disziplin begründet, sondern wohl auch in dem Umstand, daß der Ringkampf ähnlich dem Boxen und dem Pankration wegen seiner Gefährlichkeit bei den Zuschauern jenen Nervenkitzel auslöst, der vermutlich immer schon Massen in die Sportarenen lockte. Schon homerische Verse sprechen vom schmerzverursachenden Ringkampf (Il. 23, 701: παλαισμοσύνη ἀλεγεινή), und auch im Anacharsisdialog werden gleich in den ersten Kapiteln die Gefahren dieser Sportart sichtbar gemacht. Wenn W. Rudolph in seiner umfassenden Dokumentation dennoch „alle schmerzerzeugenden Griffe" (a. a. O. S. 40) aus dem antiken Ringkampf verbannen möchte, so steht m. E. dahinter das Bemühen, die Möglichkeiten dieser Sportart deutlicher als es die Quellen zulassen, von den rauhen Methoden des Boxens und Pankrations abzuheben. Deshalb muß Rudolph den antiken Autoren auch mehrfach den Vorwurf machen, sie verwechselten Ringkampf mit Pankration und Boxen (vgl. z. B. S. 35 f., 40). Hingegen stimme ich mit dem Verfasser überein, wenn er meint, daß sich diese Disziplin — und ich möchte hier hinzufügen, wohl auch die beiden anderen schwerathletischen Zweikampfarten — „aus dem Bereich der kriegerisch-utilitaristischen Rauferei" (a. a. O. S. 38) entwickelte und allmählich ein eigenes Regelwerk erhielt. Die wichtigsten antiken Ringerregeln hat Rudolph (a. a. O. S. 37) in fünf Punkten zusammengefaßt:

1. Der ganze Körper von Kopf bis Fuß ist Gegenstand der Griffe, wenn auch der Körper oberhalb der Gürtellinie anscheinend bevorzugt wird.
2. Beinausschlagen und besonders Beinstellen ist erlaubt.
3. Der Sieg ist nach einem dreimaligen Fall des Gegners errungen.
4. Die Entscheidung, ob ein Ringer gefallen ist und wer von beiden Gegnern den Fall bewirkt hat, trifft ein Kampfgericht.
5. Es ist verboten, den Gegner durch schmerzhaftes Schlagen, Würgen, Verdrehen der Gelenke und ähnliches zum Aufgeben zu zwingen (vgl. dazu allerdings die obigen einschränkenden Bemerkungen).

Ausschlaggebend für die weitere Entwicklung des Ringens als Wettkampfdisziplin ist der Umstand, daß es im Altertum keine Gewichtsklassen gab und lediglich παῖδες, ἀγένειοι und ἄνδρες getrennt wurden. Vor allem Rudolph hat die Konsequenzen dieses Faktums analysiert und gezeigt, daß im Laufe der Jahrhunderte „das hohe Körpergewicht dem Ringkampfstil seinen Stempel" (a. a. O. S. 79) aufdrückte, was einerseits leichtgewichtige Athleten nahezu chancenlos machte, anderseits den Ringern Ernährungsvorschriften aufzwang, die aus ihnen jene übergewichtigten Kraftgestalten werden ließ, wie sie die Vasenbilder zeigen und wie man sie ähnlich im japanischen Sumo-Ringkampf in der Berufsringerkaste jahrhundertelang förmlich züchtete. Ein eigener diätetischer Plan, die Zwangsernährung (Aristot. pol. 8, 4, 1339 a 6: ἀναγκοφαγία), ermöglichte die notwendige Gewichtszunahme und das Heranwachsen einer Ringergeneration, die im Hercules Farnese aus der Schule Lysipps eine Paradefigur gefunden hat. Auf eine Formel gebracht bedeutet das für Rudolph (a. a. O. S. 79): „Der Kampfablauf selbst wurde damit verlangsamt, anstelle der Würfe und Schwünge wurden die Hebegriffe betont, Standfestigkeit, Kraft und Gewicht bestimmten den Ringkampf, Kunst und Geschicklichkeit mußten mehr und mehr zurücktreten." Ausgenommen von dieser Entwicklung blieben lediglich die Kinderagone und jene Ringkämpfe, die im Rahmen des Finales im Pentathlon stattfanden, weil hier die Athleten schon vorher in den anderen Disziplinen erfolgreich sein mußten, was bei klassischen Ringerfiguren so gut wie auszuschließen ist (vgl. unten S. 188 ff.). Die Beschreibung des idealen Ringertyps bei Philostrat (gymn. 35) nimmt offensichtlich auf beide Formen Rücksicht und endet mit der Feststellung, daß die Pankratiasten aufgrund ihrer Statur zum Ringkampf besser geeignet sind als die Faustkämpfer und auch im Faustkampf die Ringer übertreffen.

Der Wettkampf selbst wurde nach dem k. o.-System ausgetragen, d. h. daß der jeweils Unterlegene ausscheidet, wobei man die Kampfpartner durch Losentscheid vorher ermittelte. Trainiert wurde in der Palästra, die Wettkämpfe fanden dann im Skamma des Stadions, jenem auch für den Weitsprung mit der Spitzhacke präparierten Boden (vgl. oben S. 159) statt. Bei Training und Wettkampf ölten die Athleten, nicht nur die Ringer, ihre Körper ein und letztere bestreuten sich dann noch mit Sand, so daß die Haut nicht allzu schlüpfrig war. Daß dieser Teil der Vorbereitung ursprünglich nicht mit sportlichen oder medizinisch-hygienischen (Harris SGR S. 21: "A hygienic measure to keep dirt out of their pores"), sondern mit kultischen Vorstellungen in Verbindung zu bringen ist, hat Ch. Ulf, Die Einreibung der griechischen Athleten mit Öl — Zweck und Ursprung, in: Stadion 5 (1979) (im Druck) meines Erachtens überzeugend nachzuweisen versucht. Das im Agon angewandte Griffrepertoire der Ringkämpfer war sodann von Statur und Gegner stark abhängig und erweist sich nach den antiken Quellen als außerordentlich mannigfaltig. Griffe oberhalb der Gürtellinie (vgl. dazu oben S. 171, Ringerregel Nr. 1; nach Schröder a. a. O. S. 125 waren nur diese erlaubt), Kopf-, Schulter- und Hüftgriffe und -schwünge, ferner Pendelschwung und Halsumklammerung (τραχηλισμός) sowie die verschiedenen Untergriffe dominieren dabei; dazu kommen alle Formen des Beinstellens und Wegschlagens des Standbeins, weshalb auch die moderne Ringersprache, die den griechisch-römischen Stil vom Freistilringen unterscheidet, nicht auf die Antike übertragbar ist.

Nicht endgültig geklärt ist die Frage des ἀκροχειρισμός, des Ringens mit den Händen, ein *terminus technicus,* der nach dem Suda-Lexikon (s. v. ἀκροχειρίζεσθαι) auch für die anderen schwertathletischen Kämpfe bezeugt ist. Bei dieser Art des Ringens ohne Umklammerung (ἄνευ συμπλοκῆς) dürfte der Kampf vor allem dadurch besonders gefährlich geworden sein, weil man dabei dem Gegner die Finger brechen konnte, was den Verletzten zur Aufgabe zwang, dem Sieger den rühmenden Beinamen Akrochersites einbrachte (Paus. 6, 4, 1—3), eine Interpretation, die Rudolph (a. a. O. S. 40) aus den oben S. 171 genannten Gründen nicht voll zu akzeptieren geneigt ist. F. Brein, Die Leibesübungen S. 112 und andere sehen im Akrocheirismos auch eine Art Eröffnungskampf, bei dem die Ringer in vorgebeugter Haltung, wie sie die lysippähnliche Bronzestatue aus Herkulaneum darstellt, darauf lauern, den Gegner an einer oder beiden Händen zu fassen (vgl. dazu auch oben S. 172). Ziel aller dieser Attacken war es, den Gegner zu Fall zu bringen, wobei ein dreifacher Niederwurf (διαπτώματα) den Sieg bedeutete, d. h. maximal fünf Kampfrunden (παλαίσματα) ohne größere Pause (vgl. Harris GAA S. 102) ausgetragen wurden. Da der Ringkampf bei den großen Agonen als Standkampf (ὀρθὴ πάλη) durchgeführt wurde und das sog. Wälzringen (ἀλίνδησις, κύλισις) nur als Bestandteil des Pankrations bekannt ist (Patrucco a. a. O. S. 275), war die Rückenlage des Gegners (nach Harris SGR S. 21 war Schulterberührung mit dem Boden erforderlich; ähnlich Patrucco a. a. O. S. 301) oder in bestimmten Fällen die Berührung des Bodens mit dem Knie (und zwar dann, wenn der Ringer dazu vom Gegner gezwungen wurde) ausschlaggebend für den Rundensieg (vgl. oben S. 171). Der Kampf konnte von einem der beiden Antagonisten auch durch vorzeitiges Aufgeben (ἀπαγορεύειν oder Erheben des ausgestreckten Zeigefingers) sowie durch „die Kampfunfähigkeit eines Partners durch Luxationen, Knochenbrüche, Schädelbrüche und Tod" (Brein, Die Leibesübungen S. 111) beendet werden. Als besonders ruhmreich galt es, aus dem Ringkampf als ἄπτωτι, d. h. als einer, der nicht gefallen und nicht in die Knie gegangen ist (ἐς γόνατ᾽ οὐκ ἔπεσεν, vgl. Patrucco a. a. O. S. 302), hervorzugehen. Auch unentschiedene Ringeragone sind überliefert (vgl. Il. 23, 700 ff.; nach Rudolph a. a. O. S. 38 galt ein Kampf auch dann als unentschieden, „wenn beide Gegner verschlungen am Boden lagen und nicht eindeutig festgestellt werden konnte, ob der eine den anderen zum Liegen gebracht hatte"). Ein besonderer Vorteil beim Wettkampf konnte es ferner sein, wenn beim Auslosen der

Paarungen, wo jeweils zwei gleiche Buchstaben die Lose bildeten, ein Wettkämpfer ein Freilos zog — er galt als ἔφεδρος —,
oder wenn, was freilich mehr in der Legende als in der Wirklichkeit vorgekommen sein dürfte, der Gegner angesichts seines berühmten Gegenübers wie etwa des antiken Paraderingers Milon
von Kroton auf den Kampf verzichtete und dieser Athlet dann
seinen Sieg feiern konnte, ohne tatsächlich gekämpft zu haben
(sog. ἀκονιτί-Siege; vgl. Rudolph a. a. O. S. 37 und Patrucco
a. a. O. S. 298 f.).

Lokale Varianten des Ringkampfes, die aber in der Periodos
keine Rolle spielten, scheinen das θέτταλον πάλαισμα und eine
Form des σικελίζειν gewesen zu sein (Eust. 331, 37 und Ail.
var. 11, 1; dazu Patrucco a. a. O. S. 295). Über sie ist weiter
nichts bekannt.

Daß dem Ringen im griechischen Erziehungsprogramm ein
hervorragender Platz eingeräumt wurde, erklärt sich nicht nur
aus seiner oben erwähnten Popularität, der Ringkampf gilt nach
Platon (leg. 7, 814 D ff.) auch als ausgezeichnete Vorbereitungsübung der Epheben für den Ernstfall, weil er unter allen sportlichen Übungen mit den Kämpfen im Krieg in der Tat am nächsten
verwandt ist, weshalb auch der Philosoph in seinem System der
Gymnastik dieser Disziplin zusammen mit dem Tanz einen Spit-
zenplatz einräumt (vgl. dazu bes. E. Kornexl, Leibesübungen
bei Homer und Platon [Studientexte zu Leibeserziehung 5,
1969], S. 94 f.; siehe zum Unterricht in der Gymnastik, vor
allem in der Ringkunst, auch Marrou a. a. O. S. 240—244). Diese
und ähnliche Beurteilungen des Ringkampfes der Hellenen
haben im modernen Schrifttum, besonders seit Otto Heinrich
Jägers ›Gymnastik der Hellenen‹ (1850), S. 97 ff. mit der begei-
sterten und idealisierenden Darstellung („die vollkommenste all-
seitigste harmonievollste Übung, ein wahrer Mikrokosmos der
ganzen Gymnastik"; vgl. dazu Rudolph a. a. O. S. 54 und 61),
zu einer hohen Wertschätzung dieser griechischen Wettkampfdisziplin in der Neuzeit beigetragen und auch die Auffassung

entstehen lassen, "in many respects it was the most characteristic Greek sport" (Harris SGR S. 21), ein Urteil, das angesichts der Ubiquität gerade dieser Form des sportlichen Kampfes, die auch sonst häufig von anderen waffenlosen Zweikampfarten unterschieden wird (vgl. oben S. 22 ff.) und ein ausgeprägtes spezifisches Regelwerk entwickelt, leicht mißverstanden werden kann.

> *Neuere Spezialliteratur zum Ringkampf:* Patrucco a. a. O. S. 269—308 (mit Bibliographie S. 308, Rudolph wurde nicht berücksichtigt); W. Rudolph, Olympischer Kampfsport in der Antike. Faustkampf, Ringkampf und Pankration (Schriften der Sektion für Altertumswissenschaft, Bd. 47, 1965), S. 29—32 und 78 ff. (mit umfangreichem Schriftenverzeichnis V—XIII); Brein, Die Leibesübungen S. 110—113; Harris SGR S. 21 f.; ders. GAA S. 102—105; Jüthner, RE 18, 3 (1949), Sp. 82—89, Art. Pale; Schröder, Der Sport im Altertum (1927), S. 121—129; E. N. Gardiner, Wrestling I und II, in: JHS 25 (1905), S. 14—31 und 263—293; zum eingangs S. 169 f. zitierten Papyrus vgl. die kontroversiellen Interpretationen bei Jüthner, Philostratos S. 26—30 und die von Gardiner zitierte Arbeit (der sich Marrou a. a. O. S. 241 f. anschließt); ferner I. Cazzaniga, Osservazioni critiche intorno a POxy 466 e 2221, I, 26, in: Athenaeum 42 (1964), S. 373—380; M. Bulard, Ἀκροχειρισμός, in: REA 26 (1924), S. 193—215.

4.2.6 Boxen (πυγμή)

Das Alter dieser Sportart dokumentiert nicht nur die geometrische Kunst, wie beispielsweise eine bekannte Dresdner Vase (vgl. Patrucco Abb. 97), hierfür gibt es bereits in der minoisch-mykenischen Welt eine Reihe von Zeugnissen, darunter das bemerkenswerte Boxerfresko aus Akrotiri auf Santorin (vgl. oben S. 75). In den homerischen Epen, wo man selbst Apollon als Schutzgott der Boxer anruft (Il. 23, 660; vgl. auch seinen Beinamen 'Pyktes'), wird mit den blutigen Zweikämpfen zwischen Epeios und Euryalos sowie zwischen Odysseus und dem Gemeindebettler Iros eine literarische Tradition geschaffen, in der das ganze Altertum hindurch immer wieder andere mythische und fiktive Boxergestalten erscheinen: So in Theokrits 22. Idylle und in den ›Argonautika‹ (2, 25 ff.) des Apollonios Rhodios, der berühmte Kampf zwischen Polydeukes, der als 'Erfinder' dieser Zweikampfform gilt, mit dem 'Boxerkönig' Amykos, ein ausführlich beschriebener Wettkampf, an dem sich auch Patrucco (a. a. O. S. 243 ff.) in seiner Interpretation dieser Sportart weitgehend orientiert; so auch in den Anchisesspielen Vergils (Aen. 5, 391 ff.) zwischen Dares und Entellus oder in der ›Thebais‹ des Statius (6, 728 ff.). Unverkennbarer Zug dieser Boxkampfschilderungen sind die Derbheiten und blutigen Szenen, die freilich auch daraus verständlich werden, daß die Dichter die Sensationslust ihres Hörerkreises ins Kalkül gezogen haben und ihnen nichts daran lag, einen 'durchschnittlichen', vielleicht harmloseren Verlauf eines solchen schwerathletischen Zweikampfes vorzuführen. Gerade diese Auffassung vertritt Rudolph, der ähnlich wie beim Ringkampf (vgl. oben S. 171) genaue Regelungen für erlaubte und unerlaubte Hiebe, Stöße und Schwünge und deren Ziele annehmen möchte, also ein wildes Aufeinanderlosgehen als barbarisch und nicht hellenischer Boxkunst entsprechend beurteilt, und somit Beispiele, die über dieses Regelwerk hinausführen, gerne dem Pankration zuordnet. Daher legt Rudolph (a. a. O. S. 11) auch Wert auf die Trennung des griechischen Boxens vom römischen Caestuskampf, „wo man nicht mehr Geschmack am sportlichen, wenn auch harten Kampf fand, sondern sich am blutig grausamen Gladiatorenkampf ergötzte".

Dessenungeachtet zeigt gerade die Veränderung des 'Boxhandschuhs' (die Finger bleiben dabei allerdings frei) von der homerischen bis in die hellenistische Zeit, daß auch innerhalb dieser griechischen Sportart eine Entwicklung Platz greift, zumal die ursprünglich bezeugten etwa 3 m langen Lederriemen, mit denen die Athleten ihre Fäuste umwunden haben, um die eigenen Knöchel zu schützen (nicht um den Gegner zu schonen;

vgl. Rudolph a. a. O. S. 9 f.), durch zusätzliche Verstärkungen
zu einer Angriffswaffe wurden, die zwar nicht dem römischen
Caestus, einem 'unsportlichen Mordwerkzeug' (Rudolph
a. a. O. S. 11) entsprach, aber doch gefährlichere Verletzungen
bewirkte als der alte Faustschutz. An die Stelle des 'weichen
Riemens' (ἱμὰς μαλακώτερος oder μειλίχιος) trat ab etwa dem
4. vorchristlichen Jh. das schmerzhafte, härtere Riemengeflecht
(ἱμὰς ὀξύς), das zweifelsohne eine gewisse Verrohung des Boxkampfes bewirkte (vgl. oben S. 98). Philostrat betont in seiner
Beschreibung der 'Boxhandschuhe' (gymn. 12) allerdings, daß
man Schweinslederriemen wegen der erhöhten Verwundungsge-
fahren von Sportplätzen verbannte und harmlosere von Rindern
bevorzugte, die aber auch einen scharfen, vorragenden Schlag-
riemen aufwiesen. Die von Platon (leg. 8, 830 B) für das Training
empfohlenen σφαῖραι (die Marrou a. a. O. S. 238 zu den einfachen 'harten Bandagen' zählt) dürften die Verletzungsgefahr
wohl ebenso gemindert haben wie die dabei verwendeten 'Oh-
renschützer' (ἀμφωτίδες), die beim Ernstkampf nicht bezeugt
sind. Bekannt sind auch die Technik des Schattenboxens (σκια-
μαχία) und die Arbeit am Sandsack (κώρυκος), die den Spar-
ringpartner ersetzen konnte und die auf der bekannten ficoroni-
schen Ciste abgebildet ist. Zu Problemen der Terminologie
(σφαῖραι, ἐπισφαῖραι, ἱμάντες, μύρμηκες) hat zuletzt Patrucco
(a. a. O. S. 244 ff.) ausführlich, jedoch sehr zurückhaltend Stellung genommen, wobei die Myrmikes (d. h. Ameisen) vorsichtig
mit ἱμὰς ὀξύς oder σφαῖραι identifiziert werden (anders Reinmuth a. a. O. Sp. 1247, der sie mit dem römischen *caestus* gleich-
setzt). Patrucco (a. a. O. S. 265) bringt auch das Papyrusfragment POxy VI 887 mit dem Training der Boxer in Verbindung,
während Schröder (a. a. O. S. 153) wohl zu Unrecht den Text
auf das Pankration bezieht. Die Spartaner, denen die Teilnahme
an Agonen, 'bei denen die Hand ausgestreckt wurde', d. h. bei
denen man aufgeben konnte (vgl. Plut. Lykurg 19), untersagt
war, betrachteten das Boxen sozusagen nur als eine wertvolle

Trainingsform, bei der der Körper abgehärtet wurde (vgl. dazu Reinmuth a. a. O.).

Nach den Trainingsvorbereitungen, die in der Palästra — wie gelegentlich dort dargestellte aufgehängte Boxhandschuhe zeigen — durchgeführt wurden, ging man, außer in Sparta, zum Wettkampf selbst. Für ihn hat angeblich der erste Olympiasieger (23. Ol. = 688 v. Chr.), der Smyrniote Onomastos (Philostr. gymn. 12), eigene Boxregeln verfaßt, die von den Eleern 'wegen der Sachkenntnis' dieses Athleten in Hinkunft befolgt wurden. Die Griechen, die in der Beachtung der Regeln einen wesentlichen Unterschied zu barbarischen Raufern sehen wollten, wußten hohe Boxtechnik zu würdigen, wie die Nachrichten über einen Namensvetter des Pythagoras von Samos zeigen, der bei den Olympischen Spielen von 588 v. Chr. aufgetreten war und nicht nur wegen seiner langen Haare und seines Purpurgewandes, sondern auch wegen seines kunstmäßigen Boxens Aufsehen erregt hat (Diog. Laert. 8, 47). Eine agonistische Inschrift um 300 v. Chr. (Moretti IAG 33, 1—5) erwähnt auch einen νόμος des Polydeukes, der ebenfalls in leider nicht näher bestimmbarer Weise auf Wettkampfregeln hinweist (dazu etwas ausführlicher Patrucco a. a. O. S. 229 f., bes. auch Ebert, Epigramme S. 168). Möglicherweise begann der Zweikampf, für den die Partner wie beim Ringen und beim Pankration durch Los bestimmt wurden — dabei war auch hier der Aufstieg in die nächste Runde als ἔφεδρος möglich (vgl. oben S. 175) — mit einem Akrocheirismos (so jedenfalls Brein, Die Leibesübungen S. 115, anders Patrucco a. a. O. S. 263), wobei die Grundstellung nach den Vasenbildern zu schließen durchaus jener der heutigen Boxerposition ähnlich ist: Aufrecht und mit hocherhobenen Armen, die Linke meist etwas vorgestreckt, stehen sich die Boxer gegenüber. Ziel ihrer Hiebe, die sich nach Rudolph (a. a. O. S. 15) „ausschließlich gegen Kopf und Gesicht", nach Brein, Die Leibesübungen S. 116, auch gegen „Brust und Solarplexus" richteten, war es, den Gegner niederzuschlagen, wobei im Unterschied zu heute weder

Runden noch irgendeine Art der Begrenzung des Boxringes existierten. Wie das Ziel der Hiebe, so ist im Schrifttum auch umstritten, ob das Treten des Gegners dabei erlaubt war oder nicht;
Rudolph (a. a. O. S. 11 ff.) lehnt es ab und möchte die entsprechenden Vasenbilder dem Pankration zuschreiben, Schröder
(a. a. O. S. 147) und Harris (GAA S. 97 f.) akzeptieren es (für
letzteres spricht Philostr. gymn. 34, der den Fußstoß gegen das
Schienbein des Gegners erwähnt, was möglicherweise eine spätere Regeländerung oder lokale Eigenart darstellt). Was die umstrittenen Körperschläge anlangt, so mag Brein, Die Leibesübungen S. 116 gegen Rudolph recht behalten, wenn er dem Argument, diese Art gelange auf Vasen und in der Dichtung nicht
zur Darstellung, mit dem Hinweis begegnet, daß Körperschläge
nicht so spektakulär wirken wie Kopfschläge. Das Umklammern
des Gegners, das sog. Clinchen, scheint allgemein verboten gewesen zu sein (vgl. Patrucco a. a. O. S. 259 aufgrund von Plut.
quaest. conviv. 2, 4; siehe auch Rudolph a. a. O. S. 13). Insgesamt gesehen lassen sich aber aufgrund der Abbildungen und
dichterischen Schilderungen über die Verbote und Regeln des
Boxkampfes nur wenige gesicherte Aussagen treffen, und Harris
GAA S. 97 ist wohl zuzustimmen, wenn er die Schwierigkeiten
betont, "to discover precisely what was allowed and what was il-
legal in each of this closely allied fighting contests". Schnelle Finten, eine gediegene Beinarbeit der Boxer und vor allem Körper-
täuschungen mit der Kunst, den Hieben des Gegners auszuweichen oder sie zu parieren, machten neben der Fähigkeit, präzise
und kräftige Gerade, uppercuts, Haken, Schwünge (auch der
sog. Hammerschlag ist bezeugt) beim Gegner zu landen, das
'Know-how' des Boxers aus. Daß insbesondere die Technik des
Ausweichens in ihrer Perfektion auch in der Spätzeit des Griechensports hoch geschätzt wurde und somit der zunehmenden
Brutalisierung der Kampfart keineswegs uneingeschränkt das
Wort zu reden ist, erhellt aus den gefeierten Erfolgen des berühmten Boxers Melankomas, der aus seinen Kämpfen zur Zeit

der Flavischen Kaiser unberührt hervorgegangen sein soll (vgl. dazu Dion Chrys. or. 28 und 29; zu dieser Technik Rudolph a. a. O. S. 17 f.). Gerade auch um die verbreitete Auffassung zu entkräften, der Griechensport habe sich von seiner klassischen Höhe dann in den Jahrhunderten des Hellenismus und der Kaiserzeit zu einem dekadenten und brutalen Unterhaltungsmedium für zuschauende Massen entwickelt, hat Harris GAA S. 100 herausgestellt, "that the only two fatal boxing accidents of which we know any details both occurred in the so-called 'golden age' of Greek athletics", womit der Verfasser zwei Todesfälle meint, die sich zu Beginn und um das Ende des 5. Jh. v. Chr. in Olympia und Nemea ereigneten (vgl. dazu den Tod des Ikkos von Epidauros in Olympia im J. 496 oder 492 "by a foul", wie Harris a. a. O. bemerkt; siehe auch Ebert, Epigramme S. 143 zu SEG 22 Nr. 354, und die bekannte Greuelgeschichte von Nemea, die Paus. 8, 40, 3 überliefert und die Rudolph a. a. O. S. 11—13 meines Erachtens zu Unrecht rationalisierend interpretiert). Tod im Boxkampf scheint jedenfalls eine große Seltenheit gewesen zu sein, die meisten Kämpfe endeten durch K. o.-Sieg, Verletzung des Gegners (technisches K. o.), durch Aufgabe, die wie bei den anderen 'körpernahen' Agonen mit der Hand oder durch Zuruf angezeigt wurden (vgl. Paus. 6, 10, 1 und oben S. 174). Da also jede Art eines Punktesystems wie im modernen Boxsport fehlt, war die primäre Absicht der Antagonisten, den Gegner kampfunfähig zu schlagen, wofür nach Rudolph (a. a. O. S. 19) und Brein, Die Leibesübungen S. 116 die bevorzugten Angriffsziele die Kinnspitze, der Kinnwinkel, die Gegend um Augen und Ohren, die Nase und vermutlich die Halsschlagader darstellten. Natürlich gab es auch hier wieder ἀκονιτί-Siege, wenn ein Boxer wegen seines gefährlichen Konkurrenten nicht antreten wollte. Dazu muß es so manchen Grund im Altertum gegeben haben, stellt man in Rechnung, daß es mehrere hochberühmte und populäre Boxer gegeben hat, wie Theagenes von Thasos (mit weit über 1000 Sie-

gen), Pythagoras von Magnesia und den einer bekannten Boxer-
familie entstammenden Diagoras von Rhodos, um nur drei bekannte Boxergestalten des 5. Jh. anzuführen.

Als Phänotyp war der Boxer nicht von der Dickleibigkeit des
Ringkämpfers, obzwar ihm nach Philostrat (gymn. 34) ein
Bauch gewisse Vorteile bringen konnte; er sollte mit langen Armen und kräftigen Schultern sowie einer lockeren beweglichen
Hüfte ausgestattet sein, was darauf schließen läßt, daß diese
Disziplin, verglichen mit dem Ringen, einen rascheren und ab-
wechslungsreicheren Verlauf nehmen konnte. So gesehen ist
auch Rudolphs (a. a. O. S. 24) getroffene Feststellung voll zu akzeptieren, die hinsichtlich der oben S. 172 erwähnten Zwangs-
diät, die bei Boxern nicht in diesem Ausmaß üblich gewesen zu
sein scheint, besagt, daß „im Faustkampf ... die Kompensie-
rung von Nachteilen, die auf naturgegebenen körperlichen Voraussetzungen beruhen, nicht zu jenen negativen Folgen" geführt
hat wie beim Ringkampf. Der berühmte bronzene Faustkämpfer
aus dem Thermenmuseum in Rom und zahlreiche Vasenbilder
bestätigen diese Meinung durchaus.

Eine Sonderform des Boxens, die vor allem durch die Situlenkunst (dazu unten S. 216f.), aber auch durch Kleinbronzen aus
Landeck/Tirol bekannt ist, stellt das sog. *Hantelboxen* dar, bei
dem die Boxer mit je zwei hantelartigen Sportgeräten, die nicht
aus Metall, sondern aus „gepolsterten Lederkugeln" (Brein) bestehen sollen, gegeneinander kämpfen, wobei der sportliche
Charakter dieser Begegnungen durch einen im Hintergrund abgebildeten Siegespreis angedeutet zu sein scheint. Die Zeugnisse
für diese Wettkampfart stammen zumeist aus dem illyrisch-venetischen und aus dem Alpenraum und sind etwa ins 6.—4. Jh.
zu datieren (zahlreiche Belege bei Jüthner/Brein AL Bd. 1,
S. 58 ff.; Patrucco a. a. O. S. 245 ff.).

Neuere Spezialliteratur zum Boxkampf: Patrucco a. a. O. S. 225—267
(mit Bibliographie S. 267); Rudolph a. a. O. S. 8—28 und 78 ff. (mit umfangreichem Schriftenverzeichnis V—XIII); Brein, Die Leibesübungen

S. 113—117; Harris SGR S. 22—25; ders., GAA S. 97—101; vgl. auch
W. Rudolph, Sportverletzungen und Sportschäden in der Antike, in:
Altertum 22 (1976), S. 21—26; Marrou a.a.O. S. 238f.; O. W.
Reinmuth, Kleiner Pauly 4 (1972), Sp. 1246—1248, Art. Pygmé;
J. Jüthner—E. Mehl, RE Suppl. 9 (1962), Sp. 1306—1352, Art. Pygmé;
Jüthner, Turngeräthe Sp. 65—95; Schröder a.a.O. S. 114—152;
M. Bulard, Ἀκροχειρισμός, in: REA 26 (1924), S. 193—215; K. T.
Frost, Greek Boxing, in: JHS 26 (1906), S. 213—225; D. Hagopian,
Pollux' Faustkampf mit Amykos (1955); L. Previale, Il pugilato nelle let-
terature classiche, in: Mondo Classico (1935), S. 90—110. — C. A. For-
bes, Accidents and fatalities in Greek athletics, in: Classical Studies in
honor of W. A. Oldfather (1943) S. 50ff., und R. H. Brophy III, Death
in the Panhellenic games, in: AJPh 99 (1978), S. 363ff.

4.2.7 Pankration (παγκράτιον, πάμμαχος, παμμαχία)

In seinem Einteilungsschema aller Agone zählt Philostrat
(gymn. 3) zu den leichten Übungen die Laufbewerbe, zu den
schwereren (τὰ βαρύτερα) neben dem Ring- und Boxkampf
auch das Pankration. Obwohl in späteren Jahrhunderten sehr
populär, scheint diese Wettkampfform in der Frühzeit kaum bekannt gewesen zu sein, denn abgesehen von einer Darstellung
auf dem Trichterrhyton von Hagia Triada (vgl. oben S. 75)
und höchst zweifelhaften mythischen Kämpfen des Herakles
und anderer Heroen fehlt diese Kampfart im Repertoire der homerischen Agone. Ins olympische Programm wurde das Pankration als letzter schwerathletischer Kampf angeblich im J. 648
gleichzeitig mit dem Pferderennen aufgenommen, die Einführung des Knabenagons um 200 v. Chr. ist zugleich auch die
letzte bekannte Programmbereicherung in Olympia. Nach anti-
kem Zeugnis (Sch. Pind. N. 3, 27 a) soll ein gewisser Leukaros
aus Akarnanien, dem 'Wilden Westen' Griechenlands, die
Kampfregeln eingeführt haben.

Das Pankration, im modernen Schrifttum gern mit den ostasiatischen Sportarten Judo und Jiu Jitsu verglichen, sollte nicht

als völlig regellose und brutale Rauferei mit besonders hoher
Verletzungsgefahr verstanden werden. Harris GAA S. 105 f.
warnt davor, darin eine Form des "all-in wrestling" (d. h. Freistilringen, so z. B. Brein, Die Leibesübungen S. 117) oder bloß
"a mixture of boxing and wrestling" zu sehen (wie es etwa Philostr. gymn. 11 definierte), sondern eher einen "unarmed com-
bat converted into a scientific sport". Im Unterschied dazu
spricht Schröder (a. a. O. S. 153) von einer „Art ausgebildeter
Rauferei" und „stillosem Durcheinander", gegen das sich „der
freiere Sportgeist" der Griechen gesträubt haben mochte, weil
ihm offenbar an einem exakten Regelwerk, wie es dem Boxer
und Ringer vertraut war, mangelte. Demgegenüber wiederum
bescheinigt Patrucco (a. a. O. S. 310), ähnlich wie Harris, dem
Pankration «una precisa regolamentazione», wenngleich sich
die Autoren des Altertums darüber ausschweigen, welche Regeln nun tatsächlich dabei Gültigkeit besaßen. Nach Philostrat
(imag. 2, 6) scheint alles geduldet worden zu sein πλὴν τοῦ δά-
κνειν καὶ ὀρύττειν, was zumeist mit 'beißen' und 'kratzen' bzw.
'in die Augenhöhlen, die Mundhöhle oder in andere weiche
Körperteile bohren' (Rudolph a. a. O. S. 65 nach E. N. Gardiner) übersetzt wird; die gleiche Philostratnotiz läßt erkennen,
daß bei den Spartanern, die diese Übungen allerdings nur zu militärischen Zwecken kultivierten, ohne an Wettkämpfen selbst
teilzunehmen, war ihnen doch die Teilnahme wegen der Möglichkeit des Aufgebens untersagt (siehe oben S. 181), selbst Beißen und Kratzen erlaubt waren. War das Pankration also doch so
gut wie an keinerlei Regeln gebunden? Eine Sicherheit scheint in
dieser Frage nicht erreichbar, es sei denn die, daß eben irgendwelche Regeln existierten. Darauf deuten auch die Vasenbilder
mit Schiedsrichtern und Paidotriben hin, die mit ihren Ruten gerade zum Schlage gegen einen Regelübertreter auszuholen scheinen (zwei Beispiele bei Rudolph a. a. O. S. 66).
    Von Kopf bis Fuß konnte der Pankratiast mit Armen und Bei-
nen nach Ringer- oder Boxerart oder auch anders attackiert wer-

den, wobei Hiebe und Stöße aller Art, auch mit der offenen Hand, Tritte und Beinstellen, Würgegriffe, Schulterschwünge, schmerzhafte Arm-, Bein-, Finger- und Zehenverdrehungen bis zum Bruch, schonungslos angewandt wurden (vgl. oben S. 173 f.). Soviel zu den Angriffsmöglichkeiten der Pankratiasten. Nun zum Agon selbst: Die Gegner wurden auch hier durch Los bestimmt, so daß wiederum die Möglichkeit bestand, als ἔφεδρος kampflos in die nächste Runde aufzusteigen oder im anderen Fall sich als Sieger dann doch zu rühmen, diesen Triumph als ἀνέφεδρος verdient zu haben (Patrucco a. a. O. S. 324 mit Hinweis auf entsprechende Pankratiasteninschriften; dazu mit weiteren Beispielen Ebert, Epigramme S. 228 f.). Die bessere Ausgangsposition (προβολή) dürfte im Wettkampf, wie Abbildungen andeuten (vgl. Brein, Die Leibesübungen S. 117 f.), durch den schon von den anderen schwerathletischen Agonen her bekannten Akrocheirismos ermittelt worden sein, wofür auch der bei Philostrat (imag. 1, 6 und 2, 6; siehe dazu Patrucco a. a. O. S. 322) verwendete Pankratiastenterminus des 'Handumdrehens' (τὴν χεῖρα στρεβλοῦν) spräche. Weiterhin hat Rudolph aufgrund seines Studiums der antiken Quellen, besonders der Vasenbilder, für die Anfangsphase des Kampfes angenommen, daß dieser in der Regel als Standkampf (ὀρθὴ πάλη) eher einem Ringkampf denn dem Boxen glich, da die Faust- und Handschläge „weniger aggressiven als vielmehr defensiven Charakter" (a. a. O. S. 67) aufweisen und daß der Wettbewerb nach dem möglichst plötzlich ausgelösten Sturz — antike Autoren führen dafür den Fachausdruck ὑπτιασμός an (siehe Patrucco a. a. O. S. 318 f.) — von den Allkämpfern am Boden liegend oder knieend entschieden wurde, wofür die Marmorgruppe aus den Uffizien ein illustres Beispiel abgibt. Dieser wichtige Übergang vom Stand- zum Bodenkampf und zum Wälzringen (ἀλίνδησις, κύλισις; vgl. oben S. 174) dürfte weniger durch Fall- oder Untergriffe, sondern eher durch Schwünge, insbesondere den Schulterschwung, herbeigeführt worden sein, weshalb

Rudolph auch die Auffassung vertritt, daß Pankratiasten viel
beweglicher waren, ähnlicher dem Pentathleten im Ringkampf
als den Vertretern des reinen Ringens, das ja oben S. 172 als
'ausgesprochene Schwergewichtsangelegenheit' (so Rudolph
a. a. O. S. 45) geschildert wurde. Behendigkeit, allgemeine rasche Anpassungsfähigkeit an neue Kampfsituationen und au-
genblickliches Reagieren waren also neben der kräftigen Grund-
disposition wichtigste Voraussetzungen im Wettkampf (vgl.
dazu noch unten S. 188). Die Eingangsszene im Anacharsisdialog (c. 1 f.) vermittelt zweifelsohne ein lebendiges Bild vom Verlauf eines Pankration, in welchem anfangs vom Umklammern
und Beinstellen und vom Gegeneinanderstoßen mit geduckten
Köpfen — 'wie bei den Widdern' — die Rede ist, ferner vom
Ringen am weichen Lehmboden, bei dem die Gegner sich 'wie
Schweine' im Dreck wälzen, und schließlich davon, wie der eine
Pankratiast seine Beine um den Bauch des Gegners schlingt und
seine Ellbogen gegen dessen Kehle drückt, bis der Gewürgte
aufgibt (vgl. auch Lukian. Anach. 31; eine weitere dichterisch
ausgeschmückte Beschreibung eines Pankrations kann in den
›Aithiopika‹ [10, 31] von Heliodoros nachgelesen werden). Entscheidend für den Sieg war dabei, den Gegner kampfunfähig zu
machen, was natürlich auf verschiedene Arten erreicht werden
konnte. Ein berühmtes Beispiel hierfür bietet die Erzählung über
Arrhichion, einen Pankratiasten, der bereits zweimal in Olympia gesiegt hatte und bei seinem dritten Auftreten im Bodenkampf unmittelbar bevor er von seinem namentlich nicht bekannten Gegner erwürgt worden sein soll, diesem nach dem Zuruf eines Gymnasten noch die Zehen gebrochen habe, worauf
der Unbekannte wegen der großen Schmerzen habe aufgeben
müssen, Arrhichion selbst aber gestorben sei (Philostr. imag. 2,
6; gymn. 21 bzw. Paus. 8, 40, 1 f.). Dennoch erhielt Arrhichion
— zum drittenmal — den olympischen Siegeskranz. Eine andere
Kampftechnik, die, was nicht die Regel war, schon in der Phase
des Standkampfes zum Sieg führen konnte, und die mit dem

Namen des Pankratiasten Sostratos von Sikyon (aber auch mit dem Ringer Leontiskos, vgl. oben S. 173 f.) assoziiert werde, bestand darin, den Gegner an den Händen zu ergreifen und sie so fest zu pressen, daß dieser den Kampf sogleich aufgab. Diese Erfolgsmethode brachte dem vielfachen Sieger bei panhellenischen Agonen Sostratos den Beinamen 'Akrochersites', d. h. 'Handkämpfer' (Paus. 6, 4, 1; vgl. auch das Gedicht bei Ebert, Epigramme S. 129 ff.). Eine einfachere Art, den Kampf zu gewinnen, war natürlich auch die des ἀκονιτί-Sieges. Gewöhnlich wurde der Sieger jedoch anders ermittelt, nämlich durch Verzicht zum Weiterkämpfen eines Gegners wegen schmerzhafter Stellungen oder Verletzungen, das ἀπαγορεύειν oder ἀπειπεῖν, das außer durch Zurufen — kaum wie beim Ringen durch das Vorstrecken des Zeigefingers — auch, wie Rudolph (a. a. O. S. 65) wohl zu Recht nach Lukian (Anach. 1) annimmt, durch Klopfzeichen des Aufgebenden auf dem Rumpf des Siegers erfolgen konnte. Daß diese Kampfmethoden im Pankration, die auch zum Tod des Gegners führen konnten, nichts mit Unfairneß im Sport zu tun haben, hat R. Muth, Olympia-Idee und Wirklichkeit S. 184 zu Recht mit Nachdruck herausgestellt: „Die Normen der Kritik dürfen . . . nur aus der Antike selbst genommen werden" (a. a. O. S. 165 f.).

Wenn trotz der zahlreichen Verletzungsmöglichkeiten und selbst des Risikos, den Kampf nicht zu überleben, der Sieg beim Pankration bei Athleten im hohen Ansehen stand, so korreliert dieser Umstand gewiß mit der Popularität dieser Disziplin, wobei es müßig ist zu räsonieren, ob sie gefährlicher sei als das Ringen und Boxen oder nicht (zur Diskussion darüber vgl. Rudolph a. a. O. S. 75 f.; siehe auch Brein, Die Leibesübungen S. 118). Nach Philostrat (imag. 2, 6) galt jedenfalls dieser Agon als der schönste (τὸ κάλλιστον) in Olympia, und inschriftlich bekannten Preisgeldern von Aphrodisias ist zu entnehmen, daß die Pankratiastensiege im Kurswert, zumindest in der Kaiserzeit, alle anderen Agone überragten (vgl. Harris GAA S. 109; zu

CIG 2758 vgl. J. Ebert, Zu griechischen agonistischen Inschriften, in: WZ Halle 15 [1966], S. 383—385). Eine olympische Besonderheit, die der Beliebtheit der Pankratiasten Ausdruck verleiht, war die Tatsache, daß man seit 212 v. Chr. eine Liste von Doppelsiegern, die auch in der Pale erfolgreich waren, führte und in diesen 'Schwerathletik-Paradoxoniken' (Rudolph a. a. O. S. 75) Abkömmlinge des Herakles sah (οἱ ἀφ' Ἡρακλέους), weil dieser nach Paus. 5, 8, 4 das gleiche Kunststück zuwege gebracht haben soll (dazu ausführlicher Patrucco a. a. O. S. 324 f.).

Über ein spezifisches Pankrationstraining berichten die Quellen wenig. Die vom Boxen her bekannten Kampfübungen am Sandsack (κωρυκομαχία), der nach Philostrat (gymn. 57) für den Pankratiasten wuchtiger und schwerer sein sollte, und verschiedene Formen des Bodenringkampfes, wie sie Lukian Anach. 1 u. ö. in seinen Palästraszenen beschreibt — der Wettkampf selbst fand ja im Skamma des Stadions statt —, dürften den Hauptteil der Vorbereitungen ausgemacht haben. Ein Simulieren des Ernstkampfes war hier zweifelsohne schwieriger als bei den anderen schwerathletischen Disziplinen, insbesondere beim Ringkampf, weshalb Philostrat (gymn. 11) auch meint, im Training könne nur ein Teil des Griffrepertoires geübt werden (vgl. zum Training Rudolph a. a. O. S. 73 f., der etwas vage ein „umfangreiches Allgemeintraining" annimmt, ferner Patrucco a. a. O. S. 329 f.). So sollten auch Statur und Proportionen des Pankratiasten nicht ganz denen der Ringer und Boxer entsprechen und werden von Philostrat als Eigenschaften nicht Beleibtheit und Kraft, sondern vorzugsweise Beweglichkeit, Gewandtheit, Schnelligkeit und Zähigkeit gefordert (vgl. gymn. 35 f.). Damit ist wohl auch die Auffassung des sporthistorisch interessierten Rhetors in Einklang zu bringen, derzufolge vollkommene Pankratiasten diejenigen seien, welche besser zum Ringkampf geeignet seien als die Boxer, zum Boxen besser als die Ringer.

Neuere Spezialliteratur zum Pankration: Patrucco a.a.O. S. 309—331
(mit Bibliographie S. 331); Rudolph a.a.O. S. 63—80 (mit umfang-
reichem Schrifttumhinweis S. V—XIII); Brein, Die Leibesübungen
S. 117—119; Harris SGR S. 25f.; ders., GAA S. 105—109; Ebert,
Olympia S. 57ff.; Marrou a.a.O. S. 239; Schröder a.a.O. S. 152—155;
J. Jüthner, RE 18, 3 (1949), Sp. 619—625, Art. Pankration; M. Bulard,
Ἀϰροχειρισμός, in: REA 26 (1924), S. 193—215; R. Merkelbach, παγ-
ϰράτιον, in: ZPE 5 (1970), S. 30f.; ders., Herakles und der Pankratiast, in:
ZPE 6 (1970), S. 57f.; ders., Über ein ephesisches Dekret für einen Athle-
ten aus Aphrodisias und über den Athletentitel παράδοξος, in: ZPE 14
(1974), S. 91—96; M. I. Finley—H. W. Pleket, Die Olympischen
Spiele der Antike (1976), S. 88—94 u.ö.

4.2.8 Fünfkampf (πένταθλον)

Nach Philostr. gymn. 3 ist der Fünfkampf, der zumindest in
Olympia vermutlich an einem Nachmittag absolviert wurde, aus
den 'leichten' Übungen Speerwerfen, Sprung und Lauf, sowie
aus den 'schwereren' Ringen und Diskuswerfen zusammenge-
setzt. Darüber hinaus ist in einer weit über hundertjährigen For-
schungstätigkeit nahezu alles, was den Fünfkampf anlangt, in
Frage gestellt worden. Insbesondere stehen dabei zwei Probleme
im Vordergrund der Diskussion, und zwar die *Reihenfolge der
Disziplinen* und das *System der Siegerermittlung,* wobei sich
schon J. H. Krause in seiner 1841 erschienenen ›Gymnastik und
Agonistik der Hellenen‹ mit verschiedenen Hypothesen ausein-
anderzusetzen hatte. Es kann hier nicht der Ort sein, einen Ab-
riß der Wissenschaftsgeschichte zu diesen Problemen zu bieten;
was hier in Kürze dargeboten werden soll, ist vielmehr eine
Übersicht der im neueren Schrifttum vertretenen Auffassungen
und ihrer wichtigsten Argumente. Doch ehe diese Darstellung
erfolgt, sei kurz auf den Grad der Popularität dieses vermutlich
ersten Mehrkampfes der Weltgeschichte des Sports hingewiesen
(zu den Naturvölkern vgl. oben S. 43, 46). Der oben bereits erwähnten Philostratstelle zufolge haben in den Mythen nur die

Argonauten auf Lemnos einen Fünfkampf ausgetragen, aus dem
Peleus, der in dieser Beschreibung nur den Schlußwettbewerb
dieser Veranstaltung, das Ringen, gewann, als Sieger hervorgegangen sein soll. Iason, der Veranstalter der Spiele, habe, so
heißt es in der mythographischen Notiz, um dem alle überra-
genden Ringer Peleus einen Gefallen zu tun, die fünf Einzel-
wettkämpfe zu einem einzigen verbunden. Dabei wird eigens
bemerkt, daß die Pflege dieser Disziplin, die Schnelligkeit und
Kraft in optimaler Form verbindet, auch für die Kriegstüchtig-
keit wegen ihrer Vielseitigkeit bei der Ausbildung von großem
Interesse sei. Während dann bei den Patroklos- und Phaiakenspielen zwar die Teildisziplinen (in der ›Ilias‹ fehlt der Weitsprung) einzeln zur Austragung gelangen, wird das Pentathlon
nach der olympischen Chronik erstmals im J. 708 (= 18. Ol.)
und 80 Jahre später (= 38. Ol.) auch einmal für die Knaben veranstaltet. Die Pentathloniken scheinen bemerkenswerterweise
an Beliebtheit nicht im Zentrum der antiken Sportberichterstat-
tung auf, was einen Unterschied zur heutigen Einschätzung etwa
der Zehnkämpfer als der 'Könige der Leichtathletik' ausmacht.
In diese Richtung weisen auch Ausführungen von H. A. Harris,
der im Pentathlon eher eine Verlegenheitslösung ("the authori-
ties at Olympia in its early days did not regard throwing and
jumping as sufficiently important in themselves to justify sepa-
rate prizes", SGR S. 33) oder ein Trostspiel für die in den Spe-
zialdisziplinen erfolglosen Athleten sieht und ihm deshalb den
Rang einer "Cindarella of athletics" (a. a. O.) zuordnen möchte.
Daneben fehlt es im Altertum freilich auch nicht an Lob für diese
Disziplin, so etwa hebt Aristoteles (rhet. 1,5 1361 b) die physische Perfektion der Pentathleten hervor, und ähnliche Worte hat
man auch Sokrates in den Mund gelegt (Ps. Platon amat. 135 e).
Auch die Vasenmaler und Bildhauer (Diskobol des Myron) spa-
ren keineswegs mit Motiven aus dem Mehrkampf.
    Neben Detailfragen, die teilweise schon in den Abschnitten zu
den jeweiligen Einzeldisziplinen zu erwähnen waren, etwa die

Zahl der Versuche, die Regeln beim Weitsprung, die Frage der Distanz beim Laufen oder nach der unterschiedlichen Technik der Ringerspezialisten und der Pentathleten beschäftigen die Fachwelt, wie erwähnt, vor allem die zwei Probleme der Reihenfolge und der Siegerermittlung. Wie die letzten einschlägigen Publikationen erkennen lassen, ist die Diskussion darüber noch durchaus im Fluß und insbesondere hinsichtlich des zweitgenannten Problems höchst kontrovers.

Die Reihenfolge der sportlichen Wettbewerbe, wie sie die sporthistorische Literatur anbietet, erscheint dem unbefangenen Betrachter schlechthin spektakulär:

H. J. Krause (1841)	E. N. Gardiner— L. Pihkala (1925, 1930)	B. Schröder (1927)
Sprung	Lauf	Lauf
Diskus	Sprung	Speer
Speer	Diskus	Sprung
Lauf	Speer	Diskus
Ringen	Ringen	Ringen

J. Jüthner (1937)	L. Moretti (1956)	G. E. Bean (1956)
Sprung	Lauf (oder Speer)	Sprung
Lauf	Speer (oder Lauf)	Diskus
Diskus	Diskus	Speer
Speer	Sprung	Lauf
Ringen	Ringen	Ringen

J. Ebert (1963, 1974)	H. A. Harris (1966, 1973)	R. Patrucco (1972)
Diskus	Sprung	Lauf
Sprung	Speer	Diskus
Speer	Diskus	Sprung
Lauf	Lauf	Speer
Ringen	Ringen	Ringen

Bei allem Variantenreichtum sind fast alle diese Vorschläge, die antike Zeugnisse und teilweise auch moderne sporttheoretische und -praktische Kenntnisse zur Grundlage haben, von zwei Gemeinsamkeiten geprägt, auf die schon Krause (a. a. O. S. 486 f., 492) mit Nachdruck hingewiesen hat: Zum einen ist es die Auffassung, daß der Ringkampf das Finale bildete, was bei Herodot (9, 33), Pausanias (3, 11, 6), Xenophon (hell. 7, 4, 29), Bakchylides (9, 27 ff.) und Artemidor (1, 57) bezeugt wird (vgl. dazu Ebert a. a. O. S. 18; Patrucco a. a. O. S. 197 ff.). Zweitens wird — soweit ich sehe, nur mit Ausnahme Jüthners — allgemein angenommen, daß diejenigen Disziplinen, die in historischer Zeit bei den panhellenischen Agonen nur als Teilwettbewerbe des Pentathlons ausgetragen wurden, unmittelbar hintereinander folgten, wofür ebenfalls manche antike Streunotiz und moderne Überlegungen zu sprechen scheinen; etwa die Erwähnung der πρωτὴ τριάς und der drei spezifisch pentathletischen Übungen (vgl. dazu Ebert a. a. O. S. 20). Über die Anordnung dieser drei Disziplinen wird man bis zur Auffindung neuer Quellen weiter diskutieren können, sofern man überhaupt geneigt ist, eine feste kanonische Reihenfolge anzunehmen. Julius Jüthner, der eine zeitliche Differenzierung bei einer derartigen Untersuchung für notwendig erachtet (auch Patrucco fordert sie, allerdings für das System der Siegerfeststellung, vgl. unten S. 194), stützt sich insbesondere auf jenes Simonidesepigramm (fr. 151 Diehl), das einen Sieger im Sprung, Lauf, Diskus- und Speerwurf und Ringkampf feiert, eine Angabe, die der Gelehrte als Reihung der Disziplinen interpretiert, während Patrucco (a. a. O. S. 196) und Brein, Die Leibesübungen S. 119 'Verszwang', Ebert lediglich eine ungeordnete Aufzählung dafür annehmen möchten.

Das System der Siegerermittlung ist schon angesichts der Unsicherheiten bei der Reihenfolge der einzelnen Bewerbe noch schwieriger zu rekonstruieren, wozu noch kommt, daß die wenigen Hinweise in den antiken Quellen sehr divergierende Lösungsvorschläge erlauben. Den Vorschlag, der m. E. heute die meisten offenen Fragen zu klären vermag, verdankt die

Fachwelt J. Ebert, der der Rekonstruktion eine umfangreiche Abhandlung gewidmet hat. Darin wird als Hauptergebnis für die Siegerermittlung das „Prinzip des dreifachen relativen Sieges" präsentiert, aus dem sich die weiteren entscheidenden Gesichtspunkte des Ermittlungsverfahrens ableiten lassen:

a) Der erste in drei von fünf Disziplinen war zugleich Gesamtsieger. Sobald ein Fünfkämpfer drei Siege verbuchen konnte, wurde das Pentathlon abgebrochen (= Abbruchsieger). Daraus erhellt, daß auch bei vorzeitigem Ende Spannung und Höhepunkt im Wettkampf erhalten blieben.

b) Ein Athlet, der einem anderen in drei Disziplinen unterlegen war, scheidet aus.

c) In allen anderen Fällen blieb letztlich siegreich, „wer sich jedem einzelnen Konkurrenten in drei Disziplinen überlegen zeigte". Zu diesen 'Besiegten' sind auch jene zu rechnen, die schon vorher ausscheiden mußten.

Eberts Rekonstruktion erweist sich als eine Modifikation des von E. N. Gardiner und L. Pihkala ausgearbeiteten "principle of three comparative victories", das zwar von G. E. Bean (a. a. O. S. 362 f.) in mehreren Punkten kritisiert wurde, gegen die aber Ebert selbst ebenso Stellung bezogen hat wie gegen dessen eigenen Ermittlungsvorschlag, der vorsah, daß im vierten Wettbewerb — bei Bean der Lauf — nur antreten durfte, wer in einer der vorangegangenen Runden gesiegt hatte und daß sich im Ringkampf nur zwei Finalisten gegenüberstanden (vgl. Ebert a. a. O. S. 21 ff.).

Auf zwei weitere Ermittlungsvorschläge, die Rekonstruktionen von Harris und Merkelbach, hat Ebert 1974 ablehnend reagiert. Harris, für den nur erste Plätze zählen — und bei dem der vierte Wettbewerb, das Laufen, unter bestimmten Umständen wie bei Bean ein Ausscheidungswettbewerb für das Finale sein konnte, und Merkelbach, der zwar teilweise mit dem Prinzip des relativen dreifachen Sieges operiert, aber zusätzliche Vorschläge für denkbare Ringerpaarungen macht, die durch die Sieger (und in einem bestimmten Fall auch die Zweitplazierten) der vier vorangegangenen Disziplinen ermittelt werden, haben Ebert nicht von seinem vorgeschlagenen Verfahren abrücken lassen: „Die

konsequente Durchführung des Prinzips des 'dreifachen relativen Sieges' . . . führt nicht nur stets zu sportlich einwandfreien
Resultaten, sondern erklärt auch alle für das antike Pentathlon
überlieferten Verlaufsformen" (Ebert 1974, S. 262). Der meines
Wissens letzte knapp begründete Lösungsvorschlag stammt von
Brein, Die Leibesübungen S. 120. Danach waren für den Fall,
daß nicht ohnedies ein Dreifachsieger (vermutlich der sog.
τριακτήρ) nach den ersten drei oder vier Runden feststand, „die
ersten Plätze ausschlaggebend . . ., bei einem Gleichstand (also
fünf Einfachsiegern oder zwei Doppelsiegern) die Zahl der zweiten Plätze", und wenn auch hierbei keine Entscheidung erzielt
werden konnte, mußte der Sieg im Ringkampf, für den sich eine
Teilnehmerzahl von 2 bis 8 errechnen läßt, das Zünglein an der
Waage sein.

Einen anderen Weg hat L. Moretti eingeschlagen, der eine
Punktewertung annimmt, dergestalt, daß der erste jeder Runde 5, der zweite 4 Punkte usf. erreicht, ausgenommen ein Fünfkämpfer hatte dreimal oder zwei Athleten je zweimal gesiegt. Im
ersten Fall stand demnach hier wie auch nach den anderen Interpreten der Gesamtsieger fest, im zweiten Fall fiel die Entscheidung zwischen den beiden im Ringkampf. Diese vor allem von
Ebert und Bean zurückgewiesene Hypothese Morettis, zu deren
Argumenten man noch hinzufügen kann, daß von Punkten
in der Überlieferung nichts verlautet (so Jüthner RE 19, 1,
Sp. 527f.), wurde von Patrucco (a. a. O. S. 217ff.) weiter zu einem «sistema di punteggio relativo» ausgebaut, von dem er
selbst meint, es sei «una identificazione completamente nuova».
In welchem Punkt geht Patrucco über Moretti hinaus? Vor allem
darin, daß er die antiken Zeugnisse in zwei Gruppen (A—G und
H—T) teilt, wobei eine die Verhältnisse zwischen 6. und 4. Jh.
v. Chr., die andere die der Kaiserzeit widerspiegelt. Die Unterschiede erscheinen dabei beachtlich. Aus den älteren Quellen rekonstruiert Patrucco ein System, demzufolge alle Athleten gemeinsam die ersten vier Runden bestritten und die beiden bis da-

hin Besten dann ins Finale gelangten, was zumindest Athleten mit besonderen Ringerqualitäten diskriminierte, da einerseits die besten Ringer nach den dabei angewandten Beurteilungskriterien («il criterio di qualificazione, basato molto probabilmente su un sistema di valutazione relativa») ausscheiden und nur weniger fähige («tuto incapaci nella lotta», a. a. O. S. 221f.) Pentathloniken werden konnten. Das kaiserzeitliche Siegerermittlungssystem, das diesen Mangel nach Patrucco beheben sollte, eliminierte keinen Athleten vor dem Ende aller fünf Runden, wobei man nach jeder Runde aufgrund eines einfachen relativen Punktesystems (1. Platz n Punkte, 2. Platz n–1, 3. Platz n–2 etc.) die Zwischenresultate ermittelte («una classifica parziale»), aus denen dann zum Schluß das Gesamtergebnis («classifica generale finale», a. a. O. S. 221) errechnet wurde.

Zusammenfassend läßt sich zum Pentathlon feststellen, daß sich dem Betrachter angesichts der Widersprüche der von beiden quellenmäßig am ausführlichsten begründeten Rekonstruktionsversuche, nämlich jenen von Ebert und Patrucco, ein *non liquet* aufdrängen dürfte, wobei ich dem Vorschlag Eberts insgesamt gesehen eine Präferenz einräumen möchte, bei Patrucco aber die entwicklungsgeschichtliche Betrachtungsweise schätze.

Neuere Literatur zum Pentathlon: Patrucco S. 191—223 (mit Bibliographie S. 223); J. Ebert, Zum Pentathlon der Antike. Untersuchungen über das System der Siegerermittlung und die Ausführung des Halterensprunges (Abh. Sächs. Akad. Wiss. philol.-hist. Kl. 56, 1, 1963) (mit Bibliographie S. VII); ders., Noch einmal zum Sieg im Pentathlon, in: ZPE 13 (1974), S. 257—262 (= Auseinandersetzung mit R. Merkelbach und H. A. Harris); ders., Olympia S. 59 ff.; S. G. Miller, The pentathlon for boys at Nemea, in: CSCA 8 (1975), S. 199 ff.; Brein, Die Leibesübungen S. 119—121; ders., Die Wertung im Pentathlon, in: Forschungen und Funde. FS Bernhard Neutsch (1980), S. 89—93. Harris SGR S. 33—35; ders., GAA S. 77—80; ders., The method of deciding victory in the pentathlon, in: G & R 19 (1972), S. 60—64; R. Merkelbach, Der Sieg im Pentathlon, in: ZPE 11 (1973), S. 261—269; G. E. Bean, Victory in the Pentathlon, in: AJA 60 (1956), S. 361—368; L. Moretti, Un regolamento rodio per la gara del pentatlo, in: RFIC 34 (1956), S. 55—60; Jüthner, RE 19, 1

(1937), Sp. 524—28, Art. Pentathlon; B. Schröder a. a. O. S. 99—101;
L. Pihkala—E. N. Gardiner, The system of the Pentathlon, in: JHS 45
(1925), S. 132—134.

4.2.9 Bogenschießen (τοξεία)

Der gekonnte Umgang mit Pfeil und Bogen ist nur dem mög-
lich, der eifrig trainiert, weshalb Jäger und Krieger seit früher
Zeit verschiedenste Übungsmethoden entwickelten; daß dazu
auch Wettkampfformen gehören, versteht sich von selbst. Diese
Auffassung hat Lukas (a. a. O. S. 23) zur Formulierung einer
Hypothese bestimmt, wonach die gediegene Handhabung von
Geräten wie Pfeil und Bogen, die eine besondere körperliche
Übung erforderte, schon für das Neolithikum und die Bronze-
zeit anzunehmen sei und „diese Menschen . . . Lust und Freude
am Üben (hatten) und . . . ihr Können im Wettkampf bei festlichen Gelegenheiten (maßen), zumal die größere Sicherheit der
ökonomischen Verhältnisse ihnen diesen Spielraum ermöglichte". W. Eichel, Die Entwicklung der Körperübungen in der Urgemeinschaft, in: Theorie und Praxis der Körperkultur 2 (1953),
S. 14—33, hat sogar vermutet, daß die Wurfübungen, wozu
Speer- und Bogenschießen zu rechnen sind, „nicht nur die älteste
Körperübung des Menschen, sondern auch spezifisch menschliche Körperübungen" sind, da es der Mensch zum Unterschied
vom Tier, das ihm im Laufen, Springen, Schwimmen usw. überlegen ist, „im Werfen durch planmäßiges Üben zur unbestrit-
tenen Meisterschaft gebracht" habe (a. a. O. S. 20). Dieser Zusammenhang scheint nicht unerheblich im Hinblick auf die Tatsache, daß das Bogenschießen zwar in der homerischen Welt
(Patroklosspiele, Bogenkampf in der ›Odyssee‹) und in den
Mythen eine größere Rolle spielt, die auch darin ihren Ausdruck
findet, daß Apollon, Artemis, Herakles, Philoktet und andere
häufig mit Pfeil und Bogen dargestellt werden, anderseits aber
der Bogenkampf in den panhellenischen Agonen und überhaupt

in späteren Jahrhunderten, verglichen mit den bisher besprochenen Wettkämpfen, doch ein Mauerblümchendasein fristet. Denn
nach der ausführlichen Schilderung des Bogenwettkampfes in
der ›Ilias‹ (23, 850—883), die in den Nachdichtungen der homerischen Agone bei Vergil scheinbar ohne eigene Erfahrung imi-
tiert wird (Harris GAA S. 55: "even more slavishly than in his
footrace") und die in der ›Thebais‹ des Statius überhaupt fehlt,
gibt es in der Dichtung der Griechen nur zwei knappe Anspielungen auf ein Zielschießen bei Pindar (N. 6, 26—28) und
Theokrit (24, 107). Bogenwettkämpfe sind aber inschriftlich bei
lokalen Agonen für Tralleis, Keos, Samos, Larisa, Sestos, Olbia,
Teos und Korkyra (Syll.³ 1060, 958, 1061, 1062; OGIS 339; Moretti IAG 32; Syll.³ 578 und IG IX 1, 873) überliefert, und zwar,
wie Patrucco (a. a. O. S. 366) bemerkt, als «una caratteristica
delle competizioni efebiche». Aufgrund dieser epigraphischen
Dokumente, ferner einiger Hinweise in den ›Nomoi‹ von Platon
(1, 625 D, 7, 794 Cf.; 813 D und 834 D) sowie mehrerer Vasenbilder, darunter die bemerkenswerte Darstellung auf einer rotfigurigen attischen Vase des Nationalmuseums in Neapel, läßt sich
zusammenfassend zum Wettkampf mit Pfeil und Bogen feststellen, daß wie beim Speerwerfen (vgl. oben S. 166 ff.) so auch in
dieser Disziplin *Ziel- und Weitschießen* als Wettbewerb bekannt
waren. Für das Schießen auf ein Ziel (ἐπὶ σκοπόν), das im Falle
des Neapolitaner Vasenbildes ein hölzerner Hahn bildet, scheint
es mehrere, zumindest zwei Versuche gegeben zu haben, und da
die Inschrift aus Keos Preise für den Erst- und Zweitplazierten
nennt, erscheint es gerechtfertigt, wenn Patrucco (a. a. O.
S. 366 ff.) diese Agone mit den Patroklosspielen vergleicht. Der
Versuch allerdings, sie auch mit den modernen Zielscheiben und
deren konzentrischen Kreisen zu parallelisieren und für mehrere
Schüsse ein Klassifikationssystem mit erzielbaren Punkten
(a. a. O. S. 368: «sulla base dei punteggi ottenuti») anzunehmen, erscheint mir zu gewagt, als daß ich ihn akzeptieren möchte. Neben dem Zielschießen dürfte es zumindest in Olbia (Mo-

retti IAG 32) auch ein Weitschießen gegeben haben, da die Inschrift einen Anaxagoras rühmt, dem ein Meisterschuß über 282
Orgyien, das sind über 500 m, gelang und hinter dem noch ein
zweiter Bogenschütze genannt wird, dessen Leistung wegen des
korrumpierten Textes unbekannt bleibt.

Für Platon, der als Befürworter des wettkampfmäßigen Bogenschießens im Rahmen der Ephebenausbildung durch einen
eigenen Lehrer (τοξότης) gilt, steht der militärische Wert der
Übung im Vordergrund; daher die Empfehlung, mit beiden Armen zu üben (leg. 7, 795 B), daher wohl auch das Schießen vom
Pferd, das die bogenkundigen Kreter meisterlich beherrschten
(leg. 1, 225 D). Daß mit letzterem kein reines Exerzieren gemeint sein konnte, wie etwa bei der Hoplomachie, die „nie ago-
nistisch durchgeführt wurde" (Brein, Die Leibesübungen S. 164;
vgl. allerdings Il. 23, 798—825), macht der Hinweis auf das
Üben in ἔρις τε καὶ ἀγωνία augenscheinlich. Die Inschrift aus
Larisa (Syll.[3] 1059) gehört wohl ebenfalls in diesen Zusammenhang, wenn sie Bogenschießübungen vom Pferd sowie im Laufen und Stehen erwähnt. Nichts damit zu tun hat hingegen ein
Vasenbild, das eine am Boden liegende Gauklerin zeigt, die mit
den Zehen des linken Beins den Bogen, mit denen des rechten
den Pfeil hält und auf eine Pflanze zielt.

Literatur zum Bogenschießen: Patrucco a. a. O. S. 365—371 (mit Bibliographie S. 371); Brein, Die Leibesübungen S. 163 f.; Moretti IAG
S. 82—84; F. Lammert, RE 6 A 2 (1937), Sp. 1853—55, Art. Τοξόται;
H. Miltner, RE 6 A 2 (1937), Sp. 1847—1853, Art. Τόξον; Schröder
a. a. O. S. 155—158; W. Burkert, Von Amenophis II. zur Bogenprobe
des Odysseus, in: GB 1 (1973), S. 69—78; vgl. auch P. Brain—D. D.
Skinner, Odysseus and the axes: Homeric ballistics reconstructed, in:
G & R 25 (1978), S. 55 ff., und oben S. 60 f. E. von Stern, Der Pfeilschuß
des Olbiopoliten Anaxagoras, in: ÖJh 4 Beiblatt (1901), S. 57—60.

4.2.10 Zur Einteilung der gymnischen Agone

Die bisher besprochenen Wettkampfdisziplinen zählen zu den sog. ἀγῶνες γυμνικοί, eine Bezeichnung, die sich freilich erst mit dem Auftreten nackter Athleten einbürgern konnte. Die vom Grundwort γυμνός (nackt) abgeleiteten Worte γυμνάζειν (entkleiden und entkleidet üben), γυμνάσιον (athletische Übung) bzw. γυμναστής (Trainer) und γυμναστική (τέχνη) dürften somit etwas älter als die Bezeichnung 'gymnische Agone' sein, die erst mit der „Einführung der Nacktheit im Wettkampf, die sich etwa um 500 v. Chr. durchgesetzt hat" (Jüthner/Brein AL Bd. 1, S. 14), in Umlauf gekommen sind. Mit den antiken Vorschlägen (vgl. dazu Plat. leg. 8, 833 D f.; Aristot. pol. 8, 4, 1340 a; Paus. 6, 24, 1; Lukian. Anach. 24; Philostr. gymn. 3), die gymnischen Agone zu untergliedern in leichte (κοῦφα) und schwere Übungen (βαρέα ἀγωνίσματα), nach Schnelligkeit (ὀξύτης, τάχος) und Kraft (ἰσχύς, ῥώμη), hat sich schon J. H. Krause, Gymnastik und Agonistik S. 357 ff. ausführlich befaßt und dabei die Verschiedenartigkeit einzelner Einteilungskriterien bewußtgemacht. Daß die Griechen selbst kein einheitliches System entwickelten, erhellt auch aus den modernen Versuchen, unter gymnischem Agon recht Unterschiedliches zusammenzufassen. Im weiteren Sinne werden heute neben den oben behandelten Disziplinen der Leicht- und Schwerathletik auch die Hoplomachie, die Ruderwettkämpfe (νεῶν ἅμιλλα), agonistische Stierkämpfe, Schönheits- und Tapferkeitswettbewerbe (περὶ εὐανδρίας, περὶ ἀλκῆς) sowie — auch nach antiker Auffassung — die Agone der Trompeter und Herolde dazugezählt.

Vgl. zu Gliederungsvorschlägen und zur Terminologie der Agonistik, Athletik und Gymnastik Jüthner/Brein, AL Bd. 1, S. 11—18; Jüthner, Philostrat S. 192; Krause, Gymnastik und Agonistik S. 244—289; E. Reisch, RE 1 (1894), Sp. 838—840, Art. Agon(es). — Eine grundlegende kulturhistorische Interpretation der gymnischen Agone mit starker Betonung soziologischer Aspekte und Berücksichtigung eines sehr weitgefächerten Schrifttums hat B. B i l i ń s k i fast 20 Jahre nach dem Erscheinen von ›L'agonistica sportiva nella Grecia antica‹ (1961) vorgelegt: Agoni ginnici. Componenti artistiche ed intelletuali nell'antica agonistica greca (Accademia Polacca delle Scienze. Biblioteca e Centro di studi a Roma. Conferenze 75, 1979).

4.3 Die hippischen Agone

Neben den gymnischen Agonen und den musischen, die vor allem wettkämpferische Darbietungen im Bereich der Musik, Dichtung und im Tanz betreffen und die im Rahmen einer Sportgeschichte heute nur in sehr bedingtem Maße Berücksichtigung finden können, läßt sich im antiken Schrifttum eine dritte Kategorie von Wettkämpfen ausmachen, die den Reitsport und die Wagenrennen umfaßt. Diese Gruppe der hippischen Agone unterscheidet sich insofern von den übrigen, als hierfür andere soziale Voraussetzungen existieren. Während nämlich in den anderen sportlichen Disziplinen im Laufe der griechischen Geschichte der anfänglich aristokratisch-militärische Charakter allmählich zurücktritt und breitere Bevölkerungsschichten als Aktive wie als Zuschauer mit dem Sport in engere Verbindung treten — ein Demokratisierungsprozeß, den H. W. Pleket bekanntlich in seiner eindrucksvollen Studie ›Zur Soziologie des antiken Sports‹ (1974) nachgezeichnet hat —, blieb der Pferdesport bis in die Spätzeit eine Domäne der Aristokraten und Reichen; sie wurden auch stets als Sieger gefeiert, weshalb E. Reisch (a. a. O. S. 839) zu Recht vorgeschlagen hat, daß 'genaugenommen' eigentlich von Agonen der ἱπποτροφία gesprochen werden sollte. Denn der sportliche Sieger, der Reiter oder Wagenlenker selbst, galt nicht als der Gefeierte. Wenn eine agonistische Inschrift wie die über den Spartaner Damonon stolz verkündet, der Sieger habe seine Pferde selbst gepflegt und mit ihnen 43 Erfolge als Reiter und Wagenlenker errungen, so gilt dies als große Ausnahme (vgl. dazu Moretti IAG 16 = IG V 1, 213; Harris

SGR S. 161; Patrucco a. a. O. S. 386). Dieser elitäre und letztlich 'unsportliche' Zug drückt sich in der Präferenz des Adels für Namen mit 'hippos' — man denke an die berühmte Aristophanesstelle aus den ›Wolken‹ (63 f.) — genauso aus wie in der arroganten Haltung des Alkibiades, der „die Palästra mied, um sich nicht unters Volk mischen zu müssen, und sich dafür dem Rennsport mit großer Leidenschaft hingab" (vgl. Brein, Die Leibesübungen S. 123; nach Isokr. 16, 33 und Thuk. 6, 16, 2). Ansätze für eine Demokratisierung dieser Sportart mag man höchstens in jenen Mitteilungen sehen, die davon berichten, daß einzelne Städte wie Argos oder Theben (vgl. POxy II 222; Thuk. 5, 50, 4; Xen. hell. 3, 2, 21) als 'Sponsoren' für Reiter oder Wagenlenker auf den Plan traten, was freilich nicht ganz uneigennützig, sondern «con un impegno economico» (Patrucco a. a. O. S. 390) geschah; ähnliches läßt sich auch für das ägyptische Antinoupolis beobachten (vgl. die unten S. 284 zitierte Arbeit von Decker S. 38 ff.). Doch solche Hinweise sind spärlich genug. Wenn dennoch in der Dichtung seit Homer die Popularität des Pferdesportes gefeiert wird und die Kunst der Vasenmaler seit der geometrischen Periode dazu prächtige Illustrationen liefert, so mag dabei in Rechnung zu stellen sein, daß auch hierfür der soziologische Hintergrund der Poeten und Künstler bzw. ihrer Auftraggeber ausschlaggebend bleibt.

Was die Frühgeschichte dieses Sportes in Griechenland anlangt, so fällt die Diskrepanz auf, die darin besteht, daß in den homerischen Epen die Wagenrennen unter allen sportlichen Disziplinen herausragen (vgl. oben S. 80), während es in Olympia fast 100 Jahre braucht, ehe sie ins Programm aufgenommen werden (angeblich in der 25. Ol. = 680 v. Chr.), nachdem bis auf das Pankration schon alle athletischen Wettkämpfe durchgeführt wurden. Die Pferderennen folgen dann im J. 648 (= 33. Ol.). Immerhin betreffen dann zwischen 500 v. Chr. und 256 v. Chr. (= 70. Ol. bis 131. Ol.) von 7 Programmerweiterungen allein 6 die hippischen Agone: Zweigespannrennen mit

Maultieren, Pferden und Fohlen, das Viergespannrennen der Fohlen, das sog. Kalpe- und Fohlenreiten. Das zeigt, daß die drei Grundformen des antiken Pferdesports in der Reihenfolge Wagenrennen mit dem Viergespann (τέθριππον), Reiten (κέλης) und Wagenrennen mit dem Zweigespann (συνωρίς) in Olympia eingeführt wurden, was wiederum im Gegensatz zur homerischen Tradition steht, wo allein die Zweispänner bekannt waren. Es hat überhaupt den Anschein, daß hinsichtlich der hippischen Agone das olympische Programm nicht die gleiche kanonbildende Wirkung auf andere Wettkampfstätten ausübte wie bei den anderen Disziplinen.

Zahlreiche Vasenbilder, Münzen und Reliefdarstellungen informieren über manches Detail der technischen Ausstattung im Pferdesport, das bemerkenswerte Bruchstück der Sophilosvase (um 580/70 v. Chr. Nat. Museum Athen 15499) sogar über Tribünen für Zuschauer, die — nicht anders als heute im Fußballstadion — vor Begeisterung die Arme in die Höhe reißen. Der Wagenlenker ist, wie das berühmte Original aus Delphi zeigt, mit ionischem Chiton bekleidet und steht (oder sitzt) in einem Wagenkorb, an dessen Deichselspitze zwei Pferde ins Joch gespannt waren; bei der *quadriga* zogen die beiden anderen Pferde an Riemen, die man direkt am Korb befestigte. Mit Zügel und stacheligem Stock (κέντρον) ausgestattet, versuchte der Lenker eine möglichst kurze Fahrlinie in der Rennbahn zu finden, wozu insbesondere gehörte, die gefürchteten Wendemale knapp zu umfahren. Über Unfälle, die sich dabei ereigneten, berichten die Quellen mehrmals. Berühmt sind die warnenden Worte, mit denen der rennerfahrene Nestor seinen Sohn auf diese Gefahren aufmerksam macht. Seine Anweisungen (Il. 23, 304—348) sind wohl das älteste griechische Zeugnis für die *Leibeserziehung.* Nicht minder bekannt ist die sophokleische Schilderung (El. 690 ff.) jenes Wagenrennens bei Delphi, wo angeblich Orest wegen einer zu knappen Wende einen tödlichen Unfall erlitt. Freilich hat man im Altertum für die Gefahren im Rennsport nicht nur technisches Unvermögen, sondern auch einen eigenen Dämon, einen Pferdeschreck namens Taraxippos verantwortlich gemacht, dem die Athleten zumindest in Olympia und Isthmia auf einem eigenen Altar Opfer darbrachten (Paus. 6, 20, 15; vgl. dazu Herrmann, Olympia S. 167; Patrucco a. a. O. S. 398 f.; siehe oben S. 125). Hinsichtlich der Reiter muß in Erinnerung gerufen werden, daß vor dem Ende des Altertums Sattel und Steigbügel unbekannt waren und es daher ungleich mehr Geschicklichkeit und Körperbeherrschung als heute erforderte, einen Wettkampf siegreich abzuschließen, zumal auch die zu bewältigenden Distanzen beachtlich waren (in Olympia fast 10 km). Einen selten lebendigen Eindruck von den Reitkünsten eines Knaben vermittelt die berühmte Athener Bronzestatue (Nr. 15117).

Die *Rennbahn* selbst entwickelte sich aus ganz einfachen Verhältnissen, wie sie die Patroklosspiele kennzeichnen, wo auf freier Ebene ein Rennen um ein Wendemal (νύσσα, καμπτήρ) und zurück zur Ausgangslinie führte, bis zu den großen Hippodromen der panhellenischen und anderer Festorte, die allesamt nicht erhalten und teilweise gar nicht lokalisierbar sind, mit wenigen Ausnahmen wie den Anlagen auf dem Lykaion in Arkadien, die aber nach dem Urteil von Harris (SGR S. 163) "with certainity ... not a characteristic example" darstellen, und den Rennbahnen von Delphi/Krisa sowie Athen/Piräus. Dennoch gibt es eine Reihe von literarischen und epigraphischen Hinweisen auf die einzelnen Hippodrome, die nach Größe und technologischen Einrichtungen stark differierten. So informiert ein in Konstantinopel gefundenes Manuskript (vgl. Patrucco a. a. O. S. 396; Drees, Olympia S. 112 f.) über die Ausmaße des olympischen Hippodroms und die einzelnen Renndistanzen. Das bemerkenswerteste Zeugnis aber ist gewiß die bei Pausanias (6, 20, 10 ff.) ausführlich beschriebene komplizierte Startanlage (ἄφεσις) von Olympia, die deutlich macht, welch große Anstrengungen man unternahm, um die Chancengleichheit der Teilnehmer

an den hippischen Agonen gewährleisten zu können. Die gesamte Anlage glich einem in die Rennbahn ragenden Schiffsbug
mit Seitenlängen von 120 m und besaß zahlreiche Startboxen, um
die gelost wurde. Vor die Wagen- und Reitpferde wurde sodann
ein Tau gespannt, das einen Frühstart verhinderte. Nach einem
Startzeichen senkten sich nun diese Taue zunächst an beiden Enden, so daß zuerst die äußersten und am weitesten hinten aufgestellten Pferde loslaufen konnten, denen sich dann sukzessive die
jeweils nächsten anschlossen und so fort, bis sie, an der Spitze
des Buges angelangt, alle in einer Linie liefen. „Von da an beginnt
nun die Schaustellung der Kunst der Lenker und der Schnelligkeit der Pferde." Dazu kam noch eine eigene Signalvorrichtung
in Form eines Adlers und eines an einer Stange in der Höhe befe-
stigten Delphins, die auf das Startzeichen hin sich nach oben
bzw. nach unten bewegten, was auch den Zuschauern im großen
Rund der Arena anzeigen sollte, daß der Start soeben erfolgt
war. Ein derart aufwendiger Mechanismus, dessen Konstruk-
teur Kleoitas Pausanias (6, 20, 14) eigens erwähnt, wird nur für
den olympischen Hippodrom bezeugt.

Die Länge der Rennstrecke für die einzelnen Spezialdiszipli-
nen variierte in Olympia — und auch sonst — stark; so mußte
z. B. das Tethrippon 12, die Synoris 8, der Reiter 6 und die Synoris für Fohlen immerhin noch 3 Runden absolvieren, was bei
einem Bahnumfang von 8 Stadien durchschnittlich Distanzen
zwischen etwa 18,5 und 3,5 km ausmacht. Ganz anderer Art waren die Anlagen zwischen Athen und Peiraieus oder in Delos, wo
Inschriften (Syll.[3] 697, 711; vgl. Patrucco a. a. O. S. 380) eine
Rennbahn ohne Wendemal (ἀκάμπιος) und einen Diaulos, also
ähnlich dem homerischen Agon erwähnen.

Auch *die einzelnen Teildisziplinen* der hippischen Agone
wechselten von Festort zu Festort. Neben den in Olympia aus-
getragenen großen Rennen sind u. a. noch folgende Varianten
bezeugt: der Apobaten- und Anabatenagon (ἀποβάτης, ἀναβά-
της), bei dem von zwei im Wagen befindlichen Personen eine

während des Rennens abspringen bzw. aufspringen und weiter-
laufen mußte, ein Speerwurfwettbewerb vom Pferd (ἀφ᾽ ἵππου
ἀκοντίζειν), Fackelläufe auf Pferden (ἀφιππολαμπάς) und
Rennen mit Kriegs- und Prunkwagen (ζεύγη πολεμιστήρια und
πομπικά) sowie Reiten auf Kriegspferden und ein manöverarti-
ger militärischer Agon (ἀνθιππασία), der für die Panathenäen
überliefert ist (IG II—III² 3079; vgl. auch Moretti IAG S. 28 und
Ebert, Zu den Fackelläufen [wie oben S. 156] S. 21 ff.; zu den
oben erwähnten Sonderformen vgl. Reisch a. a. O. S. 839 und
Patrucco a. a. O. S. 381 ff.). Wie bei den Athleten, so werden in
Olympia von den Hellanodiken und andernorts die Tiere in verschiedene Wettkampfkategorien eingeteilt, wobei man ausge-
wachsene Pferde (ἀδηφάγοι, τέλειοι) und Fohlen (πῶλοι) sowie
Maultiere (ἡμίονος) unterschied. Die Einrichtungen der Apene
der Maultiere, ein Rennen mit vierräderigen, mit Sitzen versehe-
nen Wagen, die offenbar auf Sizilien besonders gebräuchlich waren, und der sog. Kalpe, ein Stutenreiten, in Olympia deuten an,
wie weit die Differenzierung im Pferdesport fortschreiten konnte, hingegen zeigt ihre kurze Lebensdauer im olympischen Programm auch die Experimentierbereitschaft der Veranstalter (vgl.
dazu Paus. 5, 8, 7 ff.). Aufgrund anderer Notizen wie Paus. 10,
7, 5 ff. ist für die Pythien und — auch wenn die Quellen schweigen — wohl auch für die Isthmien und Nemeen ein ähnliches
Programm der hippischen Agone anzunehmen. Von Athen, wo
die Inschriften Einzelheiten von 25 verschiedenen Bewerben
überliefern (vgl. Harris SGR S. 160), ferner von den Amphiareia
in Oropos und von Larisa, für welche Städte Patrucco (a. a. O.
S. 384 ff.; vgl. die dort angeführten epigraphischen Belege) athenischen Einfluß in der Programmgestaltung mit Recht annimmt,
läßt sich sagen, daß das olympische Vorbild offenbar nicht in
gleicher Weise wirksam wurde. Da die hippischen Agone in
Athen bereits früh einen hohen Standard erreicht haben, wäre es
durchaus denkbar, daß die attisch-ionische Tradition den Pferdesport früher favorisierte als das dorische Elis, was auch die

oben S. 111 erwähnte Diskrepanz zwischen Homer und Olympia verständlich machen würde. Die Bedeutung des Pferderennens bei den Panathenäen, deren hohes Alter L. Deubner, Attische Feste (1932, ²1966, ND 1969), S. 34, aus den Ölpreisen erschließt (vgl. Aristot. Ath. pol. 60), sowie die einzigartige Einteilung der Wettkampfteilnehmer in Phylarchen, Ritter, Bürger und sogar in eine offene Klasse würden zusammen mit den oben dargebotenen Hinweisen zu Athen eine solche Hypothese stützen („a carattere interregionale o internazionale", Patrucco a. a. O. S. 390; ἐκ φυλάρχων, ἐκ τῶν ἱππέων, ἐκ πολίτων, ἐκ πάντων . . .).

Neuere Spezialliteratur zum Pferdesport: Patrucco a. a. O. S. 373—403 (mit Bibliographie S. 403); Brein, Die Leibesübungen S. 123—126; Harris SGR S. 151—183; ders., The starting-gate for chariots at Olympia, in: G & R 15 (1968), S. 113—126 (dazu das Postskriptum im darauffolgenden Band S. 172f.); Schröder a. a. O. S. 130—143; J. Wiesner, Fahren und Reiten (Archaeologia Homerica Bd. 1 F. 1968); P. A. L. Greenhalgh, Early Greek warfare. Horsemen and chariots in the Homeric and archaic ages (1973); J. K. Anderson, Ancient Greek horsemanship (1961); zu den einzelnen Sonderformen wie Apobaten- und Anabatenagon, Anthippasia, Apene, Aphippolampas vgl. die einschlägigen RE-Artikel von E. Reisch; zur Kalpe G. C. Brauer, The Kalpe. An agonistic reference on several Greek coins?, in: San 6 (1974/75), S. 6f.; K. Schneider, RE 10, 2 (1919), S. 1760f. — Vgl. auch O. Nuoffer, Der Rennwagen im Altertum (Diss. Leipzig 1904); H. A. Harris, Rubrification in antiquity, in: G & R 21 (1974), S. 32—36; E. G. Turner, The charioteer from Antinoe, in: JHS 93 (1973), S. 192—95. P. Vigneron, Le cheval dans antiquité gréco-romaine (1968).

4.4 Schwimmen und Rudern
(ἄμιλλα κολύμβου, ἄμιλλα νεῶν bzw. πλοίων)

Bedenkt man die geographische Lage Griechenlands, die auf das tägliche Leben, auf Handel und Fischfang ebenso gestaltend Einfluß nimmt wie auf die zahlreichen kriegerischen Ereignisse,

die an den Küstenstrichen und in der ägäischen Inselwelt entschieden wurden, so erstaunt die Tatsache — auch wenn man die
Auffassung von einem totalen Durchdrungensein der Griechen
vom agonalen Gedanken nicht teilt —, daß die antiken Quellen
nur außerordentlich selten auf einen Wassersport hinweisen. Es
ist vor allem das Verdienst Erwin Mehls, die verstreuten Dokumente zum *Schwimmen* gesammelt und einen Gesamteindruck
von dieser Leibesübung vermittelt zu haben. Dabei zeigt sich,
daß zwar Schwimmen in den verschiedensten Schwimmarten
(Brust-, Rücken-, Seitenschwimmen und am häufigsten Kraulen
sowie Tauchen) bekannt war und — wie ein Sprichwort sagt —
Nichtschwimmer als ungebildete Menschen galten (μήτε νεῖν
μήτε γράμματα ἐπίστασθαι; Plat. leg. 3,689 D), daß aber hinsichtlich der Wettkämpfe die Quellen höchst spärlich fließen.
Eine einzige pseudo(?)-mythologische Überlieferung in den
›Dionysiaka‹ des Nonnos bietet zwei Erwähnungen von Agonen, bei denen der schnellere Schwimmer ermittelt werden sollte
(vgl. 11, 7—54; 11, 406—423). Historisch bezeugt hingegen ist
lediglich ein Sportfest der ostpeloponnesischen Küstenstadt
Hermione, die man ihrer Purpurfischerei wegen im Altertum
rühmte. Nach Pausanias (2, 35, 1) stiftete diese Stadt Preise für
Wettkämpfe der Schwimmer und Ruderer (ἁμίλλης κολύμβου
καὶ πλοίων τιθέασιν ἆθλα). Gegen diese Interpretation der
Pausaniasstelle als Wettschwimmen und für einen „Wettkampf
im Tauchen" hat sich K. Schütze aufgrund der Lexikon-Über-
setzung κόλυμβος = tauchen (die zugleich aber auch 'Schwimmen' zuläßt) ausgesprochen, wozu noch grundsätzlich bemerkt
wird, daß es „an den Orten der großen panhellenischen Festspiele am Notwendigsten für das Schwimmen, nämlich am Wasser fehle" (a. a. O. S. 356 f.). Deshalb habe es bei den Griechen
kein Wettschwimmen gegeben.

Ruderregatten hingegen finden des öfteren Erwähnung. Auch
hierfür hat die antike Epik ein berühmtes Beispiel parat, den
großen Schiffskampf in Vergils ›Aeneis‹ (5, 66, 113—285), der

anläßlich des Totenagons für Anchises veranstaltet wurde und
bei dem vier Schiffe von der Küste um eine Klippe herum und
wieder zurück zum Ausgangspunkt um die Wette fuhren. Manches Detail dabei kennzeichnet die agonistische Situation: Markierung von Start und Ziel am Ufer (129 f.), Auslosung der
Startpositionen (132), Startzeichen durch eine Tuba (138), Zu-
schauerbegeisterung (148, 227), Bug-an-Bug-Kampf um die
günstigste Wendeposition (159 ff.), Unfall am Wendemal (205),
Ausrufung der Sieger durch den Herold und Siegerehrung
(245 ff.). Wenn Patrucco (a. a. O. S. 356) die Beschreibung des
Wettschwimmens durch Nonnos „indiscutibilmente" als einen
„trasferimento su piano mitico di un fenomeno reale" bezeichnet, so kann das gleiche von der genannten ›Aeneis‹-Stelle behauptet werden, zumal über Bootsrennen auch mehr Informationen existieren als über das Schwimmen. Die bekanntesten
Zeugnisse beziehen sich auf die Panathenäen und die Ephebenausbildung, sie lassen jedoch, wie Brein, Die Leibesübungen
S. 128, feststellt, nur wenige Rückschlüsse auf technische Details
bei diesen Rennen zu. Die Größe der Boote und der Mannschaft
sowie die Renndistanz bleibt unklar, lediglich über die Zusam-
mensetzung der Bemannung nach Phylen und eine Prämie in der
Höhe von 300 Drachmen für die siegreiche Phyle berichtet eine
Inschrift (Syll.[3] 1055). Diese Wettkämpfe, deren Wert man
zweifelsohne in der besseren Ausbildung der Jugend für die attische Flotte sah, wurde wahrscheinlich nicht mit Kriegsschiffen,
sondern mit kleineren Booten veranstaltet; diese Ansicht legen
attische Reliefs aus der hellenistischen und kaiserzeitlichen Epoche nahe, die Siegerboote der Epheben abbilden, wobei sich
fünf, acht, einmal nur drei Ruderer im Boot befinden (vgl. Patrucco a. a. O. S. 359 ff.). Außer diesen Ephebenwettkämpfen in
den Hafenbuchten vor Athen (vgl. auch IG II 1, 466, 468, 470,
471) und denen von Hermione veranstalteten auch große Feld-
herren wie Iphikrates (Xen. hell. 6, 2, 28) und der Nichtschwimmer Alexander d. Große (in Babylon, Arr. an. 7, 23, 5)

oder auch die Führer der Sizilischen Expedition bei der Ausfahrt aus dem Peiraieus (Thuk. 5, 32) Wettstreite mit ihren Flottenmannschaften.

Lassen sich für das Schwimmen und Bootsfahren zumindest einige wenige Belege für agonistische Kämpfe anführen, so kann gleiches von den bildlichen Darstellungen des *Wasserspringens* (darunter das 1968 entdeckte Fresko aus der Tomba del tuffatore bei Paestum, dazu noch der Wasserspringer der Tomba della caccia e della pesca aus Tarquinia, der kleine bronzene Tuffatore in München und der rotfigurige Krater im Brit. Mus. London E 466; vgl. unten S. 230) und vom *Tauchen* nicht gesagt werden. Den oben exemplarisch angeführten Versuch, die Pausaniasnotiz über Hermione als Tauchwettkampf zu interpretieren (zuletzt Brein, Die Leibesübungen S. 128), hat Patrucco a. a. O. S. 356 m. E. zu Recht in Frage gestellt.

Spezielle Literatur zum Wassersport: Patrucco a. a. O. S. 351—363 (mit Bibliographie 363); Brein, Die Leibesübungen S. 126—128; Harris SGR S. 112—132; E. Mehl, Antike Schwimmkunst (1927); ders., Antike Schwimmkunst und (antikes) Schwimmen (Habil.-Schrift Wien 1941); ders., RE Suppl. 5 (1931), Sp. 847—864, Art. Schwimmen; K. Sudhoff, Aus dem antiken Badewesen. Medizinisch-kulturgeschichtliche Studien an Vasenbildern (1910); Schröder a. a. O. S. 86—89, S. 94—96; M. Napoli, Le pitture greche della tomba del tuffatore, in: Le Scienze, April 1969, S. 9—19; W. J. Slater, High flying at Paestum, in: AJA 80 (1976), S. 423—425 interpretiert den Taucher als *petauristarius,* d. h. als einen Gaukler, der von einer Leiter springt. K. Schütze, Warum kannten die Griechen keine Schwimmwettkämpfe?, in: Hermes 73 (1938), S. 355—357; J. S. Morrison—R. T. Williams, Greek oared ships (1968).

4.5 *Ballspiele* (σφαίρισις, σφαιρισμός)

Die Urteile über den agonistischen Charakter der griechischen Ballspiele fallen im neueren Schrifttum recht unterschiedlich aus. Während Patrucco (a. a. O. S. 348) die mannschaftlichen Ballspiele der Griechen durchaus an die Seite der modernen Spiele

stellen möchte und sie gelegentlich auch damit vergleicht, betont
Brein, Die Leibesübungen S. 161, daß sie „in der Antike nie zu
den eigentlichen Sportarten gerechnet" wurden, und Harris
SGR S. 80 stellt, ähnlich wie schon oben hinsichtlich der Popularität des antiken Wassersportes zu bemerken war, "the lack of a
serious spirit of contention in such games in antiquity" fest, was
den englischen Gelehrten um so mehr erstaunt, als die Griechen
seiner Meinung nach den Wettkampfgedanken auch in Bereiche
wie Musik und Drama transferiert hätten "from which it would
have been far better absent". Und um die geringe Bedeutung des
Wettkampfs bei den Ballspielen zu unterstreichen, fährt Harris
fort: "the words 'victory' and 'defeat' do not appear in connec-
tion with ball games before the Christian era, and only rarely
then". Da sich für beide Wissenschaftspositionen antike Belege
anführen lassen, erscheint es sinnvoll, einige Arten der Ballspiele
und Übungen mit dem Ball kurz zu erwähnen, um dadurch deutlich zu machen, daß mehr Argumente für die Auffassung von Patrucco sprechen, wenngleich die große Rolle, die heute die Ballspiele in der Welt der Sportler beanspruchen können, auch nicht
annähernd der griechischen Situation entspricht. Höchstwahrscheinlich erfreuten sich die Griechen zumindest seit den Zeiten
Nausikaas (vgl. oben S. 85) an einfachen Übungen mit dem
Ball, wozu das *Aporrhaxis-* und *das Urania-Spiel* sowie der
Ephedrismos (eine Art Huckepackspiel mit Bällen) gehören.
Beim erstgenannten Spiel wird der Ball gegen den Boden oder
gegen die Wand geworfen und wieder gefangen, beim Urania-
Spiel möglichst hoch in die Luft (vgl. Poll. 11, 103 ff.).

Aus solchen lustbetonten Ballübungen und Kinderspielen hat
sich im Altertum allmählich eine Tradition entwickelt, die deren
gesundheitlichen, psychischen und eurhythmischen Wert bewußt machte und daher diese einfachen Ballspielformen im
Rahmen des Athletentrainings propagierte. In keiner anderen
Schrift wird dieser Ballspielauffassung und Wertschätzung so
sichtbar Ausdruck verliehen wie in der Schrift ›Über die Übun-

gen mit dem kleinen Ball‹ des ehemaligen Gladiatorenarztes aus Pergamon Galenos. Nicht nur wegen des sozialen Aspektes — auch der Ärmste könne das Spielgerät erwerben (c. 2) —, sondern wegen des vielseitigen Nutzens der Ballübungen für den Körper empfiehlt der Arzt diesen 'Gesundheitssport', mit dem keine andere Leibesübung konkurrieren kann. Sie fördern körperliche Gesundheit, harmonische Bildung der einzelnen Körperteile und seelische Tauglichkeit (c. 3) und bewahren obendrein vor jenen Verletzungsgefahren, mit denen Wettläufer, Reiter, Springer, Diskuswerfer und Besucher der Ringschule konfrontiert sind (c. 5). Denn die Mehrzahl der Leibesübungen, so versichert Galenos, erreicht nämlich genau das Gegenteil und macht die Menschen, was den Geist angeht, faul, schläfrig und schwerfällig. Nicht so die Ballübungen, vor allem dann nicht, wenn sie unter der Leitung eines Gymnasten durchgeführt werden. Für diese Beurteilung der einfachen Spiele mit dem Ball lassen sich weitere Zeugnisse beibringen (vgl. etwa Athen. I 15 a; Poll. 11, 107). Möglicherweise sind aus diesem Übungsbetrieb auch jene Ballkünstler hervorgegangen, die durch Perfektionierung ihrer Technik als Jongleure auftraten und die mit ihren Vorführungskünsten im Grenzbereich Sport—Akrobatik anzusiedeln sind (vgl. die bei Patrucco a. a. O. S. 340 f. abgebildete Berliner Terrakotte und das attische Grabrelief auf einer Lekythos).

Auf der anderen Seite zeigen Regeln, Organisation und die Existenz von Schiedsrichtern, daß auch dem Ballspiel ein ausgeprägter agonistischer Zug insbesondere bei Mannschaftskämpfen innewohnen konnte, wenngleich hinzuzufügen ist, daß diese Entwicklung wahrscheinlich erst in späteren Jahrhunderten, vor allem dann bei den Römern breitere Kreise erfaßte (vgl. unten S. 265 ff.) und auch zur Ausbildung eines Professionalistentums führte. Die Existenz der Wettkämpfe bestätigen aber schon berühmte attische Reliefs des ausgehenden 6. Jh. (vgl. dazu unten S. 212). Drei Spielformen scheinen dabei einige Popularität erlangt zu haben:

a) *der Episkyros* (ἐπίσκυρος). Dabei kämpften zwei Epheben-Mannschaften um einen auf der Mittellinie aufgelegten Ball, den sie sodann über die Grundlinie des Gegners zu bringen hofften (nach Poll. 11, 104).

b) *das Harpaston- oder Phainindaspiel* (ἁρπαστόν, φαινίνδα), nach Patrucco (a. a. O. S. 338) «certamente il più famoso fra i giochi con la palla del mondo greco», war vermutlich eine Art Fangballspiel mit großem körperlichem Einsatz, das einige Aufregung unter den Spielern verursachte, wie ein Antiphanesfragment veranschaulicht (mit hektisch klingenden Anweisungen an Mitspieler: „Aus, weiter Paß, neben ihn, über ihn, tief, hoch, Kurzpaß, zurück durch einen Rückzieher(?)!"; Athen. 1, 15 a). Wenn aus der Beschreibung des Galenos (c. 2) noch hervorgeht, daß die beiden Teams unter großen physischen Anstrengungen versuchen, einem 'Mittelmann' den Ball zu entreißen, wobei sie auch Ringergriffe anwenden, so wird verständlich, daß Patrucco (a. a. O. S. 342) den Vergleich mit dem modernen Rugby wagt. Die Identifizierung des Ballspielerreliefs der bekannten quadratischen Statuenbasis (6. Jh. v. Chr., Nat. Museum Athen Nr. 3476), auf dem je drei Spieler gegeneinander antreten, mit dem Harpaston scheint trotz Patrucco (a. a. O. S. 341) ungesichert.

c) *Das Keretizon oder 'Hornstoßen'* (κερητίζειν), ein Spiel, das jedermann an den Hockeysport erinnert, da Schlagstöcke, Ballgröße und Ausgangsstellung beim Wettkampf, wie ein anderes attisches Relief aus der gleichen Zeit (Nat. Museum Athen Nr. 3477) zeigt, diesem durchaus entsprechen, gehört ebenfalls in die Reihe der bekannten Mannschaftsspiele. Aufgrund der äußeren Ähnlichkeit mit der modernen Sportart auch auf ähnliche Regeln und Bedingungen zu schließen, wie es die Interpretation von Patrucco (a. a. O. S. 343 ff.) nahelegt, hält Brein, Die Leibesübungen S. 162, zu Recht für problematisch, zumal der italienische Gelehrte gelegentlich dazu neigt, die Etymologie m. E. zu stark für die Erklärung der Ballspiele heranzuziehen (vgl. a. a. O. S. 345). Worauf es dabei sicherlich ankam, war die Technik der Ballführung mit dem gekrümmten Schlagstock, wohin der Ball aber zu führen war, ob über eine Linie, durch ein gegnerisches Feld, oder gar in eine Art Tor, bleibt unbekannt.

Die Begeisterung für das Ballspiel der Griechen läßt sich hin und wieder quellenmäßig belegen, wobei man nicht nur auf Stellen wie in den homerischen Epen und in den ›Argonautika‹ des Apollonios Rhodios (3, 132 ff.; 4, 948 ff.) angewiesen ist, sondern auch auf Nachrichten, die von einem besonderen Nahverhältnis zum Ballspiel einzelner Persönlichkeiten wie Sophokles, der selbst einmal in einem seiner Spiele Nausikaa ballspielend dargestellt hatte und dafür Beifall erntete (Eust. 1553; Schröder a. a. O. S. 84), Isokrates, den ein Jugendbildnis als Keretizonspieler darstellte (Ps. Plut. vit. X or. 839 B), oder Alexander berichten. Letzterer bekundete für das Ballspiel zweifelsohne mehr Interesse als für die anderen Sportarten (vgl. Plut. Alexander 39; Athen. 1, 19 a; dazu I. Weiler, War Alexander der Große wirklich ein „Sportsmann"?, in: Signale der Zeit, FS J. Recla [1975], S. 279). Wenn die Athener dem von Alexander beschäftigten professionellen Ballspieler Aristonikos von Karystos ein (erhaltenes) Ehrendekret verliehen, so hat das freilich weniger mit der Beliebtheit des Ballspiels als mit Politik zu tun (vgl. die Kritik des Athen. 1, 19a; IG II/III² 385b; dazu Harris SGR S. 83). Die Wertschätzung der Ballspiele scheint sich schließlich wohl auch in einer (allerdings verlorengegangenen) eigenen Schrift ›περὶ σφαιριστικῆς‹ des Timokrates (Athen. 1, 15 c) und in dem Umstand auszudrücken, daß man zunehmend mehr Trainingsstätten eigens für das Ballspiel, sog. Sphairisteria, auf griechischem Boden errichtete (erste Erwähnung bei Theophrast, Char. 21, 15; anders allerdings Pleket, Sport S. 286, wo die Auffassung vertreten wird, daß es sich bei diesen Lokalitäten um Trainingsräume für Boxer handelte).

Besondere Beachtung erlangte das Ballspiel in seiner agonistischen Form im kaiserzeitlichen Sparta, wo eine Altersgruppe der

Epheben schlechthin als σφαιρεῖς bezeichnet wurde (dazu Marrou a. a. O. S. 62) und wo man nach Bezirken (ὠβαί) organisierte Wettspiele austrug, von denen eine Reihe von Sieger-
inschriften berichtet (IG V 1, 674—687). Danach haben Teams
mit über 15 Ballspielern unter der Führung eines Presbys mei-
sterschaftsartige Bewerbe ausgetragen (vgl. dazu Patrucco
a. a. O. S. 346 ff.; Harris SGR S. 103 f. und Brein, Die Leibesübungen S. 163). Dennoch sollen diese späten Nachrichten abschließend nicht den Eindruck vermitteln, daß die Ballspiele in
der griechischen Sportwelt einen ähnlichen Stellenwert eingenommen haben wie die Athletik oder die olympischen Agone.
Auch von den Römern, deren Begeisterung für das *sphaeristerium* gut bezeugt ist, wurden sie darin übertroffen.

Spezielle Literatur zu den Ballspielen: P a t r u c c o a. a. O. S. 333—350 (Bibliographie S. 349 f.); B r e i n , Die Leibesübungen S. 161—163; H a r r i s
SGR S. 75—111 (mit Einschluß der Römer); S. M e n d n e r , Das Ballspiel
im Leben der Völker (1956), S. 77—137; d e r s., Gesellschaftsspiele (Abschnitt Ballspiele), in: RAC 10 (1978), Sp. 847 ff., 852 ff.; S c h r ö d e r
a. a. O. S. 83—86; L. G r ü n d e l , Griechische Ballspiele, in: AA (1925),
S. 80—95; zu den einzelnen Spielarten vgl. die RE-Artikel ἐπίσκυρος
(M a u), Harpastum K. S c h n e i d e r , der auch die Beiträge 'Sphairisterion'
und 'Sphairomachia' verfaßte); vgl. auch den Abschnitt unten S. 265 ff. zu den
Ballspielen der Römer. — Ferner E. W a g n e r , Hockeyspiel im Altertum,
in: Philologus 103 (1959), S. 137—140; N. Y o u n g , Did the Greeks and
Romans play football?, in: Research Quarterly 15 (1944), S. 310—316;
G. O i k o n o m i k o s , Κερητίζοντες, in: AD 6 (1920—1921), S. 56—59;
M. N. T o d , Teams of ball-players at Sparta, in: ABSA 10 (1903—1904),
S. 63—77 (dazu noch 12 [1906—1907], S. 212—218); A. M. W o o d -
w a r d , Some notes on the Spartan σφαιρεῖς, in: ABSA 46 (1951),
S. 191—199. — Ein umfangreiches Manuskript von H. A i g n e r —
E. M e h l , Weltgeschichte der Ball- und Kugelspiele, befindet sich laut Mit-
teilung von M. Lämmer am Institut für Sportgeschichte in Köln.

V. SPORT UND LEIBESÜBUNGEN
IN ALTITALIEN
UND IM IMPERIUM ROMANUM

1. Frühzeit

Die sog. Ägäische Wanderung im ausgehenden 2. Jt. v. Chr. hat nicht nur den ostmediterranen Raum, sondern auch das alte Italien in seiner ethnischen Konstellation geprägt. Im Unterschied zur Geschichte Griechenlands, wo sich mit dem Seßhaftwerden der Dorier und Nordwestgriechen ab etwa 1000 v. Chr. kaum mehr nennenswerte Bevölkerungsverschiebungen registrieren lassen, bleiben die Stämme in den einzelnen Landschaften Italiens auch danach noch lange in Bewegung, was für die Entstehung und Entwicklung der römischen Kultur erhebliche Konsequenzen nach sich ziehen sollte. Auf die Einwanderung der Italiker mit den beiden unterschiedlichen Gruppen der Latino-Falisker und Umbro-Sabeller folgen die illyrischen und venetischen Stämme, einige Jahrhunderte später dann die griechischen Kolonisten, bis die Keltenwanderungen Europas auch Altitalien erfassen und sein ethnisches Gefüge um einen weiteren Akzent bereichern. Von entscheidender Auswirkung auf die kulturelle Entwicklung im ersten vorchristlichen Jt. ist aber für Italien neben allen diesen Bevölkerungsveränderungen, unter denen gewiß der griechische Anteil unter dem kulturhistorischen Aspekt eine besondere Beachtung verdient, die Volkwerdung der Etrusker. Die Annahme eines Prozesses des Zusammenwachsens autochthoner mediterraner Bauern mit den Italikerstämmen und einer aus dem Osten einwandernden Gruppe, der anfangs des 1. Jt. in der Toskana zu lokalisieren ist, erklärt besser als einzelne Herkunftshypothesen die Entstehung des etruskischen Volkes und seiner bemerkenswerten kulturellen Errungenschaften. Diese neuere Auffassung der Etruskologen fördert das Verständnis der Kulturwerdung Altitaliens ganz erheblich und *eo ipso* auch das der Entwicklung des Sports.

Jüthner/Brein AL Bd. 1, S. 50 ff. hat sich bei seiner Suche nach dem Ursprung der Leibesübungen nach kurzer Beschäftigung mit der kretisch-mykenischen Kultur sowie dem Vorderen Orient und Ägypten wieder Europa zugewandt, und ehe er ihn dann bei den Hellenen 'entdeckt', noch die Etrusker und Illyrer daraufhin geprüft. Für den illyrisch-venetischen Raum bietet die *Kunst der Situlen,* das sind reliefverzierte zylinderförmige Bronzebehälter, einige Hinweise auf sportliche Gepflogenheiten. Die sog. Hantelboxer waren schon oben S. 182 zu erwähnen. Sie gelten als eine charakteristische Wettkampfform dieser Region und sind auch durch Kleinbronzen aus Landeck/Tirol bezeugt. Auf den Reliefs dargestellte Siegespreise und die Anwesenheit von Schiedsrichtern sowie Zuschauern kennzeichnen diese Sonderform des Boxens als Wettkampfveranstaltung. Andere Bilder bestätigen die Existenz des Speerwerfens (mit der Wurfschlinge) sowie des Pferdesportes in Form von Rennen mit Zweigespannen und Wettreiten. Dennoch zögert Jüthner/Brein AL Bd. 1, S. 61, der griechischen Einfluß zumindest für das offenbar populäre Hantelboxen ausschließt, in allen diesen athletischen Übungen ein Vorbild für den Sport der Griechen zu sehen, da es sich dabei seiner Meinung nach „um Schaukämpfe spezialisierter Professionals, welche die Anwesenden unterhalten sollten", handelt, eine Interpretation der Situlenbilder, die meines Erachtens nicht begründbar und hinsichtlich einer griechischen Einflußnahme aus chronologischen Gründen wohl auch überflüssig ist; sie macht nur das Bemühen sichtbar, den Griechen eben eine Sonderstellung einzuräumen.

Zum Sport der Frühzeit und zur Situlenkunst, die etwa vom 7. bis 4. Jh. blüht, vgl. Jüthner/Brein AL Bd. 1, S. 58—62; H. Strohmeyer,

Die Leibesübungen in der Situlenkunst, in: Leibeserziehung (1969), S. 144—151; J. Kastelic, Situlenkunst (1964); Patrucco a. a. O. S. 245 f.

2. Die Etrusker

Hinsichtlich der Frage nach 'Anregern der griechischen Gymnastik und Agonistik' untersucht Jüthner/Brein auch die etruskische Kultur und kommt dabei zu ähnlichen Ergebnissen wie bei den Illyrern (und übrigens auch den vorgriechischen Völkern Europas wie Asiens und Ägyptens; vgl. oben S. 53 ff.). Zwar kann niemand die Ausstrahlungen der griechischen Kultur auf die Etrusker bestreiten, aber im Bereich des Sportes findet sich die bereits bekannte Argumentation, daß nämlich „die Ausübenden ... gemietete Artisten" seien und sich der verdienstvolle Sporthistoriker somit trotz der in der etruskischen Überlieferung dokumentierten „Freude an den gymnastischen Vorgängen" lediglich an „vorgriechische Verhältnisse in der Ägäis" erinnert fühlt (vgl. Jüthner/Brein AL Bd. 1, S. 57). Doch selbst für den Fall, daß der Nachweis zu erbringen wäre, es handle sich tatsächlich nur um „Schaukämpfe spezialisierter Professionals" oder, wie auf Kreta und in Mykene, um 'einen Ausfluß üppigen Wohllebens', wofür meines Erachtens ein Beweis ebensowenig wie bei den Illyrern zu führen ist —, so ist auch damit nicht gesagt, daß die Etrusker sich prinzipiell in Fragen des Sportes und der Leibesübungen anders als die Griechen verhalten haben. Und der Umstand, daß das von den Etruskologen vorgelegte sporthistorisch interessante Material in vielen Einzelheiten an die griechische Athletik erinnert, sollte nicht dahingehend ausgelegt werden, daß die Etrusker keinen eigenen Sport kannten. Denn abgesehen von zahlreichen Hinweisen auch auf eigenständige sportliche Betätigungen erscheint die Übernahme griechischen Kulturgutes nur dann verständlich, wenn eine entsprechende innere Bereitschaft und das Interesse dafür vorhanden

sind. Das erklärt auch die Masse agonistischer Motive auf in
Etrurien gefundenen Vasen, egal ob eigener oder griechischer
Provenienz.

Die für einen Sportdiffusionismus eventuell sprechende Vorstellung, die Etrusker seien ein stark jenseits-bezogenes, zum
Kultismus neigendes Volk — ein Klischee, das schon im Altertum in der Bezeichnung Etruriens als *religiosissima* und *omnium
superstitionum mater* auftaucht —, und sie interessierten sich
daher für sportliche Betätigungen bestenfalls im Rahmen von
Leichenspielen (so meinte V. Ehrenberg, Das Agonale S. 91, daß
„die erdhaft-mystische" Sphäre der Etrusker „durchaus nicht
heldisch, nicht agonal" gewesen sei), darf heute als überholt bezeichnet und teilweise mit der „fatalen Einseitigkeit" des archäologischen Materials erklärt werden. Während nämlich die meisten Informationen über das Leben der Etrusker paradoxerweise
aus „Nekropolen und Einzelgräbern" stammen, sind die städtischen Siedlungen mit ihrer profanen Architektur aufgrund der
vorhandenen Baukontinuität weitgehend unbekannt geblieben.
Das gilt auch für etwaige Sportanlagen, wie sie etwa der in seiner
Lokalisierung noch dazu umstrittene „Ort des Fanum Voltumnae, die Stelle der jährlichen Zusammenkünfte und der Festspiele
Etruriens", ohne Zweifel besessen haben muß (Pfiffig a. a. O.
S. 59, 66; vgl. dazu noch unten S. 220). Auf die Existenz solcher
urbaner Wettkampfstätten weist beispielsweise indirekt Livius
mit der Bemerkung hin, daß der Etruskerkönig Tarquinius Priscus in Rom den Platz für den Circus Maximus bestimmte und
darauf eine 12 Fuß hohe Sitztribüne errichten ließ, von der man
die Wettspiele verfolgen konnte (1, 35, 8 f.: *spectavere furcis
duodenos ab terra spectacula alta sustinentibus pedes*). Eine ein-
drucksvolle Illustration dieser Stelle bieten die berühmten Fresken der Tomba delle Bighe in Tarquinia, wo auf einem Holzge-
rüst etwa 1 m über dem Boden Zuschauer unter dem Sonnen-
schutz eines *velum* eng beisammen auf Bänken sitzen, während
sich „im Parterre, wenn man den engen Raum zwischen Boden

und Plattform überhaupt so nennen will, ... zusammengekauert das Sklavenvolk" drängt (Heurgon a. a. O. S. 298). Eine ähnliche Tribüne, auf einem Cippus in Chiusi dargestellt, zeigt, wie die Details vermuten lassen, ein bei Wettkämpfen anwesendes Schiedsgericht. Diese und einige wenige weitere Hinweise auf eine vorhandene Sportarchitektur in Etruriens Siedlungen bezeugen immerhin den großen Aufwand, den man dafür zu geben bereit war. Um wieviel vollständiger wären unsere Kenntnisse des Etruskersportes, hätte nicht die erwähnte Siedlungskontinuität die Freilegung der Sportanlagen verhindert, wie wir sie beispielsweise von den Stadien, Gymnasien und Palästren Griechenlands — oder um ein anderes Beispiel noch anzuführen — von den Ballspielplätzen der präkolumbischen Kulturen kennen.

Trotz dieser prekären Quellenlage, die gleichsam nur schlaglichtartig den Blick auf den Etruskersport freigibt, kann heute der Etruskologe über diese Form der Freizeitgestaltung auf ein recht buntes Mosaik von Einzelkenntnissen verweisen, die das eher düstere Bild von diesem angeblich stark von Jenseits- und Todesvorstellungen geplagten Volk revidieren. Streunotizen bei römischen Dichtern und Historikern, Vasenbilder, Spiegel und Kleinfunde sowie als bedeutendste Quellenkategorie die Fresken liefern die notwendige Forschungsbasis. Leider bringen die ca. 7000 Inschriften, die freilich großteils nur kurze Namensformeln bieten und die im CIE *(Corpus Inscriptionum Etruscarum)* seit 1893 gesammelt werden, bisher nichts Nennenswertes für die Sportgeschichte, da sie sich auf den sakralen und funerären Bereich beziehen, während „eben historische, beschreibende, dialogisierende und poetische Texte, vor allem aus den Profangebieten des menschlichen Lebens", auf die sich eine Sportgeschichte nun einmal zu stützen hat, fehlen (Pfiffig a. a. O. S. 12). Ein weiteres methodisches Problem erschwert noch den Umgang mit den Quellen: Neben orientalischen und lokalen italischen Einflüssen weist die kulturelle Hinterlassenschaft der Etrusker bekanntlich auch griechischen Einfluß auf, und zwar in der Kunst ebenso wie

im Sport. Die Existenz der Sprunggewichte oder des gespaltenen
Schiedsrichterstabes auf Fresken in Etruskergräbern wird man
sich kaum autochthon entstanden denken dürfen. Die sportlichen Szenen auf etruskischen Vasenbildern gehören zum Teil
zweifelsohne in die Welt der griechischen Agonistik. Daraus
aber das Argument schmieden zu wollen, der Etruskersport sei
überhaupt 'Importware', geht nicht nur wegen nachweislicher
Eigenständigkeiten und grundsätzlicher methodischer Überlegungen nicht an, sondern auch deshalb nicht, weil sich hinter der
bereitwilligen Rezeption der griechischen Agonistik jene oben
S. 217 f. schon erwähnte innere Bereitschaft für sportliches Engagement verbirgt. Nur das den Etruskern Gemäße kann Eingang
in ihre Kultur finden. — Nebenher sei noch erwähnt, daß in der
herodoteischen Überlieferung zur Auswanderung der späteren
Etrusker aus dem Lyderreich wegen einer Hungersnot (1, 94)
berichtet wird, man habe die Krise zunächst dadurch zu über-
winden versucht, daß man allerlei Kurzweil ersann und so damals das Würfel-, das Knöchel- und das Ballspiel, überhaupt alle
Arten von Spielen erfand, ausgenommen die Brettspiele. Diese
Herodotstelle liefert ein schönes Beispiel für eine aitiologische
Sage im sporthistorischen Kontext.

   Welch zentrale Rolle man im Altertum sportlichen Veranstaltungen im Etruskerland beimaß, zeigt etwa die Nachricht, daß
beim jährlichen Treffen der Vertreter (*lucumones* oder Könige)
der *duodecim Etruriae populi* im Frühjahr auf dem Territorium
von Volsinii *ad Fanum Voltumnae*, einer Art Bundesheiligtum,
bei dem der höchste Magistrat, der *zilath mechl rasnal* (lateinisch
praetor Etruriae) gewählt wurde, auch athletische und musische
Wettkämpfe zur Austragung gelangten, die H. Bengtson (Römische Geschichte [²1970], S. 34) kaum zu Recht mit jenen von
Olympia und Delphi parallelisiert (Liv. 5, 33, 9; vgl. CIL
XI 5265). Im 4. Jh. soll es dabei insofern einmal zu einem Eklat
gekommen sein, als ein wegen des Wahlergebnisses enttäuschter
Kandidat einen Exodus inszenierte, indem er seine bei den Spie-

len auftretenden *artifices* abzog und das Heiligtum verließ (Liv. 5, 1). Nach annalistischer Tradition gehen auch die Spiele, welche man abwechselnd *ludi Romani* oder *l. magni* nannte, auf die Etrusker zurück. Livius (1, 35, 7 ff.) erwähnt sie im Anschluß an die Eroberung der Stadt Apiolae in einem Latinerkrieg, von der der König Tarquinius Priscus mit größerer Beute zurückkehrte. Seine *ludi,* prächtiger und besser organisiert als die seiner Vorgänger, umfaßten Wettrennen zu Pferd und/oder zu Wagen sowie Boxkämpfe, wobei eigens angemerkt wird, daß die *pugiles . . . ex Etruria maxime* kamen. Damals soll auch die Rennbahn für den Circus Maximus erstmals abgesteckt worden sein. Handelt es sich hier in beiden Fällen, sowohl bei Volsinii wie in Rom, um festliche Wettspiele, die zumindest den antiken Quellen zufolge profanen Ursprungs waren, so lassen sich andererseits auch kultisch motivierte Sportveranstaltungen bei den Etruskern nachweisen. Aufgrund eines Orakelspruches der Pythia sollten die Bewohner der Etruskerstadt Agylla, des späteren Caere, wegen eines gegenüber den Phokaiern nach der Seeschlacht von Alalia (um 540 v. Chr.) begangenen Frevels zur Sühnung ihrer Stadt diesen reiche Totenopfer darbringen und dazu einen ἀγὼν γυμνικὸς καὶ ἱππικός veranstalten. Herodot, dem die Kenntnis dieser Totenspiele zu danken ist (1, 167), fügt noch hinzu, daß dieser Brauch noch zu seiner Zeit gepflegt wurde. In Verbindung mit dem Totenkult stehen anfangs gewiß auch die unten S. 253 ff. noch zu besprechenden Gladiatorenkämpfe und das sog. Phersu-Spiel. Ihr blutiger Charakter sollte kein Grund sein, sie aus einer sporthistorischen Darstellung der etruskischen Kultur auszuschließen. Auch mehrere Reliefdarstellungen mit dem Thema der Leichenfeier für Patroklos gehören in diesen Zusammenhang (vgl. die Sammlung bei Beazley a. a. O. S. 90).

Doch zuvor sei der Versuch gemacht, sich die einzelnen athletischen Wettkampfarten und Formen des Pferdesports zu vergegenwärtigen, wie sie bei den oben S. 218 f. genannten Festspielen

der Etrusker durchgeführt wurden, wobei zu deren Rekonstruktion vor allem jene Grabfresken dienen sollen, die sportliche
Themata bieten und die in Gräbern wohl deshalb abgebildet
wurden, damit sich der Tote daran als Zuschauer erfreuen konnte. Die bedeutendsten Darstellungen befinden sich in den Gräbern von Tarquinia und Chiusi, und zwar in den Tombe delle Iscrizioni, del' Letto Funebre, delle Bighe, del Barone, degli Auguri und delle Olimpiadi in Tarquinia sowie del Colle, della
Scimmia und del Deposito de' Dei in Chiusi.

Drei dieser Gräber bieten sozusagen ein umfassendes Wettkampfprogramm. Die aufgrund der neuentwickelten For-
schungsmethoden der Fondazione Lerici des Polytechnikums in
Mailand durch elektrische Widerstandsmessungen im Erdreich
zwei Jahre vor den Olympischen Spielen in Rom entdeckte
Tomba, der man deshalb den Namen 'delle Olimpiadi' gab (irr-
tümliche Erklärung bei Harris SGR S. 45), zeigt den Boxkampf,
ein Wagenrennen mit vier Zweigespannen, das Phersuspiel, Diskuswerfen, Wettläufer und Weitspringer, wobei die eindrucksvollen Szenen sowohl den großen Einsatz der Athleten als auch
die Anteilnahme der Zuschauer erkennen lassen. Auf den Grab-
gemälden der Tomba delle Bighe (auch Stackelberg genannt), die
Pallottino (Die Etrusker S. 173) als paradigmatisch für den
Etruskersport beschreibt, kommt gleichsam ein Bilderbuch der
Sportarten wiederum mit Wettkämpfern und Zuschauern zur
Darstellung: Diskuswerfer scheinen in verschiedenen Positionen
unter der Aufsicht von Trainern oder Wettkampfleitern, gekennzeichnet durch einen Krummstab *(lituus)*, zu üben, mehrere Faustkämpfer und ein Ringerpaar messen ihre Kräfte, ferner
sind ein Reiter und die Vorbereitungen zu einem Wagenrennen
ebenfalls mit ihren Zweigespannen in vielen Einzelheiten zu erkennen, während der Wettbewerb, den ein nackter Athlet mit
einem langen Stab ausführen will (Stabsprung — hoch oder
weit?), als ein sporthistorisches Novum nicht näher interpretier-
bar ist. Bemerkenswert sind auch hier die mit Zuschauern voll-

gepfropften Tribünen an den Rändern der einzelnen Bildfriese. Auch die Tomba del Colle von Chiusi vermittelt einen solchen lebendigen Eindruck von den leicht- und schwerathletischen Disziplinen und vom etruskischen Wagenrennen.

Zu den *einzelnen Wettkampfarten,* ihren Regeln und ihrer Häufigkeit läßt sich quellenbedingt wesentlich weniger als bei den Griechen sagen, da die literarischen Hinweise, die die Interpretation der griechischen Bilddokumente erleichtern, bei den Etruskern fehlen und eine aprioristische Annahme, die griechischen Wettkampfbedingungen würden auch für Etrurien gelten, wie schon oben S. 217f. angedeutet, problematisch erscheint. Beim Wettlauf scheinen offenbar zumindest zwei Startpositionen bekannt gewesen zu sein (leicht vorgebeugte Haltung oder eine Art Tiefstart, bei der eine Hand am Boden aufgestützt wird, weshalb übrigens Schmidtchen-Howell, a. a. O. S. 185, an die Technik des Olympiasiegers V. Borsow erinnern). Weitsprünge wurden mit Sprunggewichten ausgeführt, und auch im Diskus- und Speerwerfen (mit Wurfschlinge) dürfte der Einfluß griechischer Agonistik kaum in Frage zu stellen sein. Box- und Ringkämpfe gelten, wenn es erlaubt ist, aus der Häufigkeit der Darstellungen irgendwelche Schlüsse zu ziehen, als besonders populär. Dafür spricht zumindest hinsichtlich der Boxer auch die oben S. 221 erwähnte Liviusnotiz, wonach man diese Athleten hauptsächlich *(maxime)* aus Etrurien nach Rom holte. Ob der bei den Römern später bekannte *caestus* mit seinen gefährlichen Metallbeschlägen den früheren Etruskern bekannt war, was auch auf eine besondere etruskische Tradition dieser Sportart hinweisen würde, läßt sich nicht sicher ausmachen. Meines Erachtens zeugt der Realismus bei der Darstellung der schwerathletischen Zweikämpfe etwa in der Tomba della Scimmia oder in den Tarquinischen Tombe degli Auguri und Cardarelli u. a. davon, daß zumindest die Künstler sich von griechischen Vorbildern gelöst haben. Daß das Ringerfresko in der Tomba degli Auguri seinem Motiv nach aus Kleinasien stammt, wie Heurgon (a. a. O.

S. 296) meint, scheint mir kaum überzeugend, noch weniger allerdings, wenn der Gelehrte vermutet, die beiden Athleten „seien auf einem Sklavenmarkt des Ostens gekauft worden", weil diese Vermutung offenbar von der Vorstellung ausgeht, in Etrurien gebe es eben, anders als in Griechenland, nur 'Mietlinge' und 'Professionals'. Dagegen spricht gerade beim gegenständlichen Fresko der überlieferte etruskische Name eines der beiden Athleten, der sich nach Heurgons eigener Aussage „in den besten Familien von Cortona und Chiusi" (a. a. O. S. 296) findet. Auffallend und offenbar eine etruskische Variante des Faustkampfes ist die wiederholt abgebildete Boxerauslage, bei der nur die zurückgenommene Rechte zur Faust geballt ist, die Linke hingegen geöffnet nach vorne gestreckt wird, wie mir scheint, um die Hiebe des Gegners zu parieren. Eine andere Interpretation, es könnte sich dabei um „eine Art Aufwärmen vor dem Kampf" handeln (so Schmidtchen-Howell a. a. O. S. 186), halte ich für weniger wahrscheinlich, da gleich dreimal solche Szenen in Gräbern anzutreffen sind (Tombe della Scimmia, Del Deposito de' Dei und delle Bighe). Eindeutige Zeugnisse für eine Existenz des Pankration oder des Pentathlons fehlen.

Für den *Pferdesport* hingegen, der ab dem 7. Jh. v. Chr. in Etrurien bezeugt ist, liefern die Fresken zahlreiche Illustrationen, was schon wegen der Bedeutung des Pferdes im Krieg und auf der Jagd kaum anders zu erwarten ist. Eine Quellenzusammenstellung bietet R. C. Bronson, Chariot racing in Etruria S. 92 — 94 (außer den Fresken noch Stein- und Terrakottareliefs, Vasenbilder u. a.). Zum allgemeinen historischen Zusammenhang siehe A. Alföldi, Die Herrschaft der Reiterei in Griechenland und Rom nach dem Sturz der Könige, in: Gestalt und Geschichte FS K. Schefold (1967), S. 13 — 48. Auch der obige Hinweis, Tarquinius Priscus habe Pferde zu den Spielen aus Etrurien nach Rom bringen lassen, paßt gut in diesen Rahmen, wie übrigens auch die Nachricht von Plutarch (Poplicola 13, 4), daß im etruskischen Veii Wagenrennen 'mit der üblichen Pracht und

Feierlichkeit' veranstaltet wurden (vgl. auch Plin. nat. 10, 33). Neben dem hier nicht näher bestimmbaren Wettreiten, wie es die Bilder der Tombe delle Iscrizioni, del Letto Funebre, delle Bighe und del Barone in einzelnen Phasen, bei der Vorbereitung zum Start und am Ziel (mit Preisen) wiedergeben, dürfte auch eine Wettkampfform, bei der ein Reiter über zwei Pferde verfügte (wie die römischen *desultores*, siehe unten S. 250), bestanden haben. Besondere Berücksichtigung haben bei den Künstlern vor allem die Wagenrennen mit den Bigen, deren Form durch Abbildungen und archäologische Reste gut bezeugt ist, gefunden. In der Beschreibung des eindrucksvollen Freskos der Tomba delle Olimpiadi spricht Heurgon (a. a. O. S. 296 f.) vom Verlauf des abgebildeten Rennens mit vier Zweigespannen: „Die Wagen befinden sich . . . in der Nähe des Zielpfostens, und zwar auf freiem Feld, nicht in der ebenen Arena. Die Wagenlenker tragen blaue und rote Kittel, aber auch die Pferdedecken und Wagen haben abwechselnd dieselben Farben . . . Der Darstellung läßt sich ein Detail entnehmen, das bislang unbekannt war: die beiden Zügel sind hinter dem Rücken des Lenkers mit einem großen Knoten befestigt. Jeder peitscht seine Tiere mit schnellen Schlägen. Der erste, fast schon Sieger, dreht sich um, um seinen Vorsprung abzuschätzen, der dritte setzt links vom zweiten zum Überholen an, der vierte Wagen kippt gerade um: eines der Pferde hat alle Viere in der Luft, das andere bäumt sich auf, und der Lenker wird nach hinten geschleudert. Drei Frauen, die den Vorfall beobachten, fassen sich mit den Händen an den Kopf und schreien vor Entsetzen auf." Eine weitere Unfallszene, bei der der Wagenlenker aus seinem Wagen katapultiert wird, findet sich in der Tomba del Deposito de' Dei und andere Wagenrennen wurden in den Tomben del Colle, della Scimmia sowie natürlich in der Tomba delle Bighe und auf dem schon erwähnten Cippus von Chiusi, ferner auf einer architektonischen Schmuckplatte aus Veii und einer Elfenbeinsitula aus der Sorbo-Nekropole von Caere mit mehr oder weniger Lebhaftigkeit und Dynamik dargestellt. Anwesende Schiedsrichter, Siegespreise, aufgeregte Zuschauer, darunter bemerkenswerterweise auch Frauen, und ein dramatischer Zieleinlauf sorgen für das notwendige Ambiente einer Sportveranstaltung. Die bei Schmidtchen-Howell geäußerte Vermutung, daß dieser für Zuschauer besonders attraktive Sport sich früher als andere Wettkampfarten aus seiner kultischen Gebundenheit löste und sich auch schneller zu einem Sport für Berufsathleten entwickelte (a. a. O. S. 181 ff.), scheint meines Erachtens wenig Argumente für sich zu haben, es sei denn, man will dies aus der Publikumswirksamkeit der Wagenrennen, die auch in der circensischen Welt der Römer später gut belegt ist, schließen. In seiner Untersuchung der etruskischen Wagenrennen kommt R. C. Bronson (a. a. O. S. 104 f.) zu der Auffassung, daß ein griechischer Ursprung dieses Sports aufgrund der archäologischen Evidenz als höchstwahrscheinlich gilt, wobei vor allem drei Punkte deutlich die "Greek inspiration" illustrieren sollen, nämlich die Komposition der Rennwagen (1 + 2 + 1), der zurückblickende Wagenlenker und der Unfall an der Wende. Zu denken gibt bei dieser Argumentation, daß Übereinstimmungen in der künstlerischen Gestaltung des Themas auch als Beweis für "Greek origin of this sport" herhalten müssen.

Ein bemerkenswerter Nachweis für die Dressurleistungen der Pferde dürfte das sog. Troia-Spiel sein, ein manöverartiges Aufmarschieren zweier oder dreier bewaffneter Reitergruppen, das ungeklärten, vielleicht etruskischen Ursprungs ist, denn der etymologische und ideologische Zusammenhang mit Troia, der mythischen Heimat der Römer, erweist sich als allzu durchsichtige spätere Rekonstruktion. Der *Troiae lusus* wird erstmals auf der berühmten etruskischen Oinochoe von Tragliatella (um 600 v. Chr.) abgebildet, und zwar als ein Reiterspiel, bei dem zwei Reiter zusammen mit je sieben Soldaten in einer labyrinthartigen Anlage einen Kriegertanz vorführten. Auf der Ritzzeichnung dieser Vase, deren inhaltliche und stilistische Inter-

pretation insbesondere G. Q. Giglioli, L'oinochoe di Tragliatella, zu danken ist, kann man den Namen *truia* lesen, so daß die
Verbindung zu dem ansonsten nur für die Zeit von Sulla bis zum
Ende des 2. nachchristlichen Jh. überlieferten Troia-Spiel als gesichert gelten darf. In augusteischer Zeit wurde dieser nicht un-
gefährliche Waffentanz zu Pferd, bei dem es immer wieder zu
schweren Unfällen gekommen sein soll (Suet. Aug. 43), von den
kleinsten Kavallerieeinheiten, den *turmae,* die sich aus der vornehmen Adelsjugend rekrutierten, ausgeführt. In Vergils Schilderung (Aen. 5, 545 ff.) anläßlich der Totenwettspiele für
Anchises heißt es, daß das Volk zuerst im Circus und auf den
Feldern für die einziehende *iuventus Troiae* Platz machen mußte, ehe diese, mit Lanzen und Köchern bewaffnet, in den drei
Turmenformationen von je zweimal sechs Knaben und mit einem Magister den *cursus* und die *certamina,* bestehend aus Vor-
wärts- und Rückwärtsreiten und verschiedenen verschlungenen
Kreisbewegungen mit Waffenbedrohungen, ausführte. Vergils
Versuch, diese *certamina* nicht mit den Etruskern, sondern mit
den Troianern in Beziehung zu bringen (5, 602: *Troiaque nunc
pueri, Troianum dicitur agmen*), erscheint auch aus sprachwis-
senschaftlicher Überlegung unwahrscheinlich, da das Wort *truia*
mit Vokabeln aus dem Wortschatz des Tanzens (*amptruare, red-
amptruare* z. B. beim Saliertanz; Festus 334 L, G. Q. Giglioli
a. a. O. S. 124) verwandt sein dürfte. Dagegen hat sich neuerdings K. W. Weeber (a. a. O. S. 171 ff.) gewandt, der den *Troiae
lusus* wieder von dem kleinasiatischen Troia ableiten möchte.
Manches spricht dafür, daß dieses Wettreiten aus Vorberei-
tungsübungen zu militärischen Zwecken hervorgegangen ist,
ähnlich den hippischen Ephebenagonen in Athen (vgl. oben
S. 205 f.). Das Spiel zu einer „magisch-religiösen Handlung der alt-
patrizischen Reiterei" zu erklären und es auf Troia zu beziehen
(so A. Alföldi, Die trojanischen Urahnen der Römer. Rekto-
ratsprogramm Basel [1957], S. 18) erscheint demnach genausowenig zwingend wie der Versuch C. Diems, Das Trojanische

Reiterspiel (1942), das moderne Dscheridspiel als Rest eines ur-
alten asiatischen Reiterspiels mit der erwähnten Veranstaltung in
Rom in Verbindung zu bringen. Für einen frührepublikanischen
römischen Ursprung des Troia-Spiels trat ein M. Büdinger, Die
römischen Spiele und der Patriciat (SB Akad. Wiss. Wien, philos.-hist. Cl. 123, 1891) S. 28—37 (mit universalhistorischen
Parallelen).

Mag man also beim Troia-Spiel an eine paramilitärische
Übung mit profanem Ursprung denken, so stehen zwei andere
'Spiele' dem Kultischen doch recht nahe: das sog. Phersu- und
das Gladiatorenspiel. Beim *Phersu-Spiel* (der Name φersu gilt
dem lat. *persona* = Maske verwandt) wird einem Mann, der eine
Keule trägt, eine Kapuze über den Kopf gestülpt, und er muß
sich gegen einen wilden, von einer anderen Person an einer Leine
geführten Hund (Dogge?) verteidigen. In den Tombe degli
Auguri und delle Olimpiadi finden sich diese makabren Zweikämpfe, die die *venationes* der römischen Amphitheater bereits
vorwegzunehmen scheinen. Über die merkwürdige Gestalt des
namentlich bezeugten Phersu, eines Tierhetzers oder Schiedsrichters, hat Heurgon (a. a. O. S. 304 ff.) aufgrund etymologi-
scher Überlegungen sowie der Bekleidung dieses Mannes Be-
züge mit dem Theater hergestellt, wo sich „wie bei den Leichenspielen... das Entsetzliche mit dem Komischen" (a. a. O.
S. 306 f.) mischt, und zugleich versucht, darin eine uralte Tradition der Commedia dell'arte nachzuweisen. Damit mag es seine
Richtigkeit haben, wichtiger erscheint im Rahmen einer Sportgeschichte hier eher der Zusammenhang dieses Phersu-Spieles,
das wohl mit irgendeiner Form von Menschenopfern und
Totenkult zu tun hat, mit dem *munus gladiatorium* und den
erwähnten Tierhetzen, die später so viele Römer in die Arenen
lockten. Entwicklungsgeschichtlich gesehen gehört dieses etruskische Phersu-Spiel auf eine Ebene mit dem frühen Gladiatorenkampf, wie er für das 4. vorchristliche Jh. bezeugt wird; es läßt
sich meines Erachtens zwanglos in das genetische Schema ein-

ordnen, das L. Malten (a. a. O. S. 337 ff.) entwirft: Danach steht
am Anfang „ein bedingungsloses Menschenopfer . . ., [das] eine
erste Abmilderung [erfuhr], indem man die Schlachtopfer, anstatt sie wahllos vor dem Priester hinopfern zu lassen, miteinander Mann gegen Mann um Leben und Tod kämpfen ließ. Dieser
Opferkampf 'zu Ehren' des Toten brachte ihm sein Opfer in der
Gestalt des Unterliegenden. Der etruskisch-römische Gladiatorenkampf, solange er am Grabe stattfand, hat diese Stufe in reiner Form festgehalten. Schließlich mündete dann der immer
mehr zur Form werdende Leichenagon in die Sitte der agonistischen Aufführungen" (ähnliche Gedanken hat schon Tert. de
spect. 12 geäußert). Ob die Gladiatorenkämpfe tatsächlich
etruskischen Ursprungs sind, oder ob ihre Heimat in Campanien
zu suchen ist, bleibt vorerst in der Fachwelt umstritten. Nach
dem Zeugnis des Nikolaos von Damaskus (FgrHist. 90 F. 78 =
Athen. 4, 153 f.; Liv. Per. 16) hat Rom sie aus Etrurien übernommen, wofür auch das etruskische Wort *lanista*, Gladiato-
renmeister, und andere Einzelheiten zu sprechen scheinen, doch
überliefern oskische Fresken kämpfende Gladiatorenpaare
schon für das 4. vorchristliche Jh., während in Etrurien davon
keine Spur existiert (Heurgon a. a. O. S. 303), so daß heute neben der These von der Herkunft aus Etrurien jene Auffassung
steht, sie kämen aus dem süditalischen Raum, besonders aus
Campanien, dem späteren 'Stammland' der Gladiatoren, oder
aus Samnium. Diese Hypothese hat T. C. Sabbatini (a. a. O.
S. 283—292) aufgrund von sechs Inschriften aus Canusium be-
kräftigt und deshalb für einen campano-samnitischen Ursprung
plädiert (etruskische Herkunft behaupten u. a. A. Neumann,
Kl. Pauly 2 [1967], Sp. 803; Meuli a. a. O. S. 48; Harris SGR
S. 46; Sawula a. a. O. S. 174). Die erwähnten Grabbilder des
4. Jh. v. Chr. zeigen den Typus des Zweikampfes, bei dem ein
Kriegerpaar in kurzem Rock mit zwei Speeren und Schild
bewaffnet sich gegenseitig Wunden zufügt, aus denen Blut
strömt. Die Darstellung eines Schiedsrichters und (vermutlich)

eines Kampfpreises sollen den agonistischen Charakter der
Szene wohl andeuten (vgl. Meuli a. a. O. S. 47).

Von diesen bisher besprochenen Spielen und athletischen
Übungen abgesehen, lassen sich noch andere direkte und indi-
rekte Zeugnisse für eine sportliche Betätigung der Etrusker beibringen. So gibt es mehrere Hinweise für eine Art *Bodenturnen*
und akrobatische Übungen, wie einen Saltospringer (Tomba di
Poggio al moro), einen Stangenkletterer (auf der Micalivase),
Turner, die eine 'Brücke schlagen' (mehrere Bronzen) und
Kunsttänzer verschiedenster Art. Auf die Existenz eines *Wassersportes* weisen bestenfalls zwei Belege hin: die Bronzestatuette
eines Kopfspringers von Perugia aus dem Anfang des 5. Jh.
(heute in der Münchener Glyptothek) und das bekannte Fresko
aus der Tomba della Caccia e Pesca in Tarquinia, wo ein nackter
Jüngling 'mit tadellosem Kopfsprunge' von einem Felsen
springt, „sehr im Gegensatz zum hellenischen Springer, der nach
unserer Kunststilwertung nur wenige Punkte erhielte" (Mehl
a. a. O. S. 108). — Belege für das Wettschwimmen oder Wett-
rudern fehlen gänzlich.

Zusammenfassend läßt sich feststellen, daß die etruskischen
Zeugnisse zwar eine große Vielseitigkeit sportlicher und spielerischer Betätigung suggerieren, aber kaum eine systematische Erfassung der einzelnen Wettkampfdisziplinen und ihrer Beliebtheit erlauben; und eine zweifelsohne vorhandene Leibeserziehung ist daraus nur indirekt zu erschließen. Das Interesse an
Wettkämpfen, das auch die etruskische Frau im Unterschied zu
ihrer Geschlechtsgenossin in den meisten anderen antiken Kulturen schon früh mit den Männern teilen konnte, war jedenfalls
vorhanden. Die sporthistorisch interessanten Zuschauertribü-
nen (vgl. oben S. 218) verdeutlichen das hinlänglich. Wer daraus den Eindruck gewinnt, „daß sich der wettkämpferische und
fast berufsmäßige Charakter der griechischen Spiele und Kämpfe
in Etrurien zu einer theaterhaften Belustigung verwandelt", wie
dies Pallottino (a. a. O. S. 173) tut, läuft doch ein wenig Gefahr,

die 'natürliche und fröhliche Einfachheit', die der genannte
Etruskologe diesem Volk bescheinigt und die auch dessen Tanz-
und Jagdleidenschaft sowie die zahlreichen Gelageszenen bestä-
tigen, zu unterschätzen und griechische Maßstäbe auch hier an-
zulegen. Daß dies immer wieder geschieht, soll abschließend ein
Zitat von O. W. v. Vacano (a. a. O. S. 31) bezeugen: „Dem
Etruskischen fehlt der fiebernde Wettkampfgeist, der in Hellas
alles durchdringt und geradezu Lebenselement ist. Das Bildnis
des Siegers im sportlichen und musischen Wettkampf, in
Griechenland ein so wichtiges Thema für die Entfaltung des
Künstlerischen, fehlt im etruskischen Kunstgut ebenso wie die
Preisamphore, und eine Olympia vergleichbare Stätte gab es
nicht. Die Kunstwerke wuchsen hier gleichsam aus den Gräbern
und aus der Hingabe an das Untergründige, aus der mit vollblü-
tiger Körperlichkeit getanzten Musik und dem gegenwärtigen
Wissen um den Tod als Ziel des Lebens." Diese Beurteilungs-
methode des Etruskersportes muß in einer Sackgasse enden.

Literatur zum Sport der Etrusker: V. Schmidtchen—M. Howell,
Leibesübungen bei den Etruskern. Ein problemorientierter Überblick, in:
GL Bd. 2, S. 168—199 (mit Bibliographie S. 196—199); J. Heurgon, Die
Spiele, in: Die Etrusker (1961, ²1977), S. 277—309; Harris, SGR
S. 44—46, wo auch kurz auf die von den Griechen unabhängigen Erschei-
nungen im Etruskersport hingewiesen wird: Keine Nacktheit, eigene Form
der Wagenrennen, 'streak of cruelty'; Jüthner/Brein AL Bd. 1, S. 57 f.;
L. W. Sawula, Physical activities in the Etruscan civilization (M. A. Thesis
Univ. of Alberta, Edmonton 1969) mit starker Hervorhebung des funerären
und professionellen Charakters ('mostly spectator-oriented') des Etrusker-
sports (Bibliographie a. a. O. S. 175—180); C. Diems Auffassung (Weltgeschichte Bd. 1, S. 277—287), daß der etruskische 'Hauptsport... ohne
Zweifel die Leichtathletik' (a. a. O. S. 283) war, ist von den Quellen her
kaum zu stützen. A. Hus, Les jeux publics et funéraires en Etrurie, in: Ca-
hiers des Etudes anciennes 6 (1977), S. 59 ff. — *Zum Pferdesport und Troia-*
Spiel: R. C. Bronson, Chariot racing in Etruria, in: Studi in onore di
L. Banti (1965), S. 89—106; K. W. Weeber, Troiae lusus. Alter und Ent-
stehung eines Reiterspiels, in: AncSoc. 5 (1974), S. 171—196; J. L. Heller,
Labyrinth or Troy town, in: CJ 42 (1946), S. 123—139; C. Diem, Das
Troianische Reiterspiel (1942); K. Schneider, RE 13 (1927),

Sp. 2056—67, Art. Lusus Troiae; H. G r o t h e, Das Troianische Reiterspiel, in: Deutschland in Geschichte und Gegenwart Heft 3 (1975); W. F. J. K n i g h t, Maze symbolism and the Trojan Game, in: Antiquity 6 (1932), S. 445 ff. — *Zum Phersu- und Gladiatorenspiel* vgl. H e u r g o n a. a. O. S. 304 ff.; S c h m i d t c h e n—H o w e l l a. a. O. S. 190 f.; L. M a l t e n, Leichenspiel und Totenkult, in: MDAI(R) 28/29 (1923/24), S. 300—340; K. M e u l i, Der griechische Agon. Kampf und Kampfspiel im Totenbrauch, Totentanz, Totenklage und Totenlob (1926; Köln 1968), S. 47—49; T. L. S a b b a t i n i, Documenti gladiatori dell' occidente romano, in: RAL 29 (1974), S. 283—292; vgl. dazu auch unten S. 258 f. — M. A. J o h n s t o n, The dance in Etruria (1956). — Zu den wichtigsten Quellen vgl. P. B a r g e ll i n i, Die Kunst der Etrusker (1969); R. B l o c h, Die Kunst der Etrusker (1966); M. M o r e t t i—L. v o n M a t t, Etruskische Malerei in Tarquinia (1974); R. B a r t o c i n n i—C. M. L e r i c i—M. M o r e t t i, Tarquinia. La tomba delle Olimpiadi (1959); E. G e r h a r d—A. K l u g e m a n n — G. K ö r t e, Etruskische Spiegel (1840—1857), 5 Bände; J. D. B e a z l e y, Etruscan vase-painting (1947); G. Q. G i g l i o l i, L'oinochoe di Tragliatella, in: SE 3 (1929), S. 116—135; allgemein zur Quellensituation vgl. A. J. P f i f f i g, Einführung in die Etruskologie. Probleme, Methoden, Ergebnisse (1972), S. 57—62, zur Kunst 71—75; M. P a l l o t t i n o, Die Etrusker (ital. ¹1942, dt. ⁵1965).

3. Die Römer

3.1 Allgemeines

Einige Bemerkungen sind an den Anfang der Besprechung des römischen Sportes zu stellen, die sich mit seiner heute in Altertumswissenschaft und Sporthistorie dominierenden Einschätzung befassen. Sie betreffen die Typisierung der Römer als nüchterne, utilitaristische und daher am aktiven Sport kaum oder gar nicht interessierte Menschen, ferner die demzufolge naheliegende Neigung, den Römer mit der griechischen Agonistik zu kontrastieren und daran zu messen, und schließlich die abwertende Beurteilung des Römersportes als eines Zuschauersportes. Alle diese Aspekte sind eng miteinander zu verbinden, sollten aber aus methodischen Gründen hier kurz getrennt erörtert werden. Das Bild vom nüchternen, rein auf das Zweckhafte ausgerichteten Römer widerspricht nicht nur der historischen Realität; es zeigt eine zutiefst unhistorische Betrachtungsweise, zumal einerseits viele Individuen in unzulässiger Weise in ein bestimmtes Völkerklischee gepreßt werden, anderseits erhellt daraus, daß die teilweise Wandlung und Entwicklung einer agrarisch-dörflich strukturierten Bevölkerung zu einem Träger urbaner Zivilisationen im Laufe der Jahrhunderte unberücksichtigt bleibt. Diese Wesensbestimmung der Römer hat fatale Folgen für das Urteil über die römischen kulturellen Schöpfungen im allgemeinen, denn sie vermittelt die Vorstellung, der 'echte' Römer sei entweder nüchterner Bauer oder Soldat, pragmatischer Politiker oder bestenfalls Ingenieur, der Straßen, Brücken und Wasserleitungen baut, sie ist auch kennzeichnend für die Einstellung zu den römischen Leistungen auf dem sportlichen Sektor. Wer nämlich mit der Prämisse operiert, daß die Römer Utilitaristen seien und zusätzlich von der nicht minder problematischen These ausgeht, Sport sei etwas Zweckfreies, muß zwangsläufig daraus schließen, daß dem Römer der Sport wesensfremd gewesen sei. Solche Annahmen existieren, und sie werden noch vertieft, indem man griechische Maßstäbe an Rom anlegt. J. Burckhardt (Griech. Kulturgeschichte [1898—1902, ND 1977] Bd. 4, S. 85) hat beispielsweise in seiner Darstellung der agonalen Welt der Griechen den Satz geprägt: „Die Römer, die sich von ihnen [den Griechen] hauptsächlich dadurch unterscheiden, daß sie nichts 'Zweckloses' mögen, würden es zu dieser Entwicklung nicht gebracht haben." In ähnlichem Sinne hat sich auch V. Ehrenberg (Das Agonale S. 91) zu dieser Frage eines römischen Sportes geäußert: „Dieses Volk der reinen Politik und des reinen Rechtes und d. h. der unbedingten Zweckhaftigkeit, dieses im Grunde seines Wesens und auch in den Vornehmsten seiner Aristokraten durchaus bäuerliche Volk hatte für schöne Zwecklosigkeit und ritterliche Kampflust, ja schon für das bloße

Hervortreten Einzelner kein Organ ... In Rom verdarb das Agonale." Und um eine dritte prominente Stimme noch zu zitieren, sei auf Jüthner/Brein (AL Bd. 1, S. 132) verwiesen, wo ebenfalls der „bäuerliche Grundcharakter und praktische Sinn", welcher „zweckdienliche Tätigkeit und positive Arbeitsleistung" verlangt, bemüht wird, um die Eigenart der Leibesübungen in Altrom und die gegen den Hellenismus gerichtete „Widerstandsbewegung des volksbewußten bodenständigen Römertums" verständlich zu machen. Diese Äußerungen gehen auf Autoren zurück, die aus der Sicht des agonistischen Ideals der Griechen auch zum römischen Sport Stellung nahmen. Eine ähnliche Meinung ist aber auch in Schriften anzutreffen, die sich ausschließlich mit Rom befassen, wie jene von K. Huber über die ›Theorie der gymnastischen Erziehung bei den Römern‹ (1934), wo betont wird, daß „aus der Grundhaltung des Römers [heraus], die eine praktische Wertung des Leibes zeigt", u. a. zu folgern sei, daß die „eine harmonische Bildung und Erziehung im ganzen brutal ablehnende Art des Römers an sich ... eine freie Sportausübung in wettkampfmäßiger Art niemals gestatten" konnte und auch „das *Spiel* als Selbstzweck ... in seiner Gesamtheit *abgelehnt*" (a. a. O. S. 99) wurde. Um so begrüßenswerter sind daher Untersuchungen, die sich mit diesem Klischeebild auseinandersetzen. Einen wertvollen Korrekturbeitrag dazu leistet die kleine, aber für diesen Zusammenhang aufschlußreiche Studie ›Roma ludens. Kinder und Erwachsene beim Spiel im antiken Rom‹ (Heuremata 5, 1976) von J. Väterlein. Mit ihrer Sammlung von Spielen plädiert sie für eine „Differenzierung des herrschenden Römerbildes, in dem immer noch die imperialistisch-militaristischen Züge alle anderen Eigenschaften verdecken" (a. a. O. S. V). Einen gewissen Rückfall in alte Vorstellungen sehe ich allerdings dann, wenn es heißt, daß die beiden Hauptspielformen der Römer, das Ball- und das Würfelspiel, „im allgemeinen nicht, wie dies für uns zur Definition von 'Spiel' gehört, zweckfrei" waren, mit der Begründung, daß beim Würfeln finanzielle Vorteile, beim Ballspiel „mehr oder weniger die körperliche Ertüchtigung, sei es um der Gesundheit willen, sei es im Hinblick auf die Tauglichkeit fürs Militär" (a. a. O. S. 99) im Vordergrund standen.

Solche Urteile, die in der heutigen *communis opinio* stark nachwirken, ließen sich hier fast *ad libitum* anhäufen. Doch abgesehen von der Fragwürdigkeit der erwähnten Prämissen berücksichtigt dieses letztlich doch abwertende Urteil zuwenig die Schwierigkeit, die zumindest darin gegeben ist, daß die antike Überlieferung die Entfaltung eines eigenen wettkämpferischen Lebens in Rom kaum darstellen konnte, da von Anfang an hellenische und etruskische Einflüsse vorhanden waren, und der Hellenismus bekanntlich die kulturelle Entwicklung der Römer voll erfaßte. Der Umstand, daß einzelne gebildete Römer insbesondere gegen die Agonistik und Gymnastik der Griechen opponierten, kann dabei nicht als Argument für die These dienen, Rom haben keinen eigenständigen Sport gekannt. Denn einerseits steht diese literarische Kritik am griechischen Sport in Italien zumindest teilweise in einer Tradition, die selbst als griechisch anzusprechen ist (vgl. oben S. 102), zum anderen macht sie deutlich, daß „namentlich die Jugend" sich am Griechensport engagierte und die Gymnasien aufsuchte, was nur verständlich erscheint, wenn eine innere Bereitschaft dafür vorhanden ist (vgl. dazu E. Mähl, Gymnastik und Agonistik im Denken der Römer [Heuremata 2, 1974] S. 66). Diese natürlichen Dispositionen waren es auch, die trotz der Gräzisierung Italiens in Ansätzen einen bodenständigen Sport hervorbringen, wobei man sich allerdings von griechischen und etruskischen Mustern lösen muß. Auch die Meinung, der römische Sport sei bestenfalls ein Zuschauersport gewesen, wobei auf die zahlreichen Festspiele im Laufe eines Jahres, auf die Größe der Circusanlagen und Amphitheater sowie — vorzugsweise — auf das Iuvenalwort *panem et circenses* verwiesen wird, sollte nicht außer acht lassen, daß dieser Trend zum reichhaltigen Veranstaltungskalender und zu

Massenveranstaltungen durchaus der Entwicklung in der hellenistischen Welt entspricht (vgl. oben S. 137f.) und daß bei der
häufig beobachtbaren Abwertung dieses Phänomens Wertkate-
gorien zum Tragen kommen, die modernen Sportauffassungen
entnommen sind. Bemerkenswerte Einwendungen gegen den
panem-et-circenses-Topos, "a*cliché*, first made perhaps about the
inhabitants of Alexandria", hat J. P. V. D. Balsdon, Life and leisure in ancient Rome (1969), S. 267—270 vorgetragen; man
möchte seinen Argumenten ein starkes Echo wünschen (vgl.
auch ders., Panem et circenses, in: Hommage à M. Renard
[1969] 2, S. 57—60; und unten S. 258f.). Wer die Wagenrennen
im Circus Maximus mit seiner Fassungskraft von an die 200000
Zuschauern oder die Gladiatorenspiele im Colosseum mit seinen
fast 50000 Sitzplätzen nicht als Sport verstanden wissen möchte,
läuft nicht nur Gefahr, sich eines Anachronismus schuldig zu
machen, er müßte auch Erscheinungen des modernen Massen-
sportes aus seinen sporthistorischen Betrachtungen ausschließen
(vgl. auch oben S. 232f.). Was in den Augen der Römer selbst als
Zeitvertreib und Sport erachtet wurde, und mag es uns, wie die
Brutalitäten bei den *ludi gladiatorii,* noch so abschreckend erscheinen, das soll hier kurz Gegenstand einer einführenden Darstellung sein, und dazu gehört neben den eigenständigen Formen
der Leibesübungen und Leibeserziehung, die nicht ausschließlich paramilitärischen oder militärischen Charakter zeigen, auch
der Beitrag, den Etrusker und Griechen zur Ausgestaltung des
römischen Sportlebens leisteten. Nach diesen Vorbemerkungen
dürfte es auch verständlich sein, wenn ich mich gerne dem Plä-
doyer für eine neue Betrachtungsweise des Römersportes an-
schließe, das W. Backhaus an den Schluß seiner Abhandlung
über ›Öffentliche Spiele, Sport und Gesellschaft in der römischen Antike‹ stellt: „Früher hat man Spiele und Sport der Römer einseitig als eben noch erwähnens-, kaum aber näher behan-
delnswerte, sportethisch denaturierte, allein dem Vergnügen der
Masse dienende Spektakel und, in bezug auf die gymnischen und

hippischen Agone, als degeneriertes und verfremdetes Abfallprodukt griechischer Leibesübungen abgetan. Unter dem Einfluß der von vielen antiken Autoren genährten Klischeevorstellung, ein bäuerlich-praktischer, militärischen Kategorien verpflichteter Sinn der Römer habe dem Sport außerhalb dieses Rahmens kaum Platz gelassen, hat man die Leibesübungen zuweilen in den Gesamtdarstellungen auf wenigen Seiten erledigt... Doch hat der römische Sport trotz allem eigenständige Formen entwickelt, die durchaus, zumal in ihrer bedeutenden Breitenwirkung, gewürdigt werden müssen, mochten sie auch dem klassischen griechischen Ideal nicht mehr entsprechen..." (a. a. O. S. 246). Gewiß haben die Römer der späteren Republik und der Kaiserzeit eine andere Beziehung zum Phänomen Sport als etwa die Athener der perikleischen Epoche — das drückt sich in Quantität und Qualität der erhaltenen Quellen deutlich genug aus —, aber sie war eben nur anders und sie war da. Und wenn ein Abschnitt über den römischen Sport notgedrungen deshalb kürzer ausfällt als jener über den griechischen, so ist dabei neben der quellenbedingten Situation auch in Rechnung zu stellen, daß die Beschreibung der griechischen Sportarten, die von der römischen Jugend ebenfalls praktiziert wurden, hier genauso beiseite gelassen werden kann wie die der großen Wettkampfstätten, für die auch die Römer — von Olympia interessanterweise vielleicht abgesehen — großes Interesse bekundeten (vgl. oben S. 120).

Aktiver Leistungssport, Entstehung eines Berufsathletentums und eines Massen- oder besser: Zuschauersportes stehen in einer engen Wechselwirkung, wobei die Existenz des zuletzt genannten Phänomens einerseits Rückschlüsse auf eine bestimmte historische Entwicklung erlaubt, anderseits auch nicht in der vollkommenen Ausschließlichkeit dahingehend interpretiert werden kann, daß Zuschauer selbst keinen aktiven Sport treiben. Gerade die Sphäre des römischen Privatlebens läßt dafür viel Raum. Das zeigt der Alltag in den öffentlichen Thermenanlagen, die seit der spätrepublikanischen Zeit die Möglichkeiten dazu

bieten, das zeigt auch der römische Festkalender, der mit seinen
zahlreichen 'Feiertagen' seit der frühen Republik immer umfangreicher wird und dadurch auf die 'Freizeitgestaltung' entscheidenden Einfluß nimmt. Berechnungen für die Kaiserzeit
haben pro Jahr jeweils mehr verbindliche 'Feiertage' als 'Werk-
tage' ergeben, und daß diese Tage u. a. auch verständlicherweise
mit Spiel und Wettkampf verschiedenster Art verbracht wurden,
bestätigen die antiken Quellen hinlänglich. Denn neben den
noch zu besprechenden großen *ludi publici* gab es allerlei populäre und heute kurios anmutende Veranstaltungen, darunter
auch ein Sacklaufen an den *Robigalia* (am 25. April), Wettlaufen
und Maultierrennen an den *Consualia* (am 21. August und
15. Dezember) und ein Preisangeln an den *ludi piscatorii* (am
8. Juni). Andere anfangs noch stärker im Kult verwurzelte Feste
wie die *Lupercalia,* bei denen zwei Jugendgruppen einen merkwürdigen rituellen Lauf im Februar veranstalteten, und die Pferderennen des *equus october,* des Oktoberrosses (am 15. Okto-
ber), dienten in historischer Zeit nicht nur religiösen Bedürfnissen, sondern ebensosehr der Zerstreuung und nahmen im Laufe
der Zeit den Charakter von festlichen Volksbelustigungen an,
die u. a. auch die körperlichen und spielerischen Eigenschaften
der teilnehmenden Römer zur Entfaltung brachten. Die ge-
schichtlich bezeugten großen *ludi circenses* und die *munera gla-
diatoria* stehen sozusagen am Ende dieser Entwicklung, die man
sich in der frührepublikanischen Epoche durchaus in volkstüm-
licher und natürlicher Form vorstellen kann. Auch wenn die
Feststellung J. Carcopinos: „Niemals in der Geschichte hat irgendein Volk so viele Feste gefeiert wie das römische" (a. a. O.
S. 281) sich letzlich einer Überprüfung entzieht, so macht sie
doch deutlich, welchen wachsenden Stellenwert 'Freizeit' und
'Freizeitgestaltung' in Roms Alltag allmählich einnahmen.

3.2 Die ludi circenses

Von den bedeutenden öffentlichen Schauspielen *(spectacula)*, die zur Unterhaltung der römischen Bürgerschaft veranstaltet wurden und die man in drei Kategorien, in die *ludi circenses,* die *ludi scaenici* und die *munera (munus gladiatorium* und *venationes)* unterteilt, sind zwei, nämlich die Zirkus- und die Gladiatorenspiele, im Rahmen einer sporthistorischen Betrachtung zu berücksichtigen, wobei insbesondere der oben S. 235 f. kurz angedeutete Aspekt, der darauf abzielt, die Massenveranstaltungen ab der späten Republik nur als Endprodukt einer langen historischen Entwicklung zu verstehen, ins Kalkül zu nehmen wäre. Die *ludi circenses,* die zusammen mit den jüngeren *ludi scaenici* (d. s. Aufführungen von Schauspielern, Tänzern und Pantomimen, seit dem 3. Jh. v. Chr. auch Tragödien und Komödien) als *ludi publici* bezeichnet werden, waren jener Teil römischer Volksfeste, die von den Magistraten, früher noch vermutlich von Königen (vgl. zu Tarquinius Priscus oben S. 218) im Circus Maximus, Flaminius, Gai et Neronis, später noch im Circus Varanius und vor der Stadt auch im Circus Maxentius abgehalten wurden und daher den heute leicht mißverständlichen Namen führen. Derjenige Teil dieser jährlichen Feste, die in diesen Arenen in „Form von Spielen, die als Wettkämpfe halb sportlicher, halb militärischer Art unter religiösen Auspizien" (Regner a. a. O. Sp. 1626) durchgeführt wurden, waren die *ludi circenses.* Über ihren konkreten Inhalt sagt Cicero, daß sie aus körperlichen Wettkämpfen, nämlich aus Wettlauf, Boxen, Ringen und Wagenrennen bestanden (leg. 2, 38: *ludi publici, quoniam sunt cavea circoque divisi, sint corporum certatione, cursu, pugilatione, luctatione, curriculisque equorum usque ad certam victoriam, circo constituti).*

Diese Wettkampfformen scheinen innerhalb der römischen Geschichte eine eigenständige, vorgriechische Tradition zu besitzen, die freilich in der Zeit der Hellenisierung Italiens mit den

neuen agonistischen Erfahrungen verschmolz, doch dürfte der
Einfluß der Griechen bei den szenischen Spielen größer als bei
den athletischen Wettkämpfen gewesen sein, da diese zuerst genannten auch als *ludi Graeci* bzw. als *Graeco ritu* veranstaltet
galten. Die circensischen Spiele bildeten einen fixen Programm-
punkt der öffentlichen Feste, die wie die Olympischen Spiele
vermutlich ursprünglich eintägig waren und allmählich zu einer
mehrtägigen Großveranstaltung wurden. Sie begannen mit feierlichen Eröffnungszeremonien, einer *pompa*, bei der Magistrate
und Priester in farbenprächtigem Ornat, die Jugend Roms zu
Fuß und zu Pferd und die „Wagenlenker mit ihrem Gefährt, Reiter, Wettkämpfer, Waffenträger, jede Gruppe mit eigener Mu-
sikkapelle" (Regner a. a. O. Sp. 1628) mitmarschierten. Im Mittelpunkt des Festes stand die Ehrung einer Gottheit, auf die dann
die eigentlichen Wettkämpfe und szenischen Vorführungen
folgten. Die *ludi publici,* deren religiöser Ursprung zwar unbe-
stritten, aber nicht ganz geklärt ist (vgl. K. Latte, Röm. Reli-
gionsgeschichte [1960], S. 153), wurden von Priestern und Magistraten jeweils an öffentlichen Feiertagen *(feriae publicae)* veranstaltet, wobei man nach der Funktion des Veranstalters auch
priesterliche und magistratische Feste mit circensischen Spielen
unterscheidet. Zur Ursprungsfrage vgl. auch M. Büdinger, Die
römischen Spiele S. 37—44 und M. G. Morgan, Priests and physical fitness, in: CQ 24 (1974), S. 137—41.

Die *Consualia* (21. August und 15. Dezember), an denen
agrarische Riten mit Wettrennen verbunden wurden, und die
Equirria (am 27. Februar und 14. März), die mit dem Beginn der
Kriegszüge zusammenfallen und für die ebenfalls Pferderennen
bezeugt sind, gehören ohne Zweifel zum älteren Typus, den
priesterlichen bzw. sacerdotalen und sakralen Spielen. Die jüngeren magistratischen öffentlichen Feste reichen aber nach annalistischer Überlieferung mit den schon oben S. 221 erwähnten
ludi Romani immerhin in die Zeit der Etruskerkönige in Rom
zurück. Zu ihnen zählen neben den ältesten Spielen, den wohl ab

366 v. Chr. regelmäßig veranstalteten *ludi Romani,* noch fünf
weitere, und zwar die *l. plebei, Apollinares, Ceriales, Megalenses*
und die *Florales.* Wie bei den priesterlichen Spielen stand auch im
Mittelpunkt dieses im Circus begangenen Festes eine sakrale Ze-
remonie mit Prodigien, Opfern und Gelübden, an die sich dann
die anderen Darbietungen anschlossen. Die Kompetenz für die
Ausrichtung dieser magistratischen Feste lag bei den *consules*
und beim *praetor urbanus,* sie gingen aber ab dem 4. Jh. v. Chr.
an die *aediles* über, in deren Händen die *cura ludorum* bis in die
Zeit des Augustus blieb, der sie dann für die restliche Zeit des Altertums dem Kollegium der Prätoren übertrug. Die Finanzierung dieser Spiele, für die die Ädilen in der republikanischen Zeit
in der Art einer Liturgie Sorge zu tragen hatten und die deshalb
vom Senatorenstand schon früh als Belastung empfunden
wurde, bot später dann den Kaisern Gelegenheit, sich dabei
gegenseitig zu überbieten, um durch ihre großzügige *panem-et-
circenses*-Politik ihren eigenen Kurswert bei der Bevölkerung zu
heben.

Während die älteren priesterlichen Spiele ins Dunkel der römischen Frühgeschichte hineinreichen, läßt sich die Chronologie
der magistratischen Spiele einigermaßen genau rekonstruieren.
Die beiden bedeutendsten, die *ludi Romani magni* und die *l. plebei,* sind zugleich die ältesten, wobei die *l. Romani* angeblich
aufgrund eines Gelübdes des Tarquinius Priscus für Iupiter (Cicero, rep. 2, 36) eingerichtet worden sein sollen, während als
Entstehungszeit für die plebeischen Spiele vermutlich die zweite
Hälfte des 3. Jh. v. Chr. in Frage kommt. Darauf folgen im
J. 212 v. Chr. die *ludi Apollinares* als auch die *Cerialia, Floralia*
und *Megalensia.* Nach diesen Festen, die alle etwa ab der Wende
vom 3. zum 2. Jh. regelmäßig abgehalten wurden, erweiterten
Sulla und Caesar noch die Liste der *ludi publici.* Bei diesem
neuen Veranstaltungstypus des 1. vorchristlichen Jh. trat der religiöse Charakter noch weiter zurück; man feierte anläßlich militärischer Erfolge oder für Venus Genetrix und schuf damit eine

Tradition, aus der ähnliche Spiele wegen der Geburtstage oder
Regierungsantritte *(dies imperii)* der Kaiser hervorgingen — alle
mit ein- oder mehrtägigen *ludi circenses.* Während diese letzte
Kategorie von *ludi publici* schon aufgrund der unterschiedlichen
politischen Konstellationen in der Kaiserzeit raschen Veränderungen unterworfen war, genossen die republikanischen Feste
auch weiterhin noch bis in die Spätantike große Wertschätzung.
Tertullian erwähnt in seiner Schrift ›de spectaculis‹, daß diese
Spiele öffentlich gefeiert werden (c. 6: *in commune celebrantur*),
und auch in den Fasten des 4. Jh. n. Chr. scheinen sie noch auf
(vgl. Habel a. a. O. Sp. 616). Die Zahl der Tage mit öffentlichen
Spielen belief sich bis zum Ende der Republik auf 65, von denen
etwa ein Fünftel den *ludi circenses* gewidmet waren, und sie stieg
bis zur Mitte des 4. Jh. n. Chr. auf insgesamt 176, wovon über
ein Drittel (64) auf die *ludi circenses,* der Rest auf die Theater-
spiele (102) und Gladiatorenspiele (10) entfiel, welch letztere in
der Republik im Rahmen der öffentlichen Spiele so gut wie nicht
in Erscheinung traten (vgl. Friedlaender a. a. O. Bd. 2, S. 13).

Nun zu den Spielen selbst: Nachdem der Festzug, mit Ausgangspunkt vom Kapitol, durch die *Porta pompae* in den Circus
gelangt war, und die sakralen Feierlichkeiten, die es aufs pein-
lichste genau durchzuführen galt — bei Störung der rituellen Zeremonien mußten Teile oder das ganze Fest wiederholt werden
(was Livius für die *l. Romani* und *l. plebei* mehrfach bezeugt; die
sog. *instaurationes*: z. B. 2, 36, 1; 23, 30, 16 f.; 27, 21 und 36) —,
zum Abschluß gekommen waren, begab sich der Veranstalter
der Spiele *(editor spectaculorum)* in seine Loge und eröffnete
den sportlichen und geselligen Teil des Festes. Dabei bildeten die
ludi circenses in der Regel den Schlußteil und wohl auch Höhepunkt der Veranstaltung. Dazu kamen schon vor der Mitte des
4. vorchristlichen Jh. auch Vorführungen einheimischer Tänzer
und Pantomimen und etwas später als weitere Programmbereicherung die sog. *ludi scaenici.* Sie können in unserer Betrachtung
beiseite bleiben, zeigen aber, daß analog den griechischen Festen

auch in Rom eine Dreiteilung der Spiele entsprechend den hippischen, gymnischen und musischen Vorführungen vorgenommen werden konnte, wenngleich der Wettkampfaspekt bei letzteren kaum ins Gewicht fiel. Das Hauptinteresse der breiten
Öffentlichkeit galt nicht ihnen. Antike Nachrichten machen
nämlich deutlich, daß die im Theater anwesenden Zuschauer bei
Bekanntwerden, daß andernorts gleichzeitig Athletenwett-
kämpfe oder Gladiatorenspiele stattfanden, sofort zu diesen
überwechselten. So mußte beispielsweise das Stück ›Hecyra‹ von
Terenz dreimal inszeniert werden, weil bei den beiden ersten
Aufführungen anläßlich der *ludi Megalenses* und der Leichenspiele für L. Aemilius Paulus (165 und 160 v. Chr.) das Publikum davonlief, einmal um einen Boxkampf und einen Seiltänzer
zu sehen, das andere Mal, weil ein Gerücht unter den Zuschauern kursierte, andernorts gäbe es ein Gladiatorenspiel (vgl. dazu
Terenz, Hercyra-Prologe 1, 4 f. und 2, 21 ff.). Die Situation
scheint sich, wie kaum anders zu erwarten, in der Kaiserzeit
nicht wesentlich gebessert zu haben. Denn der Umstand, daß
insgesamt mehr Festspieltage den *ludi scaenici* als den circensischen gewidmet waren, erklärt sich aus den geringeren Kosten,
die sie verursachten und wird obendrein aus den viel kleineren
Kapazitäten der Theater (etwa für 6000—12 000 Zuschauer)
ersichtlich. Die Attraktivität des Sportplatzes scheint jene der
Bühne in der Geschichte stets übertroffen zu haben.

Die Abfolge des sportlichen Programms bei den *ludi circenses*
beschreibt der augusteische Historiograph Dionysios von Hali-
karnassos (7, 73; vgl. auch Cicero leg. 2, 38; Liv. 1, 35, 9 und
oben S. 239). Danach begann man mit den Wagenrennen und
dem Desultorenspiel, an die sich sodann Wettläufe, Box- und
Ringkämpfe anschlossen. Ehe einige Einzelheiten dieser Wettkampfdisziplinen erörtert werden, sei kurz die *Frage ihres Ur-
sprunges* hier aufgeworfen. K. Latte vermutet einen Zusammenhang des „Wettlaufes und der Wettrennen" mit Vegetationsriten
und verweist auf die sehr alten *Consualia,* deren zwei Veranstal-

tungen (vgl. oben S. 238) mit dem Ausdreschen des Getreides und der Beendigung der Aussaat zusammenfallen (Latte a. a. O. S. 250 und 72). Hingegen lassen die *Equirria,* die die Kriegssaison eröffnen, an Reinigungsriten oder in einer säkularisierten Phase an Militärparaden denken. Schließlich wäre auch in Erwägung zu ziehen, daß die zwei Gruppen von Gottheiten, die bei den *ludi circenses* als anwesend gedacht wurden, und zwar jene, deren Bildnisse ständig im Circus aufgestellt waren und jene neueren Götter, die mit der Pompa jeweils zur Wettkampfstätte geführt wurden, als Zuschauer verstanden werden konnten, die sich an den Spielen erfreuen bzw. dadurch gnädig gestimmt werden sollten. Inwieweit der Totenkult, der bei den Gladiatorenspielen zweifelsohne eine dominante Rolle spielte (vgl. oben S. 228f.), bei den Circusspielen von Bedeutung war, darüber schweigen die Quellen. Für alle diese Auffassungen können ethnologische Parallelen geboten werden. Dieses hier aus Platzgründen nicht ausbreitbare Vergleichsmaterial legt es nahe, die Ursprungsfrage der römischen Spiele unter multikausalem Aspekt zu sehen, und es verbietet geradezu, den Anlaß für ihre Gründung bei den Griechen oder Etruskern zu suchen, was freilich nicht heißen muß, daß diese Völkerschaften keinen Einfluß auf ihre Ausgestaltung genommen haben. Wie bei den Griechen und anderswo für die Entstehung von Wettspielen zum kultischen Anlaß auch entsprechende psychische Dispositionen gehören, mit der Bereitschaft, sich mit anderen zu messen, so muß es auch in Rom gewesen sein, und der Umstand, daß die sakralen Handlungen im Laufe der Entwicklung allmählich in einen Formalismus abglitten und die Wettkämpfe immer umfangreicher wurden und damit ins Zentrum rückten — das einschlägige Fest der *ludi Romani* dauerte schließlich in der Kaiserzeit 16 Tage — vergegenwärtigt den Prozeß der Säkularisierung, der in Rom mit der Einführung der szenischen Spiele um 240 v. Chr. noch zusätzlich betont wird. Pauschale Urteile, wie die von A. Piganiol (Recherches sur les jeux romains. Notes d'archeologie et d'histoire

religieuse [1923] S. 137), «les jeux sont un rite religieux», oder von
W. Backhaus (dem ich dieses Zitat entnehme), daß bei den circensischen Spielen „in stärkerem Maße als bei anderen deutliche
religiös-kultische Züge" (a. a. O. S. 212) festzustellen sind, tragen letztlich wenig zur Klärung der Frage nach dem Ursprung
bei, im Gegenteil, in ihrer Trivialität simplifizieren sie einem Sachverhalt, der mangels Quellen nur mit Hilfe der komparativen Methode etwas aufgehellt werden kann (vgl. oben S. 150 ff. und 221 f.).
    Im Blickpunkt des eigentlichen Sportfestes scheinen von An-
fang an die *Wagenrennen* gestanden zu haben. Mit ihrer tausend-
jährigen Geschichte, die in Rom von Tarquinius Priscus bis zu
König Totila reicht, der nach Procopius (*bellum Gothicum* 3, 37,
4) im J. 549 zum letzten Mal im Circus Maximus Spiele veranstaltete, während im byzantinischen Reich diese Tradition noch
lange weiter wirkt, gehören die Wagenrennen ohne Zweifel zum
wichtigsten Beitrag der Römer zum Sport des Altertums. In der
Regel meinen die antiken Autoren mit Wagenrennen jene mit
Quadrigen, Viergespannen; daneben gab es aber auch Rennen
mit den bei den Etruskern populären Zweigespannen *(bigae),*
seltener auch mit Dreigespannen *(trigae)* oder mit 6, 8, bei Nero
bekanntlich sogar mit zehn Pferden. Darüber hinaus gehörten
zum circensischen Pferdesportprogramm gelegentlich auch die
schon erwähnten Rennen der *desultores* (siehe unten S. 250),
und schließlich kannte man auch Wagenrennen ohne Fahrer. Die
historische Entwicklung des circensischen Programms läßt sich
aus den Quellen nicht ohne weiteres rekonstruieren. Mit großer
Wahrscheinlichkeit kann aber gesagt werden, daß die Wettrennen mit den Quadrigen in die Entstehungszeit der *ludi publici*
zurückreichen und daß im Circus stets ihnen die Krone gehörte.
    Nachdem nun der *editor spectaculorum* das Zeichen zum Auf-
takt der circensischen Spiele gegeben hatte, begann das Rennen
(missus). Die Startpositionen der einzelnen Gefährte, in der Regel waren es deren vier, und die Reihenfolge der Rennen wurden
ausgelost und die Wagen in die antiken 'Startboxen', die sog. *car-*

ceres, geführt, die seit dem 4. Jh. v. Chr. anstelle eines einfachen Sperrseiles außerhalb der Startlinie im Westen des Circus errichtet worden waren. Sobald der Spielleiter ein weißes Tuch *(mappa)* in die Arena warf, scheinen Trompeter das eigentliche Startzeichen gegeben zu haben. Die klassische Renndistanz führte über sieben Runden zu je ca. 1200 m, wobei rechts der *spina*, einer Mauer, die den Circus über den Großteil der Längsachse trennt und die mit Götterstatuen, Obelisken und den Ovarien geschmückt war, begonnen wurde. Die einzelnen Umläufe *(curricula)* führten um die beiden *metae*, d. s. Wendemale an den Enden der Spina, und der Stand des Rennens wurde dem Publikum durch die *ovaria* angezeigt, die aus sieben großen Marmoreiern bzw. später aus Bronzedelphinen bestanden, die man umdrehte oder entfernte. Wer als erster die weiße Ziellinie *(calx* oder *creta)* überquerte, wurde zum Sieger ausgerufen und durfte eine Ehrenrunde drehen. Als sportlicher Höhepunkt des jeweiligen Rennens selbst galt wie in Griechenland auch hier das richtige und schnelle Umfahren der *meta*; die günstige Ausgangsposition, die Technik und die richtige Distanz beim Wendemal waren dabei für erfolgreiches und unfallfreies Passieren ausschlaggebend. Da ein solches Rennen durchschnittlich eine Viertelstunde dauerte, lag es nahe, das sportliche Programm ständig weiter auszubauen. Am Ende der Republik waren zwölf Rennen die Regel, Caligula erhöhte dann die Zahl auf 34, die Flavier sogar auf 100, weshalb es notwendig wurde, den *missus* von 7 auf 5 Runden zu reduzieren und die Wettkämpfe straffer zu organisieren, womit man immer noch in den späten Abend hineinkam.

Die Faszination, die diese Veranstaltungen mit ihren sportlichen Leistungen und ihrem Nervenkitzel auf das Publikum ausstrahlte, drückt sich in der Begeisterung für die Wagenlenker *(aurigae, agitatores)* und der Entstehung der Zirkusparteien deutlich genug aus. Die Berühmtheit der erfolgreichen *aurigae*, allen voran der *milliarii*, d. h. jener Wettkämpfer, die zumindest tausendmal gesiegt haben, hat immer wieder Anlaß zu Verglei-

chen mit den Sportheroen der Gegenwart gegeben, wobei nicht
nur der große Ruhm, sondern auch der finanzielle Vorteil in Betracht gezogen werden kann. Ähnlich wie in Olympia ehrte man
auch im Circus die Sieger mit Palmenzweigen und silbernen
Kränzen, wie die Protokolle der Arvalbrüder (CIL VI 2065
u. ö.: *victores palmis et coronis argenteis honoravit*) zeigen, aber
dabei blieb es nicht; Wertpreise und Geld kamen hinzu, so daß
Friedlaender (a. a. O. S. 25—30) sich ausführlich mit dem
Reichtum der meist aus niedrigen Schichten aufsteigenden Athleten befassen kann. Das 2. Jh. n. Chr. eröffnete, den Inschriften
nach zu schließen, den siegreichen Wagenlenkern die größten
Möglichkeiten. So konnte der Mauretanier Crescens bei 686
Rennen 47 erste, 130 zweite und 111 dritte Preise erringen und
dabei über 1,5 Millionen HS kassieren. Flavius Scorpus und
Pompeius Musclosus brachten es auf 2048 und 3559 Siege. Den
Vogel abgeschossen zu haben scheint der Spanier C. Apuleius
Diocles, der zwar nicht so oft gesiegt hat, aber für seine Erfolge
mit verschiedenen Gespannen an die 36 Millionen HS gewonnen
hat; dabei konnte er übrigens mit neun Pferden 100, mit einem
sogar 200 Siege erringen. Vgl. dazu A. Garcia y Bellido, El espa-
nol C. Apuleius Diocles, in: CAF 14 (1972) 1, S. 5—17. Am Beispiel der Inschrift eines anderen *milliarius,* des P. Aelius Gutta
Calpurnianus (CIL VI 10047), zeigt Harris SGR S. 202 f. in
Form einer Siegerstatistik die Erfolge, die Calpurnianus allein
und im sog. Mannschaftsrennen errungen hat:

	Weiße	Rote	Blaue	Grüne
Einzelrennen	83	42	334	116
Zweierteam	17	32	184	184
Dreierteam	2	3	65	64
Viererteam	0	1	0	0
	102	78	583	364
		= 1127 Siege		

Bei aller Begeisterung des Römers für die Wagenrennen, des einfachen Mannes wie des Kaisers, fehlt es aber auch nicht an kritischen Bemerkungen dazu, etwa bei den Satirikern, bei Seneca und Tacitus oder bei Plinius Minor, der die Monotonie der Circusspiele bedauert und nicht verstehen kann, daß man sich dabei weder für die Schnelligkeit der Pferde *(velocitas equorum)* noch für die Kunst der Wagenlenker *(ars hominum)* interessiere, sondern lediglich für die Farbe, d. h. die Partei, für die der Athlet fährt *(nunc favent panno, pannum amant;* vgl. Plin. epist. 9, 6).

Dieser zweite Aspekt, der die faszinierende Ausstrahlung der Wagenrennen sichtbar macht, gilt den sog. *Zirkusparteien (factiones),* von denen es in der Kaiserzeit zunächst die weiße *(alba),* die rote *(russata),* die grüne *(prasina)* und die blaue *(veneta)* Faktion gab (Tert. de spect. 9), denen dann Domitian noch die purpurne *(purpurea)* und die goldene *(aurata)* hinzufügte (Suet. Domit. 7, 1), von denen aber nach Fusionen im 2. Jh. nur die Grünen und die Blauen überdauerten, diese dafür in Konstantinopel bis in die Zeit der Kreuzzüge. Die *aurigae* trugen beim Rennen die Farben ihrer Anhängerpartei, die dafür die Kosten für die Ausbildung und Ausrüstung übernahm und als eine aufwendige Organisation Trainer, Stallmeister und andere im Pferdesport notwendige Personen beschäftigte. Der Umstand, daß auch die Kaiser bestimmte *factiones* favorisierten — Vitellius und Caracalla galten als Anhänger der Blauen, Caligula, Nero, Domitian, L. Verus, Commodus und Elagabal der Grünen (vgl. Friedlaender a. a. O. S. 34) — trug zweifelsohne dazu bei, daß diese ursprünglich nur an den *ludi circenses* interessierten Parteiungen allmählich auch politisiert wurden, ein Prozeß, der allerdings erst im byzantinischen Reich zu folgenreichen Aufständen führte. Wegen des Faktionenwesens kam es in Rom auch zu allerlei Abwerbungen der erfolgreichen Wagenlenker, die anscheinend wie heutige Berufsfußballer bedenkenlos den Verein wechselten, wenn nur die Kasse stimmte. Die Siegerstatistik des Calpurnianus weist ihn als Rennfahrer aller vier Parteien aus.

Welche Formen der Fanatismus der Parteianhänger in Rom annehmen konnte, hat Friedlaender (a. a. O. S. 37 ff.) an ausgesuchten Beispielen illustriert. Sie reicht von Selbstmorden anläßlich der Bestattung eines Wagenlenkers, Vergiftung von Pferd und Wagenlenker der Gegenpartei und Stallknechtdiensten vornehmster Römer bis zur Gleichsetzung einer Niederlage im Circus mit Cannae und der Untersuchung des Mistes der Rennpferde durch die Anhänger der Grünen und Blauen, um sich von der Qualität des Futters selbst zu überzeugen. In der Caligula-vita Suetons kann man über den kaiserlichen 'Fan' der Grünen lesen, daß er häufig im Clubhaus zu speisen pflegte, einmal ein Gastgeschenk in der Höhe von zwei Millionen HS dem Star des Vereins ausbezahlte, dessen berühmtem Pferd Incitatus einen Marmorstall mit einer Elfenbeinkrippe errichten ließ und seinen Soldaten anordnete, am Tage vor dem Rennen für absolute Ruhe in der Nähe des sensiblen Rennpferdes zu sorgen. Wen wundert es da noch, daß damals ein Gerücht die Runde machte, der Kaiser habe vorgehabt, Incitatus zum Consul zu machen (Suet. Caius 55). Hippomanie und Parteienwesen im kaiserzeitlichen Rom mit ihren Manifestationen der *plebs urbana* würden für die Kompensationstheorie von K. Lorenz viele plausible Beispiele liefern, zumal doch das politisch weitgehend entmündigte Volk seine Betätigungsmöglichkeiten nicht mehr in den Komitien, sondern nur mehr im Circus fand. Ob diese Entwicklung allerdings wirklich auf eine so einfache Formel zu bringen ist, möge dahingestellt bleiben.

Zum römischen Parteienwesen vgl. vor allem A. Cameron, Circus factions. Blues and Greens at Rome and Byzantium (1976), wo zwar in erster Linie die Verhältnisse im Orient (5. bis 7. Jh. n. Chr.) untersucht werden, wo aber auch bemerkenswerte Thesen zu den *factiones* im frühen Prinzipat aufgestellt werden. Darunter die, daß die Entstehung der beiden Großparteien aus den vier Organisationen der Roten, Weißen, Grünen und Blauen "reflects the natural social, economical, political, and religious cleavages of the population as a whole rather than anything so frivolous as their sporting preferences" und die Grünen und Blauen die 'lower' bzw. die 'upper classes'

(a. a. O. S. 2) repräsentieren. Zur Organisation der Parteien vgl. a. a. O. S. 5—23; ders., Porphyrius the charioteer (1973); zum Nika-Aufstand vgl. R. Browning, Justinian and Theodora (1971). — Zu den römischen Parteien vgl. auch Auguet a. a. O. S. 120—183.

Nebst den Wagenrennen fanden auch Wettkämpfe der *desultores* statt. Bei diesem Pferdesport mußte sich ein Reiter während des Rennens auf ein zweites mitgaloppierendes Pferd hinüberschwingen. Da das Aufspringen auf das Pferd ohne Steigbügel besondere Sprungfähigkeiten und einen ausgeprägten Gleichgewichtssinn erforderte und bei diesem Wettreiten auch Scheingefechte ausgeführt wurden, könnte diese Wettkampfdisziplin durchaus in einer militärischen Vorbereitungsübung ihren Ursprung haben (man denke an die Apo- und Anabatenagone der Griechen, vgl. oben S. 204 f.). Diese *ars desultoria* wurde nachweislich vom 2. Jh. v. Chr. bis ins 6. Jh. n. Chr. im römischen Circus wettkampfmäßig praktiziert. Nach Livius scheint ein solches Rennen knapp eine Stunde gedauert zu haben (44, 9). Die antiken Nachrichten (Dion. Hal. 7, 73; Suet. Caes. 39; Cass. Dio 51, 22, 4) legen die Annahme nahe, daß das Desultorenspiel stets nur in Verbindung mit dem Quadriga- oder Biga-Rennen ausgetragen wurde.

Der römische Pferdesport unterscheidet sich — das soll abschließend noch betont werden — deutlich vom griechischen. Harris (SGR S. 184—187) nennt als Hauptunterscheidungsmerkmale die wesentlich kleinere Zahl teilnehmender Wagen und das Vorhandensein der *spina*, die Zusammenstöße mit den auf der Gegenfahrbahn befindlichen Gefährten verhinderte. Doch außer diesen organisatorischen Maßnahmen möchte Harris einen grundsätzlichen Unterschied, "a gulf between Greek and Roman conceptions of sport" (a. a. O. S. 184) darin sehen, daß die Römer die Wettkämpfe von Anfang an als 'entertainment' der Zuschauer betrachteten, während der griechische Sport "was based on the idea that it was for the enjoyment and benefit of the competitors". Gegen diese Polarisierung der grie-

chischen und römischen Sportwelt, die Harris bei Besprechung
der circensischen Spiele vornimmt, sprechen meines Erachtens
zumindest drei Argumente: 1. die Typisierung des Römers als
Zuschauers und des Griechen als aktiven Athleten, 2. die perma-
nente Korrelation von Aktiven und Zuschauern beim sportlichen Geschehen und 3. die Außerachtlassung der unterschiedlichen Entwicklungen, die der Pferdesport in Rom und
Griechenland durchgemacht hat.

Einen eigenen Abschnitt der circensischen Spiele bildeten die
restlichen Konkurrenzen der *Wettläufer, Boxer und Ringer.*
Vermutlich veranstaltete man diese ebenfalls sehr früh schon
dazugehörenden Wettkämpfe (vgl. Cic. leg. 2, 38; siehe oben
S. 239) zur Zeit des eintägigen Sportfestes am Nachmittag, während der Vormittag dem Pferdesport gewidmet war. Die meisten
Hinweise in der römischen Überlieferung finden sich dabei für
den Boxkampf. Daß hier eine einheimische Sporttradition exi-
stierte, zeigt die ausdrückliche Erwähnung der *pugiles Latini,* die
„von den griechischen πύκται unterschieden werden, ohne daß
wir allerdings eine genaue, schärfere Differenzierung ihrer
Technik vornehmen könnten" (Regner a. a. O. Sp. 1641). Ein
äußeres Zeichen der einheimischen Boxer war ihr Leibgurt, den
sie im Unterschied zu den nackten Griechen trugen. Möglicherweise kannte man in Rom auch schon 'Gewichtsklassen'.
Über die Wettläufer und die Ringkämpfer ist noch viel weniger
bekannt. Lediglich daß auch diese Disziplinen über eine einheimische Tradition verfügen, kann mit einiger Sicherheit angenommen werden. Die Erwähnung dieser Athleten bei der Beschreibung der Pompa läßt sich kaum anders interpretieren. Daß
diese Sportarten auch bei den Römern eine eigenständige Pflege
fanden, erhellt etwa aus dem Erziehungsprogramm des gewiß
nicht des Philhellenismus verdächtigen Cato Maior, der seinen
Sohn Speerwerfen, Fechten, Reiten, Boxen, Schwimmen u. v. a.
lehren möchte (vgl. Plut. Cato 20). Die Wertschätzung des Laufens zeigt eine Liviusnotiz (9, 16, 13), derzufolge der Samniten-

bezwinger L. Papirius Cursor alle seine Altersgenossen in dieser
Disziplin überragte. Daß die militärische Ausbildung zusätzliche Möglichkeiten einer körperlichen Erziehung in wettkämp-
ferischer Form bot, liegt nahe und findet eine — allerdings sehr
späte — Bestätigung in der ›Epitoma rei militaris‹ des Militär-
schriftstellers Flavius Vegetius (um 400 n. Chr.). Was liegt also
näher, als diese elementaren Wettkampfformen auch in das Programm der circensischen Spiele einzubauen, wo sie allerdings
stets im Schatten der Wagenrennen standen.

Zu den ludi circenses: das antike Quellenmaterial dazu findet sich am um-
fassendsten ausgewertet nach wie vor bei J. Regner, RE Suppl. 7 (1940),
Sp. 1626—1664, Art. Ludi circenses; zur Organisation vgl. auch Habel,
RE Suppl. 5 (1931), Sp. 608—630, Art. Ludi publici; W. W. Fowler, The
Roman festivals of the Period of the republic (1899, ND 1969), eine kalen-
darisch geordnete Besprechung der *ludi*; Balsdon, Life and leisure
S. 244—270. — J. H. Pighi, De ludis saecularibus populi Romani (1941,
ND 1965); M. A. Cavallars, Economia e *religio* nei ludi secolari augustei,
in: RhM 122 (1979), S. 49 ff.; P. Brind'Amour, L'origine des jeux sécu-
laires, in: H. Temporini—W. Haase (Hrsg.), Aufstieg und Niedergang
der römischen Welt 16,2 (1978), S. 1334 ff.; P. Herz, Kaiserfeste in der
Prinzipatszeit a. a. O. S. 1135 ff.; D. P. Harmon, The public festivals of
Rome a. a. O. S. 1440 ff.; ders., The family festivals of Rome a. a. O.
S. 1592 ff. — Zu den Wagenrennen siehe bes. L. Friedlaender, Darstel-
lungen aus der Sittengeschichte Roms (⁹1920) Bd. 2, S. 25—49; J. Carco-
pino, Rom. Leben und Kultur in der Kaiserzeit (frz. 1939, dt. ND 1977,
Hrsg. E. Pack), S. 292—303; Backhaus a. a. O. S. 212—217; Harris
SGR S. 184—243 (einschl. Byzanz); H. Nachod, Der Rennwagen bei den
Italikern und ihren Nachbarn (Diss. Leipzig 1909). — S. L. Mohler, The
Cestus (Diss. Philadelphia 1926). — R. P. Piernavieja, Los juegos del
circo en la España romana, in: CAF 16 (1974), S. 159—284 (mit einer
Sammlung der archäologisch-epigraphischen Zeugnisse zur Organisation
der *ludi*). — Zum Circus und den Circusparteien vgl. neben der oben S. 249 f.
zitierten Publikation von Cameron (mit umfangreicher Bibliographie
a. a. O. S. 347—352) auch ders., Bread and circuses: the Roman emperor
and his people (1974); ders., Porphyrius the charioteer (1973); ferner auch
Friedlaender a. a. O. S. 34—40 (mit zahlreichen antiken Belegen);
R. Auguet, Cruauté et civilisation: les jeux romains (1970, engl. 1972). —
Zum politischen Aspekt der ludi circenses siehe J. Deininger, Brot und

Spiele. Tacitus und die Entpolitisierung der *plebs urbana*, in: Gymnasium 86 (1979), S. 278—303; J. von Ungern-Sternberg, Die Einführung spezieller Sitze für die Senatoren bei den Spielen (194 v. Chr.), in: Chiron 5 (1975), S. 157 ff. P. Veyne, Le pain et le cirque. Sociologie historique d'un pluralisme politique (1976); der Verfasser, dessen soziologisches Verständnis bes. auf R. Aron und M. Weber basiert, beschäftigt sich in dieser heute wohl umfassendsten Studie zum politischen Aspekt des *panem et circenses* vorrangig mit dem Zusammenhang von römischer Sozialpolitik und griechischer Wohltätigkeit sowie mit 'dépolitisation' und 'apolitisme' als Erscheinungsformen dieser Politik. Obwohl sporthistorische Fragen in diesem umfangreichen Werk kaum angesprochen werden, bietet es eine empfehlenswerte Grundlage für das Verständnis des Sportes bei den Römern. R. Gilbert, Die Beziehung zwischen Princeps und stadtrömischer Plebs im frühen Principat (1976), bes. S. 47—138; T. Bollinger, Theatralis licentia. Die Publikumsdemonstrationen an öffentlichen Spielen im Rom der frühen Kaiserzeit und ihre Bedeutung im politischen Leben (Diss. Basel 1969); C. Göllmann, Zur Beurteilung der öffentlichen Spiele Roms bei Tacitus, Plinius dem Jüngeren, Martial und Juvenal (Diss. Münster 1942); J. P. V. D. Balsdon, Panem et circenses, in: Hommage à M. Renard (1969) 2, S. 57—60. — E. Mehl, Altrömisches Heeresturnen (1927), in: R. Jahn (Hrsg.), Zur Weltgeschichte der Leibesübungen. FS E. Mehl (1960) S. 13 ff.

3.3 Gladiatorenspiele und venationes

In der römischen Geschichte tauchen diese Spiele, deren Ursprung bis heute noch nicht ausdiskutiert ist (vgl. oben S. 228 f.), erstmals zu Beginn des 1. Punischen Krieges auf, und zwar haben damals im Rahmen eines Begräbnisses drei Paare auf dem Forum Boarium gegeneinander gekämpft (. . .*funebri memoria patris cineres honorando*, Val. Max. 2, 4, 7). In der Folgezeit scheinen derartige Veranstaltungen großen Zuspruch gefunden zu haben, denn sie werden nicht nur öfters, sondern auch mit größerem Aufwand begangen; in den Jahren 216 kämpften bereits 22 Paare auf dem Forum, 200 dann 25 und im J. 183 sogar 60 Paare. Für das J. 174 v. Chr. sind mehrere Gladiatorenspiele be-

zeugt, darunter eines, an dem 74 Mann drei Tage lang kämpften
(vgl. dazu Liv. 23, 30, 15; 31, 50, 4; 39, 46, 2; 41, 28, 10f.). Im
Unterschied zu diesen rein privaten Spielen anläßlich von Lei-
chenfeiern haben die Consuln des J. 105 v. Chr. erstmals
offizielle Gladiatorenkämpfe organisiert. Im Zuge der Schulung
des Einzelkampfes der römischen Legionäre wurden diese in die
Gladiatorenkunst des Umganges mit dem Schwert eingeführt
(vgl. Val. Max. 2, 3, 2; siehe G. Veith, Heerwesen und Kriegfüh-
rung der Griechen und Römer [1928, ND 1963], S. 427). Auf
diese Maßnahmen folgte insofern eine Politisierung dieser *ludi
gladiatorii* und auch der Kämpfer selbst, als nunmehr einzelne
Persönlichkeiten der ausgehenden Republik Großveranstaltun-
gen inszenierten, wie Caesar, der 320 Paare auftreten ließ. Mit
dieser Methode des Buhlens um die Gunst der *plebs urbana*
hängt es zusammen, daß die Gladiatoren in den Bürgerkriegen
auch als Leibwache und Kampftruppen der führenden Politiker
zum Einsatz kamen. Kaiser Augustus hat deshalb wohl die Zahl
der offiziellen Gladiatorenspiele auf zwei pro Jahr beschränkt
und nicht mehr als 120 Mann dabei zugelassen (Cass. Dio 54, 2,
4), und sein Nachfolger Tiberius, der den Aufwand für Schauspiele und Gladiatorenkämpfe allgemein reduzierte (Suet.
Tib. 34), ist ihm darin gefolgt. Dennoch wuchs die Popularität
dieser Spiele, wobei die Kaiser, darunter auch Augustus selbst,
der während seiner langen Regierungszeit an die 10 000 Gladiatoren auftreten ließ (Mon. Anc. 22), und die Höchstmagistrate
die privaten Veranstalter an Ausstattungsprunk um ein Vielfa-
ches übertrafen. Traian brachte beispielsweise allein im J. 107 die
gleiche Zahl und zwischen 106 und 114 angeblich 23 000 Mann
ins Amphitheater.

Dieser Bautypus, der aus Campanien im 1. Jh. v. Chr. nach
Rom kommt, beherbergte die Gladiatorenspiele und die Tierhetzen *(venationes)*. Hatte man in der Republik dafür zunächst
noch improvisierte Holzgerüste auf den Fora errichtet, so ent-
stand im J. 29 v. Chr. nach einem hölzernen Bau Caesars erst-

mals in Rom ein steinernes Amphitheater, gekennzeichnet durch eine vertiefte Arena, die ellipsenförmig von Sitzreihen umgeben ist. Roms bekanntester Monumentalbau, das Amphitheatrum Flavium (= Colosseum), faßte 50 000 Zuschauer. Und aus Interesse an den Gladiatorenspielen bauten auch die Provinzstädte ihre Amphitheater; so besaß Carnuntum an der Donau gleich zwei, eines für die Zivilstadt und eines für Lager und Canabae. Schon in den letzten Jahren Caesars hatte sich diese Form der Unterhaltung und damit auch der neue Bautypus über alle römischen Landstädte hin ausgebreitet, was aus der *lex Iulia municipalis* hervorgeht. K. Christ (Die Römer S. 119) zählt einige der bekanntesten Amphitheater auf: Verona, Pola, Korinth, Pergamon, Antiochia, Berytos, Alexandria, Lambaesis, Caesarea in Mauretanien, Arles, Nîmes und Trier. Trotz mehrfach geäußerter Kritik an diesen Spielen (vgl. Cic. Tusc. 2, 41; Sen. epist. 7, 2 f.; 90, 45; 95, 3; dazu Grant, Die Gladiatoren S. 96—103; vor allem aber seitens des Christentums) hielten sie sich in Rom bis ins 4. nachchristliche Jh. Ihr Ende fanden sie im Osten des Reiches durch Konstantin aufgrund eines Gesetzes des J. 325, ehe Honorius sie zu Beginn des 5. Jh. gänzlich untersagte.

Die Durchführung eines *munus gladiatorium* lag zur Zeit der Republik meist in den Händen Privater, in der Kaiserzeit traten die Herrscher selbst oder Mitglieder der kaiserlichen Familie bzw. hohe Beamte wie Prätoren und Quästoren an deren Stelle, zumindest in Rom, wo „die Haltung von Gladiatoren nun vom *princeps* monopolisiert wurde" (Christ a. a. O. S. 117). In den anderen Städten konnte die Organisation auch dem *lanista*, dem Unterhalter einer Gladiatorenfamilie, überlassen werden. Dieser war für das harte Training, die Auswahl der Kämpfer, die aufwendige diätetische Kost seiner Mannschaft *(familia)* und deren ärztliche Betreuung zuständig und hatte dabei nahezu unumschränkte Vollmachten, da die Gladiatoren bei ihrer Aufnahme einen Eid ablegten, sich „mit Ruten hauen, mit Feuer brennen und mit Eisen töten zu lassen" (Petron. 117; Sen. epist. 37, 1;

vgl. dazu A. Wacke, Unfälle bei Sport und Spiel S. 30). Die Gladiatoren rekrutierten sich aus allen möglichen sozialen Schichten, vor allem aus dem Stand der Sklaven, die durch einen blü-
henden Gladiatorenhandel, an dem die *lanistae* unmittelbar beteiligt waren, in deren Schule kamen. Aber auch Freigelassene,
Hasardeure, Schwerverbrecher, die *ad gladium* verurteilt wurden, Kriegsgefangene, bankrotte Adelige, selbst Mitglieder des
Senatorenstandes oder aus dem Kaiserhaus und, was einmalig
blieb, Kaiser Commodus selbst, suchten Ruhm und Geld in der
Arena. Die gewissenhafte Vorbereitung auf die Auftritte über-
antwortete der *lanista* eigenen Lehrern *(doctores, magistri)*, die
vielfach auf eine Disziplin spezialisiert waren; die Inschriften
(vgl. die Beispiele bei Friedlaender a. a. O. S. 68) erwähnen
doctores Thraecum, murmillonum, secutorum, oplomachorum
sowie *magistri retiariorum* und *Samnitium*. Damit sind zugleich
auch einige der populärsten Kampfarten der Gladiatoren angesprochen, die entweder mit gleichen oder auch ungleichen
Waffen gegeneinander antraten. Die Bewaffnung bestand bei
den 'Thrakern' aus einem kleinen Rundschild, gebogenem
Schwert und schwerer Rüstung, bei den Murmillonen aus einer
gallischen Ausrüstung und bei den Sekutoren aus Schild,
Schwert und Visierhelm; die Retiarier kämpften mit Dreizack,
Fangnetz und Dolch und die Samniter mit großem viereckigem
Schild und kurzem geradem Schwert. Die *laquearii* waren mit
Stock und Lasso, die *dimachaeri* mit zwei Kurzschwertern aus-
gestattet. Andere wieder wie die *essedarii* standen auf britanni-
schen Streitwagen. Es versteht sich von selbst, daß angesichts der
Lebensgefährlichkeit jedes Auftrittes im Amphitheater das Training in den Gladiatorenschulen höchste Anforderungen an die
Gladiatoren stellte und dabei das Kämpfen am Strohmann, das
Einüben bestimmter Schlagkombinationen oder das rasche Reagieren auf die Kommandos der *doctores* und *magistri* zur Leistungssteigerung und Perfektionierung des Wettkampfes eifrig
praktiziert wurde. Die harten und bisweilen brutalen Trai-

ningsmethoden dürften auch, zusammen mit der Angst vor dem Ernstkampf, für die überlieferten Selbstmorde und Meutereien in den Gladiatorenschulen verantwortlich zu machen sein.

Die *ludi gladiatorii* begannen dann wie die Circusspiele mit einer *pompa*, dem feierlichen Einzug der Gladiatoren, bei dem dem Kaiser die berühmten Worte zugerufen worden sein sollen: „Heil dir, Imperator, die zum Tode gehen, grüßen dich" (Suet. Claud. 21, 6). Daran schlossen sich eine Waffenprüfung *(probatio armorum)* und in der Regel Scheingefechte mit stumpfen Waffen. Dann erst begannen die tödlichen Kämpfe, die „zur Unterhaltung in ihrer brutalsten Form, zur Apotheose von Sadismus und Perversion" (Christ a. a. O. S. 117) wurden, mit einem Trompetenstoß. Die Kampfhandlungen konnten aus duellartigen Zweikämpfen, aber auch aus Mannschafts- und Massenkämpfen bestehen, ihr Ziel war jeweils die Vernichtung des Gegners, wobei der Sieger das Schicksal des Besiegten, soferne er noch am Leben war, in die Hände des Spielgebers legte, der aber dabei seinerseits wieder die Meinung der Zuschauer einholen konnte. Dieses gab seinen Wunsch für eine Begnadigung des Unterlegenen durch Schwenken von Tüchern und mit dem Ruf *mitte,* andernfalls *verso pollice* Ausdruck. Über die Brutalität und die innere Teilnahme des Volkes gibt ein Passus bei Friedlaender, der hier jeden Satz auf antike Zeugnisse stützt, Aufschluß: „Mit Peitschen und glühenden Eisen wurden Säumige und Furchtsame in den Kampf getrieben. Aus den Reihen der zur Wut entflammten Zuschauer ertönte es: ‚Töte, peitsche, brenne! Warum fällt dieser so furchtsam in das Schwert? Warum führt der den Todesstreich so wenig herzhaft? Warum stirbt jener so verdrossen?'" (a. a. O. S. 74).

Der Fanatismus des Publikums, der sich in solchen Sätzen manifestiert, findet seinen Niederschlag auch in den Parteiungen nach Waffengattungen — so gab es Groß- und Kleinschildner —, die zwar nicht die Bedeutung der Circusfaktionen erlangten,

die aber für tumultartige Auseinandersetzungen im Amphitheater sorgten. Zu einer gefährlichen Schlägerei mit zahlreichen Toten unter den Zuschauern kam es zur Zeit Neros im Amphitheater von Pompeii, dessen Bewohner sich mit jenen von Nocera
eine regelrechte Schlacht lieferten, was der Senat zum Anlaß
nahm, die Gladiatorenspiele in Pompeii für zehn Jahre zu verbieten (Tac. ann. 14, 17), nicht anders als heute, wo so manches
Fußballstadion wegen Zuschauerausschreitungen schon einmal
gesperrt wurde. Angesichts solcher Exzesse und Brutalitäten in
Arenen und im Zuschauerrund erscheint es teilweise verständlich, wenn das Gladiatorenspiel in den Sportgeschichten oft außer Betracht bleibt. „Dennoch", so meint W. Backhaus meines
Erachtens völlig zu Recht, „fiel in römischen Augen jene nach
bestimmten Regeln vollzogene, zunächst privat und dann zunehmend staatlich organisierte Schlächterei unter den Begriff des
Sports, wie pervertiert dieser uns Heutigen auch anmuten mag.
Es reicht für die Beurteilung nicht aus, heutzutage geforderte,
bei manchen Sportarten keineswegs zum Tragen kommende
Wertmaßstäbe zugrunde zu legen. Vielmehr ist das Empfin-
den der historischen Epoche zu berücksichtigen" (a. a. O.
S. 206).

> *Literatur:* Zur Ursprungsfrage vgl. oben S. 228f.; allgemein dazu J. M. C.
> Toynbee, Death and burial in the Roman world (1971). — K. Schnei-
> der, RE Suppl. 3 (1918), Sp. 760—784, Art. Gladiatores, und Fried-
> laender, Sittengeschichte Bd. 2, S. 50—76, bieten nach wie vor die beste
> Übersicht über die Quellensituation; M. Grant, Die Gladiatoren (engl.
> 1967, dt. 1970) sieht in den Gladiatorenspielen, deren Grausamkeiten Erin-
> nerungen an die Assyrer, Dschingis Khan und Timur sowie an englische und
> andere Sklavenhändler und an den Nazismus wachrufen, „bei weitem die
> widerlichste Art von blutigem Sport, die je erfunden worden ist" (a. a. O.
> S. 8); L. Robert, Les gladiateurs dans l'orient grec (1940, ND 1971);
> ders., Monuments des gladiateurs dans l'orient grec (Hellenica 3, 1946; 5,
> 1948; 7, 1949; 8, 1950); G. Ville, Les jeux des gladiateurs dans l'empire
> chrétien, in: MEFR 71 (1960), S. 273—335; A. Piganiol, Recherches sur
> les jeux romains (1923); Backhaus a. a. O. S. 200—211; Christ, Die
> Römer S. 116—119; A. V. van Stekelenburg, Die romeinse gladiatore,

in: Akroterion 20, 2—3 (1975), S. 28—37; D. B u c h a n a n, Roman sport
and entertainment (1976); R. A u g u e t, Cruauté et civilisation: Les jeux
romains (1970, engl. 1972); C. B a r a c c o n i, Spettacoli nell' antica Roma
(1972); B a l s d o n, Life and leisure S. 288—302 und S. 314—324. — *Zu einigen rechtlichen Fragen:* A. W a c k e, Unfälle bei Sport und Spiel nach römischem und geltendem Recht, in: Stadion 3 (1978) bes. S. 29—33, d e r s.,
Athleten als Darlehensnehmer nach römischem Recht, in: Gymnasium 86
(1979), S. 149 ff., und M. A m e l o t t i, La posizione degli atleti di fronte al
diritto romano, in: SDHI 21 (1955), S. 123 ff. — Zum politischen Aspekt
der Gladiatorenspiele siehe oben S. 252 f. — *Zum Amphitheater* A. N e p p i-
M o d o n a, Gli edifici teatrali greci e romani (1961); J. P e a r s o n, Arena.
The Story of the Colosseum (1973); A. M. C o l o n i—L. C o z z a, Ludus
magnus (1962). Zur Einführung siehe auch A. H e n z e, Die antike Sportarchitektur vollendete sich im römischen Sportbau, in: Antike Welt 1, 2
(1970), S. 30—35.

Zwei Sonderformen des *munus gladiatorium* waren die
Schaukämpfe zu Schiff *(naumachiae)* und die Tierhetzen *(venationes)*. Nachdem Caesar als erster in Rom, vielleicht nach helle-
nistischem Vorbild (Lucil. fr. 457 f.), solche Pseudoseegefechte
zum besten gab, ließ Augustus einen künstlichen Teich (530 m
lang, 350 m breit) anlegen, auf dem dann dem offenbar schon so
anspruchsvollen Publikum ein derartiges Schauspiel geboten
wurde. Seine Nachfolger, vor allem im 1. Jh., folgten dem Beispiel, versuchten die Vorgänger dabei zu überbieten und inszenierten große, in doppeltem Sinne historische Spektakel, denn
die dabei eingesetzten Gladiatoren imitierten in historisierender
Manier teilweise große Seeschlachten (Tyrier gegen Ägypter,
Athener gegen Perser oder Syrakusaner, Korinther gegen Kor-
kyraier, Sizilier gegen Rhodier, vgl. die zahlreichen Belege dazu
bei Friedlaender a. a. O. S. 92—94). Mit welchem Aufwand
diese Naumachien organisiert wurden, zeigt das 'Seefest', das
anläßlich der Abschlußarbeiten beim Stollenbau am *Fucinus
lacus* von Kaiser Claudius im J. 52 gestiftet wurde. Zwei Flotten,
bestehend aus Triremen und Quadriremen und mit 19 000
Bewaffneten bemannt, bekämpften sich als 'Rhodier' und 'Sizi-

lier', nachdem ein silberner Triton, der in der Mitte des Sees durch einen Mechanismus auftauchte, auf einer Muschel zum Angriff geblasen hatte (Suet. Claud. 21).

Nicht weniger einfallsreich verliefen die *venationes,* die im J. 186 v. Chr. erstmals in Rom als Schauspiel dargeboten wurden. Ein sporthistorisches Interesse verdienen diese Tierhetzen, von allgemeinen massenpsychologischen Aspekten abgesehen, vor allem dort, wo die Kämpfe aufgrund der Ausrüstung der *bestiarii* beiden 'Kontrahenten' irgendwelche Chancen ließen. Im freilich sehr begrenzten Rahmen erfüllte diese Bedingungen schon das etruskische Phersu-Spiel (vgl. oben S. 228). Jäger mit Hunden, Stierkämpfer, die ihre Tiere mit roten Tüchern reizten, Berittene, die gegen Löwen und Bären kämpften, und viele andere konnten sich in den Augen der damaligen Zuschauer, wie heutige Sonntagsjäger oder Safari-Urlauber, einbilden, bei ihren Massakern noch Sport zu treiben; wenn aber *ad bestias*-Verurteilte von einem Gerüst in einen Käfig wilder Tiere gestürzt oder andere, in Tierfelle eingenäht, von Hunden zerrissen wurden, dann handelt es sich schlechthin um theatralisch ausgestaltete Hinrichtungen, sonst nichts. Die großen Zahlen von Tierkadavern, von denen antike Autoren berichten, machen deutlich, womit ein Spielgeber, meist der Kaiser selbst, vor der Menge renommieren konnte: Ob man dabei an die 5000 wilden und 4000 zahmen Tiere denkt, die bei den prunkvollen Eröffnungsfeierlichkeiten des Colosseums den Tod fanden (Cass. Dio 66, 25, 1), an die 11 000 vom Triumph über die Daker (Cass. Dio 68, 15, 1) oder an die 5 Nilpferde, die 2 Elefanten, die Giraffe und die Nashörner, die Kaiser Commodus eigenhändig abmurkste (Cass. Dio 72, 10, 3), bleibt dabei so ziemlich einerlei. Ein Ende für dieses düstere Kapitel über die römische Freizeitbeschäftigung begann sich erst abzuzeichnen, als Konstantin im J. 326 die Verurteilungen *ad bestias* in Zwangsarbeit *ad metalla* umwandelte und „damit . . . die Hauptquelle des Gladiatorennachschubs" (Carcopino a. a. O. S. 339) versiegte.

Zu den Naumachien und Tierhetzen vgl. Friedlaender a. a. O. Bd. 2,
S. 77—94; G. Traversari, Gli spettacoli in acqua nel teatro tardoantico
(1960); Balsdon, Life and leisure S. 302—313; ferner die oben S. 252 f.
und 258 f. zitierte Literatur.

3.4 Römische Bäder und 'Wassersport'

Nicht ganz zu Unrecht hat es den Anschein, als betrete der
Sporthistoriker hier wieder festeren Boden, zumal es auch
Stimmen wie die von J. B. V. D. Balsdon (Life and leisure
S. 267—270; siehe auch oben S. 236) gibt, die meinen, daß die
plebs urbana nicht „den größeren Teil ihrer Zeit bei Wagenrennen, im Theater und bei den Gladiatorenkämpfen" verbrachte,
eine Auffassung, der allerdings M. I. Finley (Die antike Wirt-
schaft [engl. 1973, dt. 1977], S. 83) entgegengetreten ist. Dennoch kann auch in diesem Abschnitt nur mit Einschränkungen
von römischem 'Wassersport' gesprochen werden. Obwohl die
geläufigsten Bezeichnungen für die römischen Badeanstalten,
balneum und *thermae*, aus dem Griechischen stammen, entwik-
kelte sich im Imperium Romanum ein eigenständiges Badewesen, das insbesondere durch die Erfindung eines neuen Behei-
zungssystems, der Unterflur- und Wandheizung *(hypocau-
stum)*, im ausgehenden 2. vorchr. Jh. einen bemerkenswerten
Aufschwung nahm. Damit war nämlich die in Griechenland feh-
lende Voraussetzung für Rom geschaffen, größere Badeanlagen
und Wasserbecken von außen zu heizen und so den Besuchern
den Aufenthalt in diesen Räumlichkeiten auch in den kalten Jah-
reszeiten, in Rom genauso wie in den Provinzen, möglichst an-
genehm zu gestalten. Es entstanden die großen Thermenanlagen,
die eine umfassende Möglichkeit zur Entspannung, zu spielerischer und sportlicher Betätigung und zu Mußestunden boten, da
sie zugleich mit den einzelnen Badebecken in der Regel verschiedene Gymnastikhallen, Palästren, Ballspielplätze, Räume für

hygienische Körperpflege sowie Bibliotheken und Wandelgänge
unter einem Dach oder zumindest auf einem geschlossenen Areal
vereinigten. Nachdem nämlich schon in der ausgehenden Republik kleinere Privatstiftungen für die Öffentlichkeit getätigt
wurden — Agrippa, der die erste größere Anlage auf dem Marsfeld errichten ließ, zählte im J. 33 v. Chr. 170 *balnea* — setzte
mit dem Principat eine umfangreiche Bautätigkeit auf diesem
Sektor ein: Nero, Titus, Traian, die Severer, Diokletian und
Konstantin haben als Bauherren großangelegte Thermen geschaffen, deren flächenmäßige Ausdehnung bis zu 13 ha erreichte und deren monumentale Ruinen, insbesondere die der
Caracalla- und der Diokletiansthermen in Rom, aber auch in vielen Provinzstädten des Imperium Romanum, noch heute einen
gewaltigen Eindruck vermitteln. Auch viele Private ließen sich,
ähnlich dem modernen Swimmingpool, bei ihrer Villa exklusive
und mit Raffinement angelegte Bäder errichten. Zur Standard-
ausstattung der öffentlichen Thermen zählen die Auskleide-
räume *(apodyterion)*, Kaltbaderäume *(frigidarium)*, welche auch
Schwimmbecken *(piscina)* enthalten konnten, einzelne erwärmte
und geräumige Durchgangshallen *(tepidarium)*, Warmluft- und
Schwitzräume *(sudatorium-laconicum)* und Warmwasserbecken
(caldarium), dazu auch häufig noch ein Freibad *(natatio)* und die
oben genannten Räumlichkeiten für Spiel, Sport und andere
Formen der Muße. Zu Recht hat J. Carcopino hervorgehoben,
daß „die Leibesübungen im Verein mit geistigem Streben . . . den
römischen Charakter der Thermen" prägten und hier „die Vor-
urteile, mit denen man den aus Griechenland eingeführten Sportarten begegnet war" (a. a. O. S. 353), überwunden werden
konnten. Die Nacktheit war hier genausowenig etwas Unge-
wöhnliches wie das Üben in der Palästra, wo man „fast alle athletischen Spiele" (Carcopino a. a. O.) kannte, und zwar nicht allein als Schauspiele, sondern als eigene aktive Betätigung. Konnte
der augusteische Architekt Vitruvius im Anschluß an seine
Richtlinien für den Bau von Bädern (5, 10f.) noch feststellen,

daß Palästren in Italien ungebräuchlich seien, so hat die weitere Entwicklung deutlich gezeigt, daß es hier zu Änderungen kam, die nur verständlich sind, wenn sich auch die Einstellung vieler Römer zur griechischen Agonistik wandelte (vgl. unten S. 268 ff.). Im vielzitierten Postulat des Satirikers Iuvenal *mens sana in corpore sano* (10, 356) mag dieser Wandel seinen Niederschlag gefunden haben.

Der Umstand, daß der Besuch der öffentlichen Thermenanlagen in der Regel ein ausgesprochen billiges Vergnügen war — so bezahlten Männer im 1. Jh. n. Chr. ein *quadrans*, d. h. ein Viertel As, Frauen etwas mehr, Kinder dafür gar nichts, im 2. Jh. wurde das Eintrittsgeld *(balneaticum)* zumeist ganz aufgehoben — hat zweifelsohne diesen Bewußtseinswandel beschleunigt. Der gemeinsame Badebesuch von Mann und Frau wurde übrigens erst durch ein Gesetz Hadrians untersagt (H. A. v. Hadriani 18: *lavacra pro sexibus separavit*), was wohl bedeutete, daß eine für die Geschlechter verschiedene Öffnungszeit galt. Das eigentliche Baden vollzog sich in drei Abschnitten: Nach dem Auskleiden suchte der Badegast den Schwitzraum und anschließend das *caldarium* auf, um hier seinen erhitzten Körper mit dem Schaber *(strigilis)* zu reinigen, daraufhin begab er sich ins *tepidarium* und erst zum Schluß in ein laues oder kaltes Wasserbecken des *frigidarium* (Plin. nat. 38, 35; Petron. 28). Vorher und nachher konnte er anderen sportlichen und musischen Neigungen nachgehen. Neben den schon erwähnten Übungen in der Palästra, gymnastischen Körperübungen mit und ohne Hanteln, Lauf- und Lockerungsübungen sowie dem von Frauen bevorzugten Laufen mit einem Metallreifen, den es mitzuführen galt, kam dem Ballspiel dabei eine herausragende Bedeutung zu (siehe unten S. 265 ff.).

Das *Schwimmen* selbst wurde höchstwahrscheinlich nicht in der Form eines organisierten Wassersportes betrieben; es war vielmehr eine Art 'Volkssport' und seit frühester Zeit Teil der körperlichen Erziehung. Bekanntlich schon in der römischen

Sagenwelt retten sich Turnus in voller Waffenrüstung, Horatius Cocles und Cloelia schwimmend über den Tiber, später sollte die Jugend Roms nach Cato Maior in den Strudeln und reißenden Stellen dieses Flusses das Schwimmen erlernen (vgl. oben S. 251), und Augustus zufolge gehörten *litterae et natare* (an dere Lesart allerdings *notare*) zu den *rudimenta* einer Erziehung (Suet. Aug. 64). Noch Flavius Vegetius fordert vom Fußsoldaten wie vom Reiter, daß sie im Sommer bei ihrer Ausbildung diese Kunst üben sollten, sofern ein Fluß oder das Meer in der Nähe des Lagers sei (1, 10). In den zumeist brusttiefen Wasserbecken der Thermen war das Schwimmen natürlich möglich, doch weder hier noch sonstwo sind Wettkämpfe überliefert. Wenn ein Horazvers von einem guten Reiter lobend hervorhebt, daß keiner so schnell wie er den Tiber hinunterschwimmen könne (Hor. c. 3, 7, 27 f.: *nec quisquam citus aeque/Tusco denatat alveo*), so ist das nur ein vager Hinweis auf mögliche Wettkämpfe. Da von vornherein nicht angenommen werden kann, daß in den öffentlichen Bädern regelmäßig geschwommen wurde, empfiehlt Harris (SGR S. 118), den Schwimmsport nur dann als gegeben zu betrachten, "when the specific term for a swimming pool occurs (κολυμβήθρα, *piscina*)". Ob die Wettschwimmen, die der spätantike Epiker Nonnos in den ›Dionysiaka‹ schildert (vgl. oben S. 207), griechischen oder römischen Ursprungs sind, läßt sich heute genausowenig ausmachen wie die gleiche Frage, die sich bei den oben S. 208 schon erwähnten Schiffswettkämpfen in der ›Aeneis‹ stellt.

Was den *Ruder- und Segelsport* anlangt, so lassen sich auch für diesen Zeugnisse anführen, die ihn als Freizeitsport zur Erholung und Belustigung, nicht aber als regulär organisierten Wettbewerb ausweisen (vgl. Plin. epist. 9, 33; Sen. epist. 53, 1). Daß im Rahmen der Flottenübungen, der Naumachien, vor allem aber der privaten Ruderer und Segler an den Küsten des Mittelmeeres und auf den Seen Italiens „die Abhaltung von Ruder- und Segelregatten nicht ausbleiben konnte", wie Backhaus (a. a. O.

S. 222) vermutet, ist zwar naheliegend, aber quellenmäßig nicht belegbar.

Literatur: E. M e h l, Antike Schwimmkunst (1927), S. 61—129; H a r r i s SGR S. 112—132; B a c k h a u s a. a. O. S. 218—223. — Zum Betrieb in den Thermen und ihrer Organisation C a r c o p i n o a. a. O. S. 348—360; B a l s d o n, Life and leisure S. 62—32; S. G r u n a u e r, Thermen und öffentlicher Badebetrieb, in: Altsprachlicher Unterricht 20, 3 (1977), S. 49 ff.; H. M e u - s e l, Die Verwaltung und Finanzierung der öffentlichen Bäder zur römi- schen Kaiserzeit (Diss. Köln 1960); E. P f r e t z s c h n e r, Die Grundrißent- wicklung der römischen Thermen (Zur Kunstgeschichte des Abendlandes 1909, 65) mit einem geographisch geordneten Verzeichnis der damals bekannten, erhaltenen römischen Bäder in den Provinzen (S. 61—80); D. K r e n c k e r—H. K r ü g e r u.a., Die Trierer Kaiserthermen (1929); B. C u n l i f f e, Roman Bath discovered (1971; über die Bäder in London). — Zur Architektur der Thermen in Rom vgl. E. N a s h, Bildlexikon zur Topographie des antiken Rom (1961/62), 2 Bde.; K. d e F i n e - L i c h t, Untersuchungen an den Traiansthermen zu Rom (1974).

3.5 Die Ballspiele

Zwei Bereiche, fernab jeder *panem-et-circenses*-Mentalität, kennzeichnen die sportlichen Aktivitäten der Thermenbesucher vor und nach dem eigentlichen Baden und Schwimmen: die Ball- spiele und die athletischen Disziplinen. Martial (7, 32) kritisiert einmal einen Philosophen, daß er sich weder durch Ballspiele — das Epigramm zählt gleich vier verschiedene Arten auf (siehe unten S. 267) — noch durch Übungen mit stumpfen Waffen oder durch Ringen auf das Bad vorbereite. Ein andermal heißt es beim gleichen Dichter, der übrigens als wichtigster Gewährsmann für die römischen Ballspiele anzusehen ist (14, 163):

> „Gib den Ball! Es schellt in dem Bad! Ja, spielst du noch weiter?
> Willst du mit kaltem Bad nur dich begnügen und gehen?"

Eine Klingel signalisierte also den Beginn des Schwitzbades, und bis dahin sollte oder konnte man Ball spielen. Dadurch sollte der

Körper erhitzt werden, schon bevor der Badegast das *sudatorium* aufsuchte. In der Tat wird bei der Beschreibung des geschäftigen Betriebes in den Räumlichkeiten und auf den Sportplätzen der Thermenanlagen mehrfach auf Ballspiele Bezug genommen. Die gebräuchlichsten Formen dabei waren anspruchslose Sprung- und Prellballspiele, aber auch kompliziertere, ein Training voraussetzende Spiele wie der Trigon und das Harpastum. E. Wegner nennt in seiner Untersuchung der römischen Ballspiele (a. a. O. S. 12) vier Arten, darunter solche Spiele, bei denen sich „namentlich die älteren Herren, ohne ein großes Maß an körperlichem Einsatz, erholen und unterhalten konnten", dann Kunstballspiele und Kampfspiele, sowie Ballübungen zu medizinischen oder heilgymnastischen Zwecken. Darunter befinden sich Spiele für Kinder und Erwachsene (auch für Mädchen, wie die Mosaiken von Piazza Armerina zeigen), Wurf- und Fangballspiele, Rückschlag-, Neckball- und Malspiele, von denen manche Variante mit dem modernen Schlagball-, Volleyball- oder Basketballspiel verglichen wird.

Eines der verbreitetsten Spiele scheint darunter der *Trigon* gewesen zu sein. Dabei bildeten drei Teilnehmer ein Dreieck und warfen, prellten oder schlugen sich, je schneller, desto besser, mit der einen Hand den Ball zu, den die Partner mit der anderen dann fangen sollten. Bei diesem Spiel, das wegen möglicher Finten und Täuschungen des Gegners Geistesgegenwart und Beidarmigkeit erforderte, kannte man eine Punktewertung — vielleicht wurden die gefangenen oder — was wahrscheinlicher ist — die fallengelassenen Bälle gezählt (Martial. 12, 82); daher auch die Anwesenheit von Schiedsrichtern und 'Ballbuben'. Das schon oben S. 212 behandelte *Harpastum*, eine Art Neckballspiel, das häufig mit dem Phaininda spiel identifiziert wird (anders Wegner a. a. O. S. 28 ff.), wurde mit mehr als drei in Kreisform oder in zwei Linien aufgestellten Teilnehmern und einem Mittelmann gespielt, der den Ball abfangen sollte. Die Täuschung des Gegners beim Zuwerfen des Balles scheint dabei ein zweiter Grundgedanke dieses bei den Römern recht beliebten Spieles gewesen zu sein, so daß Harris (SGR S. 90) auch zur Ansicht kommen konnte, "the game of Trigon may have been Harpastum played by three", was freilich nur auf eine äußere Ähnlichkeit beider Spiele hinweist, denn das Harpastum erforderte zweifelsohne größeren körperlichen Einsatz (vgl. oben S. 212) als das 'Altherrenspiel' mit der *pila trigonalis*, einem festen, mit Federn, Haaren oder Sand gefüllten Ball. Eine Art *Faustball-* *oder Schlagballspiel*, bei dem der luftgefüllte Ball *(follis)* mit dem Unterarm zwischen zwei Gruppen hin- und hergeschlagen wurde, und ein offenbar wettkampfbetonteres Spiel zweier Mannschaften, das *paganicum* (von *pagus* = Gau, weshalb Wegner a. a. O. S. 34 auf einen „Wettkampf ganzer Ortschaften" schließt), gehören ebenfalls zu den bedeutendsten Spielformen, auf die das oben erwähnte Martialepigramm (7, 32) hinweist:

> *Non pila, non follis, non te paganica thermis*
> *praeparat, aut nudi stipitis ictus hebes,*
> *vara nec iniecto ceromate bracchia tendis,*
> *non harpasta vagus pulverulenta rapis.*

Trifft die Interpretation Wegners (a. a. O. S. 9) zu, daß nämlich mit *pila* die *pila trigonalis* gemeint sein muß, so bieten diese Verse einen resümierenden Hinweis auf die eben kurz besprochenen, populärsten römischen Ballspiele und zugleich darauf, daß eben die Thermenanlagen ein gegebener Ort dafür sein konnten. D. h. natürlich nicht, daß nicht auch sonst überall, insbesondere auf dem Campus Martius, ferner auf den Straßen und Plätzen der Stadt und in den noblen Landvillen Ball gespielt wurde. Plinius Minor erwähnt bei der Beschreibung seiner zwei Landsitze Laurentinum und in Tuscien je ein *sphaeristerium* (epist. 2, 17, 12), wobei das eine „für mehrere Arten von Spielen und mehrere Gruppen von Spielern" (epist. 5, 6, 27: *sphaeristerium, quod plura genera exercitationis pluresque circulos capit*) bestimmt war. In diesem Zusammenhang sei auch daran erinnert, daß seine Villen mit *balinea* und *piscinae*, die Möglichkeiten zum

Schwimmen im kalten und warmen Wasser boten, sowie mit *hippodromus* und *gymnasium*, d. h. hier Sportplatz (vgl. 2, 17, 6), ausgestattet waren, so daß es nur plausibel erscheint, wenn sich der Schriftsteller auf seinem Landsitz geistig und körperlich höchst wohl fühlte (epist. 5, 6, 46: *ibi animo, ibi corpore maxime valeo*). Mit Ballspielen 'vergeudeten' übrigens auch schon die Studenten an spätantiken 'Universitäten' ihre wertvolle Zeit, wie Libanios (or. 1, 22; vgl. Marrou a. a. O. S. 406) ausdrücklich kritisch bemerkt. Man hat in der Entwicklung des Ballspiels nach Backhaus (a. a. O. S. 233) „die größte Bedeutung des römischen Sports" gesehen. Auch wenn an dieser Einschätzung Abstriche gemacht werden könnten, so müßte doch gerade die Popularität des Ballspiels jenen zu denken geben, die so gerne vom zweckhaften, nüchternen Römer sprechen. Denn kaum eine andere Betätigung kommt dem *homo ludens* mehr entgegen als das Spiel mit dem runden Ball.

Literatur: E. W e g n e r, Das Ballspiel der Römer (Diss. Rostock 1938), eine Arbeit, die auch die Ausstrahlung der römischen Spiele auf das Mittelalter berücksichtigt; H a r r i s SGR S. 75—111 (einschließlich der Griechen); B a l s d o n, Life and leisure S. 162—167; B a c k h a u s a. a. O. S. 233—235; C a r c o p i n o a. a. O. S. 355—357; auch S. M e n d n e r, Gesellschaftsspiele (wie oben S. 214), in: RAC 10 (1978), Sp. 859 ff. und oben S. 213' die einschränkenden Bemerkungen zum *sphaeristerium* sowie die weitere Literatur S. 214. — Eine antike Schrift Suetons ›De puerorum lusionibus‹ ist im Gegensatz zu ›De parvae pilae exercitu‹ von Galenos, der den heilgymnastischen Wert der Ballübungen und des Ballspiels gegenüber der Athletik hervorhebt (vgl. oben S. 210 f.), nicht erhalten.

3.6 Die griechische Agonistik bei den Römern

Daß trotz der schon oben S. 235 erwähnten römischen Opposition und des sportlichen Eigenlebens in Rom die Griechen auch auf dem Wettkampfsektor sozusagen nach dem berühmten Horazmotto *Graecia capta ferum victorem cepit et artis intulit*

agresti Latio (epist. 2, 1, 156 f.) im römischen Reich Erfolge verbuchen konnten, hängt nicht zuletzt auch mit der Entwicklung
des Thermen- und Badebetriebes bei den Römern zusammen
(vgl. oben S. 261 ff.). Bei aller Präferenz für *ludi circenses* und
Gladiatorenspiele sollte die zunehmende Beachtung der griechischen Sportarten durch die Römer nicht bagatellisiert werden.
Den eher schüchternen Anfängen unter dem Consul des J. 186
v. Chr. (Liv. 39, 22) — nach Tacitus (ann. 14, 21) soll Mummius
erstmals griechische Spiele nach Rom gebracht haben — und
mehr als 100 Jahre später unter Sulla und dann Caesar (App.
civ. 1, 99; Suet. Caes. 39) folgte eine Ausweitung des agonistischen Betriebes im ersten und zweiten nachchristlichen Jh., wobei paradoxerweise Augustus, der so sehr um eine Reaktivierung
altrömischer Gepflogenheiten bemüht war, für diese „Renaissance der Agonistik . . . mittelbar die entscheidenden Voraussetzungen schuf" (Langenfeld a. a. O. S. 259). Kennzeichnend für
die Einstellung des ersten Princeps zum Sport, der als begeisterter Besucher der *ludi circenses* galt und der im Alter gerne Ball
spielte, aber auch *certamina Graeca* besuchte, ist vielleicht eine
Suetonnotiz (Aug. 45), wonach der Kaiser mit größtem Interesse
(studiosissime) Kämpfe der derben *pugiles Latini* mit den tech-
nisch perfekten griechischen Boxern organisierte oder, was ihn
ebensosehr faszinierte, wenn sich das Volk *temere ac sine arte*
gleichsam Straßenschlachten lieferte. Immerhin erfährt der Leser
aber auch, daß er nicht nur die Gladiatoren, sondern auch die
Athleten privilegierte und vor allem, daß er nach seinem Seesieg
bei Aktium ein großes penteterisches Sportfest mit gymnischen,
musischen und hippischen Agonen, die sog. Aktia stiftete (vgl.
oben S. 135). Gegenüber den traditionellen panhellenischen
Agonen selbst, in deren Reihe die neuen Spiele aufgenommen
wurden, verhielt sich Augustus indifferent bis mäßig interessiert. Die Nachricht, daß Tiberius im Wagenrennen, natürlich
nicht als Lenker, zum Olympioniken ausgerufen wurde (wohl
4. v. Chr.) — ein Sieg, den übrigens Germanicus bald nach dem

Tod des Augustus wiederholen sollte —, reicht nicht aus, von einem Aufschwung Olympias aufgrund einer Förderung durch das Kaiserhaus zu sprechen. Dazu trugen damals vielmehr die Übernahme der Agonothesie durch König Herodes, vor allem aber, weil langfristiger wirksam, „der Klassizismus augusteischer Dichter und Schriftsteller" (Langenfeld a. a. O. S. 243) und die Aktivitäten der späthellenistischen Bourgeoisie mehr bei. Balsdon, Life and leisure S. 161, nennt drei Sportarten, die die späte Republik und die frühe Kaiserzeit kennzeichnen, und zwar Jagen, Reiten und Waffenkämpfe, sodann Boxen, Ringen, Laufen, Diskus- und Speerwerfen, Springen und Schwimmen, schließlich Gewichtheben, Reifen- und Ballspiele. Die Wichtigkeit dieser Disziplinen erkennend, soll Augustus eine Art 'Jugendbewegung' in Rom (Youth Movement, the *Iuventus*) ins Leben gerufen haben, zu deren Programm "military exercises and sport" gehörten. Hierin liegt ein wichtiger Beitrag des ersten Kaisers zur Sportförderung.

Im Unterschied zu Augustus, der zwar Sparta, nicht aber Olympia einen Besuch abstattete, machte der geradezu spiel- und sportbesessene Nero auf seiner Griechenlandreise auf der Wettkampfstätte am Alpheios nicht nur ausgiebig halt, er ließ sich auch unter peinlichen Umständen, die Sueton (Nero 24) schildert, zum Olympioniken ausrufen. Obwohl zum Zeitpunkt dieser 'Gastspieltournee', auf der der Kaiser zahlreiche Siegeskränze erwarb, die Olympiade noch nicht vollendet war, setzten die cleveren Griechen Olympische Spiele an, und, was ebenfalls ungewöhnlich war, sie nahmen erstmals musische Agone ins Programm auf, um dem Geltungsbedürfnis des hohen Gastes noch mehr entgegenzukommen. Der Einsatz lohnte, denn demonstrativ und nach historischem Beispiel (vgl. oben S. 133) verkündete der Kaiser bei den darauffolgenden Isthmien die Freiheit Achaias und bedankte sich bei den Schiedsrichtern mit der Verleihung der *civitas Romana* und hohen Geldbeträgen. In Rom selbst stiftete der Kaiser, auch ein begeisterter Besucher der

Gladiatorenspiele und *circenses* — er war Anhänger der 'Grünen' —, im J. 60 die *Neronia* als *certamina Graeca*, d. h. mit den drei bekannten Agonformen, die jedoch nach seiner *damnatio memoriae* rasch vergessen waren. Bemerkenswert an den *Neronia* war dabei der Wunsch des Kaisers, daß auch die vornehmen Römer daran teilnehmen sollten, was Tacitus (ann. 14, 20), der *gymnasia et turpes amores* in einem Atemzug nennt, aufs schärfste verurteilt: *quid superesse, nisi ut corpora quoque nudent et caestus adsumant easque pugnas pro militia et armis meditentur?* Ob diese reaktionäre Stimme noch repräsentativ für das 1. Jh. n. Chr. ist, läßt sich nicht sicher ausmachen. Mit mehr Erfolg als Nero gründete Domitian im J. 86 den periodischen *Agon Capitolinus,* dessen Wettkampfprogramm ebenfalls an klassischen Vorbildern orientiert war und der bis ins 4. nachchristliche Jh. erfolgreich in Rom veranstaltet wurde. Keine der zahlreichen späteren kaiserlichen Stiftungen von griechischen Agonen, weder die Hadrianeen des Antoninus Pius, die severischen Spiele für Alexander den Großen, die Gordians III. für Minerva oder auch Roms Jahrtausendfeier des J. 247, noch die Wettkämpfe des Carinus, bei denen 1000 Athleten auftraten, haben die *Capitolia* später an Bedeutung übertroffen. Sie trugen wesentlich dazu bei, daß die Athleten in ihrem Ansehen allmählich Schauspieler und Gladiatoren überrundeten und damit der griechische Agon im Ansehen stieg, wofür Tacitus (ann. 14, 21) mit seiner Nachricht, das Volk fordere *Graeca certamina a magistratibus,* schon einen Fingerzeig bietet. Die capitolinischen Spiele, die dem Range nach mit den Olympien auf eine Stufe gestellt wurden (vgl. oben S. 135), umfaßten Wettlauf (darunter auch einen Wettbewerb für Mädchen, der allerdings bald wieder vom Programm abgesetzt wurde), Boxen, Ringen und Pankration, Diskus- und Speerwerfen und eine große Zahl musischer Konkurrenzen, so in griechischer und lateinischer Poesie, Rhetorik und Instrumentalmusik. Für die athletischen Agone errichtete Domitian ein eigenes Stadion für 15000 Zuschauer

(65 × 240 m), dessen Grundriß sich noch heute in der Piazza Navona abzeichnet; für die musischen Agone baute der berühmte Architekt Apollodoros in nächster Nähe, ebenfalls auf dem Marsfeld, ein Odeon mit 5000 Plätzen. Auch die Kapazitäten dieser der griechischen Agonistik gewidmeten Bauwerke zeigen, daß das Interesse daran allmählich wuchs, womit weder in Abrede gestellt wird, daß die *ludi circenses* und die *munera* nach wie vor *en vogue* waren, noch daß Tacitus nicht die letzte Stimme blieb, die sich gegen diese Popularisierung erhob. Wenn die Zahl derjenigen Römer, die sich aktiv an den athletischen Agonen beteiligten, zunächst gering war und ihre Leistungen dilettantisch wirkten (vgl. die Beispiele bei Friedlaender a. a. O. Bd. 2, S. 153), so ist doch bei allem Verständnis für diese Situation nicht zu übersehen, daß hier ein Wandel eintrat, wozu die neuen Sportveranstaltungen den Anreiz, die Thermen mit ihren *gymnasia* und *palaestrae* Übungsmöglichkeiten boten.

Auch das sportliche Treiben der römischen *iuvenes* auf dem Marsfeld, die sich schon in augusteischer Zeit täglich im Ballspiel, Diskuswerfen und Ringen übten (Strab. 5, 3, 8), muß hier zum besseren Verständnis der Entwicklung ins Kalkül genommen werden. G. Pfister (a. a. O. S. 253) hat in ihrer Untersuchung über die Beziehungen der in den *collegia iuvenum* organisierten Jugend zum Sport nach Aufzählung der quellenmäßig bezeugten Sportarten Wagenrennen, Reiten, Waffenübungen, aber auch Laufen, Bogenschießen, Speer- und Diskuswurf, Ringen, Boxen, Schwimmen, Ballspiel und Reifentreiben (Belege a. a. O. S. 270, Anm. 36; siehe auch Balsdon, Life and leisure S. 161) zu Recht festgestellt, daß zwar „beim Training eindeutig der Aspekt der Körperertüchtigung, der Vorbereitung auf den Kriegsdienst im Vordergrund stand . . ., die agonale Einstellung der jungen Römer [aber] nicht übersehen werden" dürfe. Wenn dabei die kriegerische Seite betont wird, so ist der Grund dafür auch darin zu sehen, daß eben die *collegia iuvenum* ähnlich der attischen Ephebie (vgl. oben S. 95 f.) paramilitärische Organisationen darstellten. Die aufgezählten Wettkampfdisziplinen bewiesen zwar noch nicht die Aufgeschlossenheit oder Liebe vieler junger Römer gegenüber der griechischen Athletik und Gymnastik, aber sie legen sie doch recht nahe. Bei den Jugendverbänden in den einzelnen Municipien und Provinzen, auf die das stadtrömische Vorbild sicherlich ausgestrahlt hat, darf ein ähnliches sportlich-militärisches Ausbildungsprogramm vermutet werden (vgl. dazu Pfister a. a. O. S. 259—267).

Die zumindest partielle Aufgeschlossenheit gegenüber der griechischen Agonistik manifestiert sich schließlich noch anderswo: Von L. Robert gesammelte Zeugnisse bestätigen, „daß die Römer, die sich im griechischen Osten niedergelassen hatten, ohne Widerstand griechische Kultur, das griechische Gymnasion und die griechische Athletik übernahmen und daß sie sogar athletische Wettspiele finanzierten" (Pleket, Sport S. 292). In Rom selbst hat die Sportpolitik Neros und Domitians, dann die der großen philhellenischen Kaiser des 2. Jh. nicht nur dazu beigetragen, daß Erfolge national-konservativer Kreise wie die Einstellung gymnischer Agone im gallischen Vienna unter Traian Ausnahmen blieben (vgl. Plin. epist. 4, 22), sondern daß „mit fortschreitender Zeit die Beliebtheit dieser griechischen Neuheiten" (Mähl a. a. O. S. 66; vgl. dazu oben S. 271), der griechischen Gymnastik und Agonistik, erheblich gesteigert wurde. Wenn im spätantiken Imperium Romanum der Griechensport allmählich in den Hintergrund trat, so bestimmt nicht, weil sich die römische Opposition wieder durchzusetzen vermochte.

Dafür sind verschiedene andere Gründe, die auch für die circensischen Spiele, für die *munera* und den Betrieb in den Thermen gelten, verantwortlich zu machen. Ökonomische Probleme bei der Finanzierung der großen Sportanlagen, des Amphitheaters und des Circus sowie der Thermen und bei der Subventionierung der Veranstaltungen selbst, fallen dabei ebenso ins Gewicht wie die gesellschaftlichen Veränderungen, die sich u. a. durch Phänomene wie Überfremdung der Römer, Stadtflucht,

Entstehung feudalähnlicher Ordnungen, kurz: der Umstruktu-
rierung der römischen Gesellschaft in der Spätantike umreißen
lassen. Ideologische Gründe kommen hinzu: Viele Christen
sahen im Sport des Altertums eine Form des 'Götzendienstes',
wofür ihnen die im Circus und bei den panhellenischen Agonen
üblichen religiösen Zeremonien und die Leichenspiele die
Hauptargumente lieferten. Nicht die Gymnastik und Athletik
als „Bestandteil der Jugenderziehung" wird dabei primär abgelehnt, sondern das „Schauspiel" (Koch, Anthropologie S. 124).
In diesem Sinne sind die palästrischen Übungen nach Tertullian
'Teufelswerk' *(palaestrica diaboli negotium)*, weil der, welcher
zuerst die Menschen zu Boden drückte, der Teufel war (vgl. de
spect. 18; dazu Koch, Anthropologie S. 100 und Jüthner/Brein
AL Bd. 1, S. 153). Gewiß darf die christliche Kritik nicht allein
aus der Perspektive Tertullians gesehen werden — es gibt genug
Zeugnisse im frühchristlichen Schrifttum, die eine positivere
Einstellung zum Sport des Altertums erkennen lassen —, aber
daß derartige Stellungnahmen angesichts der Christenverfol-
gungen in Amphitheater und Circus nicht ohne Wirkung blieben, läßt sich nicht leugnen. Auch die religiösen Strömungen der
Kaiserzeit mit ihrem starken Trend zu jenseitsorientierten Haltungen, sei es aus einer naiv-frommen Gläubigkeit heraus, wie
sie die orientalischen Mysterienreligionen propagieren, sei es
aufgrund theologisch-eschatologischer Spekulationen, beides
mag als ideologischer Grund für eine Abkehr vieler Menschen
von der Welt des Sports gelten. Nicht nur das Christentum, auch
Neupythagoreismus und Neuplatonismus haben zu jener Be-
wußtseinsänderung beigetragen, die beispielsweise die Olympischen Spiele, ein Herzstück des antiken Sports, für gut 1000
Jahre aus dem Gedächtnis der Menschen verdrängte. Die Frage,
ob für den byzantinischen Nachfolgestaat des Imperium Romanum ähnliche Verhältnisse und Entwicklungen auf dem sportlichen Sektor anzunehmen sind, läßt sich zur Zeit mangels geeig-
neter sporthistorischer Vorstudien nicht generell beantworten.

Jedenfalls ist die Erforschung des Sportes, insbesondere die systematische Aufarbeitung des Quellenmaterials, ein dringendes Desideratum.

Literatur: E. M ä h l, Gymnastik und Agonistik im Denken der Römer (Heuremata 2, 1974); die Arbeit bietet eine wertvolle Zusammenstellung der römischen Streunotizen und versucht erfolgreich, diese in den Zusammenhang der Grundeinstellung einzelner Autoren zu bringen; B a c k h a u s a. a. O. S. 224—232; H a r r i s SGR S. 44—74 (mit einer betont entwicklungsgeschichtlichen Betrachtungsweise, die bewußt zu machen versucht, daß der jahrhundertelangen Tradition der Athletik in Griechenland die 'Einfuhr' gleichsam eines 'fertigen Produkts' in Rom gegenübersteht, das zusätzlich noch von Gladiatorenspielen und Wagenrennen konkurrenziert wird; vgl. a. a. O. S. 72 f.); B a l s d o n, Life and leisure S. 159—168; J ü t h - n e r / B r e i n AL Bd. 1, S. 133—154; C. G ö l l m a n n, Zur Beurteilung der öffentlichen Spiele (wie oben S. 253); K. H u b e r, Theorie der gymnischen Erziehung bei den Römern (Philosophische und pädagogische Arbeiten, V. Reihe, Heft 10, 1934), zur Ablehnung der griechischen Athletik siehe S. 62—72. Zur römischen Leibeserziehung vgl. Marrou a. a. O. S. 440 f., S. 456—58; W. H. B i s h o p, The role of physical activities in ancient Rome (Thesis Univ. of Alberta, Edmonton 1970); P. L. L i n d s a y, Literary evidence of physical education among the ancient Romans (Thesis Univ. of Alberta, Edmonton 1967); A. D. B o o t h, Roman attitudes to physical education, in: EMC 19 (1975), S. 27—34. — H. L a n g e n f e l d, Die Politik des Augustus und die griechische Agonistik, in: Monumentum Chiloniense. FS E. Burck (1975), S. 228—259; W. W. B r i g g s Jr., Augustan athletics and the games of Aeneid V, in: Arena (= Stadion) 1 (1975), S. 267—283; R. V a r w i g, Zur Einführung der griechischen Kampfspiele in Rom, in: Hochschulblatt für Leibesübungen 10 (1930/31), S. 142—144; d e r s., Die actischen Spiele zu Rom und Nicopolis S. 174—178; d e r s., Die Neroneen S. 200—204. Quellenreich wie immer F r i e d l a e n d e r a. a. O. Bd. 2, S. 145—160; L. R o b e r t, Deux concours grecs à Rome, in: CRAI 1 (1970), S. 6—27; I. R. A r n o l d, Agonistic festivals in Italy and Sicily, in: AJA 64 (1960), S. 245—251; R. M. G e e r, The Greek games at Naples, in: TAPhA 66 (1935), S. 208—221. — P. J. M e i e r, RE 1 (1894) Sp. 866 f., Art. Agone in Rom; G. W i s s o w a, RE 3 (1899), Sp. 527—529, Art. Capitolia; vgl. auch E. D i e z, Athleten-Relief in Norikum, in: Situla 14/15 (1974), S. 183 ff., und d i e s., Ein römerzeitliches Athletenbild in der Steiermark, in: FS des Instituts für Leibeserziehung der Univ. Graz (1973) Bd. 2, S. 15 ff., als Zeugnisse für die Bekanntheit der griechischen Athletik in einer römischen Provinz. Zur Frage des *collegia iuvenum* und der griechischen Ephebie vgl.

G. Pfister, Die römische iuventus, in: GL Bd. 2, S. 250—279; bes. 258; dies., Die Erneuerung der römischen iuventus durch Augustus (Diss. Regensburg 1977) mit zahlreichen Belegen zur augusteischen Sportpolitik; ferner D. Ladage, *Collegia iuvenum* — Ausbildung einer municipalen Elite?, in: Chiron 9 (1979), S. 319—346; S. L. Mohler, The iuvenes and the Roman education, in: TAPhA 68 (1937), S. 442—479; siehe auch die zitierten Arbeiten von Pleket oben S. 101. *Zum geistesgeschichtlichen Hintergrund* der Beziehungen zwischen Rom und Griechenland in der Kaiserzeit vgl. G. W. Bowersock, Augustus and the Greek world (1965), und ders., Greek sophists and the Roman Empire (1969); N. K. Petrochilos, Roman attitudes to the Greeks (1974). — *Zum antiken Christentum* und seiner Beziehung zum Sport vgl. A. Koch, Die Leibesübungen im Urteil der antiken und frühchristlichen Anthropologie (Beiträge zur Lehre und Forschung der Leibeserziehung 20, 1965), S. 57—134 (Literaturverzeichnis S. 128—134); ders., „Leibesübungen" im Frühchristentum und in der beginnenden Völkerwanderungszeit, in: GL Bd. 2, S. 312—340. Die These von einer weitgehend grundsätzlichen Ablehnung der Schauspiele durch die lateinischen Kirchenväter vertritt W. Weismann, Kirche und Schauspiele. Die Schauspiele im Urteil der lateinischen Kirchenväter unter besonderer Berücksichtigung von Augustin (Cassiciacum 27, 1972); dazu J. Ebert, Die lateinischen Kirchenväter und die antiken Wettkämpfe, in: Arena (= Stadion) 1 (1975), S. 185—197. In der Arbeit wird vor allem auch sichtbar gemacht, daß die Kritik an der griechischen Agonistik und an den Gladiatorenspielen — „die Wagenrennen erregten bei den Kirchenvätern weniger Anstoß" (a. a. O. S. 190) — teilweise auch schon in der vorchristlichen Literatur, so bei Seneca, Dion von Prusa, Lukian und bei kynisch-stoischen Philosophen anzutreffen ist (vgl. allerdings a. a. O. S. 194, wonach sich die Kritik der Kirchenväter „hauptsächlich gegen die Gladiatorenkämpfe und Circusrennen richtete" und „sie die Agonistik als relativ geringes Übel ansahen"). J. Zellinger, Bad und Bäder in der altchristlichen Kirche. Eine Studie über Christentum und Antike (1928), zeigt insbesondere die Kritik an den *balnea mixta* (a. a. O. S. 34—46). Die Forderung nach einer differenzierten Betrachtungsweise der frühchristlichen Einstellung, deren Notwendigkeit anhand einer knappen Besprechung des Clemens von Alexandrien und Tertullians gezeigt wird, erhebt auch A. Bondolfi, Attitudes des chrétiens à l'égard des exercices physiques dans l'église ancienne, in: Histoire de l'éducation physique et du sport (Seminar Zürich 1973) Bd. 2, 27, S. 1—5. — Zu einer der wichtigsten Quellen für die Schauspiele der römischen Kaiserzeit zählt ›De spectaculis‹ von Tertullian; vgl. dazu Koch, Anthropologie S. 96—101, H. F. Soveri, De ludorum memoria praecipue Tertullianea (1912), S. 157—160, sowie Weismann a. a. O.

VI. QUELLENKUNDE
ZUM GRIECHISCH-RÖMISCHEN ALTERTUM

Eine Sammlung der *Fragmente antiker Sportschriftsteller* liegt bis heute nicht vor. In Aussicht gestellt hat sie vor 20 Jahren B. Biliński, L'agonistica sportiva nella Grecia antica. Aspetti sociali e ispirazioni letterarie (Accademia Polacca di scienze e lettere. Biblioteca di Roma 12, 1959), S. 10 mit dem Titel: *Gymnastarum i. e. artis gymnasticae praeceptorum antiquorum fragmenta ex auctoribus Graecis Latinisque collecta.* — Als Ersatz stehen vorerst als umfangreiche Textsammlungen zur Verfügung: R. S. Robinson, Sources for the history of Greek athletics in English translation (1955) und M. Berger—E. Moussat, Anthologie des Textes sportifs de l'antiquité (1927). Während das französische Werk die Texte nach der Lebenszeit der Verfasser aneinanderreiht, gliedert Robinson, die auch Gesetzescodices, Inschriften und Papyri gelegentlich mitberücksichtigt und die sich in ihrer Auswahl insbesondere an den Standardwerken von Krause und Jüthner orientiert, den Stoff in neun chronologische Kapitel, wobei jeweils jene Stellen zusammengefaßt sind, die diesen Abschnitt betreffen. S. Miller (Hrsg.), Arete. Ancient writers, papyri and inscriptions on the history and ideals of Greek athletics and games (1979). Vgl. ferner J. Melber—T. Steeger, Olympia und die Olympischen Spiele (Aus dem Schatze des Altertums. A. Griechische Reihe 18, 1936); siehe auch die Hefte 17a, 17b und E. Steindl, Die Jagd in der antiken Dichtung, in: Altertum 17 (1971), S. 208—224. — Zahlreiche bibliographische Hinweise zu Neuerscheinungen im Bereich der Sportgeschichte des Altertums bieten die Periodica ›L'année philologique‹ (Paris, seit 1928 ff., zuletzt 48, 1977) unter dem Stichwort 'Navigation,

Chasse, Sports et Jeux divers' sowie ›Archäologische Bibliographie. Beilage zum Jahrbuch des Deutschen Archäologischen Instituts‹ (Berlin, seit 1914 ff., zuletzt 1979).

Als *Einführung in die Quellensituation* und in die Arbeitsmethoden der Altertumswissenschaft sei generell verwiesen auf H. B e n g t s o n , Einführung in die alte Geschichte (⁷1975); I. W e i l e r , Griechische Geschichte. Einführung, Quellenkunde, Bibliographie (1976) S. 240—260; K. C h r i s t , Römische Geschichte. Einführung, Quellenkunde, Bibliographie (³1980), und d e r s ., Die Römer. Eine Einführung in ihre Geschichte und Zivilisation (1979). — *Zur Quellenkunde der antiken Sportgeschichte,* die bis heute ungeschrieben ist, vgl. den einführenden Abschnitt bei J ü t h n e r / B r e i n AL Bd. 1, S. 21—41. Hier wird nach traditionellen altertumswissenschaftlichen Gepflogenheiten das Material in vier Quellenkategorien eingeteilt. An ihnen orientiert sich im wesentlichen die folgende Übersicht, die z. T. anstelle von Wiederholungen durch Querverweise auf die einzelnen oben schon behandelten Quellen Bezug nimmt. Es kann im folgenden mangels entsprechender Vorarbeiten keine streng systematische Gliederung der Arbeiten vorgenommen werden. Der Abschnitt sollte eher die Möglichkeiten und Fragestellungen der altertumswissenschaftlichen Teildisziplinen aufzeigen und z. T. als weiterführende Bibliographie verstanden werden. — Eine wichtige und hilfreiche Grundlage zum Quellenstudium bietet neuerdings die ›Bibliographie zum antiken Sport und Agonistik‹ (vgl. oben S. XIII) von E. M a r ó t i , wo unter anderem weiterführende Literatur zu einzelnen Quellenausgaben, zu sporthistorisch bemerkenswerten Inschriften und Papyri, zu antiken Autoren, Bildmaterialien und archäologischen Zonen geboten wird (Nr. 165—297).

1. Schriftquellen

Spezialliteratur: Dazu zählt das bis auf wenige Fragmente verlorengegangene Fachschrifttum der Paidotriben und Gymnasten wie Ikkos von Tarent, Herodikos von Selymbria, Theon von Alexandria und Tryphon sowie einiger anonymer Autoren; vgl. dazu oben S. 92 ff. Zu ergänzen wäre diese Quellengruppe durch die erhaltenen, zwar von Außenstehenden, aber kenntnisreichen Literaten verfaßten Werke vor allem Philostrats und Lu-

kians. Die Schrift ›περὶ γυμναστικῆς‹ des Philostrat, eines Ver-
treters der sog. Zweiten Sophistik, herausgegeben von J. Jüthner
(Sammlung wissenschaftlicher Kommentare 1909; ND 1969) mit
umfangreichem Kommentar und Übersetzung, und der Dialog
›Ἀνάχαρσις ἢ περὶ γυμνασίων‹ von Lukian aus Samosata
(übersetzt und mit Anmerkungen versehen von E. Steindl, Lukian: Leibesübungen im alten Athen, 1963) sind als bedeutendste
Werke dieser Quellengruppe anzusprechen. Siehe auch
T. Woody, Philostratus: Concerning gymnastics, in: Research
Quarterly 10 (1936), S. 3—26. Des weiteren gehören zu ihr die
Siegerlisten von S. Iulius Africanus, Phlegon von Tralleis, Eratosthenes, Aristoteles und Hippias sowie auf einem Papyrus von
Oxyrrhynchos (vgl. zu diesen oben S. 114) und die Schriften
›περὶ ἀγώνων‹, auf die Jüthner, Philostrat S. 70—74, näher ein-
geht. In diesen zum Teil nur dem Titel nach bekannten Werken
wurden allgemeine Informationen über Wettkämpfe geboten
oder nach regionalem Gesichtspunkt (z. B. die isthmischen oder
athenischen Agone) bzw. nach Wettkampfsparten (z. B. speziell
über musische Agone) dargestellt. — Philosophische und rhetorische Abhandlungen wie Platons ›Politeia‹, ›Nomoi‹ oder auch
›Gorgias‹ sowie einzelne Reden des Isokrates und später des
Dion von Prusa (über die Kritik des Kynikers Diogenes an den
Athleten in der 8. und 9. Rede und das Lob über den Olympioniken Melankomas in der 28. und 29. Rede, vgl. oben S. 116)
ergänzen das Wissen über den antiken Sport. Von einer Monographie des Sophisten Protagoras aus Abdera über den Ringkampf hat nur der Titel überlebt. Hingegen verdankt die Sportgeschichte dem vielschreibenden Gladiatorenarzt Galenos aus
Pergamon mehrere Abhandlungen, die sich mit Fragen der Ge-
sundheitspflege und Hygiene in Verbindung mit der Gymnastik
beschäftigen (vgl. dazu oben S. 93) und die unter dem Aspekt
der Konfrontation zwischen Sportlehrern (Paidotriben, Gymnasten) und Ärzten zu sehen sind. Die Trainingsmethoden der
nicht medizinisch geschulten Gymnasten als 'Afterkunst' (κα-

κοτεχνία) verurteilend, betont er die Bedeutung der Gesund-
heitslehren für den Sporttreibenden vor allem in den Schriften
›Thrasyboulos‹ (Ist das Gesunde Gegenstand der Heilkunde
oder der Gymnastik?), ›Übungen mit dem kleinen Ball‹ und im
2. Buch seiner ›Hygieina‹ (ein Kommentar dazu bei Jüthner,
Philostrat S. 51—60; übersetzt in: F. Fetz/L. Fetz, Gymnastik
bei Philostrat und Galenos [Studientexte zur Leibeserziehung 4,
1969], S. 45—107). Vgl. ferner auch H. Leitner, Bibliography to
the ancient medical authors (1973). —

Einzelnachrichten in poetischen und prosaischen Texten: In
Ergänzung dieser im engeren oder weiteren Sinn als Fachschrifttum anzusprechenden Werke ist noch auf die große Zahl von
Beiträgen der Dichter zum Verständnis des antiken Sportes hin-
zuweisen. Simonides, Pindar und Bakchylides mit ihren ›Epini-
kien‹ nehmen dabei einen besonderen Rang ein, doch auch die
Epiker von Homer über Apollonios Rhodios zu Vergil, Statius,
Valerius Flaccus, Silius Italicus, Quintus Smyrnaeus und Non-
nos von Panopolis und andere Poeten wie Tyrtaios, Simonides,
Theokrit und die römischen Satiriker Iuvenal und Martial, um
nur einige bemerkenswerte hier anzuführen, liefern wertvolle
Materialien. Zahlreiche Proben davon haben Aufnahme in die
Sammlungen von Robinson und Berger—Moussat gefunden.
Ferner zur römischen Sportwelt M. Piernavieja del Pozo, El de-
porte en la literatura latina (Antalogia), in: CAF 2 (1960),
S. 417 ff. (über Cicero, Catull, Vergil, Horaz, Tibull, Properz,
Ovid, Seneca, Martial, Gellius). Vgl. auch B. Kytzler, Beobach-
tungen zu den Wettspielen in der Thebais des Statius, in: Tradi-
tio 24 (1968), S. 1—15; J. Böhm, Die Leibesübungen im Diony-
sosepos des Nonnos von Panopolis (Diss. Wien 1948).
    Selbstverständlich bieten auch die Historiographen, Geogra-
phen, Ethnographen und Periegeten sowie die Autoren der sog.
Buntschriftstellerei immer wieder ausführliche Hinweise auf
Gymnastik und Agonistik, *ludi* und *munera* sowie auf die Ballspiele. Allen voran wären hier Pausanias (2. Hälfte 2. Jh.

n. Chr.), aber auch Plutarch (etwa 46—120 n. Chr.), Strabon
(64 v.—19 n. Chr.), Vitruvius (augusteische Zeit), Athenaios
(Anfang 3. Jh. n. Chr.) und Philostrat (3. Jh. n. Chr.) mit seinen
›Eikones‹ zu nennen; siehe dazu die Aufzählung bei Jüth-
ner/Brein AL Bd. 1, S. 32—35. — Vgl. auch die Hinweise auf die
antike Sportkritik oben S. 102.

2. Epigraphik

Allgemeine übersichtliche Einführungen von G. Klaffenbach,
Griechische Epigraphik (Studienhefte zur Altertumswissenschaft 6, ²1966); G. Pfohl (Hrsg.), Das Studium der griechischen
Epigraphik. Eine Einführung (1977); E. Meyer, Einführung in
die lateinische Epigraphik (1973); L. Robert, Die Epigraphik der
klassischen Welt (frz. 1961, dt. 1970). — Grundsätzlich hat sich
zur Frage über ›Die Bedeutung epigraphischer Zeugnisse für die
Geschichte der griechischen Gymnastik und Agonistik‹
M. Lämmer in einer programmatischen Schrift diesen Titels
(1968) geäußert. Sie betont vor allem zwei große Vorteile, die die
Inschriften der oben behandelten antiken, durch Handschriften,
sehr selten auch durch Papyri überlieferten Literatur voraus haben: Die Originalität („Das Archiv der Antike . . . sind die Inschriften", a. a. O. S. 3) und der Umstand, daß Inschriften immer noch gefunden werden, womit stets mit neuen Erkenntnissen und Einsichten gerechnet werden kann. In der Wissenschaftsgeschichte zur sporthistorisch relevanten Epigraphik, die
sich die Edition agonistischer Inschriften angelegen sein ließ,
nennt M. Lämmer u. a. O. Liermann, Analecta epigraphica et
agonistica (1889); W. Dittenberger—K. Purgold, Die Inschriften von Olympia (1896; vgl. oben S. 127); Th. Klee, Zur Geschichte der gymnischen Agone an griechischen Festen (1918)
und R. Knab, Die Periodoniken (Diss. Gießen 1934). Zu ergänzen wäre noch die Arbeit von I. C. Ringwood (vgl. oben

S. 138). — Drei Namen dürfen heute in diesem Zusammenhang
herausgehoben werden: L. Moretti, der mit ›Iscrizioni agonistiche Greche‹ (1953), ›Olympionikai. I vincitori negli antichi
agoni olimpici‹ (1957; dazu das Supplementum in: Klio 52
[1970], S. 295—303) unentbehrliche Standardwerke vorgelegt
hat, ferner L. Robert, dessen „Hunderte von Inschriftenkom-
mentare und Aufsätze . . . in den Fußnoten der Arbeiten unserer
Sportfachkollegen" man vergebens sucht (so Lämmer a. a. O.
S. 6). Eine Liste von Roberts Arbeiten bietet Lämmer a. a. O.
S. 46—54 (fast 60 Titel); vgl. auch L. Robert, Opera minora se-
lecta (1969—1974) 4 Bde.; ders., Hellenika 1—13 (1940—1965);
ders., Les gladiateurs dans l'orient grec (1940, ND 1971) basiert
ebenfalls auf der Auswertung der Inschriften. Unentbehrlich
heute auch J. Ebert, Griechische Epigramme auf Sieger an gymnischen und hippischen Agonen (Abh. Sächs. Akad. Wiss. philol.-hist. Kl. 63, 2, 1972), wo über 80 Epigramme mit Übersetzung und ausführlichem Kommentar behandelt werden. — Der
Aussagewert der Inschriften erhellt am besten, wenn kurz auf
ihre Klassifizierung bei Lämmer (a. a. O. S. 7 f.) hingewiesen
wird. Lämmer unterscheidet: 1. Weihinschriften von Athleten
oder Beamten, 2. Ehreninschriften für Athleten oder Beamte,
3. Siegeskataloge einzelner Athleten, 4. Siegerlisten eines
Agons, 5. Funktionärslisten, 6. Stiftungs- und Schenkungsur-
kunden, 7. Bauinschriften von Stadien, Gymnasien und Thermen, 8. Künstlerinschriften auf Athletenstatuen, 9. Inschriften
auf Vasen mit sportlichen Darstellungen, 10. Grabinschriften,
11. Dekrete öffentlicher Körperschaften, die Gymnastik und
Agonistik betreffen, 12. Inschriften primär anderen Inhaltes mit
wichtigen agonistischen Passagen, 13. Gelegenheitsinschriften
und Kritzeleien. Daß diese Texte insbesondere auch für die Erforschung der lokalen Agone, der Terminologie im antiken
Sport, der Preise, der Organisation, der Prosopographie antiker
Sportler und der Athletenvereinigungen und vieler anderer Fragen zahlreiche Informationen bieten, steht wohl außer Zweifel;

eine Reihe neuerer sporthistorischer Arbeiten mit besonderer Berücksichtigung der Epigraphik, auf die hier nur pauschal verwiesen werden kann (zusätzlich zu Moretti, Robert, Ebert), dokumentiert diesen Wert des epigraphischen Materials, wobei primär die hellenistisch-römische Epoche wegen der Quantität der Inschriften davon profitiert. H. W. Plekets sozial- und sporthistorische Untersuchungen (vgl. oben S. 86 und S. 101) sind dafür der beste Beweis. Vgl. auch die bei Jüthner/Brein AL Bd. 1, S. 37 zitierten epigraphischen Beiträge zur Sportgeschichte. — Ein eigenes Corpus der agonistischen Inschriften, von denen insgesamt an die 3000 gezählt werden, gehört zu den Wunschprojekten der Kölner ›Sammlung epigraphischer, papyrologischer und numismatischer Zeugnisse‹ (vgl. W. Körbs, Dokumentation zur Gymnastik und Agonistik der griechisch-römischen Antike [1969], S. 5). — Zahlreiche epigraphische und papyrologische Beiträge finden sich in der ›Zeitschrift für Papyrologie und Epigraphik‹ (= ZPE), Bonn 1967 ff. — Zu neuen Inschriftenfunden bzw. Lesarten vgl. das ›Supplementum Epigraphicum Graecum‹ (= SEG), Leiden 1923 ff., zuletzt 26, 1979, und ›L'année epigraphique‹ (= AE), Paris 1962 ff., vorher als Anhang zur ›Revue archéologique‹, zuletzt 1976.

3. Papyrologie

Allgemeine Einführungen in die Arbeit mit papyrologischen Materialien: E. G. Turner, Greek papyri (1968); ders., The papyrologist at work (Greek, Roman and Byzantine monographs 6, 1973); in Vorbereitung: H.-A. Rupprecht, Kleine Einführung in die griechische Papyruskunde. W. Schubart, Einführung in die Papyruskunde (1918, ND 1980); als eine der wichtigsten Texteditionen sei genannt: B. P. Grenfell—A. S. Hunt —S. G. Smyly u. a., The Oxyrhynchus Papyri, London 1898 ff. — Die Papyri überliefern einerseits Bruchstücke antiker Dich-

ter, darunter z. B. Verse aus Pindars ›Epinikien‹, und Teile von
Siegerlisten, wie ein Papyrusfragment aus Oxyrrhynchos (vgl.
oben S. 114), die Beschreibung eines Wettkampfs mit Trainer-
anweisungen (siehe oben S. 169f.), aber in der Regel sind es Ur-
kunden. „Meist handelt es sich um Gesuche oder Vorlagen von
Dokumenten wegen Aufnahme (ἐπίκρισις) in das Gymnasium,
dessen Angehörige oft nicht unbeträchtliche Vorteile genossen,
manchmal auch um Ansuchen von Athleten um Begünstigungen
oder Unterstützungen" (Jüthner/Brein AL Bd. 1, S. 37, wo einzelne Papyri als Belege dazu zitiert werden). Welche Erkenntnismöglichkeiten diese jüngste der drei altertumskundlichen
Grundwissenschaften eröffnet, zeigen beispielsweise H. Ger-
stinger, das „Faustkämpferdiplom" des Boxers Herminos, in: FS
Institut für Leibeserziehung Graz (1954), S. 48—63 (eine Neu-
bearbeitung hat M. Lämmer in Aussicht gestellt); W. Körbs,
Gymnasiale Mitteilungen in hellenistischen Papyri der frühen
Ptolemäerzeit, in: FS C. Diem (1962), S. 88—99; B. A. van
Groningen, Le gymnasiarque des métropoles de l'Égypte ro-
maine (1924); über 200 inzwischen neue Erwähnungen in Papyri
berücksichtigt P. J. Sijpesteijn, Liste des gymnasiarques...
(1967); M. Vandoni, Feste publiche e private nei documenti greci
(1964), eine Papyrussammlung. Vgl. auch W. Decker, Bemerkungen zum Agon für Antinoos in Antinoupolis (Antinoeia), in:
KBSW 2 (1973), S. 38—56, und J. Ebert, Zur Epigramm-An-
thologie P. Berol. 9812, in: APF 24/25 (1976), S. 47—54.

4. Numismatik

Allgemein dazu: K. Christ, Antike Numismatik. Einführung
und Bibliographie (1972). — Auf den antiken Münzbildern
finden sich zahlreiche sportliche Motive und Legenden, die auf
agonistische Veranstaltungen verweisen, wie etwa die Vierge-
spanne auf den berühmten Tetradrachmen von Syrakus, aber

auch Personifikationen des Agons, Siegeskränze aus Sellerie
(Argos-Nemea), Ringkämpfer und Diskobolen. Eine Bronze-
münze aus Ancyra zeigt z. B. drei nackte Athleten vor einer
Urne bei einem Losentscheid. Die Spiele der kleinasiatischen
Griechen in der Kaiserzeit sind auf Münzen gut dokumentiert;
vgl. etwa die Beispiele bei P. R. Franke, Kleinasien zur Römer-
zeit. Griechisches Leben im Spiegel der Münzen (1968),
S. 24—27; H. Karl, Numismatische Beiträge zum Festwesen
der kleinasiatischen und nordgriechischen Städte im 2. und 3.
Jahrhundert (Diss. Saarbrücken 1975). Ferner A. R. Bellin-
ger—M. A. Berlincourt, Victory as a coin type (Numismatic notes and monographs 149, 1962). Sporthistorisch relevant z. B.
M. Bernhart, Die Olympischen Spiele 776 v. Chr. bis
393 n. Chr. im Spiegel antiker Münzen (1936); K. Lange, Sport-
darstellungen auf griechischen Münzen, in: Olympische Rundschau 14 (1941), S. 1 ff.; O. Bernhard, Über Badewesen und
Hygienisches auf griechischen und römischen Münzen, in:
Schweizerische numismatische Rundschau (1925), S. 331 ff.;
ders., Leibesübungen und Körperpflege im Gymnasion, wie sie
die griechischen und römischen Münzbilder zeigen, in:
MBNG 47 (1929), S. 79 ff. (zitiert bei N. R. Alföldi, Antike
Numismatik [1978] Bd. 2, S. 231). Vgl. auch L. Robert, Les
boules dans les types monétaires agonistiques, in: Hellenica 7
(1949), S. 93—104. — Auch die römischen Münzen weisen auf
die Spiele hin. Der Circus Maximus, das Colosseum, Gladiatorenspiele, Quadrigen und Thermenanlagen werden gelegentlich
ebenso dargestellt, wie z. B. auf einer Münze Gordians „alle
gymnastischen Kampfarten gleichzeitig im Verein mit einer
Pompa und den Wagenrennen" (vgl. Regner, RE Suppl. 7
[1940], Sp. 1642, Art. *Ludi circenses*). Noch auf spätantiken
Kontorniaten finden sich verschiedene Szenen aus der Sportwelt; vgl. dazu A. Alföldi, Die Kontorniaten (1942/1943, Neu-
auflage 1976) 2 Bde. — In diesem Zusammenhang ist nochmals
auf das oben S. 283 erwähnte verdienstvolle Projekt des Insti-

tuts für Sportgeschichte der Deutschen Sporthochschule Köln
einer ›Dokumentation zur Gymnastik und Agonistik der griechisch-römischen Antike‹ zu verweisen. Dabei sollte, wie es in
der gleichnamigen Programmschrift, herausgegeben von
W. Körbs (Köln 1969), heißt, „besondere Aufmerksamkeit...
den bisher von den Sporthistorikern stark vernachlässigten
epigraphischen, papyrologischen und numismatischen Quellen
gelten" (a. a. O. S. 1).

5. Archäologische und monumentale Reste

Allgemein dazu: H. G. Niemeyer, Einführung in die Archäologie (²1978). — Hierzu sind die Überreste der materiellen Kultur des Altertums zu rechnen, und zwar Kleinfunde wie Sportgeräte ebenso wie die zahlreichen Vasen und Fresken, Spiegel,
Mosaiken, die Plastik und Reliefs sowie die antike Sportarchitektur. Die Zahl der Einzelpublikationen dazu ist unüberschau-
bar; wie bei den anderen altertumswissenschaftlichen Disziplinen fehlt auch hier die systematische Erfassung der sporthistorisch relevanten Materialien. Auch hier kann daher nur beispielhaft auf einzelne Werke verwiesen werden. Die Schriften
J. Jüthners, insbesondere ›Über antike Turngeräthe‹ (1896),
stellen diesbezüglich eine wichtige Pionierarbeit dar; ferner zeigen die Arbeiten von E. N. Gardiner, H. A. Harris und R. Patrucco den Reichtum dieser Quellengattung und zugleich die
Erkenntnismöglichkeiten, die ihre exakte Interpretation für die
Sportgeschichte eröffnet. F. Brein hat sich bei der Herausgabe
des Jüthnerschen Nachlasses vor allem auch deshalb große Ver-
dienste erworben, weil er zahlreiche sporthistorische Abbildungen auf griechischen Vasen, die im monumentalen *Corpus vasorum antiquorum* (CVA) gesammelt wurden (und noch werden),
in Jüthners AL eingearbeitet hat. Ebenfalls hierfür unentbehrlich J. D. Beazley, Attic black figure vase-painters (1956); ders.,

Attic red-figure vase-painters (^{2}1963). Zu den panathenäischen Vasen als Quelle zur Sportgeschichte und deren Publikation vgl. oben S. 136 f. A. Bruckner, Palästradarstellungen auf rotfigurigen attischen Vasen (Diss. Basel 1952); zum antiken Badewesen vgl. die oben S. 209 zitierte Arbeit von K. Sudhoff. — *Zu den Mosaiken* vgl. beispielsweise L. Berger-Haas, Gladiatores tunicati, in: Gestalt und Geschichte. FS K. Schefold (1967), S. 76—83; B. Pace, I mosaici di Piazza Armerina (1955); H. Kähler, Piazza Armerina (1973). — *Zur Plastik* vgl. C. Blümel, Sport der Hellenen. Ausstellung griechischer Bildwerke (1936); einen allgemeinen Überblick bietet B. Neutsch, Der Sport im Bilde griechischer Kunst (1949). A. J. Kozar—R. Tait McKenzie, The sculptor of athletes (Univ. of Tennessee 1975); W. W. Hyde, Olympic victor monuments and Greek athletic art (1921); vgl. auch die oben S. 127 zitierte Arbeit von F. Eckstein. R. Thomas, Athletenstatuetten der Spätarchaik und des Strengen Stils (Diss. Köln 1979, im Druck). Zahlreiche Kunstwerke des Altertums werden bei Pausanias und in den ›Eikones‹ Philostrats besprochen, wodurch sich weitere Einsichten ergeben. — *Zur Sportarchitektur* vgl. die Besprechung der antiken Wettkampfstätten der panhellenischen Agone oben S. 122 ff. und der römischen Bauten, wie Amphitheater, Circus, das Stadion Domitians sowie des Hippodroms in den jeweils entsprechenden Abschnitten. Grundlegende Einführungen: W. Zschietzschmann, Wettkampf- und Übungsstätten in Griechenland (Beiträge zur Lehre und Forschung der Leibeserziehung 5 und 8, 1960/61) 2 Bde.: 1. Das Stadion, 2. Palästra-Gymnasion; A. Wotschitzky, Olympische Wettkampfstätten, in: Olympia. Einst und Jetzt (1964), S. 21—36; K. Schneider, Die griechischen Gymnasien und Palästren nach ihrer geschichtlichen Entwicklung (Diss. Freiburg/Schweiz 1908); F. Krinzinger, Das antike Stadion. Eine entwicklungsgeschichtliche Untersuchung zur Wettkampfstätte der Griechen (Innsbrucker Beiträge zur Kulturwissenschaft, Heft 50/51 [i. Dr.]). J. Delorme, Gymnasion. Étude sur les monuments consacrés à l'éducation en Grèce (1960); ders., Les palestres (Exploration archéologique de Délos 25, 1961); vgl. auch die übersichtliche Zusammenstellung bei Jüthner/Brein AL Bd. 1, S. 157—197, wo vor allem der Trainingsbetrieb in diesen Sportanlagen ausführliche Berücksichtigung findet. — R. Ginouvès, Balaneutiké. Recherches sur le bain dans l'antiquité grecque (1962); K. Schneider, RE 8, 2 (1913), Sp. 1735—1745, Art. Hippodromus. R. Graefe, Vela erunt. Die Zeltdächer der römischen Theater und ähnlicher Anlagen (1979) 2 Bde. — Vgl. auch die Arbeit von A. Henze, Die antike Architektur vollendet sich im römischen Sportbau, in: Antike Welt 1, 2 (1970), S. 30—35. Zu den besonderen Startvorrichtungen von Isthmia siehe oben S. 132 f., zum Amphitheater oben S. 259 und zu den Thermen oben S. 265.

REGISTER

Eigennamen

Achill 80f. 112. 146
Adler, F. 122. 127
P. Aelius Gutta Calpurnianus 247f.
L. Aemilius Paulus 243
Agamemnon 80
Agrippa 262
Aias 80
Aigner, H. 31
Akanthos von Sparta 116
Alexander d. Große 81. 96. 208. 213.
  271
Alföldi, A. 224. 227
Alkibiades 97. 118. 201
Alkinoos 84f.
Amarynkeus 81
Amenophis II. 60f.
Amykos 177
Anaxagoras 198
Anchises 208
Anderson, J. K. 143. 206
Angeli-Bernardini, P. 128. 133. 139
Antiphon 167f.
Antoninus Pius 271
Apollodoros von Damaskos 272
Apollon 128ff. 146. 176. 196
Apollonios Rhodios 177. 213. 280
C. Apuleius Diocles 247
Archemoros 134
Argonauten 81. 190
Arieti, J. A. 117
Aristonikos 213
Aristophanes 94. 149

Aristoteles 106. 114. 116. 130. 136.
  159. 190. 279
Arnold, I. R. 275
Aron, R. 253
Arrhichion 186
Artemidoros 192
Artemis 196
Arybbas von Epirus 120
Assurbanibal 69
Astylos von Kroton 118
Atalante 90. 146. 170
Athenaios 281
Athene 136
Auguet, R. 250. 252. 259
Augustus 241. 254. 264. 269f.

Bachofen, J. J. 108
Backhaus, W. 236. 245. 252. 258.
  264f. 268. 275
Bakchylides 92. 116. 118. 127. 192.
  280
Bally, G. 17. 42
Balsdon, J. P. V. D. 236. 252f. 259.
  261. 265. 268. 270. 275
Barthel, T. S. 21. 25. 34. 37
Basedow, J. B. 1
Bean, G. E. 191. 193ff.
Begov, F. 12
Bengtson, H. 106. 115. 118. 119. 124.
  133. 163. 220. 278
Bennett, B. L. 10
Berger, M.-Moussat, E. 277. 280

Sachregister (einschließlich geographischer Namen)